Gerhard Lohfink

Am Ende das Nichts?

Gerhard Lohfink

Am Ende das Nichts?

Über Auferstehung und Ewiges Leben

FREIBURG · BASEL · WIEN

Zur Abbildung auf dem Schutzumschlag
Das Umschlagbild zeigt das Mumienporträt einer vornehmen ägyptischen Frau, deren Namen wir nicht mehr kennen. Solche Bilder wurden in die Ummantelung der jeweiligen Mumie eingebaut – und zwar dort, wo sich der Kopf befand. Sie waren im Stil römischer Porträt-Technik auf Holztafeln gemalt. Das hier abgebildete Porträt wurde in der unterägyptischen Oase Fayum gefunden.
Die Tote hat eine Ringellöckchenfrisur, die weibliche Modefrisur ihrer Zeit (1. Jh. n. Chr.). Sie trägt Ohrringe und eine Halskette aus Halbedelsteinen. Über einem roten Chiton ist ein Mantel angedeutet. Der vergoldete Lorbeerkranz symbolisiert Unsterblichkeit.
Die im Alten Ägypten übliche Mumifizierung sollte den Verstorbenen das ewige Leben sichern. Die Mumienporträts waren zwar nicht in allem realistisch (vgl. die großen Augen), aber doch ganz individuell. Das ewige Leben wurde eben für die ganze Geschichte und Persönlichkeit der jeweils Verstorbenen erhofft.

Sonderausgabe 2024

www.herder.de
Umschlaggestaltung: Verlag Herder, Freiburg im Breisgau
Umschlagmotiv: Metropolitan Museum of Art, New York, USA/Bridgeman Images
Satz: Barbara Herrmann, Freiburg im Breisgau
Herstellung: CPI books GmbH, Leck
Printed in Germany
ISBN Print 978-3-451-39904-6
ISBN E-Book (PDF) 978-3-451-83504-9
ISBN E-Book (EPUB) 978-3-451-84104-0

Für Gerlinde Back

Inhalt

> Gott ist das unendlich Nahe
> und das unendlich Ferne;
> von Ihm lässt sich nicht
> aus mittlerer Distanz sprechen.
> *(Nicolás Gómez Dávila*[1]*)*

Vorwort

Im Titel dieses Buches klingt eine Alternative durch: am Ende das Nichts – oder Auferstehung der Toten. Es wäre gut, wenn diese harte Alternative heute das Nachdenken über den Tod beherrschen würde. Leider ist das nicht der Fall. Das nüchterne „Entweder-oder“ ist eher selten. An seiner Stelle steht bei vielen Zeitgenossen eine Fülle von sanften und besänftigenden Zwischenlösungen wie „Aufgehen in der Natur“, „Weiterleben in den Nachkommen“ oder „Immer neue Wiedergeburten“. Oft besteht die ganze Weltdeutung auch einfach darin, dass der eigene Tod verdrängt wird.

Dieses Buch geht alle Zwischen- und Scheinlösungen der Reihe nach durch. Es möchte zeigen, dass sie keine echten Möglichkeiten sind. Was am Ende bleibt, ist ein wirkliches „Entweder-oder“. Entweder Auferstehung oder das unerbittliche Nichts. „Nichts“ aber bedeutet in diesem Fall: Nicht nur die großen Fragen der menschlichen Existenz bleiben dann ewig unbeantwortet, sondern die zahllosen Vergewaltigten, zu Tode Gequälten und Ausgelöschten der Geschichte bekommen niemals ihr Leben und ihre Ehre zurück.

Das Buch bringt noch viele andere Fragen auf den Punkt. Warum zum Beispiel gab es im Alten Testament so lange Zeit keine Auferstehungshoffnung? Ist der penetrante Diesseitsglaube des Alten Israel am Ende etwas, das grundlegend bleibt – auch für Christen, die ihre Auferstehung erhoffen?

Weiterhin: Ist die Auferstehung Jesu nur eine Bekräftigung der christlichen Auferstehungshoffnung oder ist sie der elementare Ausgangspunkt, ohne den es nicht nur keine Auferstehung gibt, sondern ohne den Auferstehung gar nicht hinreichend gedacht werden kann?

Vor allem: Wann beginnt die Auferstehung? In zehntausend Jahren? In grauer Zukunft? Am Ende der Welt? Folgt, wer so denkt, nicht einem naiven Zeitschema, das schon in der modernen Physik nur noch eingeschränkt gilt und das dann trotzdem auf die Welt jenseits des Todes übertragen wird? Wenn aber im Tod alle irdische Zeit zurückweicht – rückt uns dann die Auferstehung Jesu und mit ihr die Auferstehung aller Toten nicht unmittelbar auf den Leib?

Sodann: Was steht in der Auferstehung eigentlich auf? Ein abstrakter Mensch? Oder die ganze Geschichte dieses Menschen mit ihren Niederlagen und Siegen, ihrem Elend und ihren Ekstasen – eben mit allem, was dieser Mensch gedacht und gewollt, ersehnt und geliebt hat?

Ferner: Was ist mit dem Kosmos, der Materie, den Tieren, den Vormenschen im Übergang zum Menschen, den unzähligen Ungeborenen, die nie eine Chance hatten, zur Welt zu kommen – gibt es auch für sie Auferstehung?

Schließlich: Gibt es im Himmel nur noch Gott und nichts anderes mehr? Oder gibt es dort alles, was wir je ersehnt haben, und alle, die wir je geliebt haben – aber eben *bei Gott* und *in Gott,* so dass Gott „alles in allem" ist?

Wegen Fragen dieser Art habe ich dieses Buch geschrieben. Es sind meine eigenen Fragen. Selbstverständlich suche ich die Antwort nicht in meiner privaten, sehr bedürftigen Weisheit. Ich suche sie im Alten und Neuen Testament, in der Tradition des christlichen Glaubens und in dem, was die großen Theologen der Vergangenheit und der Gegenwart gedacht haben. Ich suche sie aber auch in der Vernunft, also in einer der höchsten Gaben, die Gott dem Menschen geschenkt hat.

Weil alles, was in diesem Buch steht, meine eigenen Fragen sind, habe ich ständig nach der richtigen Sprache gesucht. Wie kann heute über Tod und Auferstehung, über Gericht und Fegfeuer, über Hölle und ewiges Leben und schließlich über die

Vollendung der Schöpfung verantwortlich geredet werden? Was wäre die Sprache, die heutige Menschen verstehen könnten? Was wäre die richtige Sprache, die nicht frömmelnd, aber auch nicht anbiedernd daherkommt?

Vor *einer* Sache habe ich mich beim Schreiben dieses Buches ständig gefürchtet und sie zu vermeiden gesucht: den Leser zu langweilen. Deshalb wurde die Auseinandersetzung mit theologischen Lehrmeinungen, soweit dies möglich war, in die Endnoten verwiesen. Dort ist diese Auseinandersetzung allerdings leicht aufzufinden, und dort ist sie manchmal sogar ziemlich umfangreich geworden. Aber wer nicht will, braucht sie nicht zu lesen.

Das Durchdenken und Verfertigen dieses Buches hat mir erneut vor Augen geführt, wie befreiend der christliche Glaube an die Auferstehung der Toten ist. Wer sich in diesem Glauben festmacht, kann ohne Sorgen im biblischen „Heute" leben, weil nun jede Stunde seines Lebens Gewicht und Hoffnung hat. Und er kann Kraft investieren in den Aufbau einer gerechten Gesellschaft, weil die Welt der Auferstehung die von Gott geschenkte Endgestalt genau jener Welt ist, für die wir hier in dieser Geschichte kämpfen.

Wieder einmal stehe ich in der Schuld von Dr. Bruno Steimer vom Verlag Herder. Ich danke ihm von Herzen für all seine großzügige und tatkräftige Hilfe. Frau Gerlinde Back aber widme ich das Buch in Verehrung und Dankbarkeit, denn sie hat das Ganze in Bewegung gebracht.

München, im März 2017 *Gerhard Lohfink*

Teil I

Was Menschen denken

1. Die Frage aller Fragen

Was kommt nach dem Tod? Als unsere tierischen Vorfahren über riesige Zeiträume hinweg langsam zu Menschen wurden, konnten sie möglicherweise zwischen dem Lebendigsein der Lebenden und dem Totsein der Toten noch gar nicht unterscheiden. Es gibt Hinweise dafür, dass im Frühstadium der Menschheit noch keine Einsicht in die Endgültigkeit des Todes vorhanden war[2]. Aber irgendwann geriet diese Endgültigkeit dann unerbittlich in den Blick. Und damit war die Frage in der Welt, was denn mit dem Menschen nach seinem Tod geschehe. Wie elementar sie war, zeigt sich in einer verwirrenden Vielfalt von Ritualen für die Verstorbenen. Die ältesten Gräber, die wir kennen, stammen aus dem Paläolithikum, der Altsteinzeit. Die Knochenfunde in diesen Gräbern verraten: Die Toten waren sorgfältig beigesetzt worden. Zum Teil lagen sie in Schlafstellung. Zum Teil hockten sie aber auch in Embryonalhaltungen. Rechnete man damit, dass sie neu geboren würden? Oft waren sie ausgerüstet wie für eine lange Reise: Waffen waren ihnen beigegeben worden, Steinwerkzeuge, Fleischstücke als Wegzehrung.

Ebenfalls sehr alt war der Brauch, die Bestatteten mit rotem Ocker zu bestäuben. Offenbar galt rot getönter Ocker als ritueller Blutersatz und damit als wirkmächtiges Symbol dafür, dass der Tote weiterlebte[3]. Die Behandlung mit rötlichen Erdfarben war dann später erstaunlich weit verbreitet: Entsprechende Gräber wurden in Europa, in Afrika und in Amerika gefunden. Oft wurden die Toten auch so gelagert, dass sie nach Osten blickten, der aufgehenden Sonne entgegen. Oder die Toten wurden mumifiziert, um den Körper zu erhalten und ihm so ein Fortleben im Jenseits zu sichern.

Sehr früh muss man begonnen haben, Mähler an den Gräbern der Verstorbenen zu feiern – mit Sicherheit nicht nur zum Trost für die Hinterbliebenen. Es ging vielmehr darum, sich der unverbrüchlichen Gemeinschaft mit den Verstorbenen zu versichern. Ein festliches Mahl war ja ein Miteinander, schuf bleibende Verbundenheit, schenkte Leben.

Der Bereich der Jenseitssicherung reichte aber noch viel weiter: In vielen Kulturen gab es kultische Opfer für die Toten. Oft wurden die Verstorbenen durch Trankopfer mit reinem Wasser versorgt. Auf diese Weise sollten sie vor dem schlechten Wasser der Unterwelt bewahrt werden. Weit verbreitet waren auch Zaubersprüche. Sie hatten den Sinn, den Verstorbenen bei ihrer gefährlichen Reise in das Land jenseits des Todes den Weg zu bahnen. Im altägyptischen „Totenbuch", einer Art Reiseführer ins Jenseits, bekommt der noch Lebende Formeln an die Hand, mit denen er nach seinem Tod das Gericht bestehen kann[4]. Er wird mithilfe dieser Formeln den 42 Totenrichtern sagen, welche Freveltaten er *nicht* begangen hat[5]. Er wird dann – neben vielen anderen Unschuldserklärungen – die folgenden Formeln sprechen:

Ich habe nicht Gott gelästert.
Ich habe mich nicht an einem Armen vergriffen.
Ich habe [andere] nicht [durch Zauber] krank gemacht.
Ich habe [andere] nicht zum Weinen gebracht.
Ich habe nicht gemordet.
Ich habe nicht zu morden befohlen.
Ich habe niemandem Leid zugefügt.
Ich habe den Toten keine Opferbrote geraubt.
Ich habe keinen Ehebruch begangen.

Das Ganze ist zunächst einmal magisches Geschehen. Kann der Tote diese und andere Unschuldserklärungen korrekt aussprechen, werden ihn die Gerichtsgötter passieren lassen, und er gelangt in die Gefilde ewigen Lebens. Aber es liegt auf der Hand, dass der Glaube an solche Prüfungen im Jenseits auch schon das Leben im Diesseits verändert. Der noch Lebende, der die Formeln lernt und verinnerlicht, weiß genau: Anlügen kann er die göttlichen Richter nach seinem Tod keinesfalls.

Doch nicht nur in solcher Art Todesbewältigung haben sich die Völker mit dem Sterben auseinandergesetzt. Sie taten es auch in der Anstrengung philosophischen Denkens. Der griechische Philosoph Platon (428/27–348/47) erzählt in einer seiner tiefgründigsten Schriften, nämlich in dem Dialog „Phaidon", von Gesprächen, die Sokrates mit seinen Freunden am Tag seiner Hinrichtung führt. Es geht dabei um das Fortleben der Seele.

Das Leben des gerechten, des weisen, des philosophischen Menschen, sagt Platon durch den Mund des Sokrates, ist ein allmähliches Sterben. Denn der wahrhaft Weise strebt zeitlebens nach Einsicht und Besonnenheit. Er sucht das wahre Sein, die wahre Wirklichkeit. Deshalb ordnet er sein Leben ganz auf die Seele hin. Er verschließt sich den ständigen Wünschen des Leibes und bringt sein Innerstes auf diese Weise schon mitten im Leben auf Distanz zum Leib. Reine Erkenntnis könne es nämlich nicht geben, solange die Seele unter der drückenden Last des Leibes stöhne. Reine Erkenntnis setze die Loslösung vom Leib voraus.

Endgültig geschehe das schon im Leben geübte Absterben dann im Tod. Im Tod trenne sich die Seele vom Leib. Im Tod sterbe das Sterbliche im Menschen. Das Unsterbliche aber entziehe sich dem Tod heil und unzerstört. Im Tod, sagt Platon, geht die Seele des Weisen und Gerechten ein in den Bereich des immer Seienden, des Ewigen, des Unzerstörbaren und Unveränderlichen. Und dann erhält sie, geschieden von der Unvernunft und den Fesseln des Leibes, zusammen mit den Vielen, die gleich ihr die wahre Erkenntnis gesucht haben, Anteil am ewigen Sein: an der vollkommenen Welt der Wahrheit und des Schönen.

Das Großartige am „Phaidon" ist, dass dies alles nicht einfach als unbestreitbare Wahrheit dekretiert wird. Wie in den meisten Dialogen Platons ringt Sokrates mit seinen Freunden in immer neuen Schritten um Erkenntnis. Am Ende des langen Tages – kurz vor seinem Tod durch den Giftbecher – sagt Sokrates[6]:

Nun freilich starren Sinnes zu behaupten, dass alles, was ich gesprochen habe, auch unbedingte Wahrheit sei, schickt sich nicht für einen, der zu denken pflegt. Doch dass es um das Schicksal unserer Seelen und ihr Wohnen [in der göttlichen Welt der Wahrheit] so oder so ähnlich steht – das darf man, da die Seele ja unsterblich ist, mit Festigkeit vertreten, und es ist wert, dass man den Glauben daran wage. Es ist ein wunderbares Wagnis.

Sokrates geht dann gelassen, fast heiter in den Tod, zu dem ihn die athenischen Richter verurteilt haben. Er trinkt vor den Augen seiner Freunde den Schierlingsbecher. So jedenfalls schildert es Platon. Sein „Phaidon“ hat in der Geschichte des Abendlandes eine außerordentliche Wirkungsgeschichte gehabt. Immer wieder wurden seine Gedanken abgelehnt oder aufgegriffen, belächelt oder bewundert.

Die Frage, was nach dem Tod kommt, ist bis heute nicht verstummt. Man braucht sich nur die Todesanzeigen einer beliebigen Zeitung etwas genauer anzusehen. Da wimmelt es von christlichen und nichtchristlichen, philosophischen und schöngeistigen Bekenntnissen zum Sinn des Todes. Die Frage, was nach dem Tod kommt, durchweht jede Gesellschaft, auch die aufgeklärteste. Sie bricht ständig neu auf, selbst wenn sie verdrängt wird und zur Verschleierung der Realität des Todes eigene Verdrängungsrituale erfunden werden. Die Frage ist unausrottbar.

Aber ist es eine sinnvolle Frage? Kann es auf derartiges Fragen überhaupt eine Antwort geben? Ist Platon hier nicht viel zu selbstgewiss? Sind wir in diesem Fall nicht eher in der Situation jenes jüdischen Witzes, bei dem zwei Juden beieinander sitzen, von denen der eine seit seiner Geburt blind ist?

„Willst du ein Glas Milch?“ fragt der, der sehen kann.
„Beschreib mir doch einmal die Milch!“ sagt der Blinde.
„Milch – das ist eine weiße Flüssigkeit.“
„Schön. Und was ist weiß?“
„Nu – weiß ist zum Beispiel ein Schwan.“
„Aha. Und was ist ein Schwan?“

„Ein Schwan? Das ist ein Vogel mit einem langen krummen Hals.“
„Gut. Aber was ist krumm?“
„Krumm? Ich werde jetzt meinen Arm biegen, und du wirst ihn betasten. Dann wirst du wissen, was krumm ist.“
Der Blinde betastet sorgfältig den aufwärts gebogenen Arm des anderen und sagt dann: „Wunderbar! Jetzt weiß ich endlich, was Milch ist.“

Der Witz ist absurd. Zugleich ist er so hintergründig wie viele jüdische Witze. Weshalb fragt der Blinde überhaupt? Warum trinkt er nicht einfach? Dann wüsste er doch schon ziemlich viel über Milch. Dann hätte er sie geschmeckt. Stattdessen diese zwar intelligenten und doch auch wieder leicht irren Versuche, Milch zu erklären!

Aber machen wir es nicht ähnlich? Wir wollen das menschliche Leben erklären, wollen wissen, was es eigentlich ist, gehen dabei über das Leben selbst hinaus, reden über ein Leben *nach* dem Leben, glauben, wir müssten das Leben durch ein Jenseits erklären, und machen dabei die verrücktesten Umwege – statt einfach zu leben. Warum trinken wir nicht einfach die Milch unseres Lebens?

Wäre es nicht besser, alle Kräfte auf dieses Leben zu richten, in das wir hineingeworfen wurden? Sollten wir nicht alles tun, unser Leben so sachgerecht wie möglich zu führen, und über alles Übrige schweigen? Wäre es nicht besser, die krummen Linien des Lebens, seine Vertracktheiten und seine Rätsel schweigend auf uns zu nehmen – zwar über vieles zornig, aber auch wieder mit viel Vertrauen – und alles Jenseitige als Geheimnis stehen zu lassen, über das uns kein Wissen zukommt?

Es ist jetzt schon viele Jahre her, dass ich mit einem älteren Pfarrer sprach, den ich sehr geschätzt habe. Er war in seiner Gemeinde geachtet und angesehen. Jeden Sonntag legte er ihr das Evangelium einfühlend und achtsam aus. Niemand konnte ihm vorwerfen, er rede leichtfertig daher. Es schockierte mich, als mir dieser Mann im Verlauf eines längeren Gespräches sagte:

Wir reden viel zu schnell vom Leben nach dem Tod, vom Jenseits, von der Auferstehung. Das alles fließt uns noch immer allzu leicht über die Lippen. Ich habe im Laufe meiner Arbeit, weiß Gott, viele Menschen kennengelernt, darunter vor allem auch viele Alte und Kranke. Was nach dem Tod kommt, war nicht das Problem dieser Leute. Ihre eigentliche Sorge war: Was wird aus meinen Kindern? Habe ich genug für sie getan? Was wird aus meinen Angehörigen? Wie kommt mein Mann, wie kommt meine Frau zurecht, wenn ich nicht mehr da bin? Falle ich mit meiner Krankheit den anderen auch nicht zur Last? Das waren ihre Fragen. Ich habe viele Menschen kennengelernt, die nie vom Jenseits sprachen, die es aber gelernt hatten, ihr Leben anzunehmen, und die es dann schließlich still und gefasst zu Ende gebracht haben. Zeigt sich nicht genau hier das eigentlich Christliche? Kann man überhaupt mehr wollen? Sollten wir solchen Menschen dann auch noch mit dem Jenseits kommen?

Wie gesagt: Das hat mich zunächst schockiert. Gerade weil es ein Seelsorger sagte, von dem ich wusste, dass er nie ein Stück der kirchlichen Lehre unterschlagen hat. Er sprach in seinen Predigten, wenn es die Situation oder die Texte der Liturgie erforderten, durchaus vom christlichen Sterben, vom Gericht, von der Auferstehung der Toten. Dass er trotzdem privat so völlig anders reden konnte, hat mich beunruhigt. Es wollte mir nicht aus dem Kopf.

Übrigens war an dem, was mir dieser Mann damals gesagt hatte, etwas Prophetisches. Was er – gleichsam im Voraus – formuliert hatte, ist inzwischen eingetreten. Heute trauen sich viele, die von der Kirche mit der Verkündigung beauftragt sind, kaum noch, von den „Letzten Dingen" zu reden. Wo wird in den Predigten noch vom rechten Sterben, von der Wiederkunft Christi, vom Gericht über unsere Werke, vom ewigen Leben und von der Vollendung der Welt gesprochen? Natürlich müssten diese alten Begriffe übersetzt werden. Aber welcher Prediger wagt die Übersetzung?

Damit ist wohl schon klar: Die Meinung jenes Seelsorgers hat mich zwar nachdenklich gemacht. Zustimmen konnte ich ihr dennoch nicht. Natürlich ist es wahr, dass es zahllose Menschen gibt, die über das Leben keine großen Worte machen, kaum nach dem Jenseits fragen, aber Ja sagen zu ihrem Leben und fraglos für die Anderen da sind. Das alles stimmt.

Aber diese stille Menschlichkeit kann noch nicht das Letzte sein. So edel und abgeklärt es ist, wenn Menschen versuchen, das Unerforschliche schweigend anzunehmen – der Mensch ist seinem Wesen nach ein Fragender, und zwar einer, der nach dem *Ganzen* fragt und der mit seinem Fragen nie aufhört. Dass er ein Fragender ist, unterscheidet ihn gerade von den Tieren.

Tatsächlich bricht die Frage nach dem „Warum" und dem „Danach" ja auch immer neu auf. Die Kinder stellen in einer bestimmten Phase ihres Lebens unablässig ihre Warum-Fragen. Es ist nicht gut, dass ihnen ihre Penetranz von den Erwachsenen so schnell und so gründlich ausgetrieben wird. Genauso fragen sie immer wieder nach dem „Danach".

Neulich gingen eine Mutter und ihr kleiner Sohn auf der Straße vor mir her. „Bald wird es Winter", sagte die Mutter – gerade in dem Moment, als ich auf die beiden aufmerksam wurde.

„Und dann?", fragte das Kind.
„Dann schneit es."
„Und dann?"
„Dann gehen wir beide Schlitten fahren."
„Und dann?"
„Dann wird es Frühling."
„Und dann?"
„Dann kommst du in die Schule."
„Und dann?"
„Dann lernst du einen Beruf."

Ich weiß nicht, ob der Kleine das Ganze noch weiter getrieben hat. Wir drifteten auseinander. Natürlich war es für ihn ein Spiel. Ein schon fast zum Ritual werdendes „Ping-Pong" mit

Wörtern. Aber war es *nur* ein Spiel? Stand hinter diesem Spiel nicht eine elementare Frage – die Frage aller Fragen?

2. Zwischen Skepsis und Seelenglauben

Liest man griechische oder römische Grabinschriften, springt einem sofort in die Augen, wie sehr die Frage nach dem „Und dann?" die Menschen der Antike beschäftigt hat. Zwar zeigen das längst nicht alle damaligen Grabinschriften. Viele schweigen über die Jenseitsfrage. Sie sagen lediglich, wer an dieser Stelle bestattet ist. So steht etwa auf einem römischen Grabmal in Südfrankreich[7]:

> *Fabius Zoilus ließ es [dieses Grab] für sich und seine heißgeliebte Gattin Consuadullia Primilla schon zu Lebzeiten machen, damit wir es haben.*

Im Lateinischen ist der Text noch kürzer. Und er ist so formelhaft wie viele unserer heutigen Grabinschriften. Von der Weltanschauung dieses Fabius und seiner Consuadullia verrät der Grabstein nicht das Geringste.

Doch es gibt auch zahlreiche antike Grabstelen und Steinsärge, die gesprächiger sind. Sie reden zwar nicht immer exakt vom Welt- und Jenseitsverständnis derer, die sie anfertigen ließen. Wir müssen auch schon für die Antike damit rechnen, dass die Hersteller von Grabsteinen und Sarkophagen ihren Kunden vorformulierte Texte anboten, unter denen sie wählen konnten. Aber die Kunden konnten eben wählen – je nach dem Bild, das sie von der Welt hatten. Und dieses Weltbild konnte sehr verschieden sein. Viele antike Grabinschriften atmen nichts als Wehmut und Resignation. Sie verraten auf diese Weise indirekt, dass es für ihre Auftraggeber kein „Danach" gab. So etwa ein römischer Grabtext für ein junges Mädchen[8]:

Weint alle, die ihr des Weges kommt, über mein trauriges Geschick und bleibt vor meiner armen Asche ein wenig stehen. Weint über mich Unglückliche, deretwegen die geschlagenen Eltern schmerzliches Leid tragen bei Tag und bei Nacht. Nur zu ihrem Unglück haben sie mich gezeugt, meine Hochzeit durften sie nicht erleben. Kein weinfroher Sänger hat mir vor meiner Kammer ein Hochzeitslied angestimmt.

Andere Grabtexte hingegen sind voll Vertrauen wie zum Beispiel der folgende für einen Verstorbenen namens Menelaos[9]:

Menelaos mein Name.
Hier ruht nur mein Leib.
Meine Seele jedoch
bewohnt der Unsterblichen Äther.

Hinter einer solchen Grabinschrift standen bestimmte Vorstellungen, die von der antiken Kosmologie und Physik genährt wurden. Den „Äther" stellten sich viele Wissenschaftler der Antike als die hellstrahlende oberste Dimension des Kosmos vor. Er wurde mit dem himmlischen Feuer gleichgesetzt und galt als Wohnsitz der Götter. Soweit der damalige Mensch nicht Skeptiker war, dachte er dann oft in die folgende Richtung: Der Leib des Menschen sei Materie und daher schwer und widerständig. Hingegen sei die menschliche Seele gewichtslos. Deshalb steige sie im Tod zum Himmel auf – so wie heiße Luft über einem Feuer nach oben steigt. Die unzähligen Sterne, die am Firmament flimmern, seien nichts anderes als die Seelen Verstorbener. Diese Vorstellung wird in vielen Grabinschriften greifbar, etwa in der folgenden[10]:

Mein Name war Philostorgos, [meine Mutter] Nike zog mich auf, die Sicherheit für ihr Alter sollte ich werden, doch nur zwanzig Jahre durfte ich leben. […] Des plötzlichen Todes Beute wurde ich und erfüllte, was der Schicksalsfaden der Gottheit für mich gesponnen. Mutter, weine nicht über mich!

Was hilft es? Nein, schau in Andacht nach oben, denn ein göttlicher Stern bin ich geworden, der früh am Abendhimmel aufgeht.

Man kann sich denken, wie es zu derartigen Vorstellungen kam. Der Verstand ist blitzschnell. Der Gedanke eilt überall hin. Der Geist erobert sich Welten. Der Leib hingegen bewegt sich viel langsamer. Oft ist er sogar hinderlich, vor allem, wenn man älter wird. Wie oft möchte dann der Mensch noch auf Reisen gehen. Aber der Leib will nicht mehr. Am Ende wird er zum Gefängnis.

Das wurde in der Antike, vor allem im Gefolge des Philosophen Pythagoras, auch ganz ausdrücklich formuliert. *Sōma – sēma*, sagten die Griechen. „Der Leib – ein Grab". Das Eigentliche des Menschen ist in dieser Vorstellungswelt die Seele. Der Körper behindert nur. Im Tod wird die Seele wie aus einem Grab, ja wie aus einem Kerker befreit. Wie wir gesehen haben, trägt auch Platon in seinem „Phaidon" solche Gedanken vor. Geradezu platonisch mutet deshalb die folgende römische Grabinschrift aus dem 3. Jahrhundert nach Christus an[11]:

Den jungen Kalokairos umschließt dies Grabmal hier, nachdem die unsterbliche Seele den zarten Leib des Knaben verließ. Den Weg zum Göttlichen eilte sie hin, hinter sich lassend die Sorgen des bitteren Lebens, um emporzusteigen in Reinheit.

Nur ein in den Stein gemeißelter Anker unterhalb des Epigramms verrät, dass diese Grabinschrift einem Christen galt. In der Diktion selbst ist kein Unterschied zu entsprechenden nichtchristlichen Grabtexten festzustellen. Es gibt noch viele andere Beispiele dieser Art. Die heidnischen Formulierungen vom Weiterleben der unsterblichen Seele werden unverändert in christliche Grabinschriften übernommen. Lediglich bestimmte Symbole zeigen, dass es sich um ein christliches Grab handelt: eine Taube, ein Fisch, ein Anker oder das Christusmonogramm.

Doch die Unterschiede existierten trotzdem, selbst wenn sie textlich nicht immer zu greifen waren. Denn im antiken Seelenglauben findet sich sehr oft der Gedanke, die Seele des Menschen sei etwas Göttliches. Und zwar – das ist entscheidend – etwas *von Natur aus* Göttliches. Im Tod, also in der Befreiung von allen Fesseln, komme dieses Göttliche im Menschen endlich zu sich selbst. Die Seele steige auf zum Firmament. Sie werde wieder aufgenommen in die Sphäre des Ewigen, also dorthin, von woher sie kam und wohin sie gehört. Das Weiterleben der Seele steht so für die Weiterexistenz des Ewig-Göttlichen im Menschen.

Wie verlockend diese Vorstellung war, sieht man daran, dass sie teilweise auch in das Christentum eingedrungen ist und sich dort in vielerlei Ecken und Winkeln einnistete, obwohl sie dem christlichen Schöpfungs- und Erlösungsbegriff widersprach[12]. In dem Gebetbuch einer alten Ordensschwester fand ich eines Tages die folgende Reimerei, die sehr fromm klingt, aber im Grunde heidnisch ist:

Ich kam zur Erde ohne Tracht,
rein gar nichts hab ich mitgebracht
von drüben außer meiner Seele.

Mitnehmen werd ich wieder nichts
hinüber in den Tag des Lichts
als wieder nur die eine Seele.

Was schert mich also Erdentand,
wenn nur in leuchtendem Gewand
und ohne alle Erdenfehle
zurückfliegt meine einz'ge Seele
in Gottes heil'ge Vaterhand.

Selbstverständlich waren diese Verse christlich gemeint, und man kann sie auch christlich deuten. Doch genauer betrachtet spiegeln sie nichts anderes als antike Vorstellungen: Die Seele ist das Ewige im Menschen. Der Leib ist nur ein Notbehelf.

Die Seele steuert den Leib wie ein Steuermann das Schiff. Irgendwann aber verlässt der Steuermann das Schiff. Er ist am Ziel der Reise angekommen.

Nun darf man allerdings nicht meinen, die gesamte Antike hätte so gedacht. Die Griechen waren lange Zeit überzeugt, das Leben des Menschen ende als Schattenexistenz im Dunkel der Unterwelt. Und später gab es beileibe nicht nur Seelenglauben. Es gab daneben prallen Materialismus, für den der Leib das Ein und Alles des Menschen war. Dieser Materialismus war meist mit tiefer Skepsis verbunden – vor allem mit der Überzeugung, dass nach dem Tod alles aus sei. Im Tod falle der Mensch in das absolute Nichts zurück. Wer gestorben sei, habe kein „Ich“ mehr, keine Erinnerung, kein Bewusstsein, keine Zukunft.

Auch hierfür finden sich zahlreiche antike Grabinschriften. Oft spiegeln sie reine Hoffnungslosigkeit. Nicht selten bedienen sie sich einer fast existentialistischen Sprache. So steht auf einem Grabstein aus dem antiken Rom[13]:

> *Wir sind nichts,*
> *waren Sterbliche nur.*
> *Der du dies liest, bedenke:*
> *Vom Nichts ins Nichts*
> *fallen wir in kürzester Zeit.*

Ähnlich sagt es in lakonischer Kürze die folgende Grabinschrift[14]:

> *Ich war nicht vorhanden,*
> *bin nicht mehr,*
> *weiß nichts davon,*
> *betrifft mich nicht.*

Auf einem Grabstein in Aquileja heißt es[15]:

> *Mach dir ein angenehmes Leben, Kamerad! – Warum? Nach deinem Tod wird es kein Lachen mehr geben, kein Liebesspiel mehr, noch irgend ein andres Vergnügen.*

Hier werden also – wie oft auf antiken Gräbern – Ratschläge an die noch Lebenden erteilt, die des Weges kommen. So auch auf dem Grab eines gewissen Tiberius Claudius Secundus in Rom. Die Übersetzung versucht, das klassische Versmaß der Inschrift wiederzugeben[16]:

Bäder und Liebe und Wein –
sie richten uns freilich zugrunde.
Aber Leben sind nur:
Bäder und Liebe und Wein.

Noch viele andere antike Grabinschriften reden in genau dieser Art. Die Vorübergehenden werden aufgefordert, sich so viel Gutes zu gönnen wie nur möglich. Sie sollen essen und trinken und die Lust der Liebe genießen. Denn wenn erst einmal der Tod kommt, heißt es dann oft, „wird es dunkel um Euch und es umfängt Euch ewiges Vergessen". Auf manchen Gräbern werden den Passanten geradezu kleine Predigten gehalten, doch ja keinen Lebensgenuss auszulassen. Allerdings gibt es umgekehrt auch Reden in das Grab hinein. Mithilfe der Grabinschrift kann man dem Verstorbenen mit dem ganzen Sarkasmus, zu dem die Antike fähig war, sagen[17]:

Was nun hast du davon, dass viele Jahre du
lebtest sittlich und streng?

In Wirklichkeit galt dieser Sarkasmus natürlich weniger dem betreffenden Verstorbenen. Auch er galt den Passanten, die an der Grabstele vorübergingen. Es gab in der Antike also nicht nur Seelenglaube. Es gab, was Tod und Jenseits anging, in gleichem Ausmaß Skepsis, Sarkasmus, Zweifel und Bitterkeit. Sind auf den Grabsteinen Figuren dargestellt – oft ist es die Gestalt einer trauernden Frau – so zeigen ihre Gesichter nicht selten tiefe Wehmut und Trauer.

Die skeptischen Stimmen der Antike werden heute wieder aufgegriffen. Der junge Bertolt Brecht (1898–1956) etwa sagt uns in der Form einer gereimten Predigt mit dem Titel „Luzifers Nachtlied“, dass es nur den *einen* Tag des Lebens gibt. Dann kommt die ewige Nacht, und alles ist für immer vorbei. Man muss diesen einen und einzigen Tag also ohne jede Angst genießen. Denn mehr hat der Mensch nicht. Mehr „steht nicht bereit“. Alle, die behaupten, nach der Nacht käme ein neuer Morgen, sind nichts anderes als Vertröster, Verführer und Betrüger[18].

1

Lasst euch nicht verführen!
Es gibt keine Wiederkehr.
Der Tag steht in den Türen;
Ihr könnt schon Nachtwind spüren:
Es kommt kein Morgen mehr.

2

Lasst euch nicht betrügen!
Das Leben wenig ist.
Schlürft es in vollen Zügen!
Es wird euch nicht genügen
Wenn ihr es lassen müsst!

3

Lasst euch nicht vertrösten!
Ihr habt nicht zu viel Zeit!
Lasst Moder den Erlösten!
Das Leben ist am größten:
Es steht nicht mehr bereit.

4

Lasst euch nicht verführen!
Zu Fron und Ausgezehr!
Was kann euch Angst noch rühren?
Ihr sterbt mit allen Tieren
Und es kommt nichts nachher.

Natürlich richtet sich diese Predigt mit ihren so eindrücklichen Rhythmen vor allem gegen die Christen. In den Augen von Bert Brecht betrachten sie sich als die „Erlösten", weil sie an die Erlösung vom Diesseits glauben. Es ist der alte Vorwurf, der seit Karl Marx und Friedrich Nietzsche nie mehr verstummt ist: Die Christen würden die Erde verachten, die Armen auf das Jenseits vertrösten und statt die Welt zu lieben, auf eine Hinterwelt hoffen. Der Vorwurf trifft zu Recht falsche Begleit-Töne im Christentum. Den Grundton des christlichen Glaubens trifft er freilich nicht. Die biblische Botschaft selbst sagt etwas völlig anderes. Wir werden das noch sehen.

Viel weniger dogmatisch als Bert Brecht formuliert Marie Luise Kaschnitz (1901–1974). Eines ihrer Auferstehungs-Gedichte – es hat den Titel: „Nicht mutig" – lautet[19]:

Die Mutigen wissen
Dass sie nicht auferstehen
Dass kein Fleisch um sie wächst
Am jüngsten Morgen
Dass sie nichts mehr erinnern
Niemandem wiederbegegnen
Dass nichts ihrer wartet
Keine Seligkeit
Keine Folter
Ich
Bin nicht mutig

Das Gedicht formuliert zwei Lebensentwürfe. Zunächst den Entwurf derer, für die mit dem Tod alles aus ist. So zu denken, scheint nüchtern und realistisch zu sein. Wer mag sich schon vorstellen, dass um die Knochen herum wieder Fleisch wächst oder dass es eine Hölle gibt, in der Menschen gefoltert werden? Anscheinend entspringt dieser Lebensentwurf sogar aus „Wissen": „Die Mutigen wissen". Warum aber sind die, die wissen, Mutige?

Der entgegengesetzte Entwurf ist sich selbst so unsicher, dass er nur indirekt aus der Hinterfragung der Position der Mutigen hervorgeht. Er erscheint nur ganz am Ende in einem einzigen Satz: „Ich – bin nicht mutig.“ Gibt es die Auferstehung vielleicht doch?

Sieht man genauer hin, so zeigt sich freilich, dass in dem „Ich – bin nicht mutig“ eine verborgene Kritik an den „Mutigen“ steckt. Offenbar redet das Gedicht gar nicht so hochachtungsvoll von den „Mutigen“, wie es auf den ersten Blick scheint.

Man könnte das Untergründige des Gedichts vielleicht folgendermaßen formulieren: Die Skeptiker, die so genau wissen, dass sie nicht auferstehen, können sich ihrer Sache ja auch nicht sicher sein. Sie beschreiben eine Position, die sich Auferstehung relativ plump und vordergründig ausmalt (Fleisch um die Knochen, Höllenfolter) – um sie dann abzulehnen. Doch selbst dazu brauchen sie „Mut“. Und wenn man zu einer Sache Mut braucht, ist der Ausgang noch unsicher und offen. Vielleicht täuschen sich die „Mutigen“ ganz gewaltig.

Steckt in dem Gedicht vielleicht sogar ein Hauch von Hohn auf die „Mutigen“, die so tapfer den Mund aufreißen und die Welt volltönen mit ihrem „Wissen“ und dem totalen Überblick, den sie beanspruchen? Das Gedicht von Kaschnitz will den Mund nicht aufreißen. Es wagt nicht einmal, die eigene Vorstellung von Auferstehung auszubreiten. Es kommt gerade nicht predigend und großspurig daher wie das von Bert Brecht. Das einzige Argument des Gedichts ist am Ende das „Ich – bin nicht mutig“.

Um vieles selbstsicherer redet dann wieder Kurt Marti (geb. 1921) in einem vielzitierten Text. Er predigt wie Bert Brecht. Aber nun aus der entgegengesetzten Richtung[20]:

das könnte manchen herren so passen
wenn mit dem tode alles beglichen
die herrschaft der herren
die knechtschaft der knechte
bestätigt wäre für immer

das könnte manchen herren so passen
wenn sie in ewigkeit
herren blieben im teuren privatgrab
und ihre knechte
knechte in billigen reihengräbern

aber es kommt eine auferstehung
die anders ganz anders wird als wir dachten
es kommt eine auferstehung die ist
der aufstand gottes gegen die herren
und gegen den herrn aller herren: den tod

Das ist eine Leichenrede mit klassenkämpferischem Einschlag. Sie argumentiert: Gäbe es keine Auferstehung, so würden die Ausbeuter und Sklavenhalter der Welt ewig recht behalten und noch im Tod triumphieren. Sie werden aber nicht triumphieren, denn Gott arbeitet längst an einer Revolution, die alle Mächtigen dieser Welt und zuletzt auch noch den Tod vom Thron stürzt.

Der Prediger-Text von Bert Brecht, der zagend-bekennende (und vielleicht sogar leicht spöttisch widersprechende) Text von Marie Luise Kaschnitz und dann der sich ereifernde von Kurt Marti zeigen: Die dissonante Vielstimmigkeit der Antike ist noch immer da. Die Frage aller Fragen ist geblieben. Und die Antwort bewegt sich noch immer zwischen radikaler Skepsis und der Hoffnung auf das ganz „Andere“, das einmal alle Fragen beantwortet.

3. In den Nachkommen weiterleben?

Die griechischen und römischen Grabinschriften zeigen es immer wieder: Die Menschen der Antike haben sich zur Erinnerung an ihre Toten gern markante Texte ausgedacht, die sprachlich verdichtet waren. Oft waren sie sogar in ein Versmaß gegossen. Und fast immer wollten sie denen, die an den Gräbern vorbeigingen, eine Botschaft vermitteln.

Das alles gibt es auch heute. Die Texte auf unseren Grabsteinen wären es wert, von den Volkskundlern (vornehmer: von den Kulturanthropologen) umfassend gesammelt und analysiert zu werden. Denn es gibt da ja nicht nur jene Inschriften, die lediglich den Namen sowie Geburts- und Sterbedatum enthalten – die aber selbst mit dieser Kargheit signalisieren: Hier liegt ein ganz bestimmter Mensch mit seiner einmaligen, unverwechselbaren und unersetzbaren Geschichte. Vielmehr gibt es unzählige Grabsteine mit kürzeren oder längeren Zusätzen, die helles Licht auf das Weltbild unserer Vorfahren beziehungsweise unserer Zeitgenossen werfen. Ich greife ein beliebiges Beispiel heraus. Auf einem norddeutschen Friedhof findet sich auf einem Grabstein jüngerer Zeit der Spruch:

Losgelöst von der Mutter Erde
schlummern wir wunschlos
dem großen Rätsel entgegen.

Ganz anders klingt es auf einem Grabstein aus Detwang bei Rothenburg ob der Tauber. Ich schrieb mir die Grabinschrift vor vielen Jahren bei einer Fahrt durch das Taubertal ab:

Anno 1651 den 27. April Sonntags
in der Nacht Zwischen 12 und 1 uhr
ist in Ihrem Erlöser Jesu Christo
Sanft und Seelig entschlaffen
Weilandt die Tugendtsame Maria Bülgin
auf der weisen mühlen
ein geborene Waltmännin
Ihres alters 22 Jahr 2 monat 2 tag
derer Seelen Gott genadte
Amen

Vieles dieser Art wäre zu sammeln. Nicht nur Griechen und Römer neigten dazu, den Vorübergehenden ihre Sicht des Todes mitzuteilen. Der Tod provoziert auch bei uns Bekenntnisse der Hinterbliebenen. Allerdings stehen die wirklich aufschlussreichen Texte heute nicht mehr auf Grabsteinen, sondern auf virtuellen Gräbern in einem Internet-Friedhof oder in Todesanzeigen, die als Brief verschickt beziehungsweise in einer Zeitung veröffentlicht werden. Dort sind sie geradezu eine Fundgrube für den, der wissen will, was heutige Menschen über den Tod oder das Weiterleben nach dem Tod denken.

Man findet in Todesanzeigen jede nur denkbare Position – vom christlichen Glaubenszeugnis bis zu poetisch verbrämtem Nihilismus. Häufig werden Bibelworte oder Sentenzen von Dichtern und Schriftstellern zitiert. Nicht selten sind die betreffenden Texte aber auch ganz persönlich formuliert. So stand in einer großen Tageszeitung als Teil einer Todesanzeige der Text:

> *Liebe Mama, Du hast mir bei allem, was ich in meinem Leben gemacht habe, den Rücken gestärkt. Lieber Papa, Du hast vorgelebt, was Arbeiten mit Hingabe und Leidenschaft bedeutet. Euch habe ich alles zu verdanken. Ihr seid in mir und lebt in mir weiter.*

Was hier interessiert, ist das „Ihr seid in mir und lebt in mir weiter“. Dahinter steht der Gedanke: Die Verstorbenen leben in ihren Nachkommen weiter. Mit dem Tod ist für sie persönlich zwar alles aus. Aber was sie an Gutem in die Welt gebracht haben, geht nicht verloren. Es pflanzt sich fort über ihre Kinder und Enkel bis in ferne Generationen hinein. So bleibt es bestehen. Und so bleiben die Verstorbenen selber in der Welt.

Es ist erstaunlich, wie weltweit dieses Denken verbreitet ist. Manchmal sogar in ganz handgreiflicher Form. Auf Neuguinea kann es heute noch geschehen, dass Angehörige die Asche ihrer Verstorbenen essen. Das rituelle Verzehren der Asche soll sicherstellen, dass die Toten nicht endgültig verschwinden, sondern in der Familie beziehungsweise im Clan präsent bleiben. Solche und ähnliche Riten sind uralt. Wahrscheinlich reichen sie bis in die menschliche Frühzeit zurück.

Die Vorstellung des Weiterlebens in den Nachkommen findet sich auch im Alten Testament. Im frühen Israel war jeder Einzelne tief eingebettet in die Großfamilie sowie in den Sippenverband und dessen Geschichte[21]. Das Ichgefühl des Einzelnen war fast deckungsgleich mit dem Ichgefühl seiner familiären Lebensgemeinschaft. Alles, was man war, setzte sich, so glaubte man, in den Nachkommen fort. Der eigene Name lebte in den Kindern und Kindeskindern weiter. Deshalb durfte eine Familie nicht aussterben, ein Name nicht erlöschen, die Erinnerung an die Ahnen nicht schwinden. Wollte man jemanden verfluchen, so war einer der schrecklichsten Flüche, dass die Familie des Betreffenden untergehe und jede Erinnerung an sie im Land verwehe. In Ps 109,13 – in dessen Mittelteil geschildert wird, wie Gegner den Beter des Psalms verfluchen – heißt es:

Seine Nachkommen sollen aussterben,
und schon in der nächsten Generation
erlösche ihr Name auf immer.

Hier soll also eine ganze Familie und – das ist entscheidend – auch die Erinnerung an sie durch todbringende Flüche vernichtet werden. Nur von hier aus wird verständlich, welch trauriges Geschick in Israel Kinderlosigkeit war. Keine Kinder zu haben, war nicht nur ein Problem der Altersvorsorge und der Rechtssicherheit für die Betagten. Keine Kinder zu haben, minderte das Leben insgesamt. Es war ein Stück Tod schon mitten im Leben. Hingegen verringerte eine Vielzahl von Kindern die Last des Todes. Viele Kinder zu haben, wurde als ein Segen empfunden, der Anteil gab an dem Segen, der über ganz Israel lag – von Generation zu Generation.

Offenbar ist solches Verwobensein in die Generationenfolge auch im 21. Jahrhundert noch für viele Menschen ein Trost. Sie erblicken sich selbst in ihren Kindern. Sie sind überzeugt, ihre Leistungen der Welt in ihren Kindern weitergeben zu können. Entsprechend stellen sich dann auch Kinder vor, die Eltern seien in ihnen lebendig. Wie hieß es in der Anzeige? „Ihr seid in mir und lebt in mir weiter."

Daran ist sicher manches richtig. Vieles von unseren Vorfahren lebt tatsächlich in uns weiter. Wir verdanken unseren Eltern, Großeltern und Urgroßeltern sehr viel. Allerdings sollte man bedenken: Im Alten Testament ist der Gedanke des Eingebettetseins in die Generationenfolge fest verknüpft mit dem Glauben, dass Gott seine Verheißungen an Israel in den kommenden Generationen immer neu erfüllen werde. Fällt dieser Verheißungsglaube dahin, so verliert die Hoffnung auf ein Weiterleben in den Nachkommen ihren tragenden Grund.

Aber mehr noch: Der fromme Israelit glaubte nicht nur, dass Gott seine Verheißungen erfüllen werde. Er war darüber hinaus überzeugt, dass schon jetzt jede Generation, die gegenwärtige wie die kommende, unter dem Segen Gottes stehe – solange Israel nur immer wieder zu seinem Gott umkehre und sich von den Göttern der Welt abwende.

Schwindet solcher Glaube, der ja von Generation zu Generation weitergegeben werden muss, dann verändert die Hoffnung, in den Nachkommen weiterzuleben, ihr Gesicht. Der alte biblische Gedanke wird dann plötzlich tragisch oder gar lächerlich. In heutigen Todesanzeigen kann man häufig eine Sentenz lesen, die bald Lucius Annaeus Seneca, bald Immanuel Kant, bald Ernest Hemingway zugeschrieben wird[22]:

Wer im Gedächtnis seiner Lieben lebt,
der ist nicht tot, er ist nur fern;
tot ist nur, wer vergessen wird.

Dieser Sinnspruch ist äußerst beliebt. Unablässig wird er dazu benutzt, Todesanzeigen zu verzieren und bedeutungsvoll zu machen. Nebenbei gesagt: Die Tatsache, dass man in Todesanzeigen immer wieder die gleichen Sprüche zu lesen bekommt, hängt natürlich mit den Vorlagen zusammen, die das jeweilige Bestattungsinstitut oder das Internet den Hinterbliebenen anbietet. Auch der folgende Text gehört zum eisernen Bestand der derzeit kursierenden Trauersprüche[23]:

Du bist nicht tot, Du wechselst nur die Räume.
Du lebst in uns und gehst durch unsre Träume.

Aber stimmt das alles? Wechselt man im Tod wirklich nur den Raum? Und kann menschliches Erinnern den Tod besiegen? Fast der gleiche Gedanke, wenn auch etwas sublimer formuliert, steckt in dem folgenden Motto, das sich ebenfalls am oberen Rand vieler moderner Todesanzeigen findet[24]:

Du bist nicht mehr da, wo Du warst,
aber Du bist überall, wo wir sind.

Der Tote lebt also weiter. Er ist zwar nicht mehr sichtbar anwesend. Als reale Person gibt es ihn nicht mehr. Aber er lebt im Gedächtnis, er lebt im Herzen seiner Nachkommen. Deshalb auch der folgende Trauerspruch[25]:

Wenn Ihr mich sucht,
sucht mich in Euren Herzen.
Habe ich dort eine Bleibe gefunden,
lebe ich in Euch weiter.

Die Toten sind zwar tot, leben aber virtuell weiter: in den Herzen ihrer Verwandten und Freunde – und genauso oft beschworen – in ihren Erfolgen, ihren Werken, ihren Taten, in dem, was sie in der Welt geleistet haben. Im Jahre 2014 wurde die Todesanzeige einer bekannten Persönlichkeit des kulturellen Lebens Europas mit den folgenden Sätzen eingeleitet[26]:

Jedes Leben lebt irgendwo weiter,
mein Vater und meine Mutter in mir

und ich in allem, was ich realisiert habe.
Das bedeutet Auferstehung für mich.
Paradiese interessieren mich nicht.

Das war ein klares Bekenntnis des Toten zu seiner Sicht des Lebens und der Welt. Was soll man von dieser Weltsicht halten? Dass alles, was ein Mensch an Gutem, Wahrem und Schönem realisiert hat, in die Geschichte eingeht, ist selbstverständlich richtig. Alles Realisierte vermischt sich mit dem Lauf der Welt, verändert einiges oder verändert sogar viel. Wie lange es freilich der Geschichte eingestiftet bleibt, ist eine andere Frage. Was jemand aufgebaut hat, kann schon in der nächsten Generation zur Ruine werden. Und selbst Ruinen können untergehen und schlichtweg verschwinden. Das Gute, das einer getan hat, kann brüchig werden. Böses kann an seine Stelle treten und es zunichtemachen. Unwahrheit und Manipulation können über die Wahrheit siegen. Das Schöne kann zerstört oder verhässlicht werden.

Und das vielbeschworene Gedächtnis der Menschen, in dem wir angeblich weiterleben? Eine ebenfalls gern zitierte Sentenz am Anfang von Todesanzeigen lautet:

Nach der Zeit der Tränen und der tiefen Trauer bleibt die Erinnerung. Die Erinnerung ist unsterblich und gibt uns Trost und Kraft.

Oder – noch kürzer und prägnanter:

Begrenzt ist das Leben,
doch unendlich die Erinnerung.

Oder etwas poetischer:

Erinnerungen sind wie Sterne am Himmel.
Deiner wird ewig leuchten.

Oder mit ein wenig Indianer-Romantik:

An den Feuern unseres Clans
wird man einst Lieder von Dir singen.
Aus Deinem Leben wird man Geschichten weben,
und Geschichten sterben nie.

Das ist süffig wie ein aparter Cocktail, ist aber trotzdem reine Illusion. Für mich ist immer wieder erstaunlich, wie schwachbrüstig heutige Todesanzeigen sein können. „Der Stern der Erinnerungen an Dich wird ewig leuchten“? Glaubte der Verfasser der Todesanzeige das wirklich? „Geschichten sterben nie“? Tatsächlich? Auch Geschichten sterben, vor allem wenn es private Geschichten sind, die niemanden interessieren. Und das Potential menschlicher Erinnerungen ist eben keineswegs „unendlich“ und „ewig“. Schon die Erinnerung an die eigene Lebensgeschichte ist brüchig, hat viele Aussetzer und ist voll von Selbsttäuschungen. Unsere Enkel werden zwar noch einiges von uns wissen. Doch dann beginnt unerbittlich das Vergessenwerden.

Wir können ja einmal die Probe machen: Von unseren Eltern wissen wir im Allgemeinen noch ziemlich viel, wenn auch nicht alles. Von unseren Großeltern schon bedeutend weniger. Aber immer noch relativ viel. Von den Urgroßeltern wissen wir fast nichts mehr, und dann setzt es ganz aus. Natürlich abgesehen von dem Fall, wir würden Ahnenforschung betreiben. Aber selbst dann sammeln wir nur äußere Fakten. Von dem Eigentlichen wissen wir nichts.

Lee Child, ein in New York lebender Autor rasanter Unterhaltungsliteratur, beschreibt das treffend in seinem Buch „Die Abschussliste“. Die Mutter von Jack Reacher, der Hauptfigur des Buches, ist an Krebs gestorben. Nach ihrem Tod entwickelt sich zwischen Jack und seinem Bruder Joe das folgende Gespräch[27]:

„Das Leben ist wirklich verrückt“, sinnierte Joe. „Ein Mensch lebt über sechzig Jahre, tut alles Mögliche, weiß alles Mögliche, empfindet alles Mögliche, und dann ist's plötzlich aus. Als hätte es das alles nie gegeben.“

„In unserer Erinnerung lebt sie weiter.“
„Nein, wir werden uns nur an Teile ihrer Persönlichkeit erinnern. An einige Aspekte, die sie uns sehen lassen wollte. An die Spitze des Eisbergs. Den Rest hat nur sie gekannt. Deshalb existiert dieser Rest ab sofort nicht mehr.“

Damit ist *in puncto* Erinnerung alles gesagt. Nicht einmal die eigene Mutter hat man wirklich gekannt. Und selbst das, was erinnert wird, verweht wie Rauch. Trotzdem wird das nie versagende Gedächtnis der Nachkommen unermüdlich beschworen. Denis Diderot (1713–1784), der Herausgeber einer berühmten Enzyklopädie der Europäischen Aufklärung, erlaubte sich den Satz:

Es gibt nur ein einziges großes Individuum: das Weltall. Das Gehirn, ja die ganze Welt, ist ein sich selbst spielendes Klavier, und die Natur bedarf keines persönlichen Gottes, ebensowenig wie der Mensch einer anderen Unsterblichkeit bedarf als des Fortlebens im Nachruhm.

Offenbar war Diderot von den damals bereits erfundenen mechanisch spielenden Klavieren allzu sehr fasziniert. Leider übersieht der große Aufklärer, dass Klaviere nicht von selbst spielen, nicht einmal die mechanischen! Doch auch die andere Voraussetzung, die Diderot macht, steht auf tönernen Füßen. Der „Nachruhm“ ist demographisch schlecht verteilt. Nur ein winziger Prozentsatz der unzähligen Menschen, die in dieser Welt gelebt haben, fand den Weg in ein Nachschlagewerk!

Und was ist das für eine erbärmliche Art von Unsterblichkeit, in einer Enzyklopädie weiterzuleben! Oder wen kann es trösten, dass er einmal irgendwo in den unermesslichen Informationsfluten des World Wide Web begraben sein wird! Etwa in einer Rechner-Wolke, im Cloud-Computing? Das „Fortleben im Nachruhm“ ist eine windige und absolut unbefriedigende Hoffnung. Da war ein Weisheitslehrer aus dem Alten Israel namens Kohelet viel ehrlicher und realistischer. Er schrieb:

An den gebildeten Menschen gibt es ebensowenig wie an den ungebildeten eine Erinnerung, die ewig währt. Schon in den Tagen, die bald kommen, werden beide vergessen sein. (Koh 2,16)

Der amerikanische Regisseur Woody Allen (geb. 1935) hat den süßen Selbstbetrug, man würde in seinen Verehrern und Nachkommen weiterleben, in einem Interview folgendermaßen entmystifiziert:

Ich möchte nicht durch meine Arbeit unsterblich werden. Ich möchte lieber dadurch unsterblich werden, dass ich nicht sterbe. Ich möchte auch nicht in den Herzen meiner Landsleute weiterleben. Ich möchte lieber in meinem Apartment in New York weiterleben.

4. Immer neue Wiedergeburten?

Im vorangegangenen Kapitel ging es um das Verlangen, in den eigenen Nachkommen weiterzuleben. Möglicherweise hat diese Sehnsucht allmählich und über lange Zeiträume hin die Vorstellung von der Seelenwanderung hervorgebracht. Jedenfalls sind die Religionswissenschaftler der Frage nachgegangen, wie es überhaupt zu der Lehre von der Seelenwanderung beziehungsweise der Reinkarnation gekommen ist (Re-Inkarnation bedeutet wörtlich: Wieder-Einfleischung). Und da sagt zumindest *eine* der vielen Theorien: Am Anfang habe die Anschauung gestanden, dass die Lebenskraft des Vaters auf den Sohn übergehe. Und entsprechend die Vitalität der Mutter auf die Tochter.

„Lebenskraft" – das ist in vielen Kulturen dasselbe wie „Seele". Die Vorstellung war also: Die Seele des Vaters geht ein in den Sohn und überträgt auf ihn die Tapferkeit, den Mut, die Erfahrung und das ganze Können des Vaters. Diese weit verbreitete Vorstellung, sagen Religionswissenschaftler, sei dann allmählich erweitert worden zu einer allgemeinen Lehre vom Einwohnen der Seele in jeweils neuen Körpern – immer weiter und weiter – über viele Generationen hin.

Es gibt freilich für das Entstehen des Glaubens an Reinkarnation auch noch ganz andere Begründungen. Zum Beispiel die folgende: Jeder Mensch verlange danach, sich zu optimieren, seine Vergangenheit zu bewältigen, Fehler abzulegen, Schuld in Unschuld zu verwandeln, kurz: ein neuer Mensch zu werden. Allerdings sei das Leben begrenzt. Ein einziges Leben reiche nicht aus für diesen langwierigen Wandlungsprozess. Deshalb gehöre zur Fülle des Lebens notwendig die Möglichkeit immer neuer Wiedereinkörperungen, damit der Einzelne am Ende gereinigt und geläutert das Ziel wahren Menschseins erreiche.

Uns kann allerdings gleichgültig sein, wie die Vorstellung langer Ketten von Reinkarnationen zustande kam, oder was alles zu ihrem Erfolg beigetragen hat. Viel wichtiger ist die Feststellung, dass diese Vorstellung weltweit verbreitet ist, auch schon bei vielen alten Völkern verbreitet war und heute überall neue Anhänger findet, selbst bei Christen. Sie drang schon in der Antike von Indien, dem klassischen Land der Seelenwanderungs-Lehre, nach Europa. Die Griechen Pythagoras, Empedokles und Platon vertraten sie. Seit dem 18. und 19. Jahrhundert schwappt sie von neuem aus Indien in den Westen. Laut einer Umfrage, die in den Jahren 1990–1993 durchgeführt wurde, glaubten in Westdeutschland (alte Bundesländer) 26 % der Befragten an ihre Wiedergeburt, in Österreich 29 %, in der Schweiz 36 %.

Im Hinduismus (und nicht nur dort) hängt die Lehre von der Reinkarnation eng mit der Karma-Vorstellung zusammen: Das Wort *karma*, das aus dem Altindischen kommt (im Sanskrit: *karman*), formuliert eine Art Vergeltungskausalität: Jede Tat eines Menschen hat Folgen, die sein künftiges Schicksal formen. Alles, was der Mensch tut, kehrt wie ein Echo zu ihm zurück. Handelt er gut, so gestaltet sich sein weiteres Leben zum Positiven. Handelt er schlecht, formt es sich zum Negativen. Jedes Verhalten schlägt sich nieder als Gesundheit oder Krankheit, Glück oder Unglück, Wohlstand oder Elend. Und zwar schon in diesem Leben. Man könnte auch sagen: Jedes „Tun“ führt zu einem „Ergehen“, oder: Jede Tat kehrt zum Täter zurück.

Das Potential, das nach hinduistischer Lehre aus den guten oder den bösen Taten entsteht, reicht aber über den Tod hinaus. Das Karma erzwingt ein Weiterleben. Die Seele körpert sich deshalb nach dem Tod und einem auf den Tod folgenden Zwischenzustand in einen neuen Leib ein und zwar – je nachdem, wie der Mensch gelebt hat – entweder in eine niedrigere Daseinsform oder in eine höhere. Wer richtig gelebt hat, erreicht in seiner nächsten Wiedergeburt eine qualitativ bessere Seinsstufe. Er kann zu einem Geist oder sogar zu einem Gott werden. Wer falsch gelebt hat, findet sich – je nach der Schwere seiner Verfehlungen – in einer schlechteren Seinsstufe wieder. Er kann zu einem Dämon werden oder zu einem Tier. Oder er wird erneut ein Mensch, dann aber – entsprechend dem Verhalten in seiner früheren Existenz – ein armer oder ein reicher, ein kranker oder ein gesunder, ein unglücklicher oder ein glücklicher Mensch.

Wie gesagt: Das klassische Land der Vorstellung von der Reinkarnation ist Indien. Allerdings schillert die Vorstellung dort in vielen Facetten. Es gab in Indien und den von Indien beeinflussten Ländern nie eine einheitliche Theorie der Wiedergeburt. Insofern haben alle generalisierenden Aussagen immer ihre Unschärfen. Die verschiedenen Traditionen, Schulen, Schriften und Autoren unterscheiden sich oft beträchtlich. *Eine* zentrale Vorstellung allerdings scheint sich überall durchzuhalten: die Vorstellung der Selbsterlösung. Denn sie ist mit dem Karma-System auf das engste verknüpft[28]: Jeder Mensch muss die Entstellungen seiner Seele abarbeiten – bis er endlich dem Kreislauf der Wiedereinkörperungen entkommt und in der Weltseele aufgeht. Falls es ihm nicht gelingt, seine Unreinheiten und Begierden abzulegen, bleibt er in dem sich unerbittlich drehenden Rad immer neuer Reinkarnationen.

Im Buddhismus ist diese ganze Vorstellung mit einer ausgesprochenen Entsagungslehre verbunden: Alles „Begehren“ verstricke den Menschen immer fester in die Welt und führe ihn in immer tieferes Unheil hinein. Das ganze Leid der Welt käme daher, dass der Mensch ständig etwas „begehre“ und dass sein Begehren nie aufhöre. Erlösung heiße aber gerade Freiwerden von allen Begierden – und damit vom Leiden. Erlösung sei deshalb untrennbar verknüpft mit Entweltlichung. *Nirwana* – das sei die endgültige Freiheit von allen Leidenschaften, von allen Begierden, von allem Wollen, von allem, was Welt ist, und eben dadurch vom Strudel der Wiedergeburten.

Es geht also – zumindest in den strengeren Formen des Buddhismus – um Loslösung von sich selbst. Mehr noch: es geht um die Befreiung von der Täuschung, es gäbe überhaupt ein „Ich“ oder ein „Selbst“. Die „Nicht-Ich-Werdung“ sei die eigentliche Erlösung[29]. Alles Unerlöste aber müsse immer wieder hinein in den Fluch der Wiedergeburten.

Allerdings darf nicht verschwiegen werden, dass der Buddha, also Siddhartha Gautama (um 500 v. Chr.), zwar von der Wiedergeburt sprach. Aber er war offenbar nicht daran interessiert, diese Lehre weiterzudenken oder sie auch nur als „Lehre“ weiterzugeben. Denn nach Ansicht des Buddha würde das Nachdenken über ein System der Wiedergeburt keineswegs zur Befreiung vom Leiden beitragen. Das wird erst anders im Theravada- und erst recht im Mahayana-Buddhismus. Dort spielt dann die Lehre von der Wiedergeburt durchaus eine Rolle.

Der Buddhismus in seiner ursprünglichen Form ist praktischer Atheismus[30]. Wohlgemerkt: *„praktischer Atheismus“*, denn der strenge Buddhismus verweigert jede Aussage über Gott. Der wahrhaft Erleuchtete strebt keine Einsichten der Art an, ob Gott sei oder nicht sei. Dergleichen auch nur wissen zu wollen, wäre Jagd nach falschem Wissen, wäre schon wieder „Wollen“ und „Begehren“.

So lebt der Buddhist, als gäbe es keinen Gott, sondern nur das ewige, unpersönliche Weltgesetz des Karma, demgemäß alles Tun Vergeltung findet. Es zwingt in den ewigen Kreislauf der Wiedergeburten – und alles kommt darauf an, aus diesem Kreislauf immer neuen Begehrens auszubrechen. Das ist das wahre Wissen. Das ist die wahre Einsicht. Wem dieses Wissen aufscheint, der ist „erwacht“.

Damit aber steht der Mensch auch im Buddhismus unter dem Zwang zur Selbsterlösung. Er selbst muss sich frei machen von allem Begehren. Er selbst muss sich lösen. Er (soweit es dieses „er“ überhaupt gibt) muss frei werden von seinem „Ich“, von dem, was die europäische Tradition „Person“ genannt hat.

Zumindest im Hinduismus ist dieser Zwang einer der bedrohlichsten Aspekte der Lehre von der Seelenwanderung geworden. Weshalb? Weil der Mensch seine Lebenskraft eben *selbst* verbessern muss. Darf ich einem Armen, einem Kranken, einem sozial Isolierten wirklich helfen? Helfe ich ihm, so greife ich in sein Karma ein. Und damit helfe ich ihm gerade nicht. Er selbst muss dulden. Er selbst muss leiden, um seinen Karma-Zustand zu verbessern. Das kann zu gesellschaftlichem Fatalismus führen, zu einem gleichgültigen Hinnehmen untragbarer sozialer Zustände und letztlich zu einem Kastenwesen, das unübersteigbare Barrieren zwischen den verschiedenen gesellschaftlichen Schichten aufbaut.

Genau hier liegt das zutiefst Unmenschliche der östlichen, noch nicht europäisch verzuckerten Vorstellung von der Wiedergeburt. Denn in Wirklichkeit ist der Mensch keine Insel. Er ist für ein Miteinander geschaffen. Er braucht unablässig die Zuwendung, das Wohlwollen, ja das Erbarmen anderer. Er lebt davon, dass andere für ihn eintreten und ihm helfen. Er lebt von Stellvertretungen.

Es gibt zwar in den unendlichen Spielarten indischer Religionsformen – vor allem im jüngeren Hinduismus – auch das, was die Christen „Gnade“ nennen würden. Aber allein der Kreislauf immer neuer Wiedergeburten zeigt, wie wenig das Prinzip der Gnade hier wirklich bestimmend ist. Dem Außenstehenden erscheint das Ganze eher als eine unerbittliche Vergeltungs-Maschine.

Noch etwas anderes kommt hinzu: Die Vorstellung von der Reinkarnation entwertet die Geschichte. Das Leben, das jedem Menschen gegeben ist, hat gerade durch seine Begrenztheit Würde und Gewicht. Jedes menschliche Leben ist etwas Einmaliges. Weil es unwiederholbar ist, ist es kostbar. Nichts kann hinausgeschoben werden, nichts kann an künftige Einkörperungen delegiert werden. Der Mensch kann sich nicht vertrösten mit „Demnächst!“ oder „Später!“ oder „Vielleicht im nächsten Leben!“ Nein: *Jetzt* hat er sich zu entscheiden und *heute* muss er handeln.

Damit wird die Zeit verwandelt. Sie ist kein ewiger Kreislauf mehr. Sie wird zur linearen Zeit, die unumkehrbar auf ein Ziel zuläuft. Man kann dieses Ziel verfehlen, und deshalb muss man es genau ins Auge fassen. Man kann sein Leben verschlafen, und deshalb muss man wachsam sein. Das alttestamentliche „Heute“ und das jesuanische „Die Zeit ist da“ haben mitten in das ungeschichtliche Kreislaufdenken vieler Völker ein unglaublich geschärftes Bewusstsein von „Geschichte“ gebracht und ein Bewusstsein vom „Kairos“, das heißt von dem rechten Augenblick, von der geschichtlichen Stunde, die man nicht versäumen darf.

Viele westliche Esoteriker und Bewunderer östlicher Religionen, die von der Reinkarnation träumen, sind sich über die Grundstruktur dieser Lehre und ihrer Konsequenzen keineswegs im Klaren. Von der Not, die für das genuin östliche Denken mit dem Geburtenkreislauf gegeben ist, und von der Sehnsucht, aus ihm auszubrechen, wollen sie nichts wissen. Erst recht wollen sie nichts wissen von Entsagung und Verzicht. Sie kombinieren lieber die ursprüngliche Lehre vom Kreislauf der Wiedergeburten mit der Weltsicht der Evolutionstheorie: In nicht abreißenden Ketten von „Versuch und Irrtum“ verbessert sich allmählich der Einzelne oder das Wesen „Mensch“ überhaupt. Vor diesem Horizont gelangen dann die Reinkarnations-Gläubigen zu dem Konstrukt eines sich ständig steigernden „Selbst“, das von Wiedergeburt zu Wiedergeburt immer mehr Lebenskraft und Lebensqualität hinzugewinnt.

Eine besonders in die Augen fallende Form dieser Kombination von Seelenwanderung und Evolutionstheorie bietet der Esoteriker und Anthroposoph Rudolf Steiner (1861–1925). Auch bei ihm spielt die Vorstellung vom Karma eine entscheidende Rolle. Was das „Ich“ in seiner vorangegangenen Inkarnation falsch gemacht oder verfehlt hat, wird in der nächsten Inkarnation gemäß dem Karma als dem „Kontobuch des Lebens" wiedergutgemacht. Alles Leid, jeder Schicksalsschlag ist „karmischer Ausgleich" und Wiedergutmachung für Untaten in der vorangegangenen Inkarnation. So ergibt sich eine geistig-sittliche Steigerung von Wiedereinkörperung zu Wiedereinkörperung.

Zu dieser ständigen Steigerung des geistigen „Ich" gehört auch, dass sich das „Ich" in wechselnden Geschlechtern wiederverkörpert, also zum Beispiel in *einer* Inkarnation männlich und in einer der nächsten Inkarnationen weiblich. Auf diese Weise wird das „Ich" allmählich vollkommen – mit männlichen und weiblichen Zügen.

Zwischen den einzelnen Wiedereinkörperungen können dabei Jahrhunderte liegen. Auf jeden Fall gibt es bei Rudolf Steiner keinen Rückschritt, zum Beispiel Rückschritt in eine tierische Existenz, sondern ständigen Fortschritt. Darin unterscheidet sich seine Wiedergeburtslehre von allen östlichen Vorbildern. Die lange Wegstrecke wechselnder Inkarnationen führt zu einer immer tieferen Vergeistigung des Menschen – bis das Göttliche in jedem Einzelnen ganz zum Durchbruch gekommen ist.

Gerade hierin wird deutlich, dass Steiner zwar vieles aus dem Buddhismus übernommen hat, andererseits aber letztlich an dem westlichen Personbegriff festhält. Im ursprünglichen Buddhismus gibt es eben gar kein „Selbst". Wer sich als ein „Ich" oder als „Selbst" will, ist bereits der Gier und der Illusion verfallen.

Heute wird im Westen immer häufiger ein oberflächlicher Mix aus östlicher Weltanschauung, westlicher Psychotherapie und christlicher Tradition zusammengebraut, der sich hervorragend vermarkten lässt und mit echtem Buddhismus etwa so viel zu tun hat wie die mittelalterliche Schwertmission mit Jesus. So machen etwa Zentren für „Bewusstsein" oder Zentren für „Geistheilung" Werbung mit Seelenreisen, die angeblich zurück in frühere Einkörperungen führen – zum Beispiel mit Texten der folgenden Art:

Die Seelen-Reise führt Sie zurück in die Zeit, die vor dem Leben lag, das Sie im Augenblick gerade leben. Die Seele überblickt dabei ihre früheren Leben, lernt aus ihnen und bereitet sich auf das nächste Leben vor. Sie besuchen während der Seelen-Reise einige der „Stationen" Ihrer früheren Inkarnationen und erfahren, was für Erkenntnisse Ihre Seele damals gewonnen hat. Welche „Stationen" besucht werden, entscheidet Ihre Seele selbst mit Unterstützung Ihres geistigen Führers oder Ihrer geistigen Führerin.

Bei normaler Reinkarnations-Therapie arbeiten wir meistens mit traumatischen Erfahrungen, um danach Schmerz, Angst, Leid und andere unangenehme Gefühle zu beseitigen. Dabei wird oft geweint. Doch die Seelen-Reise ist das Gegenteil. Da erleben wir nur Liebe, Sanftmut, Verständnis und viel, viel Weisheit. Auch hier gibt es Tränen: voll Rührung, Dankbarkeit und Freude. Die Seelen-Reise ist eine Erfahrung, die das ganze Leben bei Ihnen bleibt. Und viele folgende Leben auch. (Vgl. www.heilpraxis-wachenroth.de)

Ein anderer Text:

Bei Ihrer Seelenreise befinden Sie sich im Zustand der Tiefenentspannung. In dieser Reise in die geistige Welt, in der wir als Seelen wirklich zu Hause sind, begleite ich Sie als Ihr persönlicher Reiseführer. Die geistige Welt, in der die Seele ewig lebt, ist geprägt von Liebe, Anerkennung, Stärkung, Erkenntnis und Heilung. Die Seelenreise führt Sie in die Zeit vor Ihrem jetzigen Leben, sozusagen zwischen die Leben. Die Seele überblickt dort ihre vergangenen Leben, lernt weiter und bereitet sich auf ihr momentanes Leben vor. Dies tut sie in mehreren „Stationen". Sie besuchen während der Seelen-Reise einige dieser „Orte" und erfahren, welche Erkenntnisse Ihre Seele gewonnen hat. Welche „Stationen" besucht werden, entscheidet Ihre Seele selbst mit Unterstützung ihres geistigen Führers / ihrer geistigen Führerin. Die Wahl ist geprägt vom Nutzen der Informationen, die Sie für dieses jetzige Leben brauchen. Bei manchen Menschen stehen Seelen-Heilungsprozesse im Vordergrund, manche erhalten Stärkung oder mehr Energie, manche Geschenke, die sie ins Wachbewusstsein mitbringen. Jeder Seelenreisende erfährt die dort allumfassende Liebe und die liebevolle Führung durch geistige Wesen. (Vgl. www.ihre-seelenreise.de)

Werbetexte dieser Machart – das Internet bietet sie in Fülle – sind bereits Reaktionen. Sie reagieren sensibel und verkaufstüchtig auf das, was heute in vielen Köpfen herumgeistert. Sie zeigen zugleich das Verführerische der neuen Religions-Mixturen. Eine „Therapie" der hier offerierten Art verspricht Lebensbewältigung. Sie umgeht dabei aber echte Umkehr. Sie verheißt ein von Inkarnation zu Inkarnation höheres Dasein. Geschichte und Gesellschaft bleiben dabei völlig ausgeklammert. Es geht immer nur um den Einzelnen und sein individuelles Glück.

Man sieht übrigens an den zitierten Werbetexten gut, wie sehr sich die Geschäftsleute der Wiedergeburt bemühen, eines der Grundprobleme aller Seelenwanderungsvorstellungen zu bewältigen. Es besteht darin, dass der Mensch von seinen früheren Inkarnationen schlichtweg nichts weiß. Wenn ich denn wirklich schon anderswo eingekörpert gewesen wäre – ich kann mich an dieses frühere Leben einfach nicht erinnern, und da helfen auch nicht „Tränen voll Rührung, Dankbarkeit und Freude". Sie können bei jeder Art von Therapie aus vielerlei Gründen fließen.

Nein, ich weiß von früheren Einkörperungen nichts, absolut nichts – und das ist doch sehr seltsam bei der Annahme, dass sich da ein „Selbst" durchgehalten hätte, das nun einen Prüfungsweg von Wiedergeburt zu Wiedergeburt durchschreitet und sich dabei immer mehr perfektionieren soll.

Aber diese fehlende Erinnerung an frühere Inkarnationen ist nicht einmal der Haupteinwand gegen das Phantom der „westlichen" Seelenwanderung. Den Haupteinwand habe ich schon mehrfach angedeutet: Reinkarnations-Lehren, wie sie in den beiden Werbetexten vertreten werden, entwerten die Geschichte.

Und zwar entwerten sie die Geschichte, indem sie diese relativieren. Besteht das Leben nämlich aus einer langen Kette von Inkarnationen, so kann ich mich immer neu entscheiden, kann ich jede Entscheidung auch wieder umwerfen, brauche ich mich niemals wirklich festzulegen, weil ich ja noch unendlich viele evolutive Möglichkeiten der Selbstoptimierung vor mir habe.

Das kommt zwar der heutigen Bindungsangst und postmodernen Beliebigkeit entgegen. Man möchte sich nicht festlegen. Man möchte sich alle Optionen offenhalten. Man möchte alles ausprobieren, sich aber für nichts verpflichten und sich an nichts binden. Das ständige Leid, das daraus entsteht, zeigt jedoch: Das Geheimnis des Menschen wird mit solcher Richtungslosigkeit verfehlt.

Zum Wesen des Menschen gehört es gerade, dass er nicht Ja und Nein zugleich sagt, dass er sich bindet, dass er sich in Treue an der erkannten Wahrheit oder an dem geliebten Menschen festmacht. Der Theologe Gisbert Greshake hat es einmal so formuliert[31]:

> *Der Mensch ist in der Tat das Wesen, das als einziges kraft seiner Freiheit Endgültiges in der Zeit setzen und deshalb auch Bindungen der Treue einzugehen vermag*[32]*. Gerade darin besteht die Größe und Würde des Menschen, dass er im Fluss der Zeit solcher Endgültigkeit fähig ist und an frei übernommenen Lebensformen, Bindungen und Verantwortungen über den Augenblick hinaus festhalten kann.*

Freilich birgt jede Religion und birgt jede weltanschauliche Position Elemente der Wahrheit. Dies gilt auch für die Lehre von der Reinkarnation. Selbstverständlich ahnt sie Richtiges. Da ist zum einen die berechtigte Sehnsucht nach Läuterung. Da ist zum anderen die Einsicht, dass die menschliche Existenz mit dem Tod nicht einfach ausgelöscht wird. Da ist schließlich – vor allem im Buddhismus – der elementare Drang, dem Kreislauf immer neuer und sich ständig fortzeugender Leiden zu entrinnen. Doch all diese berechtigten Hoffnungen bedürfen nicht der Konstruktion von Wiedereinkörperungen. All diese Hoffnungen sind im christlichen Glauben viel besser und auch viel menschenwürdiger aufgehoben.

Das soll hier wenigstens an einem Punkt verdeutlicht werden: Hinter der Vorstellung von der Reinkarnation steht – neben vielem anderen – auch die tiefe Sehnsucht des Menschen nach Gerechtigkeit. Aus welchem Grund gibt es eigentlich in derselben Gesellschaft Reiche und Arme? Wieso Herrscher und Beherrschte? Wieso Intelligente und Dumme, Weise und Törichte, Gesunde und Kranke?

Wenn jede Existenzform die Konsequenz des eigenen Verhaltens ist, sollte man dann nicht die Armen, die Kranken und überhaupt alle Leidtragenden als Menschen auffassen, die für das verfehlte Leben in ihrer vorangegangenen Existenz bestraft werden? So ergäbe sich doch in der Welt ein System der ausgleichenden Gerechtigkeit, die immer wieder alles zurechtrückt und begradigt.

Ein solches Vergeltungssystem könnte auf den ersten Blick plausibel erscheinen. In Wirklichkeit ist es zutiefst inhuman. Es übersieht, dass Armut, Krankheit, Not sowie sämtliche Formen von gesellschaftlicher Ausgrenzung Ursachen haben können, die überhaupt nichts mit eigener Schuld zu tun haben. Armut kann auf Naturkatastrophen zurückgehen oder auf weit zurückreichende Unrechtsstrukturen oder auch einfach auf die brutale Gewalt gegenwärtiger Machthaber.

Deshalb muss sich jede Gesellschaft fragen, was sie gegen die Armut in ihrer Mitte tun kann. Armut als Karma, also als Konsequenz einer schlecht gelebten früheren Inkarnation aufzufassen, lähmt nicht nur wirksame Hilfe, sondern entwürdigt die Armen. Gerechtigkeit in der Welt entsteht nicht aus einem System Karma-gesteuerter Wiedergeburten, sondern aus der Mühe um eine gerechte Gesellschaft.

Der jüdisch-christliche Glaube weiß freilich, dass Menschen die vollkommene Gerechtigkeit niemals herstellen können. Das kann nur Gott allein. Die Bibel spricht deshalb unentwegt von dem einen Gott, der den Armen und Verfolgten Recht verschafft und der am Ende alles Unrecht dieser Welt klären und zwischen Gutem und Bösen scheiden wird. Nicht ein unpersönliches Karma regiert die Welt, sondern der gerecht richtende und zugleich barmherzige Gott der Bibel.

5. Aufgehen im All?

An früherer Stelle hatte ich einen Text von Denis Diderot zitiert. In ihm klang ein Gedanke an, den es bei allen Völkern gibt und der schon immer seltsam verlockend war: Dass nämlich der Mensch eins ist mit allen Wesen: mit den Sternen, den Steinen, den Pflanzen, den Tieren, dem gesamten Kosmos. Diderot spricht von dem Weltall als einem „einzigen großen Individuum". Individuum ist das Unteilbare, die Einheit, die Ganzheit, die nicht in kleinere Einheiten zerlegt werden kann.

Wenn jemand behauptet, das Weltall sei ein einziges Individuum, so hat das natürlich im Blick auf den Menschen seine Konsequenzen: Es nimmt dem einzelnen Menschen die Würde, etwas absolut Einmaliges und Einzigartiges zu sein. Er ist dann nur noch ein winziges Teilchen in einer riesigen Maschine oder – wie Diderot sagen würde – in dem sich selbst spielenden Klavier des Universums.

Das Weltall als gigantische Maschine, die sich selbst antreibt? Die Zeit der Aufklärung kannte dieses Bild durchaus. Aber im Grunde liebte sie ein anderes Bild um vieles mehr: Nämlich das Bild von der „Mutter Natur" als der großen All-Einheit, die alles aus sich entlässt und alles in sich zurückholt. Der Tod ist dann die Heimkehr in den Mutterschoß der Natur. Zu keiner Zeit konnte das besser formuliert werden als in der Zeit des sogenannten „Sturm und Drang" und in der sich anschließenden Goethezeit. Im Jahre 1782 erschien im „Tiefurter Journal" anonym ein „Fragment über die Natur", das später bezeichnenderweise dem jungen Goethe zugeschrieben wurde[33]:

Natur! Wir sind von ihr umgeben und umschlungen – unvermögend aus ihr herauszutreten, und unvermögend tiefer in sie hineinzukommen. Ungebeten und ungewarnt nimmt sie uns in den Kreislauf ihres Tanzes auf und treibt sich mit uns fort, bis wir ermüdet sind und ihrem Arme entfallen.

Sie schafft ewig neue Gestalten, was da ist, war noch nie, was war, kommt nicht wieder – alles ist neu, und doch immer das Alte.

Wir leben mitten in ihr und sind ihr fremde. Sie spricht unaufhörlich mit uns und verrät uns ihr Geheimnis nicht. Wir wirken beständig auf sie und haben doch keine Gewalt über sie.

Sie scheint alles auf Individualität angelegt zu haben und macht sich nichts aus den Individuen. Sie baut immer und zerstört immer, und ihre Werkstätte ist unzugänglich. […]

Sie spritzt ihre Geschöpfe aus dem Nichts hervor und sagt ihnen nicht, woher sie kommen und wohin sie gehen. Sie sollen nur laufen; die Bahn kennt sie.

Ihr Schauspiel ist immer neu, weil sie immer neue Zuschauer schafft. Leben ist ihre schönste Erfindung, und der Tod ist ihr Kunstgriff, viel Leben zu haben. […]

Sie ist alles. Sie belohnt sich selbst und bestraft sich selbst, erfreut und quält sich selbst. Sie ist rauh und gelinde, lieblich und schrecklich, kraftlos und allgewaltig. Alles ist immer da in ihr. Vergangenheit und Zukunft kennt sie nicht. Gegenwart ist ihr Ewigkeit. Sie ist gütig. Ich preise sie mit allen ihren Werken. Sie ist weise und still. […]

Sie hat mich hereingestellt, sie wird mich auch herausführen. Ich vertraue mich ihr. Sie mag mit mir schalten. Sie wird ihr Werk nicht hassen. Ich sprach nicht von ihr. Nein, was wahr ist und was falsch ist, alles hat sie gesprochen. Alles ist ihre Schuld, alles ist ihr Verdienst.

Es ist klar: Hier ist an die Stelle Gottes die Natur getreten. Sie wird geradezu hymnisch gefeiert. Sie ist die große Schöpferin, sie ist heilig und göttlich, sie ist der letzte Sinn und zugleich tiefstes Geheimnis. Von ihr redet der Verfasser des Fragments fast so, wie seine Vorfahren vom Gott der Bibel geredet hatten.

Das „Fragment über die Natur“ mag als Illustration dienen für ein Weltgefühl, das weiter verbreitet ist als wir denken. Dieses Weltgefühl hat tiefe Gemeinsamkeiten mit dem Weltverständnis vieler alter Völker, und es ist während der Epoche der Aufklärung erneut in das europäische Denken eingedrungen. Der junge Goethe und viele andere seiner Zeitgenossen waren von diesem Weltgefühl beseelt. Und es wirkte weiter. Im Jahre 1819 veröffentlichte der deutsche Philosoph Arthur Schopenhauer ein Buch mit dem Titel: „Die Welt als Wille und Vorstellung“.

Wie später vom Werk Friedrich Nietzsches ging von diesem Buch eine unglaubliche Faszination aus. Das berühmt gewordene 41. Kapitel der 3. Auflage (1859) trägt die Überschrift: „Über den Tod und sein Verhältnis zur Unzerstörbarkeit unseres Wesens an sich“. Schopenhauer nimmt darin die Natur zum Maßstab für die Frage nach der Unsterblichkeit: Die Pflanzen wachsen, sterben wieder ab und lösen sich auf. Die Tiere wachsen heran, sterben und lösen sich auf. Aus dem organischen Stoff, den die sterbenden Pflanzen und Tiere zurücklassen, entstehen neue Pflanzen und neue Tiere. Ein unendlicher Kreislauf von Leben! Am Leben des Individuums ist die Natur dabei in keiner Weise interessiert. Das einzelne Individuum ist ihr völlig gleichgültig. Sie vernichtet unablässig das Leben, das sie gerade erst gezeugt hat. Der Natur geht es nur um das Fortleben der Gattung.

Wie sollte es da beim Menschen anders sein?, fragt Schopenhauer. Muss man ihn doch genauso als Natur betrachten wie alle anderen Wesen auch. Im Tod nimmt die „Allmutter Natur“ den Menschen zurück in ihre Arme. Unsterblichkeit hat er nur dadurch, dass der Stoff, aus dem er sich gebildet hat, und die Kraft, die in ihm wirkte, in immer neuen Menschen in Erscheinung treten. Aber eben nicht als die Person, die der Einzelne gewesen ist, sondern als das Wesen „Mensch", das in ständig wiederkehrenden Hervorbringungen in den Kreislauf der Natur eintritt.

Der wahre „Mensch" ist deshalb gar nicht der je Einzelne, das Individuum, die Person. Das Individuum ist ein „Fehltritt", eine „Verirrung", ein „Grundirrtum", etwas, das besser gar nicht wäre. Denn die Existenz des Einzelnen ist immer nur Elend und Leiden am Dasein. Der Sinn des Todes besteht darin, uns von der Last unseres „Ich", von der Ausgesetztheit unserer Individualität zu befreien. So wird der Tod der endgültige Schritt in die wahre Freiheit. Er ist die „Rückkehr in den Schoß der Natur", aus dem der Einzelne für eine kurze Zeit aufgetaucht war, „verlockt durch die Hoffnung auf günstigere Bedingungen des Daseins". Der Tod stellt das wahre, das ursprüngliche Wesen des Menschen wieder her, der eben ganz der Natur, ganz dem All angehört.

> *Deshalb wohl auch der Friede und die Beruhigung auf dem Gesicht der meisten Toten,*

weiß Schopenhauer. Mehr noch:

> *Klopfte man an die Gräber und fragte die Toten, ob sie wieder aufstehen wollten, sie würden mit den Köpfen schütteln.*

Daher stirbt derjenige, der wirklich begriffen hat, was Tod und was Leben ist, auch gern und freudig. Er will keine „Fortdauer seiner Person". Er weiß, dass das lebendige Wesen durch den Tod keine absolute Vernichtung erleidet, sondern im Ganzen der Natur fortbesteht.

Soweit Arthur Schopenhauer und seine Naturmystik – gleichsam im Stenogramm. Was ist da geschehen? Was ist da geistesgeschichtlich vor sich gegangen? Im Grunde ist es ein ungeheuerlicher Umbruch. Griechische Philosophie und römisches Rechtsdenken hatten in der Antike die Voraussetzungen für unseren heutigen Begriff der „Person" beziehungsweise der „Personalität" geschaffen. Die christliche Theologie hatte dann den Begriff tiefer durchdacht und in der Trinitätstheologie auf Gott übertragen. Die mittelalterlichen Theologen betreiben ihre Philosophie der Person inmitten des Traktats über den dreieinen Gott. Menschliche „Person“ besagt für sie: unverwechselbares Ich; nicht austauschbare, unersetzbare Individualität; einzigartiges, bisher nie dagewesenes und so sich nie mehr wiederholendes unteilbares und freies Selbst. Und trotz dieser nicht austauschbaren Individualität Hingeordnetsein auf die Anderen, auf die „neben ihm“ und die „mit ihm“, unauslöschbares Hingeordnetsein sogar auf Gott. Dass jeder Mensch eine von Gott geschaffene, von Gott bei seinem Namen gerufene und geliebte Person ist, gibt ihm seine tiefste Würde. Viele Jahrhunderte lebten von diesem christlichen Begriff der Person, waren von ihm gehalten und getragen.

Im 18. und 19. Jahrhundert allerdings wurden in Europa viele des Christentums überdrüssig. Damit löste sich für sie der christliche Personbegriff auf – und folgerichtig auch der Glaube an die Begegnung mit Gott im Tod. Arthur Schopenhauer hat das alles verführerisch formuliert – zugleich verquirlt mit einer gehörigen Portion abendländischer Müdigkeit und Resignation.

Er sprach aber nur mit letzter Radikalität aus, was nicht wenige bewusst oder unbewusst ersehnten: Sterben als ein Aufgehen im Kosmos beziehungsweise in der Weltseele, Sterben als Rückkehr in die Einheit aller Wesen, ja als Identischwerden mit allen Menschen, die je gelebt hatten und je leben würden. Östliche Religionssysteme, die seit dem 18. Jahrhundert viele europäische Gebildete faszinierten, spielten bei dieser Entwicklung eine wichtige Rolle. Besonders der Buddhismus wurde im Westen als eine gelungene Verbindung von Rationalität und Spiritualität gefeiert.

Thomas Mann (1875–1955) hat dieses für Europa neue Weltgefühl, in dem Untergangsstimmung und Pessimismus ans Licht krochen, in seinem großen Roman über den Untergang der „Buddenbrooks“ meisterhaft dargestellt[34]. Der Lübecker Senator Thomas Buddenbrook ist im Alter von fünfzig Jahren in eine tiefe Existenzkrise geraten. Er ist müde geworden. Er weiß nicht mehr, was sein Leben noch für einen Sinn haben soll. An die christliche Auferstehung kann er schon lange nicht mehr glauben. Und von seinem geschäftsuntüchtigen Sohn Hanno ist er maßlos enttäuscht.

Da gerät ihm eines Tages ein im Bücherschrank vergrabenes Buch in die Hände. Thomas Mann nennt den Verfasser nicht, aber es ist natürlich Schopenhauers „Die Welt als Wille und Vorstellung". Der Senator liest darin wie ein Trunkener. Das Buch versetzt ihn für einige Tage in beseligende Erschütterung. Hier findet er nun plötzlich eine ihm plausible Hoffnung auf ein Weiterleben. Bis zu dieser Stunde hatte er darauf gesetzt,

> *dass er in seinen Vorfahren gelebt habe und in seinen Nachfahren leben werde. Dies hatte nicht allein mit seinem Familiensinn, seinem Patrizierselbstbewußtsein, seiner geschichtlichen Pietät übereingestimmt, es hatte ihn auch in seiner Tätigkeit, seinem Ehrgeiz, seiner ganzen Lebensführung unterstützt und bekräftigt. Nun aber zeigte sich, dass es vor dem nahen und durchdringenden Auge des Todes dahinsank und zunichte ward [...]. Und Thomas Buddenbrook wandte sich enttäuscht und hoffnungslos von seinem einzigen Sohne ab, in dem er stark und verjüngt fortzuleben gehofft hatte, und fing an, in Hast und Furcht nach der Wahrheit zu suchen, die es irgendwo für ihn geben musste.*

Diese „Wahrheit" findet er in den fast rauschhaften Stunden seiner Schopenhauer-Lektüre:

> *„Ich werde leben!" sagte Thomas Buddenbrook beinahe laut und fühlte, wie seine Brust dabei vor innerlichem Schluchzen erzitterte. „Dies ist es, dass ich leben werde! Es wird leben." [...] Was war der Tod? Die Antwort darauf erschien ihm nicht in armen und wichtigtuerischen Worten: er fühlte sie, er besaß sie zuinnerst. Der Tod war ein Glück, so tief, dass es nur in begnadeten Augenblicken, wie dieser, ganz zu ermessen war. Er war die Rückkunft von einem unsäglichen*

> *peinlichen Irrgang, die Korrektur eines schweren Fehlers, die Befreiung von den widrigsten Banden und Schranken – einen beklagenswerten Unglücksfall machte er wieder gut.*
>
> *Ende und Auflösung? Dreimal erbarmungswürdig jeder, der diese nichtigen Begriffe als Schrecknisse empfand! Was würde enden und was sich auflösen? Dieser sein Leib … Diese seine Persönlichkeit und Individualität, dieses schwerfällige, störrische, fehlerhafte und hassenswerte Hindernis, etwas Anderes und Besseres zu sein!*
>
> *War nicht jeder Mensch ein Missgriff und Fehltritt? Geriet er nicht in eine peinvolle Haft, sowie er geboren ward? Gefängnis! Gefängnis! Schranken und Bande überall! Durch die Gitterfenster seiner Individualität starrt der Mensch hoffnungslos auf die Ringmauern der äußeren Umstände, bis der Tod kommt und ihn zu Heimkehr und Freiheit ruft. […]*
>
> *In meinem Sohn habe ich fortzuleben gehofft? In einer noch ängstlicheren, schwächeren, schwankenderen Persönlichkeit? Kindische, irregeführte Torheit! Was soll mir ein Sohn? Ich brauche keinen Sohn! … Wo ich sein werde, wenn ich tot bin? Aber es ist so leuchtend klar, so überwältigend einfach! In allen denen werde ich sein, die je und je Ich gesagt haben, sagen und sagen werden: besonders aber in denen, die es voller, kräftiger, fröhlicher sagen.*

Konsequent ist das natürlich nicht. Der vom Gedanken an die Allnatur angesäuselte Senator hat seinen Schopenhauer nicht ganz verstanden. Fröhlich und kräftig „Ich“ sagen, ist ja schon wieder diese verdammte Gier nach Individualität, nach dem Selbst, nach der eigenen Person. Der im Sinne Schopenhauers wahre Weise verneint den Willen zum Leben. Er gibt alles Wollen auf. Er gelangt in den „Zustand der freiwilligen Entsagung, der Resignation, der wahren Gelassenheit, und gänzlichen Willenslosigkeit“. Und gerade so verströmt er sich, seinem Selbst sterbend, in jenes Nichts, das frei ist von allem Begehren.

Allerdings ist auch schon der Buddhismus selbst mit der Inkonsequenz des Senators Thomas Buddenbrook belastet. Dem Buddhismus zufolge unterliegt der Mensch ja der Wiedergeburt, weil er sein Begehren noch nicht abgelegt hat und noch immer nach Sein dürstet – in Wirklichkeit aber besitze der Mensch gar kein „Ich", das sich durchhalte, sondern von Inkarnation zu Inkarnation werde nur eine Art Energiepotential weitergegeben, ein Komplex psychischer Energien und fortbestehender neuronaler Prozesse.

Damit widerspricht sich der Buddhismus selbst. Denn entweder garantieren diese flottierenden Energien noch immer die Selbigkeit der Person: dann besteht das „Ich" fort. Oder aber es hat nie ein „Ich" gegeben – dann darf man nicht von der Erlösung des Menschen von seinem „Ich" reden; dann darf man nicht einmal vom Freiwerden von der Illusion des „Ich" sprechen.

Ein bestimmter Sektor heute gängiger Esoterik möchte die Philosophie des Buddhismus aufgreifen, ist dabei aber so inkonsequent wie Thomas Buddenbrook, der übrigens schon zwei Wochen später die Pseudo-Mystik Schopenhauers nicht mehr glauben kann. Die radikale Askese und die Verneinung des Willens zum Leben lassen die neuen Esoteriker lieber aus, malen dafür aber den Tod in leuchtenden Farben. Er ist auch für sie das Freiwerden von allem, was belastet, ist das Gelöstwerden von den Fesseln der Individualität, bringt endlich die wahre Freiheit, das Einswerden mit allen Wesen und die Verschmelzung mit den Schwingungen und Kräften des Kosmos.

Auch hier lohnt sich wieder ein Blick auf die Unterschiedlichkeit heutiger Todesanzeigen. Sie reden nicht nur von christlicher Hoffnung, nicht nur vom Weiterleben in den Nachkommen, sondern eben auch von dem verlockenden Sich-Auflösen in die Allnatur. So zum Beispiel der folgende Trauerspruch am Kopf einer großen, über die halbe Zeitungsseite gehenden Todesanzeige:

Ich bin nur eine kleine Welle auf dem Ozean.
Die Welle kommt und geht.
Der Ozean bleibt, ist immer da.

Am Ende der Anzeige heißt es dann:

Die Seebestattung fand in engstem Kreise am 11. August 2009 auf dem Mittelmeer statt.

Anderswo wird am Kopf der Anzeige ein ironischer Text des österreichischen Dichters Ernst Jandl (1925–2000) verwendet[35]:

wir sind die menschen auf den wiesen
bald sind wir menschen unter den wiesen
und werden wiesen, und werden wald
das wird ein heiterer landaufenthalt

Die Todesanzeige zeigt kein Kreuz, sondern einen reich verästelten Baum. Das alles ist nur konsequent. Die Christen haben ihre Toten jahrhundertelang in Gräbern beigesetzt. Es war ein Zeichen ihres Glaubens an die Auferstehung. Verdunstet dieser Glaube und tritt an seine Stelle der dezidierte (oder der eher vage) Glaube an eine Rückkehr in das ewige All, so passt es viel besser, seine Asche in den Wind oder ins Meer streuen oder sie anonym im Wald am Fuße eines alten Baumes vergraben zu lassen – am besten in einer biologisch abbaubaren Friedwald-Urne. Die Angehörigen können sich dann mit dem Gedanken trösten, dass sich die organischen Reste des Toten irgendwann in den säuselnden Blättern des Baumes der Sonne entgegenstrecken.

Tatsächlich ändern sich zurzeit die Bestattungsformen mit enormer Beschleunigung. Immer mehr Menschen können sich ihre künftige Ruhestätte außerhalb eines Friedhofs der alten Art vorstellen: als gepresste Asche in einem „Erinnerungsdiamanten" – oder als Aschenstaub ins Meer gestreut – oder auf einem Berg vom Winde verweht – oder in „Friedwäldern" und „Ruheforsten" unter einem Baum im Schoß der Natur vergraben – oder ganz schlicht auf einer Aschenstreuwiese[36]. Kein Zufall also, dass eine dem römischen Kaiser Mark Aurel unterschobene Sentenz als Trauerspruch an Beliebtheit zunimmt:

Du tratest ins Dasein als Teil eines Ganzen,
du wirst wieder verschwinden in dem,
was dich erzeugt hat.

Wer immer diesen Spruch formuliert hat: Er ist durchaus pantheistisch gemeint. Der Mensch kehrt zurück in den Schoß einer Natur, die allumfassend, unermesslich, ewig und göttlich ist. So eindeutig werden diejenigen, die den Satz heute zitieren, ihn kaum mehr verstehen – bei ihnen ist das alles wohl etwas stärker verdünnt –, aber ein gewisser Prozentsatz Pantheismus mit vagen Vorstellungen von einem „großen beseelten Zusammenhang", in den hinein sich der Mensch als Person auflöst, ist da immer noch geblieben.

Selbstverständlich wird diese Auflösungs-Mystik auch unterstützt durch unser heutiges biologisches und physikalisches Wissen. Wir sind inzwischen darüber informiert, dass jede Minute in unserem Körper etwa 30 Millionen Zellen sterben und durch 30 Millionen neue Zellen ersetzt werden. Wir werden – rein biologisch gesehen – alle paar Jahre ausgetauscht. Mit dem Tod hört dieser ständige Austausch unseres Organismus allerdings auf. Und was geschieht dann? Lorenz Marti, Radiojournalist und Sohn des Theologen Kurt Marti, hat ein Buch geschrieben, das versucht, Naturwissenschaft, Esoterik und Mystik zu verbinden. Er schreibt[37]:

Irgendwann einmal, hoffentlich nicht zu früh, gehen die Atome Ihres Körpers endgültig auseinander und ziehen weiter. Für Sie ist dann leider Schluss. Nicht so für die Atome. Diese gehen neue Verbindungen ein, zeigen sich vielleicht im leuchtenden Gelb eines Löwenzahns, in der Feuchtigkeit eines Regentropfens oder im Hals einer Giraffe. Und bestimmt auch im Herzen einiger Menschen.

Im nächsten Kapitel seines Buches spricht Lorenz Marti dann von dem ständigen Energie-Austausch zwischen dem Menschen und seiner Umwelt. Und er fragt:

> *Was aber passiert mit Ihrer Energie, wenn Sie einmal nicht mehr da sind? Sie zeigt sich in neuen Formen: In Bäumen, Wolken und Steinen. In Erdbeeren, Nashörnern und Menschen. Vielleicht auch in einer leuchtenden Sternschnuppe. Diese Gewissheit kann uns mit der Endlichkeit unserer Existenz versöhnen. Es geht etwas weiter.*

Dann zitiert er den vietnamesischen Zen-Mönch Thich Nhat Hanh, geboren 1926, der sich immer wieder bewusst macht:

> *Tag für Tag betrachte ich alles um mich herum eingehend: die Bäume, die Berge, meine Freunde. In ihnen allen erkenne ich mich selbst, und ich weiß, ich werde nicht sterben. In vielen anderen Formen werde ich weiterleben.*

Ich gestehe, dass es mich keineswegs mit der Endlichkeit meiner Existenz versöhnt, wenn meine physikalische Energie einst in Erdbeeren oder Nashörnern weiterlebt. Mir reicht auch nicht, dass „etwas“ weitergeht oder dass ich „in vielen anderen Formen“ weiterlebe. Ich möchte durch die schöpferische Gnade Gottes mit meiner eigenen Person weiterleben – oder aber überhaupt nicht.

Wenn ich diese ganze Auflösungs-Mystik betrachte, die (angeblich) glücklich darüber ist, sich in Bäumen, Bergen und Sternschnuppen verströmen zu dürfen, frage ich mich: Lief die biologische und die kulturelle Evolution des Menschen nicht genau in die entgegengesetzte Richtung? Nämlich zu immer stärkerer Bewusstheit ihrer selbst, zu dem Freiwerden von bloßen Instinkten und Zwängen, zur Emanzipation von der Übermacht des Kollektivs, zur Person-Werdung, zu immer intensiverem Begreifen der Unersetzbarkeit jedes Einzelnen?

Man kann das alles an der Entwicklung eines Kleinkindes beobachten: Es muss erst noch lernen, zwischen sich und den Anderen zu unterscheiden. Es lernt, Bezugspersonen wahrzunehmen und eben dadurch sich selbst zu begreifen. Es lernt, sich aufzurichten. Es lernt sprechen. Es lernt, Begriffe zu verwenden. Es sagt eines Tages zum ersten Mal „Ich“. Es wird langsam fähig zu wirklicher Begegnung, zum Aus-sich-selbst-Herausgehen, zur Wahrnehmung des Anderen, zum Wohlwollen, zum Lieben.

Und wie mit dem Kind ist es mit dem Menschen insgesamt. Seine ganze Entwicklung läuft nicht auf die Aufgabe aller Individualität zu, sondern auf das tiefste Erkennen, das es gibt: den Anderen als Person mit seinem Anderssein, mit seiner Freiheit, mit seiner ganzen Widerständigkeit und seiner dem Betrachter fremden Geschichte wahrzunehmen und genau auf diese Weise selbst „Ich“ zu werden. Martin Buber betont zu Recht[38], dass unser „Ich“ erst in der Begegnung mit dem „Du“ zu einem wahren „Ich“ wird.

Der Mensch ist auf Begegnung hin angelegt. Dahin hat er sich in Jahrmillionen entwickelt. Er ist weder ein einsamer im Meer dümpelnder Seestern geblieben, der dadurch befruchtet wird, dass Spermien im Wasser auf ihn zutreiben, noch ist er ein Herdentier geworden, das blökend hinter dem Schwanz eines anderen Tieres herwackelt. Der Mensch hat aufrechten Gang und eine einmalige, unverwechselbare Geschichte. Und jeder sehnt sich danach, einem anderen Menschen in das geliebte Angesicht zu blicken. Wozu das alles, wenn der Mensch nach dem Tod in einem anonymen All untergeht und wenn das Ende seines Lebens kein Ankommen, sondern ein Zerfließen ist; kein Erkennen und Erkanntwerden, sondern die Auflösung alles dessen, was er war; kein seliges Schauen von Angesicht zu Angesicht, sondern das Sich-Verlieren in einem gesichtslosen Kosmos?

Jean Paul, der große, fast vergessene deutsche Dichter (1763–1825), hat diesen leeren Kosmos in einem schrecklichen Traumbild beschrieben[39]. Es trägt den Titel: „Rede des toten Christus vom Weltgebäude herab, dass kein Gott sei.“ Jean Paul sieht in dieser fiktiven Vision, wie sich der Nachthimmel auftut und den Blick in ein unermessliches Weltall freigibt. Er sieht, wie das Äußerste und das Innerste der Welt bloßgelegt werden, wie die Gräber auseinanderklaffen und die Toten der Auferstehung entgegenzittern.

Dann erscheint als unendlich edle Gestalt der tote Christus am Himmel. Wie er erscheint, rufen ihm die zahllosen Toten der Erde voll schrecklicher Ahnung entgegen: „Christus, sag uns, ist kein Gott?“ Er muss ihnen antworten: „Es ist keiner!“ Und dann berichtet Christus den Toten in den Gräbern, was mit ihm im Augenblick seines eigenen Todes geschah:

> *Ich ging durch die Welten, ich stieg in die Sonnen und flog mit den Milchstraßen durch die Wüsten des Himmels; aber es ist kein Gott. Ich stieg herab, so weit das Sein seine Schatten wirft, und schauete in den Abgrund und rief: „Vater, wo bist du?“ aber ich hörte nur den ewigen Sturm, den niemand regiert.*

Dann kommt die schauerlichste Stelle des ganzen Textes. Christus berichtet, wie er in dem unermesslichen Raum das Angesicht des Vaters suchte. Er fand es nicht. Nur der unendliche Kosmos starrte ihn

> *mit einer leeren bodenlosen Augenhöhle an; und die Ewigkeit lag auf dem Chaos und zernagte es und wiederkäuete sich.*

Die „Rede des toten Christus vom Weltgebäude herab, dass kein Gott sei“ ist sprachlich einer der großen Texte der deutschen Literatur – und wohl auch einer der unheimlichsten –, obwohl der Erzähler anschließend erwacht und erkennt, dass er nur einen bösen Traum geträumt hat. Dieser Text entlarvt unerbittlich alle Mystifikationen, die mit einer „Mutter Natur“ rechnen, welche uns im Tod umfange und in die hinein wir uns selig auflösen könnten. Wenn es keinen Gott gibt, wenn es keine Begegnung mit dem gibt, auf den wir schon immer zugegangen sind, wenn es kein „von Angesicht zu Angesicht“ gibt, dann sterben wir in ein eiskaltes, gesichtsloses Nichts hinein.

6. Die Sehnsucht nach dem Verlöschen

„Eiskaltes Nichts" – das ist freilich auch nur ein Bild. Schon der griechische Philosoph Epikur (um 341–271 v. Chr.) hat betont, dass man den Tod nicht zu fürchten habe. Denn die Zeit *vor* dem Tod sei noch nicht der Tod, und der Tod *selbst* sei der Eintritt in das reine Nichts, also höre dann alle Empfindung auf. „Solange wir existieren, ist der Tod nicht da, und wenn er da ist, existierten wir nicht mehr"[40]. Vor dem Tod selbst brauche also niemand Angst zu haben.

Tatsächlich begegnen wir heute vielen Menschen, die sich für ihren Tod in keiner Weise interessieren. Sie sind so sehr mit ihrem Leben beschäftigt, dass ihnen der Tod nichts bedeutet. Natürlich wissen sie, dass sie irgendwann sterben werden. Irgendwann einmal. Aber doch nicht jetzt[41]. Sie fragen auch nicht mehr nach dem „Danach". Das Thema „Tod" kommt in ihrem Leben nicht vor.

Zwar zeigen die Medien den Tod tausendfach – und nicht nur in den Nachrichten. Die Unterhaltungsindustrie lebt von Leichen – von Verbrannten, Verwesten, Verstümmelten und Zerstückelten. So gehört etwa zur Motivik heutiger Kriminalromane unbedingt die Leichenschau, möglichst detailliert und kenntnisreich ausgemalt. Entsprechend ist im Personen-Inventar der Trivialliteratur seit etwa zwanzig Jahren eine neue Figur aufgetaucht: der forensische Anthropologe, der am Entwicklungsstand der Maden von Schmeißfliegen den Todeszeitpunkt des Opfers berechnet. Simon Beckett beginnt seinen Roman „Die Chemie des Todes" mit den folgenden Sätzen[42]:

> *Ein menschlicher Körper beginnt fünf Minuten nach dem Tod zu verwesen. Der Körper, einst die Hülle des Lebens, macht nun die letzte Metamorphose durch. Er beginnt sich selbst zu verdauen. Die Zellen lösen sich von innen nach außen auf. Das Gewebe wird erst flüssig, dann gasförmig. Kaum ist das Leben aus dem Körper gewichen, wird er zu einem gigan-*

tischen Festschmaus für andere Organismen. Zuerst für Bakterien, dann für Insekten …

Trivialromane bieten heute zuhauf Texte ähnlicher Machart. Und die klinisch-weißen Säle der Gerichtsmedizin sind seit Langem der wichtigste Ort sämtlicher Fernsehkrimis. Leichenöffnungen sind obligatorisch. Zu nennen wären an dieser Stelle natürlich auch zahllose Computerspiele, in denen das schnelle und effektive Töten Prinzip ist. Der Tod ist in unserer Gesellschaft also durchaus präsent. Aber er ist für diejenigen, die ihn täglich konsumieren, kein existentielles Thema. Werden diese Leichen- und Todes-Konsumenten eines Tages in der eigenen Familie mit dem wirklichen Tod konfrontiert, geraten sie in tiefe Verlegenheit und stumme Hilflosigkeit. Wie gut, dass es dann in der Nähe ein Bestattungsinstitut gibt, das alles erledigt.

Und doch: So ist es nur bei einem Teil der Gesellschaft. In der Philosophie zum Beispiel hat der Tod schon immer eine außerordentliche Rolle gespielt[43]. Genauso in der Literatur. Zahlreiche Schriftsteller und Dichter setzen sich seit Langem intensiv mit dem Thema Tod auseinander. Auch innerhalb der sogenannten „Selbsthilfe-Literatur" sind Bücher über das Sterben und den Tod bestens vertreten[44]. Man muss sogar sagen: Es herrscht heute eine gewisse „Geschwätzigkeit", was den Tod angeht[45]. Jedenfalls findet bei vielen wachen Menschen die früher oft beschriebene „Verdrängung des Todes" keineswegs statt. Es gibt mehr und mehr Frauen und Männer, die sich über ein menschenwürdiges Sterben Gedanken machen, die bewusst auf ihren Tod blicken, ihn offen ins Auge fassen und mit ihren Angehörigen besprechen, was im Falle wachsender Demenz oder in der Situation eines längeren Komas geschehen soll. Andere engagieren sich bewusst in der Hospizbewegung.

Diese Bewegung – es gibt sie seit Ende der sechziger Jahre des vergangenen Jahrhunderts – sagt zu Recht: Wir brauchen Hospize, Palliativstationen und spezifische Pflegedienste, die Sterbenden Zeit und Zuwendung geben können. Denn unsere normalen Krankenhäuser und das in ihnen arbeitende Personal sind nicht in der Lage, Sterbenden einen menschenwürdigen Tod zu ermöglichen. Der Berliner Mediziner Michael de Ridder schreibt vor dem Hintergrund jahrzehntelanger klinischer Erfahrung[46]:

> *Unsere Krankenhäuser sind, sieht man einmal von den wenigen Ausnahmen ab, der Stein und Stahl gewordene Gegenentwurf zu dem, was ein Mensch am Ende seines Lebens braucht. Sowohl ihre bauliche Gestaltung und Innenausstattung wie auch die Bereitschaft und Kompetenz des weitgehend überlasteten ärztlichen und pflegerischen Personals sind nicht dazu angetan, einem zu Ende gehenden menschlichen Leben Aufgehobenheit und Fürsorge angedeihen zu lassen. Als mehr oder weniger perfekte Maschinerien vermitteln sie dem Kranken und erst recht dem Sterbenden vielmehr das Gefühl, Sand in ihrem Getriebe zu sein. Sie flößen ihm Hilflosigkeit, Abhängigkeit und zudem etwas ein, was schließlich den Erfolg mancher therapeutischen Bemühung in Frage stellt: existentielle Angst.*

Darf man sich wundern, dass angesichts dieser Situation ein Drittel aller deutschen Bürger schon einmal daran gedacht hat, sich im Fall endgültiger Pflegebedürftigkeit das Leben zu nehmen, und dass ein hoher Prozentsatz der Bevölkerung die „aktive Sterbehilfe“ bejaht?

Es ist aber nicht nur die Angst vor einer Lage, in der man radikal auf die Hilfe anderer angewiesen ist. Offenbar gewinnt zugleich bei vielen Zeitgenossen die bewusst geplante Selbsttötung eine wachsende Faszination. Wäre es nicht sinnvoll, den eigenen Tod als letzte „Freiheitstat“ zu zelebrieren?

Es ist ja nicht nur so, dass es in Europa längst Kliniken gibt, in denen Ärzte mit den entsprechenden Mitteln nachhelfen. Und es ist nicht nur so, dass es Organisationen wie die Schweizer „Dignitas“ gibt, bei denen man sich für seine Selbsttötung anmeldet und die dann Beratung, Begleitung und Beihilfe zum Suizid leisten. Nein, es gibt auch immer mehr Bücher und

Filme, in denen minutiös erzählt wird, wie Schwerkranke oder alte Menschen ihren Exitus vorbereiten und ihn dann wohlinszeniert feiern.

Da wird geschildert, wie sie ihre Wohnung putzen und Blumen auf den Tisch stellen, damit der Freitod ein „festlicher" Tod wird. Dann heften sie eine Erklärung an die Tür ihres Schlafzimmers, die mitteilt, sie gingen aus freier Entscheidung in den Tod. Der Mann bürstet sein Haar und schlüpft in seinen besten Pyjama. Die Frau legt noch einmal Rouge auf und schmückt sich mit ihrer schönsten Halskette. Die diesbezüglichen Tabletten werden abgezählt, zerstoßen und in Flüssigkeit aufgelöst. Vor dem tödlichen Glas wird noch ein wenig gegessen und ein Antibrechmittel eingenommen, damit der Magen das Gift nicht ausstößt. Was alles zu machen und zu beachten ist, haben sie auf ihrer sorgfältig zusammengestellten To-do-Liste stehen. Sie konnten es im Internet oder in der entsprechenden Ratgeber-Literatur detailliert nachlesen.

Das alles wird uns heute als Buch oder Fernsehfilm ins Haus geliefert – und wir sind mit dabei. Für die makabre Lust, anderen bei ihrer medialen Selbsttötung zuzusehen, gibt es – neben simplem Voyeurismus – natürlich viele Gründe. Da es in unserer Gesellschaft praktisch keine Tabus mehr gibt (die Sexualität hat längst ihre totale Öffentlichkeit gefunden und wird bis ins kleinste Detail vermarktet), bietet sich hier die Möglichkeit, vielleicht noch eines der letzten Tabus zu brechen[47].

Noch trostloser werden solche Selbsttötungen, wenn sie sich nicht fiktiv, sondern in der Realität abspielen – und die Angehörigen dabei zuschauen. In München war bei einer siebenundsiebzigjährigen Frau Alzheimer diagnostiziert worden. Daraufhin fasste sie den Entschluss, sich zu Hause im Beisein ihrer Angehörigen das Leben zu nehmen. Nach ihrem Suizid leitete die Staatsanwaltschaft zunächst ein Verfahren gegen die Angehörigen wegen unterlassener Rettungsmaßnahmen ein. Es wurde allerdings schnell wieder eingestellt. Im Einstellungsbeschluss der Staatsanwaltschaft München vom 30. Juli 2010 liest sich das Geschehen folgendermaßen[48]:

Am Abend des 28.02.2009 kamen die Kinder der später Verstorbenen in die Wohnung ihrer Mutter. Zunächst unterhielt man sich dort und aß gemeinsam. Sodann nahm die später Verstorbene ein Mittel gegen Übelkeit ein. Zirka eine halbe Stunde später schluckte sie Tabletten. Daraufhin trank man gemeinsam Sekt. Nach ca. zehn Minuten wurde die später Verstorbene müde, putzte sich die Zähne und zog sich ihr Nachthemd an. Anschließend begab sie sich zu Bett. Nach und nach gingen die Beschuldigten zu ihrer Mutter und verabschiedeten sich. Als gegen 0.30 Uhr des 01.03.2009 die Atmung flach und unregelmäßig wurde, setzten sich die Beschuldigten an das Bett ihrer Mutter und hielten deren Hand. Gegen 0.41 wurde aufgrund der fehlenden Atmung und des fehlenden Pulses letztendlich der Tod festgestellt. Versuche, die Verstorbene zu retten, wurden nicht unternommen.

Man darf darüber nachdenken, was sich bei diesem Tod in den Köpfen der Angehörigen abgespielt hat. Trauer, Mitleid, Zuwendung, dankbares Erinnern? Oder vielleicht auch noch – untergründig – etwas weniger edle Gedanken? Oder etwa das Theorem, das schon eine Reihe griechischer und römischer Philosophen goutiert hat, die Freiheit des Menschen gipfle darin, dass er sein Ende selbst wählen und selbst gestalten könne?

Dieser Gedanke gewinnt mehr und mehr Anhänger. Zeigt sich nicht gerade im selbst gewählten „Weggehen“ die Würde des Menschen? Das Kommen in diese Welt habe man nicht wählen können – aber den eigenen Weggang könne man selbst bestimmen und eben so wahrhaft frei werden. Gerade dies sei das größte Privileg des Menschen, das ihn von den Tieren unterscheide: dass er „Hand an sich legen“ könne.

Bei dieser Freiheitsideologie spielt freilich noch etwas anderes mit. Das Interesse an der Bewältigung des Alters wächst – und selbstverständlich hängt dies damit zusammen, dass wir älter werden, viel älter als die Menschen früherer Jahrhunderte. Ein immer länger werdender letzter Lebensabschnitt liegt vor uns, in dem die Lebenskraft langsam, aber unerbittlich abnimmt. Schon Arthur Schopenhauer hat das meisterlich geschildert[49]:

> *Nach und nach erlöschen im Alter die Leidenschaften und Begierden. Die Affekte finden keine Anregung mehr, denn die vorstellende Kraft wird immer schwächer, ihre Bilder matter. Die Eindrücke haften nicht mehr, gehen spurlos vorüber, die Tage rollen immer schneller, die Vorfälle verlieren ihre Bedeutsamkeit, alles verblasst. Der Hochbetagte wankt umher, oder ruht in einem Winkel, nur noch ein Schatten, ein Gespenst seines ehemaligen Wesens. Was bleibt da dem Tode noch zu zerstören? Eines Tages ist dann ein Schlummer der letzte, und seine Träume sind – – –*

Die drei Striche markieren bei Schopenhauer das gefüllte Nichts, in das der verlöschende Mensch hineinstirbt. Für Schopenhauer (der übrigens strikt gegen den Suizid war) ist die Auflösung in dieses Nichts hinein etwas unbedingt Positives. Es gehört zum Menschen, es ist ihm zutiefst wesensgerecht – eben weil der Mensch wie die Pflanzen und wie die Tiere Teil des ewigen Kreislaufs der Natur ist.

Und so empfinden es offensichtlich auch viele heutige Menschen, wenn auch unter anderen Vorzeichen. Der selbst herbeigeführte oder aber auch der „natürliche Tod“ beendet einfach ein Alter, dessen Last immer größer geworden ist. Man ist müde geworden. Man hat die Politik und die Politiker gründlich satt. Man mag den Fernseher nicht mehr einschalten. Selbst lesen kann man nicht mehr richtig. Auf der Straße bewegt man sich nur noch mit größter Vorsicht. Das Kurzzeitgedächtnis wird immer schlechter. Aber auch seinem Langzeitgedächtnis traut man längst nicht mehr. Der Nebel im Kopf nimmt zu. Man behält keine Namen und kann sich keine Gesichter mehr merken. Die Kinder gehen ihren eigenen Weg und haben wenig Zeit. Die Zahl der schon verstorbenen Freunde und Verwandten wächst. Warum sich dann vor dem Tod fürchten? Er gehört zum menschlichen Leben. Er ist in sich schon „Erlösung“ von der

Last des Alters. Die Frage nach einem „ewigen Leben“ spielt keine Rolle. Man hatte ja dieses Leben. Teilweise war es schön, teilweise war es unfair. Aber jetzt geht es zu Ende, und das ist gut so.

Auch solche Empfindungen spiegeln sich in den Trauersprüchen am Kopf von Todesanzeigen. Etwa in den folgenden Sätzen:

Der Tod kann auch freundlich kommen
zu Menschen, die alt sind,
deren Hand nichts mehr festhalten will,
deren Augen müde wurden,
deren Stimme nur noch sagt:
Das Leben war schön.
Aber jetzt ist es genug.

„Es ist genug“ – das ist ein altes Motiv, das schon in der Lyrik der Barockzeit weit verbreitet war. In dem „Sterb-Lied“ des Anton Ulrich von Braunschweig setzt alles sofort mit diesem Seufzer ein[50]:

Es ist genug! Mein matter Sinn
Sehnt sich dahin, wo meine Väter schlaffen.
Ich hab es endlich guten Fug[51]
Es ist genug! Ich muss mir Rast verschaffen.

Insgesamt siebenmal wiederholt das Lied dieses „Es ist genug!“ Und es endet mit dem demütigen und zugleich nachdrücklichen Selbstbefehl: „Es sei also gestorben!“ Allerdings: Das Lied redet nicht nur von einem Leben, das müde geworden ist durch die Last, die immer mehr niederdrückt. Und es redet nicht nur von dem Wunsch, sich für immer schlafen zu legen. Nein, der Mensch, der sich da den endlich erlösenden Schlaf ersehnt, legt zugleich sein ganzes Leben in die Hand Gottes:

So nimm nun, Herr! hin meine Seel’,
Die ich befehl in deine Händ’ und Pflege.

Schreib sie ein in dein Lebensbuch.
Es ist genug! Dass ich mich schlaffen lege.

Das ist der tiefgreifende Unterschied zu der bloßen Sehnsucht vieler Altgewordener in unserer Gesellschaft, die nur noch einschlafen wollen, um für immer zu verlöschen. Der Dichter der Barockzeit wollte noch sterben, um bei Gott zu sein.

Reinhold Schneider (1903–1958) hat in seinem „Winter in Wien" behauptet, das Einschlafen- und Verlöschenwollen sei im Grunde schon immer das Normale, das Menschliche, das Naturgegebene gewesen. Die Frage nach einem „ewigen Leben" sei an eine ganz bestimmte geschichtliche Konstellation gebunden – an eine Konstellation, die in dem Auftreten Jesu gipfelte. Jenseits davon habe es die entsprechende Frage nach ewigem Leben meist gar nicht gegeben und heute versinke diese Frage erneut[52]:

Die gesamte christliche Kultur mit allen Ausstrahlungen wird von dem Ernst dieser Frage getragen. Ist sie aber nun dem Menschen wesentlich? Ist sie unabdingbar? Nein. Weder die Vorsokratiker noch die Stoiker haben sie aufgeworfen; unüberschaubare Völkerscharen gingen und gehen hin, ohne an ihr zu leiden.

Für Reinhold Schneider gehört also das Verlangen nach Unsterblichkeit nicht wesentlich zum Menschen. Gewiss: Im christlichen Kulturkreis gebe es die Sehnsucht nach dem ewigen Leben. Aber schon immer hätten sich ganze Völker „in den Tod ergeben" und nach Ewigkeit überhaupt nicht verlangt. In der heutigen Gesellschaft stünden die christlichen Prediger nun plötzlich erneut vor dem „Verstummen der Frage nach Unsterblichkeit".

Was soll man von dieser kulturgeschichtlichen These halten? Sie klingt bestechend. Reinhold Schneider hätte Friedrich Nietzsche (1844–1900) zitieren können, der in „Ecce homo", seinem letzten größeren Buch, in welchem er zurückblickt auf sein Leben und Werk, fast triumphierend und ziemlich großmäulig schreibt:

> *„Gott“, „Unsterblichkeit der Seele“, „Erlösung“, „Jenseits“: lauter Begriffe, denen ich keine Aufmerksamkeit, auch keine Zeit geschenkt habe, selbst als Kind nicht, – ich war vielleicht nie kindlich genug dazu? – Ich kenne den Atheismus durchaus nicht als Ergebnis, noch weniger als Ereignis: er versteht sich bei mir aus Instinkt. Ich bin zu neugierig, zu fragwürdig, zu übermütig, um mir eine faustgrobe Antwort gefallen zu lassen. Gott ist eine faustgrobe Antwort, eine Undelikatesse gegen uns Denker –, im Grunde sogar bloß ein faustgrobes Verbot an uns: ihr sollt nicht denken! … (Ecce homo, Warum ich so klug bin 1)*

Nietzsche scheint damit das Ende der Frage nach Unsterblichkeit eingeläutet zu haben. Hatte also Reinhold Schneider recht? Nein, er dachte und fühlte selbst zeitgebunden. Er vermochte offenbar nicht zu sehen, dass sich das Verlangen nach ewigem Leben in den vielfältigsten Formen verstecken kann, zum Beispiel in dem Glauben an Reinkarnation oder in der Sehnsucht, in den Schoß der Allmutter Natur zurückzusinken, oder in dem Gedanken ewiger Wiederkehr oder auch einfach nur in der verzweifelten Hoffnung, in den Nachkommen weiterzuleben. Vor allem wusste er noch nichts von dem epochalen Neuaufbruch des Islam, den wir heute erleben. Für den Islam ist der Glaube an die Auferstehung der Toten eine Selbstverständlichkeit.

Reinhold Schneider wusste auch noch nichts von der neuheidnischen Esoterik der Gegenwart: Da wuchert die Sehnsucht nach Jenseitigem und erblüht in den exotischsten Farben. Was schließlich die antike Stoa angeht – hier hat sich Reinhold Schneider schlicht getäuscht. Die Lehre der Stoiker über die „letzten Dinge“ war keineswegs einheitlich. Sie oszillierte zwischen nacktem Materialismus und frommem Seelenglauben. Gerade in der Mittleren und Jüngeren Stoa gab es herausragende Vertreter, die von der Unsterblichkeit der Seele überzeugt waren wie etwa Poseidonios (135–51 v. Chr.) und Seneca (1–65 n. Chr.)[53]. Seneca konnte über den Weg der Seele nach dem Tod schreiben[54]:

> *Nachdem die Seele, sich reinigend und die anhaftenden Fehler und den Schmerz des sterblichen Lebens abschüttelnd, kurze Zeit über uns geweilt hat, erhebt sie sich zu den Höhen des Weltalls und schwebt unter den seligen Geistern. Es hat sie eine heilige Schar aufgenommen.*

Für Seneca war diese Vorstellung geradezu ein Grunddogma seiner Lehre. Die unsterbliche Seele durchzieht noch eine bestimmte Zeit den Luftraum und wird dabei in einem Läuterungsprozess von ihren Verfehlungen gereinigt. Dann aber gelangt sie in den Bereich ewigen Seins und weilt nun in der „heiligen Schar" der Philosophen und Weisen.

Nein, hier hat sich Reinhold Schneider einfachhin getäuscht. Die Frage, was nach dem Tod komme, wurde schon Jahrtausende vor dem Christentum mit höchster Intensität aufgeworfen, man denke nur an Ägypten (siehe Teil II, 3 dieses Buches), und sie ist auch heute nicht verstummt. Sie bricht in vielfältigsten Gestalten – oft verdeckt und in schillernden Formen – immer wieder neu auf. Sie gehört zum Wesen des Menschen, der sich in allem, was er tut, nach dem Unendlichen ausstreckt.

Wir dürfen und müssen deshalb fragen: Was geschieht mit uns im Tod? Was geschieht dann mit unserem Leben, mit unserem Ich, mit unserem Bewusstsein, mit der Geschichte unseres Lebens? Ist es dann aus mit uns? Kommt dann die große Nacht, der ewige Schlaf und das absolute Nichts? Ist unser Selbst dann für immer ausgelöscht? Oder kommt dann jenes Leben, das die Christen mit einer so abgegriffenen und doch nicht ersetzbaren Wendung als die „ewige Seligkeit" bezeichnen?

Aber mehr noch: Wir dürfen und müssen fragen: Was geschieht mit der Geschichte der Welt? Was mit den unzähligen Deklassierten, Gequälten, Vergewaltigten, Ermordeten? Werden das Unrecht, die Lüge, die Manipulation, die Leiden von

Milliarden Unschuldigen niemals aufgedeckt und geklärt werden? Und führen umgekehrt die unendlichen Bemühungen, die Wahrheit zu finden, die Leiden der Geschlagenen zu lindern, die Lage der Gesellschaft zu verbessern, am Ende doch wieder in das Nichts, weil es nicht nur den Tod des Einzelnen, sondern auch das Verschwinden ganzer Nationen und Kulturen gibt und als Schluss von allem der unerbittliche Untergang steht? Oder gibt es von Gott her eine die gesamte Geschichte umfassende Klärung alles dessen, was je geschah, und mit dieser Klärung auch die Auferstehung aller Geschichte in Gott hinein – in die Recht schaffende Liebe Gottes hinein?

Teil II

Was Israel erfuhr

1. Glaube, der um Einsicht ringt

Im I. Teil dieses Buches hat sich uns ein weiter Horizont von Ritualen, Bildern, Mythen und Philosophemen aufgetan, von sehnsuchtsvollen Hoffnungen und kühlen Verneinungen. In Wirklichkeit war es nur ein winziger Ausschnitt. Er hätte endlos erweitert werden können. Doch auch so ist wohl schon klar geworden: Es geht hier um eine Frage, die für den Menschen wesentlich ist. Sie kommt aus der Tiefe seiner Existenz. Und sie hört nicht auf. Sie hört nicht einmal dort auf, wo der Tod als reines Verlöschen angesehen wird. Selbst in dem trotzigen Satz: „Wir kamen aus dem Nichts und kehren ins Nichts zurück", der ja durchaus eine Art Glaubensbekenntnis ist, zittert wahrscheinlich noch die Frage, ob es nicht vielleicht doch ganz anders sein könnte.

Der Blick in die Kultur- und Religionsgeschichte zeigt aber nicht nur, dass die bohrende Suche nach einer Antwort nicht aufhört. Er zeigt auch: Die Antworten schillern in allen Farben und nach allen Richtungen hin. Sie bewegen sich in unendlichen Abstufungen zwischen frommem Seelenglauben und radikaler Skepsis. Ein ganzer Chor schallt uns da entgegen. Er singt nicht nur vielstimmig, er tönt mit schrillen Dissonanzen. Offenbar gibt es auf die Frage, was nach dem Tod kommt, auf dem Feld *menschlicher* Möglichkeiten keine eindeutige Antwort. Denn hier redet der Mensch über eine Sache, die keiner, der lebt, je selbst erfahren hat[55]. Kann es auf solches Fragen überhaupt eine Antwort geben?

Am ehesten wäre sie noch von der Philosophie zu erwarten. Was bedeutet es eigentlich, dass der Mensch ein Fragender ist und mit seinem Fragen niemals aufhört? Und woher kommt es, dass er ein unablässig Suchender ist? Er ersehnt sich etwas, erreicht es endlich – und kaum hat er es erreicht, genügt es ihm schon nicht mehr. Oder: Was ist der Grund dafür, dass er mit allem, was er denkt, fühlt, redet und tut, ständig über sich hinausgreift und dass er die Begriffe, die er bildet, nur vor einem unendlichen Horizont bilden kann?[56] In allem, was immer er tut, ist er auf das Unendliche aus, vor allem in seiner Leidenschaft und in seiner Sehnsucht nach Lust und Schönheit. Friedrich Nietzsche hat das in fast vollkommener Weise formuliert – in seinem „Trunknen Lied" aus „Also sprach Zarathustra"[57]:

O Mensch! Gib acht!
Was spricht die tiefe Mitternacht?
„Ich schlief, ich schlief –,
Aus tiefem Traum bin ich erwacht: –
Die Welt ist tief,
Und tiefer als der Tag gedacht.
Tief ist ihr Weh –,
Lust – tiefer noch als Herzeleid:
Weh spricht: Vergeh!
Doch alle Lust will Ewigkeit –,
– will tiefe, tiefe Ewigkeit!"

Nietzsche meint hier nicht die christliche Ewigkeit, sondern die ewige Wiederkehr des erfüllten Augenblicks. Aber auch darin bestätigt sich das gerade Gesagte: Der Mensch streckt sich unablässig auf Unendlichkeit hin aus, wie immer er sie sich vorstellt.

Die Frage ist allerdings: Worum handelt es sich bei diesem Ausgestrecktsein? Ist das alles nur unablässige Unruhe, ständiges Getriebensein, ewiges Sich-selbst-Entwerfen und Neu-Erfinden? Ist es nur jene biologische Triebkraft, die letztlich die permanente Evolution aller Lebewesen ermöglicht? Oder ist es der von Gott selbst geschaffene Entwurf des Menschen – des Menschen, der ruhelos ist, bis er Gott gefunden hat? Augustinus hat gerade dies in seinen Konfessionen, die vom Anfang bis zum Ende ein Gebet zu Gott sind, unnachahmlich formuliert – und zwar sofort zu Beginn[58]:

Groß bist Du, Herr, und hoch zu preisen, und groß ist Deine Macht, und Deine Weisheit ist unermesslich. Und preisen will Dich der Mensch, ein winziger Teil Deiner Schöpfung, der Mensch, der herumschleppt seine Sterblichkeit, herumschleppt das Zeugnis seiner Sünde und das Zeugnis, dass Du den Stolzen widerstehst.

Und dennoch: Preisen will Dich der Mensch, ein winziger Teil Deiner Schöpfung. Du selbst reizest ihn an, dass Dich zu preisen Entzücken ist, denn auf Dich hin hast Du uns geschaffen, und ruhelos ist unser Herz, bis es ruht in Dir.

Damit hat Augustinus zu sagen versucht, woher die nie abreißende Unruhe des Menschen kommt. Seine Antwort ist allerdings eine theologische Antwort. Sie kommt aus der jüdisch-christlichen Erfahrung. Sie setzt das Reden Gottes und gläubige Antwort auf dieses Reden voraus.

Und eben daran wird sich dieses Buch halten. Was nach dem Tod mit uns geschieht, können wir nur im Glauben wissen, darüber lässt sich letztlich nur vom Glauben her reden. Ich sage das an dieser Stelle mit aller Deutlichkeit. Ich schreibe hier weder als Naturwissenschaftler, noch als Religionswissenschaftler, noch als Philosoph. Ich schreibe als christlicher Theologe, das heißt als einer, der das Wort Gottes auszulegen hat. Und deshalb betone ich noch einmal: Über das, was nach dem Tod mit uns geschieht, können wir nur durch Gott selbst und aus hörendem Glauben wissen. Die christliche Tradition nennt das „Offenbarung".

Der Begriff der Offenbarung darf allerdings nicht falsch verstanden werden. Wie redet denn Gott zur Welt? Nicht über Lautsprecher vom Himmel her. Nicht, indem er einem Propheten ein Buch diktiert. Nicht, indem er leise in die Seele Auserwählter hineinflüstert und ihnen Dinge sagt, von denen kein Mensch jemals gehört hat[59]. Nein, Gott redet durch die Erfahrungen derer hindurch, die seine Wege mitgehen. Erfahrungen dieser Art können mit innerem Frieden oder Unfrieden, mit Trost oder Trostlosigkeit, mit Hinfinden oder mit Ausweglosigkeit, mit Heilwerden oder Heillos-Bleiben verbunden sein – je nachdem, ob sich Menschen der sich erschließenden Wahrheit Gottes öffnen oder nicht.

Das Wunder, dass sich ein ganzes Volk der Wahrheit Gottes nicht verweigerte, sondern sich immer wieder nach ihr ausstreckte, geschah in Israel. Dort, an der Schnittstelle von Asien, Afrika und Europa, zwischen den Hochkulturen Assur, Babylon, Phönizien und Ägypten mit ihren überwältigenden Religionssystemen – genau an dieser Schnittstelle, die es in einmaliger Weise möglich machte, zu sichten, zu vergleichen, zu kritisieren und zu unterscheiden – genau dort machten Menschen jene entscheidenden Erfahrungen mit Gott, die dann in dem Buch, das wir „Bibel“ nennen, zusammengetragen, verdichtet, fortgeschrieben und immer wieder kritisch überprüft wurden.

Den weitaus größeren Teil der Bibel bildet das Alte Testament. Dieser Teil ist die mächtige, niemals zu beseitigende Basis des Neuen Testaments. Die Schriften des Neuen Testaments sind nur die letzte, alles vereindeutigende und vollendende Sinnschicht des Alten Testaments. Deshalb muss in diesem II. Teil zunächst sehr genau auf das geblickt werden, was Israel in den Jahrhunderten seiner Geschichte erfahren hat.

Aber vorher noch ein letzter methodischer Hinweis auf das Folgende! Dieses 1. Kapitel des II. Teils trägt die Überschrift: „Glaube, der um Einsicht ringt.“ Das ist exakt der Titel, den der große mittelalterliche Theologe Anselm von Canterbury (um 1033–1109) ursprünglich seinem „Proslogion“ gegeben hatte: *Fides quaerens intellectum.* Die Formulierung stammte freilich nicht von ihm. Sie beruhte auf Sätzen, die sich mehrfach in den Werken des Augustinus finden. „Glaube, damit du verstehst!“, kann Augustinus sagen. Er greift damit zurück auf einen Satz der griechischen Übersetzung des Alten Testaments, der sogenannten Septuaginta. In der Septuaginta-Version von Jesaja 7,9 heißt es – entgegen dem hebräischen Urtext:

Wenn ihr nicht glaubt,
werdet ihr gewiss nicht verstehen.

Was meint Augustinus, was meinen die mittelalterlichen Theologen, wenn sie sich auf diesen Satz berufen? Sie wollen damit sagen, dass erst die Glaubenserfahrung die sichere Erkenntnis alles dessen ermöglicht, was mit Gott zusammenhängt. Allerdings: Diese Glaubenserfahrung muss von der Vernunft durchdrungen sein, ja sie muss sich vor der Vernunft rechtfertigen können. Genau das ist die Methode dieses Buches.

2. Radikale Diesseitigkeit

Wenn man das Alte Testament aufschlägt und es befragt, was es über den Tod weiß sowie über das, was nach dem Tod kommt, trifft man zunächst einmal auf ein Phänomen, mit dem man kaum gerechnet hätte. Man stößt auf tiefe Skepsis gegenüber allen religiösen Jenseitsvorstellungen. Weite Teile des Alten Testaments kennen anscheinend kein Leben nach dem Tod. Der Tod ist das Ende. Im 2. Samuelbuch sagt eine Frau, die der Feldherr Joab zu König David geschickt hat:

> *Wir [alle] müssen sterben und sind wie Wasser, das man auf die Erde schüttet. Man kann es nicht wieder einsammeln. (2 Sam 14,14)*

Noch drastischer sagt es der alttestamentliche Weisheitslehrer Kohelet:

> *Wahrlich! Das Geschick der Menschen und das Geschick des Viehs: das gleiche Geschick trifft sie beide. Es gibt keinen Vorrang des Menschen vor dem Vieh. Denn beide sind Windhauch. Beide gehen an denselben Ort. Beide kamen aus dem Staub und beide kehren zum Staub zurück. (Koh 3,19–20)*

Das Vieh muss sterben, der Mensch muss sterben, da ist kein Unterschied. Das Leben des Menschen zerrinnt, sein Geist verflüchtigt sich, sein Leib wird wieder zu Staub, mit dem Tod endet alles. So sagt es zum Beispiel auch der 39. Psalm. Zweimal betont dieses Bittgebet eines Kranken, der Mensch sei nur ein

„Hauch“ (Ps 39,6.12). Am Ende des Psalms fleht der Kranke, Gott möge doch seinen strafenden Blick abwenden, damit er noch einmal für kurze Zeit aufatmen könne:

Höre mein Beten, o Herr,
vernimm mein Schreien,
schweige nicht zu meinen Tränen.

Denn ich bin nur ein Gast bei dir,
ein Beisasse wie all meine Väter.

Schau weg von mir,
dass ich [noch einmal] fröhlich sein kann,
ehe ich davon muss und nicht mehr bin.
(Ps 39,13–14)

Mit dem Tod ist also das wirkliche Leben zu Ende. Es gibt zwar, wie überall im Alten Orient und der Antike, das Totenreich, die Unterwelt, die *scheol*. Doch sieht man genauer hin, so ist die *scheol* der Bereich des Nichtigen. In ihr gibt es kein Leben, das noch den Namen „Leben“ verdienen würde. Christoph Barth formulierte einst in seiner Untersuchung der individuellen Klage- und Dankpsalmen[60]: „Sterben heißt zwar nicht: Aufhören zu sein, wohl aber: Aufhören zu leben.“ Das trifft die Dinge genau. Man könnte auch von einer Schattenexistenz sprechen. Im Buch Ijob heißt es, die Unterwelt sei ein Ort

ohne Wiederkehr, ein Land der Finsternis und des Todesschattens, ein Land so dunkel wie die Nacht, wo Todesschatten herrscht. (Ijob 10,21–22)

In der Unterwelt ist der Zusammenhang mit den noch Lebenden abgerissen. Wer in die *scheol* hinabgesunken ist, hat keinen Anteil mehr an der Geschichte Israels. Sogar seine eigene Geschichte ist abgebrochen und hat sich verflüchtigt. Die Toten wissen überhaupt nichts mehr, sagt Kohelet:

Wer zu den Lebenden zählt, für den besteht noch Hoffnung. Denn: Ein lebender Hund ist besser als ein toter Löwe. Und: Die Lebenden wissen, dass sie sterben werden; die Toten aber wissen überhaupt nichts mehr. Sie haben auch keinen Lohn mehr zu erwarten, denn die Erinnerung an sie ist in Vergessenheit versunken. Liebe, Hass und Eifersucht gegen sie, all dies ist längst erloschen. Auf ewig haben sie keinen Anteil mehr an allem, was unter der Sonne getan wurde. (Koh 9,4–6)

Doch das Schrecklichste: Der Mensch ist dort nicht einmal mehr in der Lage, Gott zu preisen (Ps 6,6; 115,17; Jes 38,18). Er ist fern von Gott, und selbst Gott ist fern von ihm (Ps 88,6). Das Alte Testament kann zwar von einem Verstorbenen sagen, er sei „zu seinen Vorfahren" beziehungsweise „seinen Vätern versammelt worden"[61]. In dieser Formel zeigt sich das Kollektivbewusstsein des frühen Israel: Alle sind Glieder innerhalb einer langen Generationenfolge. Aber die Versammlung zu den Vätern meint trotzdem nicht, der Verstorbene sei nun zu wirklicher Gemeinschaft mit seinen Vorfahren gelangt oder gar zu einem Leben bei Gott. Gemeint ist zunächst einmal ganz schlicht: Seine Gebeine liegen nun dort, wo schon die Gebeine seiner Väter bestattet sind. Sie liegen in der Familiengruft.

Zwar schenkt es den noch Lebenden Trost und sogar ein Gefühl der Geborgenheit, einmal dort begraben zu werden, wo die Väter und Vorfahren ruhen. Wahrscheinlich schwingt sogar mit: Man möchte sterben und begraben werden in dem Land, das den Vätern verheißen wurde[62]. Und dennoch: Wer im Grab ist, ist auf dem Weg in die Unterwelt, und wirkliches Leben gibt es im Grab bei den Gebeinen der Väter so wenig wie in der Unterwelt. In Ps 143 fleht ein einzelner Beter und mit ihm, wie stets in den Psalmen, ganz Israel:

Antworte mir schnell, o Herr,
denn mein Geist ist am Erlöschen.

Verbirg nicht dein Angesicht vor mir,
sonst gleiche ich denen,
die niederfahren zur Grube.
(Ps 143,7)

Der noch Lebende, der aus Not gerettet wird, schaut das Angesicht Gottes. Das heißt: Er lebt in tiefer Gemeinschaft mit Gott. In der „Grube“, also im Grab und in der Unterwelt, hört diese Gemeinschaft auf.

Entscheidend ist nun: Diesem nüchternen Blick auf den Tod entspricht in Israels Erzählungen, in seinen Gebeten, in seiner Theologie – kurz im gesamten Alten Testament – eine radikale Diesseitigkeit. Das eigentliche Leben geschieht hier in dieser Welt. Der Platz des Menschen ist die jetzt geschehende Geschichte. Sie ist der Ort des Segens, der Freude und des Gotteslobes. Die Gemeinschaft mit Gott bleibt ganz an das irdische Leben gebunden. Das Glück, das sich der Mensch in Israel von seinem Gott ersehnt, ist ein langes und sattes Leben, sind viele Kinder, reiche Ernten, große Viehherden, fröhliche Feste und Ruhe angesichts der Feinde. In Ps 144 zum Beispiel wird dieser von Gott erhoffte Segen anschaulich geschildert:

Dann sind unsere Söhne wie junge Bäume,
hochgewachsen in ihrer Jugend.

Unsere Töchter sind wie Säulen,
geformt wie die Säulen des Tempels.

Unsere Speicher sind gefüllt,
überquellend von vielerlei Vorrat.

Unser Kleinvieh wirft tausendfach,
vieltausendfach auf unseren Fluren,
unser Großvieh ist trächtig.

Niemand durchbricht unsere Mauern,
es trifft uns keine Verbannung,
keine Klage ertönt auf unseren Plätzen.

Selig das Volk, dem solches beschieden,
selig das Volk, dessen Gott der Herr ist.
(Ps 144,12–15)

So also sieht der von Gott erhoffte Segen aus. Er ist ganz irdisch. Ps 144 zeigt aber zugleich das Glück, das aus der Nähe Gottes kommt: „Selig das Volk, dessen Gott der Herr ist!" Nicht anders ist es bei Kohelet. Er rät seinen Lesern, nachdem er alle Möglichkeiten des Menschen und alle Bildungstraditionen Israels, ja des ganzen Orients kritisch überprüft hat[63]:

Also: Iss freudig dein Brot, und trink vergnügt deinen Wein; denn das, was du tust, hat Gott längst festgelegt, wie es ihm gefiel. Trag jederzeit frische Kleider, und nie fehle duftendes Öl auf deinem Haupt. Mit einer Frau, die du liebst, genieße das Leben alle Tage deines Lebens voll Windhauch, die er dir unter der Sonne geschenkt hat, alle deine Tage voll Windhauch. Denn das ist dein Anteil am Leben und an dem Besitz, für den du dich unter der Sonne anstrengst. Alles, was deine Hand, solange du Kraft hast, zu tun vorfindet, das tu! Denn es gibt weder Tun noch Rechnen noch Können noch Wissen in der Unterwelt, zu der du unterwegs bist. (Koh 9,7–10)[64]

Man möge sich nicht täuschen! Was Kohelet da rät, ist weder Beliebigkeit noch Bindungslosigkeit. Der Mensch soll kraftvoll handeln, sich dabei aber an Gott binden. Aller Lebensgenuss muss in Gottesfurcht geschehen. Der Mensch soll sich seines Lebens vor Gott freuen, besonders in den Tagen der Jugend, er soll heiteren Herzens sein, er soll seinen Sinn von Ärger freihalten und seinen Leib vor Krankheit schützen – doch nach dem Tod ist alles aus, und der Mensch wird wieder zu dem Staub, aus dem er gekommen ist.

Aber gibt es im Alten Testament nicht doch eine Zukunftshoffnung? Eine Hoffnung, dass einmal der Tag kommt, an dem Gott alle Verhältnisse umkehrt? Dass eine Zeit kommt, in der endlich Gerechtigkeit geschieht, in der die Unterdrückten befreit, die Armen aufgerichtet, die Elenden gerettet, die Kranken geheilt, die Trauernden getröstet werden? Eine Zeit, in der Gott das Geschick seines Volkes wendet und in der er Israel den äußeren und den inneren Frieden schenkt?

Diese Zukunftshoffnung gibt es tatsächlich. Sie durchzieht das gesamte Alte Testament. Es gibt sie vor allem bei den Propheten. Zur prophetischen Predigt gehört zwar stets die Diagnose – das Aufdecken der tiefen Wunden im Gottesvolk, das Anprangern von Ungerechtigkeit, Knechtschaft und Ausbeutung. Aber zur prophetischen Rede gehört auch die Heilsansage: Gott wird seine Herrschaft in Israel aufrichten, er wird Recht schaffen und Frieden schenken. Dann wird der Wolf beim Lamm liegen (Jes 11,6). Dann wird das Land voll sein von der „Erkenntnis des HERRN“ (Jes 11,9). Dann wird selbst die Natur das Heil widerspiegeln und überreiche Frucht bringen (Ez 36,33–36).

Doch all das bestätigt nur das schon Gesagte. Denn es bleibt zunächst einmal im Bereich des Diesseitigen, in dieser Welt, auf dieser Erde, im Land Israel. Mögen auch die Bilder des Friedens, der Gerechtigkeit und des Segens anscheinend jedes Maß normaler Erfahrungen sprengen – sie sind angesiedelt im Feld irdischer Geschichte.

Natürlich darf man sich fragen, inwieweit Bilder endgültigen Friedens und absoluter Gerechtigkeit nicht doch schon dabei sind, von irdischer Immanenz in Transzendenz umzuschlagen. Kriterium kann bei solchen Fragen aber nur der Tod und die Überwindung des Todes sein. Und da gilt: Überreiche Segensfülle für kommende Generationen in Israel ist nicht dasselbe wie die Vernichtung des Todes, erst recht nicht dasselbe wie die Errettung aus dem Tod für die Verstorbenen früherer Generationen. Nein, es bleibt dabei: Auch die prophetischen Verheißungen bestätigen zunächst einmal die radikale Diesseitigkeit alttestamentlichen Denkens; auch die Ansagen der Propheten kennen fürs Erste kein Leben nach dem Tod.

3. Distanzierung vom Jenseitsglauben

Selbstverständlich stellt sich jetzt die Frage: Weshalb ist das Alte Testament gegenüber einem Leben nach dem Tod derart zurückhaltend? Weshalb wollen große Teile der Hebräischen Bibel von einem seligen Jenseits nichts wissen? Warum herrscht in den Texten des Alten Testamens diese penetrante Diesseitigkeit?

Bei dem Versuch einer Antwort auf diese Frage wird man zunächst einmal auf die Vorstellungswelt vieler Völker des Alten Orients und des Mittelmeerraums hinweisen müssen. Die *scheol* mit der Schattenexistenz der dort Hausenden gab es nicht nur in der Vorstellungswelt des Alten Israel. Die Unterwelt, den Hades, gab es zum Beispiel auch im Weltbild des Alten Griechenland. Das Wissen um die Unmöglichkeit, ewiges Leben zu erlangen, ist sogar das Hauptthema des uralten mesopotamischen Gilgamesch-Epos. Gilgamesch hat sich das Kraut der Unsterblichkeit vom Grunde des Meeres geholt – aber es wird ihm, während er schläft, von einer Schlange gestohlen. Unsterblichkeit besitzen nur die Götter, der Mensch gehört zu den Sterblichen – außer er wird als Heros zu den Göttern erhoben.

Das Besondere im Alten Testament ist nicht die Vorstellung der *scheol* – die gab es auch anderswo –, sondern dass die Welt des Todes und der Unterwelt zunächst einmal so konsequent von Gott freigehalten wird[65]. Die Sphäre Gottes und die Sphäre des Todes haben nichts miteinander zu tun. Auf diese Weise wird der Tod entsakralisiert und entgöttlicht[66]. Genau hier, an dieser Stelle, hat die Distanzierung von den Nachbarn Israels und deren Religionssystemen ihre tiefste Wurzel.

Blicken wir zunächst einmal auf die kanaanäische Religion! Der Tod war in Kanaan wie bei allen Völkern rund um Israel eine eigene göttliche Macht. Es gab einen Todesgott, einen Herrscher der Unterwelt namens Mot. Es gab die Machtsphäre des Todes. Diese Machtsphäre strahlte sogar eine geheimnisvolle Faszination aus. Die Menschen suchten in den Machtbereich des Todes mithilfe von Zauber und Magie einzudringen. Überall in der Umwelt Israels gab es die Praxis der Totenbeschwörung (Nekromantie). Es war zutiefst verlockend, die Geister der Verstorbenen herbeizuzwingen, sie sich gefügig zu machen und über sie das eigene Schicksal zu erkunden.

In 1 Sam 28,3–25 wird die gespenstige Geschichte einer solchen Totenbeschwörung mitten in Israel erzählt. Saul, der gesalbte König Israels, will bei der Totenbeschwörerin von En-Dor den Ausgang einer bevorstehenden Entscheidungsschlacht mit den Philistern erfahren. Was er aber erfährt, ist sein eigener Untergang. Der tote Prophet Samuel erscheint Saul aus der Unterwelt – als alter Mann, gehüllt in einen Mantel – und sagt ihm nichts anderes als das, was er dem König schon früher angekündigt hatte (1 Sam 15,26–28).

Die Totenbeschwörung von En-Dor wird im Alten Testament als abschreckende Geschichte erzählt. Was der König Saul da tut, wird ganz und gar verurteilt. Gerade das aber zeigt: Im Alten Israel muss die Praxis der Totenbeschwörung weitverbreitet gewesen sein. Erst in der Theologie des Alten Testaments wird die Nekromantie verpönt (Lev 19,31; 20,6.27; Dtn 18,9–13; Jes 8,19; 65,4). An solchen Dingen durfte sich das Gottesvolk nicht beteiligen, obwohl die Totenwelt ständig faszinierte und lockte. Denn der Tod war für die Propheten und die Theologen Israels eben keine eigene göttliche Machtsphäre, und die Unterwelt war kein Gott.

Zu dem Sog, der von der Welt der Toten ausging, gehörte auch die Ahnenverehrung. In vielen alten Religionen spielte sie eine außerordentliche Rolle. Die verstorbenen Ahnen galten als „Machtträger". Das heißt, von ihnen hing das Wohl und Wehe der Sippe ab. Oft nahmen die Ahnen sogar den Platz von Göttern ein. Man verehrte sie, man betete zu ihnen, man opferte ihnen.

In Kanaan gab es – im Rahmen der im Altertum üblichen „Familienreligion" – mit Sicherheit solchen Ahnenkult. Die Namen der toten Eltern und Ahnen wurden angerufen. Tiere wurden für die Toten der Sippe geopfert, Trankopfer wurden auf die Erde, den Ort der Toten, gegossen.

Gab es das auch in Israel? Einige Indizien innerhalb des alttestamentlichen Textbestands scheinen darauf hinzuweisen[67]. Sie sind allerdings umstritten. Was schwerer wiegt: Die Archäologie kann bis heute keine archäologischen Hinweise erbringen, dass es in Israel an den Gräbern Verstorbener so etwas wie kultische Verehrung gegeben hat[68]. Zwar finden sich in judäischen Gräbern Gefäße, die einst Speise und Trank enthielten, um die Toten mit Essen zu versorgen. Doch das ist „Totenpflege“, und es bedeutet noch keinen Totenkult im Sinne wirklicher Ahnenverehrung. Und von einer „Vergöttlichung“ von Toten kann überhaupt keine Rede sein. So bleibt es auch hier dabei: Der Glaube Israels ist diesseitig. Sein Gott ist ein „Gott der Lebenden und nicht der Toten“ (Mk 12,27).

Wir sind immer noch bei der Distanzierung des Alten Testamentes von der kanaanäischen Religion. Diese Distanzierung zeigt sich noch in einem anderen Punkt. Als sich seit dem 13. Jahrhundert v. Chr. in Kanaan die Gruppen formierten, aus denen später Israel wurde, konnten sie zunächst nur auf den wenig fruchtbaren Höhen siedeln. In den humusgesättigten Ebenen saßen weiterhin die Kanaanäer. Sie lebten vom Handel und von der Fruchtbarkeit des Landes. Aber die Fruchtbarkeit des Landes hing vom Kommen des Regens zwischen November und Februar ab. Die Ernte war immer bedroht. Jedes Jahr verdorrte in der Hitze des Spätsommers die Vegetation. Die Sommerhitze war für die Natur eine Art „Tod“. Würde der winterliche Regen Erlösung bringen? Würden die Felder und Triften erneut zu sattem Leben aufweichen?

Angesichts solchen „Regenfeldbaus“ nimmt es nicht wunder, dass die kanaanäische Religion vor allem Fruchtbarkeitskult war. Dem Verdorren der Vegetation im Spätsommer und ihrem erneuten Aufsprossen im Frühling entsprach im Mythos eine sterbende und wiederauferstehende Gottheit mit dem Namen Baal[69]. In diesem Baal verdichtete und versinnbildete sich alle Fruchtbarkeit. Baal war ein Wettergott. Von ihm, so glaubte man, stammten Tau, Regen und Gewitter. Wenn die Natur starb, starb auch Baal – beziehungsweise: Wenn Baal starb, starb die Natur. Aber wieso starb Baal?

Der Mythos erzählt, dass Baal mit Mot kämpft. Mot war nämlich nicht nur der Herrscher über den Tod, sondern zugleich der Gott der Sommerhitze und der Dürre. Der Regengott Baal kämpft also mit dem Hitzegott Mot – und er verliert den Kampf. Er muss in die Unterwelt. Doch Anat, die Göttin der Liebe und des Krieges, holt Baal in seinen Berg-Palast zurück und begräbt ihn dort. In seinem Palast kommt der „Wolkenreiter" Baal wieder zum Leben – und sofort setzen die Herbstregen ein. Die Natur lebt wieder auf[70].

Der Tod des Baal wurde im Kult in einer großen Totenklage dargestellt. Die Menschen in Kanaan vollzogen also im Ritual die vegetativen Fruchtbarkeits-Rhythmen mit und sicherten sich durch die Klage um ihren toten Gott die Fruchtbarkeit des Landes und ihre eigene Fruchtbarkeit. Zugleich bewältigten sie mit diesem Einschwingen in die Vegetation die Not ihrer Sterblichkeit: Ist der Tod des Fruchtbarkeitsgottes heilig und geschwängert mit Hoffnung, dann ist auch der eigene Tod heilig und nicht hoffnungslos.

Es ist klar, dass Israel vor solchem Kult und der damit verbundenen Lebenssicherung zurückschrecken musste. Denn ein Teil jener Gruppen, aus denen sich Israel formierte, glaubte an den Gott JHWH: an seine Weltüberlegenheit und Schöpfermacht. In den kanaanäischen Mythen hingegen waren Schöpfung und Neuschöpfung ein naturhaftes, jahreszeitliches Geschehen. Neues Leben erwuchs aus dem Kreislauf der Natur. Solche Art von Lebenserneuerung, die zudem mit sexuell geprägten Ritualen verbunden war, konnten die Einsichtigen in Israel nur verwerfen.

Wohlgemerkt: die Einsichtigen! Man darf keinesfalls davon ausgehen, dass die scharfe Unterscheidung zwischen JHWH und Baal in Israel von Anfang an und überall vollzogen wurde. Viele Texte des Alten Testaments, vor allem Erzählungen um Elija (1 Kön 17–19) zeigen, wie viel Zeit es brauchte, bis das reale Israel von der religiösen Welt Kanaans und seinen verführerischen Fruchtbarkeits-Mythen loskam. Es muss ein jahrhundertelanges hartes Ringen gewesen sein – ein Ringen um theologische Unterscheidung und Eindeutigkeit. Doch zumindest in der Schlussfassung des Alten Testaments ist dieses Ringen abgeschlossen und die Distanzierung klar und definitiv vollzogen. Götter, die entstehen, vergehen und wiederauferstehen, waren für den Glauben des Alten Testaments völlig unannehmbar. Mit solcher Art von Lebenssicherung wollte man nichts zu tun haben.

Nun stand hier die ganze Zeit Kanaan im Vordergrund. Doch wir müssen im Zusammenhang der Distanzierungen Israels vor allem nach Ägypten blicken. Israel war ständig mit Ägypten konfrontiert und von Ägypten fasziniert. Von all seinen Nachbarn hatte das Land am Nil den exzessivsten Totenkult. Kein Volk war so vom Tod und vom Jenseits besessen wie das Alte Ägypten. „Der Tod muss die Ägypter unablässig beschäftigt haben – mit dem Bau von Pyramiden für die Könige und riesiger Grabmonumente für die hohen Beamten, mit der Dekoration und Ausstattung dieser Gräber, Kenotaphe und Gedenkkapellen, mit der Herstellung von Statuen, Stelen, Opfertafeln, Sarkophagen, Holzsärgen, Totenbüchern, mit der Produktion von Totenopfern und der Durchführung der Totenriten“ (Jan Assmann[71]). Nirgendwo in der Alten Welt gab es einen so ausgebauten Jenseitsglauben.

Zwar ging es in der Frühzeit Ägyptens nur um das ewige Leben des Pharao. Sein Leichnam wurde mumifiziert, seine Grabkammer mit kostbaren Grabbeigaben gefüllt. Inmitten der Grabkammer stand eine Statue, die den Pharao darstellte. Kunstvoll geformte Figuren, die *ushebtis*, wurden ihm beigegeben als seine Diener im ewigen Leben[72]. Zum Grab selbst gehörten ausgedehnte Grabanlagen. Seit der 3. Dynastie (2740–2670 v. Chr.) erhoben sich über der Grabkammer Pyramiden. All das diente dazu, dem Leben des Pharao Ewigkeit zu sichern. Als unsterblicher Gottkönig sollte er den Kreis der Götter betreten.

Seit der 18. Dynastie (1539–1292 v. Chr.) bildet sich dann im Alten Ägypten neben dem offiziellen Staatskult immer mehr so etwas wie „persönliche Frömmigkeit“ heraus. Die Jenseitssicherung, die zunächst ausschließlich dem Pharao galt, wird demokratisiert. Nun können alle, wenn sie richtig leben und das „Totengericht" bestehen, nach ihrem Tod im Jenseits zu einem unsterblichen Gott werden. Ägypten wird zu einem Staat, in dem die Unsterblichkeit organisiert ist wie bei keinem anderen Volk. Ein uns unvorstellbarer Gräberkult breitet sich aus. Die Vorsorge für das Jenseits wird zu einem der Hauptpfeiler der ägyptischen Religion. Unzählige Inschriften zeugen davon. So steht auf der Grabstatuette einer Dame namens Ipy aus der Echnaton-Periode (14. Jh. v. Chr.) die Inschrift[73]:

Dein Leib ist geschützt,
dein Herz ist befriedigt.
Nichts Böses wird deinen Leib treffen
und es wird dir gut gehen.
Dein Fleisch wird nicht verwesen.

All das sahen oder erfuhren die Glaubenden in Israel aus nächster Nähe. Und sie wussten: Solche Mythisierung des Todes, solches Gebanntsein vom Jenseits konnte nicht dem Willen Gottes entsprechen. Denn hier wurde ja der Blick weg von dieser Welt, die das Ziel Gottes war, auf eine andere Welt fixiert. Hier wurde an die Stelle des Vertrauens auf Gott die eigene Ewigkeits-Vorsorge gesetzt. Erst recht von dem ägyptischen „Gottwerden" musste sich jeder JHWH-Gläubige distanzieren. Deshalb konnte Israel – soweit es seinen ureigenen Glaubenserfahrungen treu blieb – eine Jenseitsfrömmigkeit auch der ägyptischen Art nicht akzeptieren. Es blieb vorläufig ohne Jenseitsglauben. Es musste zunächst einmal reine Diesseitigkeit leben.

4. Geborgenheit bei Gott

Israel – oder doch seine Propheten und Lehrer – haben die Absage an ein Jenseits nach dem Tod jahrhundertelang durchgehalten. Sie haben keine Jenseitshoffnung ägyptischer Art zugelassen. Entsprang aber diese strikte Verweigerung nur der Kritik an der religiösen Umwelt? War es nur der Abscheu beim Erleben der fremden Kulte, war es nur das genaue Hinschauen, das Vergleichen und Sich-Distanzieren? So wichtig das alles gewesen sein muss – der Diesseitsglaube des Zwölfstämmevolkes wäre damit in seiner Tiefe noch gar nicht begriffen.

Entscheidend war die Einsicht Israels – es ist schon an früherer Stelle angeklungen –, dass sein Gott ein Gott für dieses Leben war. Dass er diese Welt wollte. Sie war seine Schöpfung, sein Plan, seine Freude, von der er trotz des Chaos, das die Menschen anrichteten, nicht abließ. Seine Liebe zur Welt zeigte sich in der Liebe zu seinem Volk, das ja ein Segen für die ganze Welt werden sollte (Gen 12,2–3).

Immer wieder hatte er die Väter geführt, sie beschützt, bewahrt und gerettet. Die gewaltigste dieser Rettungserfahrungen war die Befreiung aus der Macht des Pharao gewesen, der Exodus aus dem Sklavenstaat Ägypten. Der Exodus war die grundlegende Erinnerung Israels, die seine Existenz begründete. Wenn im Kult die Befreiung aus Ägypten erzählt wurde (Dtn 26,5–10), brachte Israel seine späteren, seine aktuellen Rettungserfahrungen in diese große Erzählung mit ein. Gott hatte sein Volk nicht nur damals befreit. Er befreite und rettete auch jetzt. Die Ur-Erfahrung des Exodus war letztlich der Grund, dass sich Israel auf dieses Leben, auf diese Geschichte, auf diese Welt konzentrieren konnte.

Von seinem „kulturellen Gedächtnis“ her war in Israel immer das Wissen lebendig, dass es in der Hand Gottes geborgen war. Gott war in seiner Mitte, er stand seinem Volk zur Seite, er ließ es nicht fallen. Er hatte ihm ein Land anvertraut – ein schönes und kostbares Land, das von Milch und Honig floss.

Immer wieder wird in Israel dieses Grundvertrauen auf Gott zu Wort gebracht: in vielen Erzählungen, vor allem aber in den Psalmen.

Und im Flehen und Danken der Psalmen zeigt sich nun ein auffälliges Phänomen: Dort wird der spätere Auferstehungsglaube vorweggenommen. Zwar wird er noch nicht *als Auferstehungsglaube* ins Wort gebracht. Es sind vorsichtige und behutsame Formulierungen. Alles bleibt noch in der Schwebe. Und doch steht hinter vielen Psalmversen das Wissen um eine Geborgenheit bei Gott, die grenzenlos ist und deshalb die Wendung „Auferstehung der Toten" gar nicht nötig hat.

Geradezu exemplarisch wird diese Geborgenheit in Psalm 49 erkennbar. An sich redet dieser Psalm ganz im Sinne der Weisheitsliteratur Israels von dem absoluten Ende, das auf alle Menschen zukommt – auf die Weisen genauso wie auf die Toren. Gerade der Mächtige und Reiche, der sich von Gott ewiges Leben am liebsten mit Geld erkaufen möchte (sonst ist im Leben für ihn ja alles käuflich), muss sich aus dem Kopf schlagen,

dass er auf ewig weiterlebt,
dass er niemals das Grab schaut.

Denn er wird sehen: Selbst Weise sterben.
Mit Tor und Narr zusammen gehn sie zugrunde.
Sie müssen ihr Vermögen anderen lassen.

Sie meinen, ihre Häuser ständen ewig,
ihre Wohnungen von Geschlecht zu Geschlecht;
hatten sie doch Länder nach ihrem Namen benannt.

Der Mensch in seiner Pracht –
er wird die Nacht nicht überstehen,
er gleicht dem Vieh, das man stumm macht.
(Ps 49,9–13)

Alle müssen also sterben und in die Unterwelt, selbst die Einsichtigen und Weisen. So reden, wie gesagt, viele Texte der Weisheitsliteratur. Psalm 49 nimmt aber einen anderen Fortgang[74]. Er weist von Vers 14 an die Todesverfallenheit allein den Reichen zu, die an ihrem Besitz kleben, die nicht auf Gott, sondern auf ihre Immobilien und ihr Vermögen setzen. Nur ihnen wird am Ende alles genommen werden:

So geht es denen, die auf sich selbst vertrauen –
und die an ihren Lippen hängen müssen ihnen nach.

Wie eine Herde trotten sie zur Unterwelt,
auf die Weide führt sie der Tod,
die Gerechten herrschen über sie am Morgen. [...]

Gott aber kauft mich los aus der Macht der Unterwelt,
ja, er nimmt mich auf. (Ps 49,14–16)

„Gott aber kauft mich los." Die Reichen und Mächtigen in Israel konnten sich trotz ihres vielen Geldes nicht loskaufen. Der Beter des Psalms aber, der arm und rechtlos ist, wird von Gott selbst losgekauft. Gott holt ihn zu sich, Gott nimmt ihn auf[75]. Hier erhebt sich nun plötzlich eine Hoffnung, die darauf setzt, dass den Armen, die auf Gott hoffen, nicht das gleiche Schicksal beschieden ist wie ihren reichen Ausbeutern. Gott nimmt sie auf. Das ist noch ganz verhalten gesagt. Da wird nichts ausgemalt. Da bleibt vieles offen. Aber es ist voll Zuversicht. Noch ein ganzes Stück deutlicher wird das alles dann in Psalm 16. Hier muss man sich den vollständigen Psalm vor Augen führen:

Schütze mich Gott,
denn bei dir habe ich mich geborgen.

2 Ich habe zu JHWH gesagt: „Mein Herr bist du.
Mein ganzes Lebensglück bist du allein."

3 Über die „Heiligen", die im Lande sind, sage ich,
über die „Herrlichen", die mir so gefielen:

4 „Wer einem anderen Gott nachläuft,
dessen Schmerzen mehren sich.

Nie mehr will ich ihnen Opferblut spenden,
nie mehr nehme ich ihre Namen auf die Lippen."

5 HERR, du bist mein Anteil und Becher,
du hast das Los für mich geworfen.

6 Die Mess-Schnüre fielen mir auf köstliches Land.
Ja, mein Erbe gefällt mir.

7 Ich preise den HERRN, der mir Rat erteilt,
ja, selbst zur Nacht belehrt mich mein Herz.

8 Ich stelle mir ständig den HERRN vor Augen;
er steht mir zur Rechten, so wanke ich nicht.

9 Darum freut sich mein Herz, meine Seele jauchzt,
mein Fleisch wird in Sicherheit wohnen.

10 Du gibst mein Leben nicht der Totenwelt preis,
deinen Frommen lässt du die Grube nicht schauen.

11 Du zeigst mir den Weg zum Leben,
Sättigung und Freude bei deinem Angesicht,
Wonnen zu deiner Rechten für immer.

Gleich zu Beginn des Psalms, in Vers 3, gibt es zwar ein Übersetzungsproblem. Von wem ist da die Rede? Wohl nicht von den frommen „Heiligen", möglichen Vorbildern im Glauben (so Ps 34,10), sondern von kanaanäischen Göttern, die für viele in Israel voll Faszination waren. Sie wurden als „Herren", als „Herrliche", ja als „Heilige" angeredet.

Aber wie immer man diesen schwierigen Vers deutet – im Folgenden wird auf jeden Fall klar: Der Beter hat sich von den Göttern des Landes losgesagt. Er opfert ihnen nicht mehr. Er hält sich nun allein an JHWH, den Gott Israels. Und das sind nicht nur leere Worte. Hinter den Worten steht reale Erfahrung: Der Gott Israels ist sein ganzes Glück geworden.

Und nun muss man genau hinsehen, wie da formuliert wird. An sich könnte man auch diesen Psalm noch ganz diesseitig auslegen: von einer glücklichen Existenz ausschließlich hier in dieser Welt. Der Beter hat alles erhalten, was er sich nur wünschen kann: Grundbesitz (Vers 6), Gesundheit (Vers 9), Freude in Überfülle (Vers 11). Dass er nicht die „Grube“ schauen wird, würde dann einfach heißen: Gott wird ihn immer wieder aus gefährlichen Situationen herausreißen.

Man könnte den Psalm also rein irdisch-immanent auslegen. Doch sieht man genauer hin, zeigt sich: Der Beter spricht von einer Zuversicht, welche die Todesgrenze überspringt. Es ist ja überhaupt nicht die Rede von drohenden Feinden, gefährlicher Krankheit oder gewaltsamem Tod. Es geht um den Tod überhaupt. Der Beter weiß, dass die Lebensgemeinschaft mit JHWH unverlierbar ist. Sie reicht so tief, dass sie den Tod überdauert.

Aber woher kommt ihm diese Sicherheit? Sie beruht gerade nicht auf Jenseits-Träumen oder Ewigkeits-Spekulationen. Nein, der Beter hat das Angesicht Gottes immer vor Augen. Gott ist sein ständiger Begleiter. Er lebt also schon jetzt, in diesem Leben, aus der Erfahrung der ihn bergenden Nähe Gottes. Deshalb ist der Tod für ihn keine Katastrophe.

Es ist das Besondere von Psalm 16, dass er zeigt: Der Glaube Israels bleibt ganz irdisch – ist aber in seiner Tiefe geöffnet auf ein Handeln Gottes, das nun auch den Bereich des Todes und der Unterwelt umgreift[76]. Der Beter lebt aus der tiefen Sicherheit, dass Gott ihn selbst im Tod nicht verlassen wird. Er kann auf seinen Gott absolut vertrauen. Ähnliches zeigen auch andere Texte wie zum Beispiel die Psalmen 22 und 73. Auch in ihnen ist noch nicht von einer „Auferstehung der Toten“ die Rede. Und dennoch verraten sie eine tiefe Zuversicht, dass die gottesfürchtigen Israeliten für immer in Gott geborgen sind.

Im Grunde kommt es bei all dem nicht einmal unbedingt auf Textbelege an, die von einer Rettung über den Tod hinaus sprechen. Entscheidend ist jene bleibende Grundstimmung in Israel, die aus zahllosen Texten spricht – wie etwa aus dem folgenden[77]:

O Herr, bis an den Himmel reicht deine Treue,
deine Zuverlässigkeit bis an die Wolken.

Deine Gerechtigkeit reicht bis zu den Gottesbergen,
dein Rechtdurchsetzen dringt so tief wie die große Urflut.
Mensch und Tier rettest du ständig, o Herr.

Wie kostbar ist deine Treue, o Gott,
so dass Menschenkinder flüchten
in den Schatten deiner Flügel. (Ps 36,6–8)

Das ist völlige Geborgenheit, hier in diesem Text gewonnen aus der Weite der Welt, gewonnen aus dem Wissen um die Treue Gottes zu seiner Schöpfung – Geborgenheit, die gar nicht mehr nach dem „Danach" fragen muss.

Halten wir also fest: Einerseits hatte in Israel das lange Schweigen über eine Auferstehung darin seinen Grund, dass der Jhwh-Glaube nicht kompatibel war mit dem Totenkult Kanaans und der Jenseitsversessenheit Ägyptens. Andererseits aber kam dieses Schweigen aus dem Wissen, dass der Gott Israels gerade die irdische Welt wollte. Sie war sein Wille, sein Wunsch, seine Schöpfung – und sein Wille war eben nicht irgendeine Hinterwelt. Es ging um diese Erde. Das hatte Israel zutiefst begriffen. Deshalb seine Skepsis gegenüber allen Kulten, die von dieser Welt weg auf ein Jenseits fixiert waren! Solche Treue zur Erde war freilich nur durchzuhalten, wenn das Volk der Treue seines Gottes trauen konnte.

5. Aufkeimender Auferstehungsglaube

Gleichsam am Rande des Alten Testaments wird dann der Glaube an die Auferstehung der Toten ausdrücklich ins Wort gebracht. Aber dieser Glaube fällt eben nicht plötzlich vom Himmel. Er hat sich in den Rettungserfahrungen Israels längst angebahnt[78]. Auf ihnen aufbauend wird im Alten Testament immer deutlicher die Gewissheit formuliert, dass die rettende Treue Gottes über den Tod hinausreicht. Und das geschieht, wie wir sahen, vor allem im Psalter. Von daher gesehen ist es nicht statthaft, die Thematik „Auferstehung" ausschließlich der sogenannten „Apokalyptik"[79] zuzuordnen. Auch wenn ich nun im Folgenden vier Beispiele aus „apokalyptischen" Texten des Alten Testamentes behandeln werde – die „Sache", die mit der Auferstehung gemeint ist, begann im Denken Israels schon viel früher.

1. Im Jesaja-Buch findet sich ein Text, der die Überwindung des Todes unmittelbar formuliert. Er steht innerhalb des Komplexes der Kapitel 24–27. Diese vier Kapitel stammen aus einer relativ späten Zeit; sie gehören auf keinen Fall in die Zeit des historischen Jesaja. Sie blicken nicht mehr nur auf Israel, auch nicht nur auf die Fremdvölker, sondern auf die Welt im Ganzen. Mittelpunkt der Endereignisse, die in Jes 24–27 geschildert werden, ist allerdings der Zionsberg und somit Jerusalem.

Es wird ein Weltgericht kommen, bei dem Gott die Könige der ganzen Erde (und mit ihnen ihre Völker) zur Rechenschaft zieht (24,21). Zugleich tritt Gott dann vor aller Welt seine Königsherrschaft an (24,23). Mit seinem Herrschaftsantritt ist die Vernichtung alles Gottfeindlichen verbunden (25,6–7)[80]. Genau in diesem Zusammenhang sagt nun Jes 25,8, dass für Israel der Tod endgültig vernichtet wird. Gott tut das, was dem kanaanäischen Gott Baal nicht gelungen ist[81]: Er „verschlingt" den Tod für immer. Das heißt: Er zerstört die schreckliche Macht des Todes. Der Text redet noch nicht von einer *Auferweckung* der Toten Israels. Er redet auch nicht von einem *Jenseits.* Alles was geschieht, geschieht auf dieser Erde[82]. Aber er redet nun direkt und eindeutig von der Überwindung des Todes durch Gott:

> *Er [Gott] wird den Tod für immer verschlingen. Abwischen wird dann der Herr* JHWH *die Tränen von jedem Gesicht. Auf der ganzen Erde nimmt er von seinem Volk die Schande hinweg. Wahrlich, der* HERR *hat gesprochen. (Jes 25,8)*

2. Der zitierte Text lässt noch völlig offen, was mit den Verstorbenen früherer Generationen geschieht. Die Antwort gibt erst Jes 26,19 – ein anderer Text in dem Gefüge von Jes 24–27. Dort wird zu Israel gesagt:

> *Deine Toten werden aufleben, meine Leichen werden auferstehen. Es werden aufwachen und jubeln, die im Staube wohnen. Denn der Tau, der auf dich fällt, ist ein Tau des Lichts*[83]*; die Erde wird die Schatten gebären. (Jes 26,19)*

Es ist umstritten, *wer* in diesem komplizierten Text spricht. Redet Gott oder redet ein Prophet zu Israel? Und redet im ersten Satz die gleiche Stimme wie im zweiten? Ich lasse das alles offen, denn der Sinn ist trotzdem klar: Es geht um die Toten Israels. Die „Schatten“ und die „Bewohner des Staubes“ sind die Toten, die in der Unterwelt eine Schattenexistenz führen. Sie werden aufwachen, leiblich auferstehen und Gott preisen.

Wichtig für unseren Zusammenhang sind die Bilder vom Tau und vom Licht. Es sind Bilder für die Schöpferkraft Gottes. Die Erschaffung des Lichtes war das erste, was Gott bei der Schöpfung der Welt überhaupt getan hatte (Gen 1,3–4). Ohne Licht kein Leben! Und der Tau ist in Palästina während der regenlosen Monate unbedingt nötig, damit die Pflanzen nicht vertrocknen. Die Taumenge ist auch viel größer als in Mitteleuropa. Die Auferweckung der Toten wird also aus dem Blickwinkel der Schöpfung betrachtet. Was Gott selbst erschaffen hat, was er vor dem Chaos bewahrt und immer wieder errettet hat, kann er nicht im Tod enden lassen.

Natürlich darf man fragen: Wird hier nur in einem übertragenen Sinn von der Erhaltung und Bewahrung des Volkes Israel gesprochen, das Gott ständig aus Todessituationen aufleben lässt – oder ist hier nun wirklich von den früher Verstorbenen die Rede? Als Antwort empfiehlt sich: Da es in dem gesamten Komplex von Jes 24–27 um die Geschehnisse der Endzeit geht, muss auch von der endzeitlichen Totenerweckung die Rede sein. Aber es ist Totenerweckung zu einem Leben auf einer erneuerten Erde.

3. Noch deutlicher redet dann das Buch Daniel. Es hat folgenden historischen Hintergrund[84]: Antiochus IV. von Syrien (gestorben 164 v. Chr.) hatte im Zuge seiner Hellenisierungspolitik den JHWH-Kult verboten und den großen Brandopferaltar im Jerusalemer Tempel durch einen Aufsatz in einen Altar für den Olympischen Zeus verwandeln lassen. Das Buch Daniel nennt diesen Aufsatz – apokalyptisch chiffriert – den „Gräuel der Verwüstung“ (Dan 9,27; 11,31; 12,11). Am 6. Dezember des Jahres 167 v. Chr. wurde der Jerusalemer Tempel dem Zeus Olympios geweiht. Allerdings stand hinter diesen Vorgängen nicht nur Antiochus IV. In Jerusalem selbst betrieb ein Teil der Oberschicht die Veränderung des alten Glaubens in den Kontext der hellenistischen Kultur.

Womit diese Gruppe und womit Antiochus nicht gerechnet hatte, war die scharfe Opposition in einem Teil des Volkes, das sich den Glauben an den Gott seiner Väter nicht nehmen ließ. Es kam zum erbitterten Widerstand, es kam zum Martyrium gläubiger Juden, es kam zu den Kämpfen der Makkabäer gegen die Syrer und gegen die hellenistisch orientierten Juden in Jerusalem.

In dieser Zeit wurde das Buch Daniel geschrieben. Es wollte in der Not Israels, die als endzeitliche Not verstanden wurde, den Blick auf Gott als den Herrn der Geschichte lenken. Der Verfasser des Danielbuches konnte dabei an der Frage, was denn mit denen geschehe, die für ihren Glauben gestorben waren, nicht mehr vorbeigehen. In apokalyptisch gefärbter Sprache heißt es in Dan 12,1–3:

> *Es kommt eine Zeit der Bedrängnis, wie noch keine da war, seit es Völker gibt bis zu jener Zeit. Doch dein Volk wird in jener Zeit gerettet werden – [und zwar] jeder, der im Buch [des Lebens] verzeichnet ist. Und viele von denen, die im Land des Staubes schlafen, werden erwachen – die einen zu ewigem Leben, die anderen zur Schmach und zum ewigen Abscheu. Die Verständigen werden strahlen wie der Glanz der Himmelsfeste; und die, welche viele zum rechten Tun geführt haben, werden sein wie die Sterne – immer und ewig.*

Den Glauben, dass Verstorbene zu Sternen am Himmel werden, haben wir schon bei den Griechen und Römern kennengelernt. Aber er ist in unserem Text nur Formulierungshilfe. In Wirklichkeit wird hier der Glaube an die Auferstehung der Gerechten auf der Basis früherer Rettungserfahrungen Israels ausgesagt („Dein Volk wird in jener Zeit gerettet"). Und es geht auch nicht um eine Auferstehung in die Transzendenz. Der Ort des neuen Lebens ist die von Gott erneuerte irdische Welt.

Dieser Glaube ist also keine Spekulation. Er fällt auch nicht einfach vom Himmel. Er kommt aus der Geschichte – und zwar aus der lebendigen Erfahrung, dass Gott sein Volk immer wieder aus seiner Not herausreißt. Freilich bleibt in diesem Text noch vieles offen. Was geschieht mit den Gerechten unter den Völkern? Stehen nur die Erwählten Israels auf – oder geschieht Vergleichbares auch über Israel hinaus? Und umfasst die Auferstehung ganz Israel, so dass alle Israeliten auferstehen – die Gläubigen in eine neue, erneuerte Welt, die Abtrünnigen in eine Art Hölle? Wirklich eindeutig ist nur: Hier geht es um eine Verheißung für alle, die in Israel trotz Verfolgung und Drangsal im Glauben ausgeharrt haben. Gott bleibt ihnen treu – und so wird zumindest das wahre Israel gerettet werden.

4. Auf einen weiteren Text aus dem Alten Testament muss an dieser Stelle wenigstens noch kurz hingewiesen werden, nämlich auf Ez 37,1–14[85]. Dort wird in einer Vision die Wiederherstellung des Volkes Israel eindrucksvoll geschildert. Der Prophet schaut eine Menge verdorrter Totengebeine. Sie liegen verstreut auf einer weiten Ebene. Gott trägt ihm auf, diesen Gebeinen Leben zuzusprechen und den Geist Gottes auf sie herabzurufen. Der Prophet gehorcht und sieht dann, wie sich die Totengebeine mit Fleisch überziehen, wie sie von Haut umspannt werden, wie Geist in sie kommt und wie sie aufstehen – „ein großes, gewaltiges Heer" (37,7–10).

Worauf will die Vision hinaus? Sie verheißt nichts anderes als die Sammlung und Rückführung Israels aus der Diaspora in das Land der Väter (37,12.14) und damit das Wiederaufleben und die Wiederherstellung des Volkes (37,11). Und doch wird das alles mit Bild-Elementen geschildert, die deutlich zeigen, wie man vielleicht schon zur Zeit der Edition des Ezechielbuches und erst recht in der Folgezeit in Israel „Auferstehung der Toten" dachte[86]: Öffnung der Gräber (37,13), Wiederbelebung des Fleisches durch den Geist Gottes (37,8) und Reinigung von aller Unreinheit (36,25). Genau so oder doch so ähnlich hat man sich später dann die Auferweckung der Toten ausgemalt. Tatsächlich hat dieser Text aus dem Ezechiel-Buch die Vorstellungen von einer „leiblichen Totenauferstehung" sowohl im Judentum als auch im Christentum immer wieder angestoßen und genährt[87].

Am Ende dieses Kapitels soll noch ein außerbiblischer Text stehen, der höchstwahrscheinlich aus Palästina stammt und zwar aus der Zeit nach der Zerstörung des Tempels im Jahre 70. Das Werk, in dem dieser Text steht, läuft unter dem Namen des jüdischen Philosophen und Theologen Philo, stammt aber nicht von ihm. Es trägt den Titel: „Buch der biblischen Altertümer". Wir dürfen davon ausgehen: In der Art, wie der folgende Text formuliert (Gott selbst spricht), haben sich fromme Juden in Israel zur Zeit Jesu die Auferweckung der Toten vorgestellt[88]. Genau so oder so ähnlich werden sich auch die Jünger Jesu die Auferweckung der Toten am Ende der Welt ausgemalt haben:

Wenn aber die Jahre der Welt erfüllt sein werden,
dann wird das Licht aufhören
und die Finsternis vertilgt werden.
Und ich werde die Toten lebendig machen
und die Schlafenden aus der Erde aufstehen lassen.
Die Unterwelt wird herausgeben, was sie schuldet,
und das Verderben wird seinen Teil zurückerstatten,
damit ich jedem vergelte nach seinen Werken
und nach den Früchten seiner Absichten […].
Die Welt wird aufhören und der Tod vertilgt werden
und die Unterwelt wird ihren Rachen schließen. […]
Es wird dann eine andere Erde sein
und ein anderer Himmel, eine ewige Wohnung.

Es wird also der Tag kommen, an dem diese Weltzeit ihr Ziel erreicht: Eine kosmische Revolution wird stattfinden. Der Tod wird dann vernichtet, die Toten werden auferstehen zum Gericht. Sie kommen aus der Unterwelt, in der sie aufbewahrt wurden. Einen neuen Himmel und eine neue Erde wird es dann geben, wobei offenbleibt, ob diese neue Welt reine Transzendenz sein wird oder nicht doch eine verwandelte Erde. Wahrscheinlich bildet beides für den Verfasser überhaupt keinen wirklichen Gegensatz.

Ziehen wir das Fazit: Der Glaube an die Auferstehung wird in Israel erst spät formuliert[89]. Wir haben gesehen, warum das so war. Israel musste sich von dem Todeskult seiner Nachbarn und von ihrer Selbstsicherung ewigen Lebens zuerst einmal absetzen. Erst als Israels Stehen in der Diesseitigkeit genügend fest verankert war, konnte ein neuer Schritt erfolgen, konnte von Gott geschenkte Auferstehung formuliert werden, bei der die Schattenexistenz in der Scheol, im „Land des Staubes“, überwunden wird. Aber die Wurzeln für die Formulierungen, die sich dann am Rande des Alten Testaments, in Jes 24–27, Dan 12 und Ez 37 finden, waren viel älter. Es waren die Rettungserfahrungen Israels.

6. Die bleibende Erkenntnis Israels

Jes 25–26, Dan 12,1–3 und Ez 37 haben von da an für den Auferstehungsglauben Israels eine wichtige Rolle gespielt. Allerdings: Nicht alle Richtungen innerhalb des Judentums übernahmen den Glauben an eine Auferstehung der Toten. Zur Zeit Jesu lehnte zum Beispiel die führende Gesellschaftsschicht in Jerusalem, die Gruppe der sogenannten „Sadduzäer“, den Auferstehungsglauben ab (vgl. Mt 22,23), weil er in der Tora, den fünf Büchern Mose, nicht formuliert war. Und auch heute gibt es Gruppen innerhalb des Judentums, die völlig offenlassen, was nach dem Tod kommt. Diese Sache erscheint ihnen unwesentlich. Wesentlich sei allein das getreue Leben nach der Tora.

Ein Beispiel für solches „Offenlassen“: Im jüdischen „Achtzehnbittengebet“, auch Amida oder Tefilla genannt, heißt es in den Segenssprüchen ganz am Anfang:

Gepriesen bist du, Ewiger,
der du die Toten wieder belebst.

Das Gebetbuch der deutschen progressiven jüdischen Gemeinden hat diesen Text im hebräischen Teil des Gebetbuchs beibehalten, im deutschen Teil jedoch bewusst geändert in:

Gepriesen bis du, Ewiger,
du schenkst Leben angesichts des Todes.

Damit will man all den Betern entgegenkommen, die nicht an eine leibliche Auferstehung glauben. Die Formulierung kehrt in der Sache zu den ursprünglichen Rettungserfahrungen Israels zurück: Die Glaubenden erhoffen Rettung aus todbringenden Situationen in die Fülle irdischen Lebens hinein. Allerdings bleibt die Formulierung auf Größeres hin offen.

Aber auch dort im Judentum, wo die Hoffnung auf die Auferweckung der Toten eine Selbstverständlichkeit ist, muss man den Stellenwert dieser Hoffnung beachten. Nehmen wir das „Kaddisch“, eines der wichtigsten jüdischen Gebete. Es ist nicht nur Gebet für die Toten, sondern es formuliert die Mitte jüdischer Existenz: Gottes Name werde *in dieser Welt* geheiligt. Der Text des Kaddisch lautet:

Erhoben und geheiligt werde sein großer Name auf der Welt, die nach seinem Willen von ihm erschaffen wurde. Sein Reich soll in eurem Leben, in euren Tagen und im Leben des ganzen Hauses Israel schnell und in nächster Zeit erstehen. Sprecht: Amen!

Sein großer Name sei gepriesen in Ewigkeit und in die Ewigkeiten der Ewigkeit. Gepriesen sei und gerühmt, verherrlicht, erhoben, erhöht, gefeiert, hocherhoben und gepriesen sei der Name des Heiligen, gelobt sei er, hoch über jedem Lob und Gesang, über jeder Verherrlichung und Trostverheißung, die je in der Welt gesprochen wurde. Sprecht: Amen!

Fülle des Friedens und Leben möge vom Himmel herab uns und ganz Israel zuteil werden. Sprecht: Amen.

Der Frieden stiftet in seinen Himmelshöhen stifte Frieden unter uns und ganz Israel. Sprecht: Amen.

Die Auferweckung der Toten kommt in diesem Hauptgebet des Judentums, das Gemeinsamkeiten mit dem Vaterunser hat, nicht vor. Es geht ausschließlich um diese Welt: dass auf ihr Gott alle Ehre gegeben werde. Und wie wird Gott die Ehre gegeben? Indem sein Name geheiligt wird durch die ganze Gemeinde Israel, die in diesem Gebet immer wieder ihr „Amen" spricht. Die Heiligung seines Namens aber geschieht durch die Verwandlung der Welt, und die Verwandlung der Welt geschieht – das wird vorausgesetzt – durch das Halten der Gebote, also durch das Befolgen der Tora. So und nicht anders lässt Gott sein Reich erstehen, den Bereich seiner Herrschaft. So und nicht anders schenkt Gott der Welt den Frieden.

Ähnlich ist es in dem schon genannten „Achtzehnbittengebet", dem zweiten zentralen Gebet des Judentums. In ihm geht es um die rechte Erkenntnis, die Umkehr, die Heilung der Kranken, den Schutz vor Verfolgern, um die Rettung des Volkes, die Wiederherstellung Jerusalems, das Kommen des Messias – also um den Willen Gottes in dieser Welt. Der Schlussabschnitt des Gebetes lautet:

Lass es dir gefallen, dein Volk Israel zu jeder Zeit und Stunde mit deinem Frieden zu segnen! Gelobt seist du, Ewiger, der sein Volk Israel mit Frieden segnet!

Dass Gott die Toten wieder belebt, kommt im Achtzehnbittengebet, wie schon gesagt, lediglich am Rande vor: nicht innerhalb der 18 Bitten, sondern nur im feierlichen Lobpreis Gottes bei der Eröffnung des Gebets.

So ist wohl deutlich geworden: Israel hat seit Jes 26 und Dan 12, also seit der erstmaligen Formulierung des Glaubens an die Auferweckung der Toten, seine Diesseitsfrömmigkeit nicht aufgegeben. Sie war gerade nicht erledigt und überflüssig geworden. Sie wurde präzisiert – aber nicht zurückgenommen.

Das bedeutet: Auch der christliche Glaube muss bei der Hinwendung Israels zu dieser Welt bleiben. Nichts darf da durch Vergeistigung defizitär werden. Alles, was Israel über den Tod und das Leben weiß, behält im christlichen Glauben an die Auferstehung der Toten seinen Platz. Es wäre ein gefährlicher Irrweg zu sagen: Weil der kirchliche Auferstehungsglaube einfach mehr weiß, als das Alte Israel wusste, sind dessen Vorstellungen über Leben und Tod überholt. Nein, wer begreifen will, was Auferstehung wirklich meint, muss den ganzen Weg, den Israel geführt wurde, noch einmal mitgehen. Die christliche Theologie muss das Diesseits-Denken Israels weiterhin in sich tragen. Aber wie sieht dieses Bewahren konkret aus?

Zunächst einmal: Der Tod ist nicht das hohe Fest menschlicher Freiheit. Er ist die dunkelste und schrecklichste Seite menschlichen Lebens. Er setzt ein radikales Ende. Sein Schrecken blickt uns an, wenn ein Mensch, den wir geliebt haben und der unser Leben begleitet hat, eines Tages kalt, stumm und mit blutleerer Haut daliegt.

Das biblische Israel hat den Tod ernst genommen mit der ganzen Liebe zur Realität, die diesem Volk eigen ist. Da wurde nichts retuschiert, nichts beschönigt, nichts verdrängt. Man wusste: Es gibt keine physische Unsterblichkeit. Es gibt nichts naturhaft Ewiges im Menschen, das zu den Sternen emporsteigt. Wenn Unsterblichkeit, dann kann sie nur von Gott geschenkt sein. Von sich aus ist der Mensch Staub.

Wenn dementsprechend in der katholischen Kirche am Aschermittwoch den Gläubigen Asche auf die Stirn gestrichen wird und der Priester dabei spricht:

Gedenke, Mensch, du bist Staub,
und zum Staube kehrst zu zurück,

so ist dieses Zitat aus Gen 3,19 keine hübsche Verzierung, die dazu dient, die Fastenzeit stilvoll zu eröffnen. Die Auflegung der Asche ist grundlegend. Die österliche Bußzeit beginnt mit der Einsicht, dass die Versammelten nichts anderes als Staub sind – Staub aus erkalteten Sternen. Die Christen verdanken diese Einsicht der Nüchternheit Israels. Sie wurde von diesem kleinen Volk und seinen Theologen, entgegen dem überbordenden Totenkult der Völker rundum, in Treue durchgehalten. Ohne diese Einsicht Israels gibt es keine Osterfreude.

Weiterhin: Der Christ wird die Diesseitsfreude des Alten Israel immer in seinem Herzen tragen. Niemals darf er, um bei Gott zu sein, der Welt entfliehen wollen. Nie darf er das Christentum zu einer bloßen Jenseitsreligion machen. Bei Gott ist er nur, wenn er ganz in dieser Welt ist. Den Willen Gottes tut er nur, wenn er diese Erde liebt, wenn er hilft, sie aufzubauen und dabei nicht von Hinterwelten träumt. Sonst trifft ihn zu Recht der Spott Heinrich Heines aus dem Versepos „Deutschland. Ein Wintermärchen“ (1844):

Ein kleines Harfenmädchen sang.
Sie sang mit wahrem Gefühle
Und falscher Stimme, doch ward ich sehr
Gerühret von ihrem Spiele.

Sie sang von Liebe und Liebesgram,
Aufopfrung und Wiederfinden
Dort oben, in jener besseren Welt,
Wo alle Leiden schwinden.

Sie sang vom irdischen Jammerthal,
Von Freuden, die bald zerronnen,
Vom Jenseits, wo die Seele schwelgt
Verklärt in ew'gen Wonnen.

Sie sang das alte Entsagungslied,
Das Eiapopeia vom Himmel,
Womit man einlullt, wenn es greint,
Das Volk, den großen Lümmel.

Ich kenne die Weise, ich kenne den Text,
Ich kenn' auch die Herren Verfasser;
Ich weiß, sie tranken heimlich Wein
Und predigten öffentlich Wasser.

Ein neues Lied, ein besseres Lied,
O Freunde, will ich Euch dichten!
Wir wollen hier auf Erden schon
Das Himmelreich errichten.

Wir wollen auf Erden glücklich sein,
Und wollen nicht mehr darben;
Verschlemmen soll nicht der faule Bauch,
Was fleißige Hände erwarben.

Es wächst hienieden Brot genug
Für alle Menschenkinder,
Auch Rosen und Myrthen, Schönheit und Lust,
Und Zuckererbsen nicht minder.

Ja, Zuckererbsen für Jedermann,
Sobald die Schoten platzen!
Den Himmel überlassen wir
Den Engeln und den Spatzen.

Ein Christ, der Israels Weltlichkeit und seinen unbestechlichen Blick auf das Leben und die Geschichte ernst nimmt, wird diesen Spott Heinrich Heines einordnen können – was daran richtig, was daran falsch ist. Und er wird mitlachen.

Es gab zwar im Christentum immer auch Weltdistanz und sogar Weltflucht. Vor allem dann, wenn sich eine die Welt vergötternde Weltlichkeit breit gemacht hatte. Oder dann, wenn aus anderen Religionen Diesseitsverachtung in den christlichen Glauben eingebrochen war. Doch Doketismus, Gnosis, Manichäismus und viele andere Spielarten von Entweltlichung entstammen nicht dem biblischen Glauben. Sie sind von außen in das Christentum eingedrungen.

Es ist alles andere als ein Zufall, dass sämtliche Irrlehrer, die den christlichen Glauben entweltlichen wollten, auch gegen das Alte Testament zu Felde zogen. Sie witterten, dass ihnen die unerbittliche Diesseitigkeit Israels im Wege war. Ganz anders Dietrich Bonhoeffer! Er schrieb aus dem Gefängnis Berlin-Tegel am 2. Advent 1943, etwa ein Jahr, bevor er auf Befehl Adolf Hitlers hingerichtet wurde, in einem Brief[90]:

> *Ich spüre übrigens immer wieder, wie alttestamentlich ich denke und empfinde; so habe ich in den vergangenen Monaten auch viel mehr Altes Testament als Neues Testament gelesen. Nur […] wenn man das Leben und die Erde so liebt, dass mit ihr alles verloren und zu Ende zu sein scheint, darf man an die Auferstehung der Toten und eine neue Welt glauben.*

Schließlich: Zu der rabiaten Diesseitigkeit des Alten Testaments gehört auch, dass es ihm stets um den ganzen Menschen geht: um seinen Geist und um seinen Leib, um seine Fröhlichkeit und um seine harte Arbeit, um seine Liebe und seine Leidenschaften. Der Mensch im Gottesvolk darf leidenschaftlich sein, weil auch sein Gott leidenschaftlich ist. Er darf glühen vor Zorn, er darf in Liebe entbrennen und er darf vor seinem Gott herrliche Feste feiern – Feste voll Glück und Seligkeit. Die Gesänge des Hohen Liedes bewegen sich in Bildern weltlicher Liebe, die dann allerdings schon im Hohen Lied selbst zu Bildern der Liebe zwischen Gott und seinem Volk werden[91]:

Leg mich wie ein Siegel auf dein Herz,
wie ein Siegel an deinen Arm!

Stark wie der Tod ist die Liebe,
die Leidenschaft ist hart wie die Unterwelt.

Ihre Gluten sind Feuersgluten,
gewaltige Flammen.

Mächtige Wasser können die Liebe nicht löschen;
Ströme schwemmen sie nicht hinweg.
(Hld 8,6–7)

All das muss in den Auferstehungsglauben miteingehen, sonst wäre er eine blutleere Erbärmlichkeit. Ich werde im IV. Teil dieses Buches darauf zurückkommen. Jetzt, an dieser Stelle, ist nur festzuhalten: Israel war gezwungen, eine Epoche reiner Weltlichkeit zu durchlaufen, damit sein Diesseitsdenken dem jüdisch-christlichen Glauben für immer eingestiftet blieb.

Es war eine komplexe Geschichte, wie das alttestamentliche Gottesvolk auf dem Weg über ständige Distanzierungen von den Religionen seiner Umwelt langsam zum Glauben an ein ewiges Leben bei Gott fand. Betrachtet man diese Geschichte, so sieht man gleichsam die „Außenseite“ von Offenbarung. Man ahnt, wie Offenbarung wirklich geschieht: nicht durch Diktate vom Himmel her, sondern auf dem realen Boden eines Volkes, das sich Gott anvertraut und sich von ihm führen lässt, das unablässig beobachtet, vergleicht, kritisiert, sichtet – dabei immer wieder die eigene Geschichte befragt und sie notfalls auch mit neuen Augen betrachtet. Auf diesem Weg geschieht Offenbarung. Nur so spricht Gott zu der Welt, und in diesem Sinn glauben auch die Christen an den sich selbst erschließenden, wahren und einzigen Gott.

TEIL III

Was mit Jesus in die Welt kam

1. Die Verkündigung Jesu

Es ist wohl deutlich geworden, wie in Israel „Offenbarung“ geschah: nicht als apokalyptisches Drama, nicht in einem kosmischen Szenario mit Posaunen, Donnerschlägen und sonstigen Spezialeffekten, sondern als *Erkenntnisfindung*. Und zwar als Erkenntnisfindung über lange Zeiträume, als Prozess immer tieferen Begreifens – durch die offenen Augen von Männern und Frauen, die Gott mit ihrer ganzen Existenz vertrauten und sich von ihm führen ließen. Dass diese Erkenntnisfindung für den Zweck des Erzählens dramatisch gerafft und in anschaulichen Farben geschildert werden musste, versteht jeder Einsichtige. Anders können Vorgänge, die sich in Wirklichkeit über Jahrhunderte hinziehen, nicht erzählt werden.

Dieses schrittweise Begreifen Israels war allerdings nicht nur intellektuelle Annäherung an die Wahrheit, die Gott ist. Gott zeigte sich, indem er sein Volk aus der Unfreiheit Ägyptens herausführte in eine neue Form menschlichen Zusammenlebens, in der es Freiheit geben sollte, gegenseitige Hilfe, brüderliches und schwesterliches Miteinander. Auslöser und bleibende Basis aller Erkenntnisfindung war also eine Rettungstat Gottes – allgemeiner formuliert: war ein geschichtliches Geschehen, durch das sich Gott als Befreier erwies.

Solche Rettungsereignisse durchziehen dann die gesamte Geschichte Israels. Das Alte Testament erzählt immer wieder von ihnen. Zwar spielt vergleichendes, unterscheidendes und sich von seiner religiösen Umwelt distanzierendes Erkennen in Israel eine wichtige Rolle. Aber die Basis all dieses Erkennens war die geschichtliche Realität, war die Geschichte, durch die Gott zu seinem Volk sprach.

Genau so sollte es dann auch bei Jesus sein, der Spitze und dem Höhepunkt aller Wahrheitsfindung in Israel. Auch bei ihm zeigte sich die Wahrheit Gottes in geschehender Geschichte, nun aber so, dass in ihm Gottes Wort „Fleisch“, also selbst reale menschliche Geschichte wurde – und zwar ganz, endgültig und für immer. In dem, was Jesus sprach, sprach Gott. In dem, was er tat, handelte Gott. Wer Jesus sah, sah den Vater. Die Wahrheit Gottes selbst war nun sichtbare, tastbare, berührbare Realität geworden. Der 1. Johannesbrief drückt diese unvergleichliche Erfahrung aus, indem er sagt:

> *Was wir mit unseren Augen gesehen, was wir erblickt und was unsere Hände angefasst haben, das verkünden wir: den Logos des Lebens. (1 Joh 1,1)*

Entscheidend ist nun: Auf diesem absoluten Höhepunkt alles Erkennens in Israel wird das, was dort in den Jahrhunderten vorher begriffen worden war, keineswegs verdrängt, überholt oder überflüssig gemacht. Es wird vielmehr aufgenommen und bestätigt. Und zwar bestätigt, indem es von Jesus vereindeutigt und vertieft wird.

Ich erinnere noch einmal an die nüchterne und illusionslose Liebe Israels zur irdischen Realität, von der im II. Teil dieses Buches so ausführlich die Rede war. Bei Jesus geht diese drängende Hinwendung Israels zur Welt weiter. Er verweist gerade nicht auf eine Hinterwelt. Er fordert keine Entweltlichung. Er vertröstet nicht. Er verkündet vielmehr das Kommen der Gottesherrschaft. Man muss sich vor Augen halten, was das bedeutet. Jesus predigt eben nicht:

> *Diese Welt ist eine Brücke. Auf einer Brücke setzt man sich nicht hin. Eilt über die schmale Brücke dieses Lebens hinüber zu dem ewigen Leben bei Gott.*

Solche Sätze hat man Jesus später in den Mund gelegt[92]. Aber er selbst hat so nie geredet. Er hat auch nicht gepredigt:

> *Dieses Leben ist nur Schein. Sucht das wahre Sein, das wahre Leben, die andere Welt.*

Und er sagt nicht:

Ich verkünde euch die kommende Auferstehung. Das Leben in diesem irdischen Jammertal ist nur Vorspiel, Prüfung, Zeit der Auslese für das ewige Leben nach dem Tod.

So vertraut solche Klänge aus bestimmten Randzonen späterer christlicher Erbauungsliteratur auch sind – Sätze dieser Art werden der Verkündigung Jesu in keiner Weise gerecht. Jesus ruft das Reich Gottes aus, und das Reich Gottes ist viel umfassender als das Leben nach dem Tod.

Man muss sich vor Augen halten: Im Vaterunser, dem Mustergebet, das Jesus für seine Jünger formuliert hat, ist weder vom Tod, noch vom Jenseits, noch von der Auferstehung der Toten die Rede, sondern es wird um die Heiligung des Namens Gottes und um das Kommen des Reiches gebetet. Wie aber kann der Name Gottes geheiligt werden? Indem Israel zu einem Volk wird, das Gott die Ehre gibt[93]. Im Hintergrund steht Ez 36,16–28. Und wohin soll das Reich Gottes kommen? Natürlich in diese Welt, auf diese Erde, in diese Geschichte. Der Evangelist Markus fasst die gesamte Predigt Jesu in dem Satz zusammen:

Nahegekommen ist das Reich Gottes.
Kehrt um und glaubt an die Freudenbotschaft.
(Mk 1,14–15)

Auch in dieser sehr präzisen Zusammenfassung der Botschaft Jesu ist nicht von Auferstehung die Rede. Überhaupt taucht das Stichwort „Auferstehung“ in den Reden Jesu nur am Rande auf. Die Auferstehung der Toten ist bei Jesus integriert in das viel mächtigere und größere Thema „Reich Gottes“. Aber was ist das: „Reich Gottes“? Was ist das: „Gottesherrschaft“?

Das Reich Gottes ist das endgültige Kommen der rettenden Zuwendung Gottes in diese Welt. Deshalb ist die Verkündigung des Reiches Gottes „Evangelium“, das heißt: Freudenbotschaft. Weil aber die Welt widerständig ist gegen Gott und sein Evangelium, wird ihr dieses Kommen Gottes immer auch zum Gericht[94]. Aber zu einem Gericht, das nicht zerstört, sondern zur

Unterscheidung führt, das klärt, das in die Wahrheit führen und aufrichten will. Das Kommen des Reiches Gottes verwandelt die Welt und macht sie zu dem, was sie nach dem Willen Gottes schon immer sein sollte.

„Reich Gottes" beziehungsweise „Gottesherrschaft" meint also ein Geschehen, das die Welt verändert. Das Reich Gottes „kommt" in diese Welt. Und es kommt nicht irgendwann. Es kommt jetzt. Denn die Gottesherrschaft wird von Jesus „angesagt". Sie wird „proklamiert". Die Jünger Jesu sollen ihr Kommen auf den Plätzen und Straßen buchstäblich „ausrufen"[95]. Was aber angesagt und ausgerufen wird, ist nicht etwas, das noch in weiter, unbestimmter Ferne liegt. Es ist nahe. Es steht bevor. Es eilt heran.

Jesus kann sogar noch weiter gehen. Er kann sagen: Wo die Gottesherrschaft wahrgenommen und angenommen wird, ist sie bereits da. Es herrscht also Spannung zwischen einem „Schon" und einem „Noch nicht": Die Gottesherrschaft hat sich zwar noch längst nicht überall durchgesetzt. Sie hat noch nicht alle erreicht und wird von vielen noch gar nicht begriffen. Deshalb muss um ihr Kommen gebetet werden. Sie liegt aber auch nicht mehr in weiter Ferne. Denn in Jesus selbst, in seinen Worten und Taten, ist sie bereits Gegenwart, und schon folgen viele Jesus nach oder kehren um zum Evangelium.

Wenn man wahrnehmen will, was es mit der Gottesherrschaft genauerhin auf sich hat, muss man die Gleichnisse Jesu lesen. Sie handeln alle vom Geheimnis der Gottesherrschaft. Allerdings wurden Jesu Gleichnisse nach Ostern oft aktualisiert und auf die Situation der frühen Kirche hin ausgelegt. Das geschah zwar völlig zu Recht. Jede Verkündigung muss den ihr vorgegebenen Text in die Gegenwart bringen, damit er am Leben bleibt. Der Historiker hat aber auch das Recht, die älteste Form eines Textes herauszuarbeiten. Dann wird er in den Gleichnissen Jesu immer wieder auf das Thema der ankommenden oder sogar der schon gekommenen Gottesherrschaft stoßen.

So erzählt Jesus zum Beispiel von einem geglückten Einbruch. Der Dieb ist geschickt vorgegangen. Er wusste, wie er in das Haus hineinkommen konnte. Der Hausbesitzer hatte es ihm aber auch leicht gemacht. Er hatte sein Haus nicht genügend gesichert. Vor allem: Niemand hatte gewacht. Das ursprüngliche Gleichnis, das sich leicht rekonstruieren lässt[96], endete mit dem Siegesruf Jesu: Wenn der Hausbesitzer gewusst hätte, dass in sein Haus eingebrochen würde, hätte er es selbstverständlich gesichert und bewacht. Aber er wusste es nicht. Und so ist der Einbruch geglückt (vgl. Lk 12,39).

Die Urkirche hat dieses aufrührerische Gleichnis später auf die Wiederkunft Jesu hin ausgelegt. Die Christen sollen ihren Herrn, wenn er wiederkommt, in wacher Bereitschaft empfangen. Ursprünglich meint das Gleichnis aber das Kommen der Gottesherrschaft. Sie ist schon gekommen. Sie ist eingebrochen in die Räume der alten Gesellschaft. Die Welt hätte sich natürlich gewehrt. Sie hätte sich abgesichert gegen das, was da auf sie zukam. Doch sie wurde überrascht. Der Einbruch gelang.

Jesus hat also keinerlei Hemmungen, das überraschende Gekommensein der Gottesherrschaft mit einem an sich unmoralischen Stoff zu veranschaulichen. Selbstverständlich ist Jesus kein Einbrecher. Aber er und mit ihm die Gottesherrschaft kamen so überraschend und unerwartet *wie* ein Einbrecher.

Mit einem völlig anderen Stoff arbeitet das Gleichnis vom Schatz im Acker. Ein Taglöhner stößt beim Pflügen auf einen vergrabenen Schatz, wohl auf einen Tonkrug voll Silbermünzen. Er bedeckt ihn wieder mit Erde, geht voll Freude hin, verkauft alles, was er hat, und kauft den Acker (Mt 13,44). Damit geht er juristisch sicher, dass der Schatz ihm gehört. Auch hier geht es um die Gottesherrschaft. Sie ist kostbar. Sie ist von größtem Wert. Sie ist es wert, alles für sie herzugeben. Wer es tut, macht das größte Geschäft seines Lebens. Denn selbstverständlich wird der Taglöhner den Schatz nicht in der Erde lassen. Sobald er den Acker besitzt, wird er das Silbergeld ausgraben. Die Gottesherrschaft ist also schon da. Man kann sie bereits finden. Man kann sie bereits erwerben.

In wieder einem anderen Gleichnis vergleicht Jesus die Gottesherrschaft mit einem Senfkorn, das zu einer großen Staude emporwächst (Mk 4,30–32). In der Heimat Jesu, am See Gennesaret, kann eine Senfstaude bis zu vier Meter hoch werden. Und der Anfang ist ein winziges Samenkorn – nicht mehr als stecknadelkopfgroß. So ist es mit der Gottesherrschaft, sagt Jesus. Jetzt ist sie noch unscheinbar. Doch sie ist schon am Wachsen.

Aber nicht nur auf den Kontrast „klein – groß" kommt es in diesem Gleichnis an. Genauso wichtig: Jesus wählt hier den Gleichnisstoff aus der seinen Hörern gewohnten Welt. Er wählt seinen Stoff buchstäblich aus dem Gemüsegarten (vgl. Mk 4,32). Und das ist natürlich kein Zufall. Damit will Jesus seinen Hörern sagen: Die Gottesherrschaft ereignet sich nicht in ferner Zukunft und erst recht nicht in Weltgewittern, sondern jetzt und hier, in eurer vertrauten Welt, in euer alltäglichen Umgebung – mitten unter euch.

Ähnlich argumentiert das Gleichnis vom Sauerteig (Mt 13,33). Wieder ist es die profane, gewöhnliche Welt: Eine Frau knetet Sauerteig in eine große Menge Mehl hinein, bedeckt den Teig mit einem Tuch, lässt ihn gehen – und schon nach wenigen Stunden hat der Sauerteig das ganze Mehl durchsäuert.

Auch hier spielt der Kontrast zwischen der kleinen Menge Sauerteig und der großen Menge Mehl eine Rolle. Es kommt aber noch etwas anderes hinzu: Der Sauerteig durchsäuert und verwandelt den Teig. Auf diese Weise wird das Brot überhaupt erst locker und schmackhaft. Genau so, sagt Jesus, wird die Gottesherrschaft die Welt durchdringen und in Wohlgeschmack verwandeln.

Natürlich haben sich viele der Zuhörer Jesu gefragt: Ist das alles denn wahr? Wo ist denn das Reich Gottes? Sieht die Realität, in der wir leben, nicht völlig anders aus? Die Armen werden unterdrückt, die Hungernden nicht gesättigt, die Trauernden nicht getröstet, die Weinenden haben nichts zu lachen, die Reichen denken gar nicht daran, mit den Armen im Land zu teilen, und die Mächtigen werden nicht von ihren Thronen gestürzt.

Jesus begegnet solchen Einwänden mit dem Gleichnis vom Sämann (Mk 4,3–9). Dieses Gleichnis, das realistischste aller Jesusgleichnisse, schildert die „Unmöglichkeit" der Sache Gottes.

Die Saat, die der Sämann ausstreut, fällt in eine Welt voller Feinde: Schwärme von Vögeln machen sich über die Saat her und picken sie auf, felsiger Boden lässt die aufkeimenden Körner verdorren, Dornen und Disteln ersticken das Getreide sogar noch dort, wo es ein Stück weit heranwachsen konnte. Das ist die Realität, sagt Jesus. Aber es ist eben nicht die ganze Realität. Denn ein Teil der Saat fällt auf guten Boden, die Körner bestocken sich in viele Halme[97], und so kommt es trotz aller Widrigkeiten und aller Feinde zu einer überreichen Ernte.

In einem anderen Gleichnis erzählt Jesus sogar davon, wie die Saat *unaufhaltsam* zur Reife kommt (Mk 4,26–29). Ein Sämann hat gesät, und die Saat sprießt auf. Zuerst der Halm, dann die Ähre, dann das volle Korn in der Ähre. Der Mann geht am Abend schlafen, steht am Morgen wieder auf, legt sich erneut hin – der Weizen wächst „von selbst" heran. Und dann ist eines Tages die Ernte da. In diesem Gleichnis ist von der ureigenen Kraft der Gottesherrschaft die Rede. Man darf nicht, wie die Zeloten, die damaligen Gotteskrieger, Gewalt gebrauchen, um sie durchzusetzen. Sie kommt ohne jede Gewalt.

Allerdings wäre Jesus nicht Jesus, wenn er dem Gleichnis von der selbstwachsenden Saat nicht dialektisch ganz andere Texte gegenübergestellt hätte – Gleichnisse, die den Menschen angesichts der Gottesherrschaft zur Kühnheit und zum Wagnis auffordern. Die von ihm verlangen, sein Leben zu riskieren und alles auf eine Karte zu setzen[98]. Zu dieser Sorte von Gleichnissen gehört zum Beispiel die Geschichte von den anvertrauten Geldern (Mt 25,14–30) oder die von dem korrupten Geschäftsführer (Lk 16,1–7).

Es ist wohl deutlich geworden, was die innerste Mitte der Verkündigung Jesu war: Nicht einfach das Jenseits! Nicht einfach der Himmel! Dazu hat freilich das Wort „Himmelreich" bei Matthäus verleitet. Aber im frühen Judentum war der Ausdruck „die Himmel" eine Umschreibung für Gott. „Himmelreich" ist also genau dasselbe wie „Gottesreich" und wie „Gottesherrschaft". Es ging Jesus um die Herrschaft des heiligen Gottes hier auf dieser Erde – eine Herrschaft, die freilich etwas völlig anderes ist als menschliche Selbstherrlichkeit. Die Herrschaft Gottes will nichts anderes, als die Schöpfung in Freiheit zu dem hinzuführen, was sie von Gott her sein soll: eine Welt der Gerechtigkeit und des Friedens. Und das alles eben nicht als ein Geschehen erst am Ende der Welt, sondern als eine Umwälzung aller Verhältnisse, die jetzt durch Jesus mitten in Israel begonnen hat und seitdem still und unaufhaltsam alles verändert.

Selbstverständlich ist der Horizont dieser Gottesherrschaft unermesslich: Die Revolution Gottes beseitigt auch den Tod und führt am Ende zum ewigen Leben bei Gott. Aber sie beginnt hier auf dieser Erde, und es geht dabei um diese Welt, weil es Gott von Anfang an um nichts anderes als um die Welt ging. Von hier aus gesehen kann die „Welt" der Auferstehung nichts anderes sein als die vollendete, geheilte und geheiligte Welt, in der wir jetzt leben. Jeder, der das unterschlägt, verleumdet die Botschaft Jesu und verdirbt sie.

2. Die Machttaten Jesu

Jesus hat freilich nicht nur gepredigt. Er hat gehandelt. Er hat Jünger in seine Nachfolge berufen und sie ausgesandt, um ganz Israel unter der Gottesherrschaft zu sammeln und zu einen. Er hat mit Außenseitern und Sündern gegessen, weil die Gottesherrschaft allen gilt. Er hat Schuldiggewordenen die Vergebung zugesprochen. Er hat Kranke geheilt.

Das alles entspricht auf das Genaueste seiner Verkündigung. Es spiegelt die Gottesherrschaft wider, die nun im Kommen ist. Diese zeigt sich eben nicht nur im Wort, sondern gleichermaßen in augenfälligen Zeichen. Als Johannes der Täufer aus dem Gefängnis Boten zu Jesus schickt mit der Frage: „Bist du es, der da kommen soll, oder müssen wir auf einen Anderen warten?" lässt Jesus dem Täufer ausrichten:

Geht und berichtet Johannes, was ihr hört und seht: Blinde sehen wieder, Lahme gehen, Aussätzige werden rein, Taube hören, Tote stehen auf und Armen wird die Freudenbotschaft verkündet. (Mt 11,4–5)

Die Gottesherrschaft, die mit Jesus kommt und die wahrmacht, was schon die Propheten Israels angesagt haben, verändert nicht nur die Herzen und die Gesinnungen. Wenn das Reich Gottes kommt, soll nicht nur die Blindheit der Herzen weggenommen werden, sondern die leiblich Blinden sollen wieder sehen, die nicht mehr Gehfähigen sollen wieder laufen, die Schwerhörigen und Tauben wieder hören können. Die Gottesherrschaft verändert die Verhältnisse, sie verändert die Gesellschaft, sie verändert die Welt. Sie umfasst heilend und rettend auch den Leib und sie geht selbst gegen den Tod an.

Wie sehr es um die realen Verhältnisse in der Gesellschaft Israels geht, zeigt sich an den vielen Aussätzigen, die Jesus heilt[99]. Der Aussatz zerriss damals die Gesellschaft[100]. Die Aussätzigen mussten ihre Dörfer verlassen, mussten abgeschieden wohnen und die Gesunden schon von weitem durch den Ruf „Unrein! Unrein!“ auf Distanz halten (Lev 13,45). Wenn Jesus Aussätzige heilt, entreißt er sie nicht nur dem schleichenden Schrecken ihrer Krankheit, sondern vor allem der sozialen Isolation.

Ähnliches gilt für seine Heilungen von Menschen, die „besessen“ waren[101]. Praktisch alle Krankheiten, die man sich damals nicht erklären konnte, galten als das Werk von Schadensgeistern, die – so stellte man es sich vor – durch die Körperöffnungen in den Menschen eindrangen, sich seiner bemächtigten, ihn beherrschten und quälten. Der Betreffende – so dachte man – war nicht mehr Herr seiner selbst. Er war von Dämonen in Besitz genommen, von ihnen getrieben und gesteuert.

Wir lächeln über solche Vorstellungen und vergessen dabei, wie viele Krankheiten auch bei uns nicht einfach organische Leiden sind. Nicht selten kommen sie zustande durch Zwänge von außen oder durch Zwänge von innen, denen die Betroffenen dann oft hilflos ausgeliefert sind[102]. Auch das Böse kann bei solchen Zwängen hineinspielen – das Böse in den Kranken selbst, aber vor allem auch das Dämonische und Chaotische in der Gesellschaft. Es kann Menschen buchstäblich „besetzen" und in seinen „Besitz" nehmen.

Bei den „Besessenen", die Jesus heilt, muss es in vielen Fällen um derartige Zwänge aus der Gesellschaft gegangen sein. Sie haben die Kranken „von außen" erfasst und manifestieren sich in Zwangshandlungen. Gerade sensible Menschen können dem hilflos ausgeliefert sein. Jesus gibt den „Besessenen" die Freiheit wieder. Heutige Christen müssten endlich lernen, nicht verschämt wegzuhören, wenn in den Evangelien von den Dämonenaustreibungen Jesu die Rede ist, sondern die ganze Wucht und den Realismus seiner machtvollen Therapien begreifen.

Noch wichtiger ist aber Folgendes: Im Verständnis Israels haben alle Krankheiten, alle Leiden und alle Notsituationen des Einzelnen bereits mit der Sphäre des Todes zu tun. Wer schwer erkrankt, ist schon gezeichnet, hat sich der Unterwelt schon genähert, ist bereits erfasst von der Gewalt der *scheol.* Das zeigen viele Texte des Alten Testamentes. Die Kranken, Verachteten und Gemiedenen können in ihren Gebeten sagen:

Die Fesseln der Unterwelt umstrickten mich,
über mich kamen die Schlingen des Todes. (Ps 18,6)

oder:

Mit Leid ist meine Seele gesättigt, mein Leben ist dem Totenreich nahe. Schon zähle ich zu denen, die in die Grube sinken, bin wie ein Mensch, dem alle Kraft genommen ist. (Ps 88,4–5)

Umgekehrt können die von einer schweren Krankheit Genesenen sagen:

Herr, mein Gott, ich habe zur dir gerufen, und du hast mich geheilt. Herr, du hast mich herausgeholt aus dem Reich des

Todes, mich zum Leben gerufen aus denen, die zur Grube gefahren sind. (Ps 30,3–4)

Alle schwere Krankheit ist im Alten Testament also schon Tod, ist schon Hinabgezogensein in den Machtbereich der Unterwelt. Erst von hier aus zeigen die zahlreichen Krankenheilungen Jesu ihr wahres Gesicht. Indem Jesus gegen die Krankheit angeht, geht er gegen den Tod an. Wenn er heilt, überwindet er bereits den Tod.

Genau hier haben die Totenerweckungen Jesu ihr Fundament. Die Erweckung der Tochter des Jairus (Mk 5,21–43) oder die des jungen Mannes von Nain (Lk 7,11–17) sind konsequente Fortsetzung dessen, was Jesus bereits bei vielen anderen Heilungen gewirkt hat. Deshalb ist es ein wenig überzeugender Kompromiss, wenn viele Exegeten zwar die Heilungswunder Jesu als historisch ansehen, seine Totenerweckungen hingegen als freie Erfindungen der Urkirche. Bei so gearteter Exegese werden Texte voneinander getrennt, die zutiefst zusammenhängen – und dann werden aufgrund angeblich unterschiedlicher Erzählgattungen historische Urteile gefällt. Was unheilbare Krankheiten, schwere Depressionen und unfrei machende Zwänge in ihrer theologischen Tiefe bedeuten, bleibt dabei unverstanden: Sie sind bereits ein Stück Tod.

Insgesamt: Die Machttaten Jesu zeigen dasselbe wie seine Verkündigung. Die in Israel ersehnte und erbetene Gottesherrschaft ist da, und sie will nicht nur die Herzen und die Gedanken verändern, sondern mit den Herzen und Gedanken die realen Verhältnisse in Israel – und durch Israel in der ganzen Welt. Jesus muss mit einer unerhörten „Macht“ (Mk 1,22.27) gepredigt *und* gehandelt haben.

3. Die Machtlosigkeit Jesu

Die Evangelien sprechen zu Recht von den „Machttaten" Jesu, zum Beispiel Mk 6,2.5. Doch zugleich war Jesus machtlos. Und auch davon sprechen die Evangelien. Dieses Kapitel möchte zeigen, dass seine Machtlosigkeit kein Randphänomen war, das sich gelegentlich einmal und eher zufällig ergeben hätte, sondern dass sie zentral und zwingend war. Seine Machtlosigkeit stand in völligem Einklang mit seiner Botschaft. Doch zunächst zu den Fakten!

Jesus war machtlos gegenüber den vielfältigen Verleumdungen, die seine Gegner über ihn ausstreuten. Weil es immer wieder geschah, dass er mit sogenannten öffentlichen Sündern und gesellschaftlich Ausgestoßenen zu Tische saß, verbreitete man über ihn, er sei ein „Fresser und Säufer" und ein „Freund von Zöllnern und Sündern" (Mt 11,19). Weil er nicht verheiratet war, brachte man über ihn in Umlauf, er sei kastriert. Jesus hat sich gegen diese Unterstellung gewehrt, indem er sagte, es gäbe Menschen, die sich um der Gottesherrschaft willen selbst verschnitten hätten (Mt 19,12) – was meint, die um der Gottesherrschaft willen *freiwillig ehelos* seien. Die schlimmste und niederträchtigste Parole gegen ihn aber lautete, er sei vom Teufel besessen und treibe die Dämonen mithilfe des Obersten aller Dämonen aus (Mk 3,22). Damit sollte Jesus als teuflischer Verführer Israels bloßgestellt und das Zutrauen zu ihm untergraben werden – das Zutrauen gerade der Kleinen, Armen und Ungebildeten, die Jesus nachfolgten.

So nimmt es nicht wunder, dass uns genau in diesem Zusammenhang das härteste und schroffste Wort überliefert wird, das wir von Jesus kennen:

> *Wer einen von diesen „Kleinen", die an mich glauben, zu Fall bringt [das heißt, dessen Glauben an meine Sendung zerstört], für den wäre es besser, wenn um seinen Hals ein Eselsmühlstein gelegt und er ins Meer geworfen würde. (Mk 9,42)*

Ein Eselsmühlstein war ein runder, zentnerschwerer Stein. Er bildete das Oberteil einer Mühle und wurde von einem im Kreis laufenden Esel über dem Unterteil der Mühle gedreht. Mit den „Kleinen“ sind hier keineswegs Kinder gemeint, sondern die theologisch Ungebildeten, die Jesus nachliefen und ihre ganze Hoffnung auf ihn setzten. Möglicherweise sind sogar die Jünger Jesu gemeint. Das „Meer“ ist der See Gennesaret. Die Härte des Mühlsteinwortes zeigt, wie bedrängt Jesus war und wie machtlos gegenüber dem Netz von Verleumdungen, das um ihn gespannt wurde.

Machtlos war Jesus aber auch dann, wenn er – unabhängig von allen Verleumdungen – auf tief sitzenden Unglauben stieß. Als er eines Tages nach Nazaret kommt, also an den Ort, wo er herstammt und wo seine Verwandtschaft sitzt, erfährt er brüske Ablehnung. Deshalb kann er dort keine Kranken heilen (Mk 6,1–6[103]). Den Machttaten Jesu eignet also kein Automatismus. Sie setzen Glauben voraus, Vertrauen und den Willen zur Umkehr. Gegenüber anmaßenden und bornierten Menschen ist Jesus machtlos.

Machtlos ist er auch, wenn seine Jünger ihn nicht verstehen und weglaufen. Joh 6,66 zufolge verlassen ihn eines Tages „viele Jünger“ und wandern nicht mehr mit ihm. Judas Iskariot, einer der Zwölf, liefert ihn dann am Ende dem Hohen Rat aus. Simon, den Jesus als „Felsen“ bezeichnet hat, verleugnet ihn, und alle anderen aus dem Zwölferkreis fliehen.

Machtlos ist Jesus schließlich vor und während seiner Hinrichtung. Der Hohe Rat, die höchste religiöse Instanz Israels, überweist ihn an die römische Besatzungsmacht mit der Anklage, er sei ein politischer Aufrührer, und der römische Präfekt Pontius Pilatus lässt ihn aus Karrieregründen kreuzigen, denn die jüdische Seite hat ihm mit einer Anklage beim Kaiser gedroht. Jesus gerät zwischen die Mühlen von Mächten, die stärker sind als er. Er muss die Kreuzigung erleiden, eine der brutalsten und schrecklichsten Folterungen, die sich Menschen je ausgedacht haben. Als er am Kreuz hängt, dem antiken Vernichtungsbalken, verhöhnen ihn die Hohenpriester und Schriftgelehrten:

Andere hat er gerettet, sich selbst kann er nicht retten, der [angebliche] Messias, der König von Israel. Er soll doch jetzt vom Kreuz herabsteigen, damit wir sehen und glauben. (Mk 15,31–32)

Jesus steigt nicht vom Kreuz. Er ist seinen Gegnern ohnmächtig ausgeliefert. Es gab eine falsche und verirrte Christlichkeit, die das nicht wahrhaben wollte. Schon im 2. Jahrhundert trieb in der Kirche der Doketismus seine Sumpfblüten. Er behauptete, nur ein Scheinleib habe am Kreuz gehangen. Selbstverständlich sei der wirkliche Jesus nicht jämmerlich gekreuzigt worden, denn der Sohn Gottes könne ja gar nicht leiden. Der Islam vertritt noch heute diese doketische Irrlehre, wenn er über den Propheten Isa (= Jesus) spricht. Jesus sei mit einem anderen verwechselt worden. Nicht Jesus sei am Kreuz gestorben[104].

Auch für das Judentum ist ein gekreuzigter Messias unannehmbar. Der große jüdische Gelehrte Mose Maimonides (um 1135–1204) stellte Kriterien auf, mit deren Hilfe man den wahren Messias von Falschmessiassen unterscheiden könne. Zu diesen Kriterien gehört bei Maimonides eindeutig der Erfolg. Dem wahren Messias könne niemand widerstehen. Er sammle noch zu seinen Lebzeiten ganz Israel, führe es in die Freiheit, baue den Tempel wieder auf, sorge dafür, dass die Tora von allen Juden befolgt werde und schaffe Frieden in der ganzen Welt[105].

Im Grunde gehört in dieses Bild vom erfolgreichen Messias die Gewalt. Vielleicht ist es eine extrem sublimierte Gewalt – aber es ist Gewalt. Jesus unterscheidet sich zutiefst von diesem Bild des Messianischen. Und genauso unterscheidet er sich abgrundtief von Mohammed. Bei Jesus gibt es Misserfolge, bei ihm gibt es Machtlosigkeit und Ohnmacht. Er verliert einen Teil seiner Jünger, und er kann seine Gegner nicht überzeugen. Jerusalem wird nicht zum Ort eines geistlichen Triumphes, sondern dort bringt man ihn um. Vor allem aber: Jesus lehnt es kategorisch ab, Gewalt einzusetzen.

Diese Machtlosigkeit hat ihre Wurzel in der Freiheit. Gott achtet die Freiheit des Menschen bis in ihre Tiefe. Sie wird von ihm nicht manipuliert – auch nicht durch subtile moralische Gewalt, die bekanntlich viel schlimmer ist als offener Zwang. Der Gottesherrschaft ist jede Form von Zwang fremd. Es ist kein Zufall, dass sich Jesus bei vielen Gelegenheiten von den jüdischen Zeloten, die das Reich Gottes mit Gewalt herbeiführen wollten, unmissverständlich absetzt. Die Jünger, die er aussendet, dürfen keine Waffen mit sich führen, kein Geld, keinen Stock. Nicht einmal Sandalen dürfen sie an den Füßen haben, mit denen sie auf den steinigen Wegen Israels schneller angreifen oder fliehen könnten[106].

Die absolute Gewaltlosigkeit[107], die Jesus lebt und die er auch von seinen Nachfolgern verlangt, hat als Gefolge Machtlosigkeit, ja offensichtliche Ohnmacht. Die Machtlosigkeit Jesu setzt ganz auf Gott und sein rettendes Eingreifen. Gerade deshalb ist sie stärker als alle Waffen, als alle Formen der Gewalt, als jedes Sich-gegen-Andere-durchsetzen-Müssen.

Jesu Kampf gegen die Todesmächte gipfelt nicht darin, dass er sich dem Tod entziehen kann, sondern dass er menschlicher Gewalt bis zur völligen Hilflosigkeit preisgegeben ist, aber noch in seinem schrecklichen Tod rückhaltlos auf Gott vertraut[108]. Das „Apostolische Glaubensbekenntnis“ formuliert in seiner heutigen Fassung:

passus sub Pontio Pilato,
crucifixus, mortuus, et sepultus,
descendit ad inferos

In der deutschen ökumenischen Übersetzung[109]:

gelitten unter Pontius Pilatus,
gekreuzigt, gestorben und begraben,
hinabgestiegen in das Reich des Todes

Das *descendit ad inferos* meint den Abstieg Jesu zu den *inferi*, das heißt „zu den in der Unterwelt Befindlichen“ oder schlicht „zu den Toten“. Die derzeitige ökumenische Übersetzung „in das

Reich des Todes" ist nicht nur ungenau, sondern schlecht, denn sie lässt jeden, der auch nur ein wenig von der altorientalischen und antiken Mythologie weiß, an den Machtbereich der Götter der Unterwelt denken. Das Glaubensbekenntnis will hier aber zunächst[110] nichts anderes sagen, als dass Jesus den Tod bis ins Letzte erlitten hat. In der Sprache der damaligen Zeit: bis hinab in die Unterwelt. Das aber heißt: Er musste den Tod ohnmächtig, machtlos und bis in seine dunkelste Tiefe hinein erleiden. Gerade so und nicht anders wurde der Tod überwunden.

Der Botschaft Jesu von der unaufhaltsam wachsenden Gottesherrschaft widerspricht das alles nicht. Die Gottesherrschaft kommt so, wie Gott handelt: meistens leise und immer *incognito*, man könnte auch sagen: durch eine „stille" Revolution, die vielen gar nicht bewusst ist. Gott tastet die Freiheit des Menschen nicht an. Jesus ist sich übrigens dieser Zusammenhänge bewusst: Er spricht ja von dem stillen und unmerklichen Wachstum der Saat (Mk 4,26–29). Mehr noch: Er spricht in seinen Gleichnissen auch von den massiven Widerständen, die sich dem Reich Gottes entgegenstellen (Mk 4,3–9).

Alles, was in diesem Kapitel gesagt wurde, wird wichtig werden für den IV. und V. Teil dieses Buches: Im Tod wird jeder Christ und überhaupt jeder Mensch wie Jesus zunächst in eine letzte Machtlosigkeit hineingeführt. Der Tod ist keineswegs der Höhepunkt des Lebens, wo der Mensch die Spitze seiner Freiheit erreicht. Er ist Elend, Erleiden und Ausgeliefertsein. Aber gerade so bedeutet er letzte Nähe zu Jesus.

4. Die Auferweckung Jesu

Mit seinem elenden Tod hätte – rein menschlich betrachtet – die Sache Jesu eigentlich zu Ende sein müssen. „Wir haben eine ganze Reihe von charismatisch-messianischen Bewegungen im 1. und 2. Jh. n. Chr., bei denen der gewaltsame Tod des Anführers auch das Ende der Bewegung bedeutete“ (Martin Hengel[111]). Genau nach diesem Muster hatten sich auch nach der Hinrichtung Jesu die Dinge zunächst entwickelt. Viele der Jünger waren geflohen. Sie waren nach Galiläa in ihre Heimat zurückgekehrt (Mk 16,7). Sie waren schon dabei, ihren alten Beruf wiederaufzunehmen (Joh 21,3). Die Jerusalemer Anhänger Jesu hielten sich in der Hauptstadt bedeckt. Man darf bei ihnen allen mit Entsetzen und tiefer Enttäuschung rechnen, mit Ratlosigkeit, Resignation und zögernder Rückkehr in die Normalität des Alltags.

Die Emmaus-Erzählung gibt diese Stimmung wohl ziemlich genau wieder, nämlich in den Gesprächen zweier Jesusjünger, deren Hoffnungen zerschlagen sind, die trauern, nichts mehr verstehen und jetzt einfach weggehen. Sie sagen dem Unbekannten, der ihnen unterwegs begegnet:

> *Jesus war ein Prophet, mächtig in Wort und Tat vor Gott und dem ganzen Volk. Doch unsere Hohenpriester und Führer haben ihn zum Tod verurteilen und ans Kreuz schlagen lassen. Wir aber hatten gehofft, dass er es sei, der Israel erlösen werde. (Lk 24,19–21)*

In diese Resignation hinein erweist sich der unbekannte Wanderer als der auferstandene Jesus. Die Begegnung mit ihm öffnet den beiden Jüngern die Augen und bringt sie dazu, dass sie sich noch in derselben Stunde aufmachen und nach Jerusalem zurückkehren. Dort erfahren sie:

> *Der Herr ist wahrhaft auferstanden*
> *und dem Simon erschienen. (Lk 24,34)*

Die Emmaus-Erzählung des Lukas greift auf eine konkrete Ostererscheinung zurück (immerhin wird der Name von einem der beiden Jünger genannt), verdichtet in ihr aber literarisch eine Vielzahl anderer Ostererscheinungen, die allesamt Begegnungen mit dem auferstandenen Jesus waren. Sie geschahen mitten im Alltag, sie geschahen unerwartet, sie geschahen über einen längeren Zeitraum, an ganz verschiedenen Personen und wider alle Hoffnung. Sie hatten nichts zu tun mit Betrug und Täuschung oder mit Konstruktion und Spekulation[112].

Es gibt heute nicht wenige Theologen, denen die Tatsache, dass die Evangelien von „Erscheinungen“ des Auferstandenen erzählen, schlichtweg peinlich sind. Entweder sagen sie, es hätte gar keine „Erscheinungen“ im strikten Sinn gegeben, sondern nur „Erschließungserfahrungen“, unter denen man sich dann alles Mögliche vorstellen kann, nur nicht die Massivität dessen, was da in den Evangelien erzählt und in den Selbstaussagen des Paulus bestätigt wird (1 Kor 9,1; 15,8, Gal 1,15–16). Oder sie rechnen mit Visionsphänomenen, die dann aber als rein psychogen abgetan und auf die Ebene von Halluzinationen oder Massenpsychose gebracht werden. Beides wird *in dieser Form* den damaligen Vorgängen nicht gerecht.

Wem „Erscheinungen“ peinlich sind, weil der aufgeklärte Durchschnittsmensch keine hat und sie für komisch hält, dem fehlt jedes Wissen von der Unterschiedlichkeit von Kulturen. Es gab eben Kulturen, in denen Visionsphänomene verbreitet waren. Sie diesen Kulturen (und sie damit zum Beispiel auch Paulus[113]) einfach abzusprechen, weil man Vergleichbares bei sich selbst nicht kennt, ist reiner Kulturimperialismus.

Selbstverständlich haben Visionen und Erscheinungen immer auch mit dem Unbewussten des Menschen zu tun. Vieles ist dort gelagert: Ängste, Sehnsüchte, Hoffnungsbilder sowie bereits gemachte Erfahrungen. Wer könnte das leugnen? Aber gerade durch all dieses „Menschliche“ und von den Tiefenschichten des Menschen „Gemachte“ hindurch kann sich Gott (und in diesem Fall auch der Auferstandene selbst) mitteilen, zeigen, ja offenbaren. Gott und der auferstandene Jesus sind dabei die eigentlich Handelnden. Aber sie handeln so, dass dabei das „Handeln“ des Menschen nicht unterdrückt wird. Wer dieses unauflösliche Ineinander von göttlicher Selbstmitteilung und menschlicher Gestaltgebung leugnet, stellt die gesamte Gnadentheologie in Frage. Denn die Gnade setzt stets die Natur und die Geschichte voraus. Gott handelt immer und ausnahmslos durch Zweitursachen[114].

Das Prinzip der Gnadenlehre, dass Gottes Handeln das Handeln des Menschen nicht zerstört, sondern gerade freisetzt[115], ist für die innere Struktur der Ostererscheinungen ernst zu nehmen. Insofern ist natürlich auch der Begriff „Erschließungserfahrungen" nicht falsch. Nur darf dieser Begriff die Historizität der Visionsphänomene nicht leugnen. Sonst wird er schief. Historiker wie Theologen können guten Gewissens dabei bleiben: Die österlichen Erscheinungen hat es wirklich gegeben.

Diese Erscheinungen führten dazu, dass sich die Bewegung der fliehenden Anhänger Jesu umkehrte, und sie sich spätestens bis zum Wochenfest, dem nächsten großen Wallfahrtsfest, wieder in Jerusalem sammelten. Sie leben von da an aus diesen österlichen Begegnungen mit Jesus. Sie verkünden und bezeugen mit ihrer ganzen Existenz: „Gott hat Jesus von den Toten auferweckt."[116]

Es ist an dieser Stelle notwendig, über den Inhalt der Ostererfahrung der ersten Zeugen und der sich daraus ergebenden Verkündigung genauer nachzudenken. Denn die Ostererfahrung und die Osterbotschaft sind für den christlichen Glauben fundamental. Was genau sagt der Satz: „Gott hat Jesus von den Toten auferweckt"? Er besagt nicht:

Das Göttliche ist in Jesus durchgebrochen,

oder:

Das Unsterbliche in Jesus hat den Tod besiegt,

oder:

Seine Seele hat sich vom Körper befreit
und ist zum Äther emporgestiegen.

In der Antike hätte man das alles zur Zeit Jesu erhoffen und sagen können. Aber genau das sagten die Anhänger Jesu nicht. Sie waren keine Griechen, sondern Juden. Und weil sie Juden waren und die Schrift kannten, nahmen sie den Tod ernst – mit jener extrem nüchternen Einstellung zur Realität, von der im II. Teil dieses Buches so lange die Rede war. Sie konnten nicht auf den Gedanken kommen, dass sich naturhaft Unsterbliches in Jesus durchgehalten habe. Sie konnten sich nicht nach platonischem Muster einfach ein Weiterleben seiner Seele vorstellen[117] – einer Seele, mit der sie dann in Kommunikation hätten treten können. Jesus war am Kreuz hingerichtet worden, er war tot, er war begraben worden (1 Kor 15,4) – und das war für sie als Juden eine nicht hintergehbare Realität.

Die Ostererzählungen der Evangelien zeigen denn auch, dass die Begegnungen mit dem Auferstandenen für seine Jünger völlig unerwartete Widerfahrnisse waren. Sie konnten das Ganze nur als Rettungstat Gottes an Jesus begreifen. Wie Gott so oft an Israel gehandelt hatte, wie er sein Volk aus Ägypten befreit und es immer wieder vom Tod errettet hatte, so hatte er nun Jesus errettet. Aber wie gesagt: Dieses Wissen war nicht einfach die Frucht theologischer Konstruktion oder unbewusster Bewältigungsmechanismen, sondern entsprang dem realen Widerfahrnis der Begegnung mit dem Auferstandenen.

Die Erzählungen dieser Begegnungen sind noch aus einem anderen Grund bemerkenswert. Sie enthalten allesamt Züge einer drastischen, ja geradezu bestürzenden Körperlichkeit Jesu: Er wandert mit den beiden Emmausjüngern (Lk 24,15), bricht ihnen in einem Haus das Brot (Lk 24,30), erteilt den Männern um Petrus vom Ufer des Sees aus Anweisungen zum Fischen (Joh 21,6), brät ihnen dann aus ihrem Fang Fische zum morgendlichen Mahl (Joh 21,10)[118], zeigt anderswo den Versammelten seine Hände und seine Seite (Joh 20,20), bietet dem zweifelnden Thomas an, er könne die Hand in seine Seitenwunde legen (Joh 20,27).

Solche Drastik ist für uns Heutige befremdend. Wir dürfen sie aber als Versuch sehen, der Erfahrung der realen Leiblichkeit des Auferstandenen gerecht zu werden. Die Zeugen des Auferstandenen begegneten eben keinem Gespenst, keiner dem Leib entkommenen Seele, sondern dem von Gott auferweckten Jesus, der mit seiner ganzen Geschichte, mit all dem, was ihn ausmachte, mit

Geist, Seele und Leib gegenwärtig wurde. Auch hierin blieben die Jünger den Erfahrungen und der Nüchternheit Israels treu.

Ihr rigoroses Festhalten an der Leiblichkeit des Auferstandenen rettete den christlichen Glauben vor einem Grunddogma vieler Griechen: Erlösung sei die Befreiung vom Leib, und das Paradiesische sei die Körperlosigkeit. Ein besonders aufschlussreiches Zeugnis für diesen Zug antiken Denkens findet sich bei dem Satiriker Lukian von Samosata (2. Jh. n. Chr.). Er schildert die Leiblosigkeit der Erlösten, die auf der „Insel der Seligen" leben, folgendermaßen[119]:

> *Ihre gewöhnlichen Kleider sind sehr feine purpurfarbene Spinnweben. Sie selbst aber haben keine wirklichen Körper, denn sie sind untastbar und ohne Fleisch und Bein und nur die Gestalt und die Idee davon. Trotzdem gehen und stehen sie, haben all ihre Sinnen und reden wie andere Menschen. Ihre Seele scheint eigentlich nackt einherzugehen und bloß den Schein eines Leibes umgetan zu haben. Man könnte sie mit aufgerichteten Schatten vergleichen, die, statt schwarz zu sein, die natürliche Farbe ihres Körpers haben. Man muss sie betasten, um sich zu überzeugen, dass das, was man sieht, gar kein Körper ist.*

Selbstverständlich trieft der Text Lukians wie überhaupt seine gesamte Beschreibung der „Insel der Seligen" von Ironie. Der Satiriker mokiert sich über all diese Vorstellungen. Der Text ist aber gerade deshalb ein deutliches Indiz, dass für viele Griechen Leiblichkeit im Jenseits des Todes undenkbar war. Das Lukas- und das Johannesevangelium erzählen die Erscheinungen des Auferstandenen geradezu als Antithese zu diesem spätgriechischen Denken. Der Auferstandene wird eben nicht als quasi körperlos beschrieben, sondern er hat „Fleisch und Knochen". Er zeigt den Jüngern seine „Hände und Füße". Er fordert sie auf, ihn zu betasten. Ja, er bittet sie, ihm etwas zu essen zu geben, und dann verspeist er vor ihren Augen „ein Stück gebratenen Fisch" (Lk 24,36–43).

Wer angesichts eines solch skandalösen Realismus zu überlegen beginnt, was denn nun mit dem verzehrten Stück Fisch des Weiteren geschehen sei, befindet sich von vornherein auf der falschen Fährte. Lukas wendet sich mit dieser anstößigen Darstellung gegen jede falsche Spiritualisierung. Er will seinen Lesern sagen, dass Errettung vom Tod mehr ist als ein rein geistiges Geschehen. Der ganze Mensch wird erlöst, nicht nur sein Geist. Nicht nur eine blutleere Seele wird gerettet, sondern unsere gesamte Lebensgeschichte, unser Fleisch und Blut, alles, was wir gewesen sind.

Als solche „Ganzheit" erfuhren die ersten Zeugen den Auferstandenen. Sie erfuhren ihn als den, mit dem sie durch Galiläa gewandert waren, der sie gelehrt und geführt hatte. Sie erfuhren ihn als den, der am Kreuz hingerichtet worden war. Deshalb trägt der Auferstandene auch die Wunden der Passion an seinem Leib. Sie bleiben ihm als verklärte Wunden erhalten, denn Auferstehung heißt, dass jeder Augenblick, den ein Mensch gelebt hat, in das ewige Leben mit Gott hineingezeitigt wird. Deshalb hat auch die spätere christliche Ikonographie den Auferstandenen stets in voller Leiblichkeit dargestellt – mit all den Wunden, die man ihm zugefügt hatte. Genau das entsprach der unerfindbaren und erschütternden Erfahrung der Osterzeugen. Der Auferstandene war der gekreuzigte Jesus.

Noch etwas anderes ist wichtig: Die christliche Liturgie hat im „Exsultet" der Osternacht die Rettungstat Gottes an Jesus in Beziehung gesetzt zu der Errettung Israels aus dem Schilfmeer. Es ist die *eine* Nacht – so formuliert das Preislied des „Exsultet" – in der die Israeliten durch die Wasser hindurch gerettet wurden und in der Jesus aus der Tiefe des Todes emporstieg. Die Auferweckung Jesu liegt zwar jenseits aller Geschichte. Sie geschieht nicht mehr in Raum und Zeit. Aber sie verwandelt und versammelt die gesamte Geschichte Jesu vor Gott und sie manifestiert sich mitten in der Geschichte – insofern ist sie mit der großen, fundamentalen Rettungstat Gottes an Israel zu vergleichen und zu besingen.

5. Der Erstgeborene der Toten

Im vorangegangenen Kapitel ging es vor allem um die historischen Hintergründe von Ostern sowie um einen zentralen Punkt der Ostererfahrung: die Leiblichkeit des Auferstandenen. Dabei kam allerdings ein entscheidender Sachverhalt noch nicht wirklich zur Sprache. Man muss nämlich fragen: In welchem Vorstellungsschema, in welcher Vorstellungsform wurde das Osterereignis denn überhaupt vonseiten der ersten Zeugen wahrgenommen? Als *was* erfuhren die Jünger in den österlichen Erscheinungen das, was da an Jesus geschehen war?

Diese Frage wird nur selten gestellt[120], denn die Antwort scheint selbstverständlich: Die Jünger erfuhren Jesus *als von den Toten auferstanden.* In Wirklichkeit ist hier nichts selbstverständlich. Denn es gab im Judentum der Zeit Jesu noch ganz andere Vorstellungsformen, in denen die Jünger ihre Ostererfahrung hätten ausdrücken können.

Allerdings: Formuliert man in dieser Weise, verdeckt man etwas Entscheidendes. Die ersten Zeugen standen ja nicht vor der didaktischen Frage, wie sie ihre Ostererfahrung ausdrücken oder formulieren sollten. Diese Erfahrung drängte sich ihnen vielmehr auf. Sie kam auf sie zu in der Begegnung mit dem sich zeigenden Jesus. Wenn sie formulierten „Gott hat ihn von den Toten auferweckt“, so war das keine sekundäre Sprachregelung, sondern offenbar notwendiger, ja zwingender Ausdruck dessen, was sie an Jesus und durch Jesus erfuhren. Hätte es auch andere Erfahrungsformen gegeben? Selbstverständlich!

Es gab zum Beispiel im Alten Testament und im frühen Judentum eine Vorstellung, die in der Religionswissenschaft als „Entrückung“ bezeichnet wird. Es ist freilich eher ein Vorstellungskomplex. Man kann ihn etwa folgendermaßen umschreiben[121]:

Ein Mensch, der von Gott einen besonderen Auftrag erhalten hat, der ganz von Gott in Dienst genommen ist und der vorbildlich vor Gott gelebt hat, wird eines Tages aus der Welt hinweggenommen und lebt nun bei Gott. Diese „Hinwegnahme“ kann anschaulich geschildert werden wie etwa bei dem Propheten Elija, der vor den Augen seines Schülers Elischa zum Himmel fährt (2 Kön 2,11–12). Die Entrückung muss aber nicht unbedingt geschildert werden. Es kann auch einfach in einer kurzen Bemerkung gesagt werden, der Betreffende sei von Gott „hinweggenommen" worden. So bei Henoch:

> *Henoch war seinen Weg mit Gott gegangen. Dann war er nicht mehr da; denn Gott hatte ihn hinweggenommen. (Gen 5,24)*

Entscheidend für die Feststellung einer Entrückung ist dieses „er war nicht mehr da". Der von Gott Hinweggenommene ist nicht mehr zu sehen und nicht mehr aufzufinden, obwohl er gesucht wird (vgl. 2 Kön 2,15–18). Es gibt kein Begräbnis und keine Begräbnisstätte. Weil im Alten Testament von Mose gesagt wird, dass bis heute niemand sein Grab kenne (Dtn 34,6), haben sich im frühen Judentum auch mit der Gestalt des Mose Entrückungsaussagen verbunden, obwohl in Dtn 34,5 klar gesagt wird, dass Mose gestorben sei. Offenbar konnte die Entrückungsvorstellung, die an sich keinen Tod des Hinweggenommenen kennt, sekundär auch mit seinem faktischen Tod kombiniert werden. Ein Beispiel: Die beiden geheimnisvollen Zeugen aus Offb 11 werden zuerst von dem „Tier aus dem Abgrund" bekämpft und getötet, dann aber von Gott zum Leben gebracht und auf einer Wolke zum Himmel entrückt (Offb 11,7–12)[122].

Entscheidend für die jüdische Entrückungsvorstellung ist, dass der Hinweggenommene bei Gott „aufbewahrt" bleibt, bis er in der Endzeit erneut auf die Erde gesandt wird. Die Entrückung hatte also den Sinn, ihn für eine endzeitliche Funktion bereitzuhalten. Er wird dann erneut auftreten, um Zeugnis abzulegen. Wie verbreitet solche Vorstellungen zur Zeit Jesu waren, sieht man daran, dass viele im Volk Jesus für den in den Himmel entrückten und jetzt wieder zur Erde gekommenen Johannes den Täufer hielten oder für Elija oder sonst einen der ehedem zu Gott entrückten Propheten (Mt 16,14)[123].

Doch was hat diese jüdische Entrückungsvorstellung, die es übrigens in etwas anderen Formen in der gesamten griechischen und römischen Antike gab, mit unserem Thema der Auferweckung Jesu zu tun? Warum verschwende ich an dieser Stelle so viel Platz für sie?

Der Grund ist folgender: Die genuine Entrückungsvorstellung bezieht sich immer und ausnahmslos auf einen Einzelnen. Ein Einzelner wird von Gott erwählt, wird gesendet, wird schließlich von der Erde hinweggenommen und in der Verborgenheit Gottes aufbewahrt – bis er zu seiner endzeitlichen Aufgabe wieder auf die Erde kommt. Wie leicht hätte eben dieses Vorstellungsschema die Ostererfahrung der ersten Zeugen bestimmen können! Zumal – wie wir sahen – der Tod durchaus in das Entrückungsschema integriert werden konnte.

Nun wurde aber das Osterereignis gerade nicht als Entrückung Jesu erfahren und auch nicht als Entrückung zu Wort gebracht. Lukas beendet zwar am Schluss seines Evangeliums und zu Beginn der Apostelgeschichte die letzte Erscheinung des Auferstandenen mithilfe des Entrückungsschemas: Er erzählt eine Himmelfahrt Jesu, die deutlich eine Entrückung ist[124].

Aber damit bedient er sich lediglich eines literarischen Mittels, die Erscheinungen Jesu eindrucksvoll abzuschließen – eines literarischen Mittels, das nicht mit der eigentlichen Ostererfahrung verwechselt werden darf. Das genuine Ostergeschehen wurde eben erfahren und formuliert in der Form: „Gott hat Jesus von den Toten auferweckt." Das sehr alte christliche Glaubensbekenntnis, das uns Paulus in 1 Kor 15,3–5 überliefert, lautet:

> *Christus ist für unsere Sünden gestorben gemäß den Schriften und ist begraben worden. Er ist am dritten Tag auferweckt worden gemäß den Schriften und erschien dem Kephas, dann den Zwölf.*

Anschließend nennt Paulus weitere Auferstehungszeugen. Hier und in den anderen frühen Osterzeugnissen wird also nicht gesagt, Jesus sei in die Verborgenheit Gottes entrückt worden, sondern er sei „von den Toten“[125] auferweckt worden.

Es gab möglicherweise noch ein zweites Vorstellungsschema, das zur Verfügung gestanden hätte, die Ostererfahrung auszudrücken, besser: sie überhaupt empfangen und verinnerlichen zu können. Einige Forscher nehmen an, es hätte im Judentum zur Zeit Jesu die Vorstellung gegeben, dass Märtyrer unmittelbar nach ihrem Tod durch Gott von den Toten auferweckt würden. Sie berufen sich dafür vor allem auf das Martyrium der sieben Brüder in 2 Makk 7 und auf das Martyrium der beiden Zeugen in Offb 11 sowie auf Traditionen, die mit diesen Texten in Verbindung stehen[126]. Märtyrer mussten – falls sich diese Vorstellung belegen lässt – nicht bis zur allgemeinen Totenauferweckung am Ende der Welt warten, sondern kamen wegen ihres Blutzeugnisses sofort in den Himmel. Auch diese Vorstellung (falls es sie wirklich gab) hätte man dann auf Jesus anwenden können. Wie wir sofort sehen werden, hat man es aber nicht getan.

Doch zuvor weise ich noch auf eine dritte Möglichkeit hin: Man hätte auch sagen können: „Gott hat Jesus zu seiner Rechten *erhöht* (und ihn damit gegen diejenigen, die ihn verurteilt hatten, ins Recht gesetzt)“. Die Erhöhungsaussage stand *mit Sicherheit* zur Verfügung; sie war gut biblisch (vgl. Jes 52,13 LXX; Ps 110,1). Tatsächlich kommt die Erhöhungsaussage in der neutestamentlichen Christologie auf breiter Front und sehr früh ins Spiel[127] – aber deutlich als sekundäre Entfaltung der Auferstehungsaussage[128]. Die ältesten österlichen Bekenntnisformeln lauten nicht: „Jesus ist zur Rechten Gottes erhöht worden“ und auch nicht: „Gott hat Jesus [als Märtyrer] in den Himmel aufgenommen“ und erst recht nicht: „Jesus ist zu Gott entrückt worden“, sondern: „Gott hat Jesus von den Toten auferweckt“. Weshalb ist das von so entscheidender Wichtigkeit?

Die Antwort ist einfach: Bei Entrückung, Aufnahme als Märtyrer und Erhöhung geht es eben immer um einen Einzelnen. Hingegen geht es bei der Auferstehungsaussage um ein Kollektiv, nämlich um die Auferstehung *der Toten.* Und vor allem: Es geht um eine endzeitliche Aussage. Auferweckung *der Toten* meint damals im Judentum den Beginn der neuen messianischen Welt oder apokalyptisch das Ende der Geschichte – in jedem Fall aber einen radikalen eschatologischen Schnitt. Deshalb steckt in dem so geläufigen und vertrauten Bekenntnis, Gott habe Jesus von den Toten auferweckt, die Aussage: Mit *seiner* Auferweckung hat das Ende schon begonnen, ja mit seiner Auferweckung hat die allgemeine Totenerweckung schon angefangen. Die Auferweckung Jesu ist keineswegs „ein Ausnahmehandeln Gottes“, das lediglich der „Legitimation“ Jesu diente[129]. Vielmehr: Das, was alle betrifft, hat Gott mit Jesus bereits eingeleitet. Offenbar gehörte beides: das Kollektive (es geht um alle) und das Eschatologische (es geht um das Ende) unablösbar zur Erfahrung der ersten Osterzeugen[130].

Die Urkirche war sich durchaus des Revolutionären bewusst, das damit gegeben war. Sie bezeichnete Christus als den „Ersten der Entschlafenen“ (1 Kor 15,20.23), als den „Erstgeborenen unter vielen Brüdern“ (Röm 8,29), als den „Erstgeborenen der Toten“ (Kol 1,18; Offb 1,5) und als den „Anfänger des Lebens“ (Apg 3,15). Oder sie sagte einfach, er sei „der erste aus der Auferstehung der Toten“ (Apg 26,23).

Das bedeutet selbstverständlich mehr als nur eine numerische Reihenfolge. Es ist auch mehr als eine Hervorhebung der Würde Christi. Es meint die unlösbare Verbindung zwischen der Auferstehung Jesu und der Auferstehung aller Toten (1 Thess 4,14), ja es besagt, dass alle Glaubenden schon in den Prozess der Auferstehung Jesu verwickelt sind (Eph 2,5–6). Was das bedeutet und wie man sich das vorstellen kann, müssen wir noch sehen. Es ist kein Zufall, dass in diesem Buch das letzte und damit das wichtigste Kapitel überschrieben ist: „Wann beginnt die Ewigkeit?“

Hier ist zunächst festzuhalten: Gerade weil das österliche Geschehen an Jesus in seinem unmittelbaren Ursprung weder als Entrückung noch als Aufnahme eines Märtyrers in den Himmel noch als Erhöhung, sondern als Auferstehung von den Toten erfahren wurde, war klar: Die Auferstehung aller Toten, die Heimholung und Verwandlung der Welt, die *neue Schöpfung*

Gottes, die das Ziel aller Geschichte ist – all das hat mit der Auferstehung Jesu „bereits“ begonnen.

6. Neue Schöpfung

Im letzten Satz des vorangegangenen Kapitels war plötzlich von „neuer Schöpfung“ die Rede. Die Begriffe „Auferstehung der Toten“ und „neue Schöpfung“ wurden zu Nachbarn. Das war beabsichtigt. Denn die Auferstehung ist kein Naturphänomen, das dem Menschen quasi als biologisches Erbgut zukommt. Anders formuliert: Die Auferstehung ist nicht die Spitze eines naturalen Prozesses, in die alle Evolution des Lebendigen am Ende notwendig einmündet. Die Biosphäre wird eben nicht ständig subtiler, komplexer und eigenständiger – bis sie im Menschen als ihrem höchsten Produkt schließlich Unsterblichkeit aus sich herauszeugt.

Auch der Synthetischen Biologie wird nichts dergleichen gelingen. Wenn die moderne Medizin Voraussetzungen schafft, aufgrund derer der heutige Mensch im Durchschnitt älter, vielleicht schon bald bedeutend älter wird als frühere Generationen, so hat das natürlich nichts mit Unsterblichkeit zu tun. Alles, was Zivilisation und Medizin je leisten könnten, wäre eine „schlechte“ Unsterblichkeit, vor der uns eher das Grauen packen müsste. „Auferstehung der Toten“ ist etwas völlig anderes. Sie ist nicht physisch-naturhaft im Menschen angelegt. Sie ist rettende Tat Gottes, sie ist ungeschuldet, sie ist reines Geschenk. Darauf weist uns das Wort „neu“ in der Wendung „neue Schöpfung“ hin.

Nun ist in dieser biblischen Wendung allerdings nicht nur von „neu“, sondern von „Schöpfung“ die Rede – und auch das will bedacht sein. Das Neue wird in Zusammenhang gebracht mit dem, was am Anfang der Welt geschah und was ständig weitergeht: Schöpfung!

Schöpfung aber ist unablässige Erschaffung der Welt aus dem Nichts. Die christliche Theologie hat früh erkannt, dass sie nicht nur von einem Schöpfungsakt Gottes „am Anfang" sprechen darf. Sie spricht deshalb von *creatio continua*, das heißt von einem unablässigen Schöpfungsakt Gottes. Gott ruft seine Schöpfung „ständig" aus dem Nichts hervor.

Und diese Schöpfung aus dem Nichts ist niemandem geschuldet. Sie kann nur als fortwährende, nicht abreißende Tat der sich zuneigenden Liebe Gottes begriffen werden. Gerade von daher ist es theologisch sinnvoll, ja notwendig, die Auferstehung der Toten als „neue *Schöpfung*" zu bezeichnen, sie also mit der Erschaffung der Welt in Zusammenhang zu bringen. Denn so wird deutlich: Die Auferstehung der Toten ist keine Zugabe, die sein oder auch nicht sein könnte, sondern sie gehört – obwohl sie reine Gnade ist – zum Schöpfungsplan Gottes: Die Schöpfung ist von Anfang an auf Vollendung hin gedacht, auf Herrlichkeit hin, auf Heimat in Gott.

Auferstehung der Toten ist also kein naturhaftes Geschehen, sondern reines Geschenk Gottes. Aber auch die unablässige Erschaffung der Welt ist bereits reine Zuwendung Gottes, Tat seiner schöpferischen Liebe. Hat man das einmal begriffen, so rücken „Erschaffung der Welt" und „Neuschöpfung der Welt in der Auferstehung" zusammen. Im Grunde werden sie zu einem zusammenhängenden Geschehen, das aus der sich verströmenden Liebe Gottes hervorgeht.

Übrigens ist der Begriff der „neuen Schöpfung" keine christliche Erfindung. Seine Wurzeln liegen im Jesaja-Buch. Dort lautet in den Kapiteln 40–55 die zentrale Aussage, dass Gott jetzt an Israel Neues schafft. Er wird nämlich durch sein Werkzeug, den Perserkönig Kyros, die ins Zweistromland Deportierten in ihre Heimat zurückführen – und damit beginnt für Israel eine neue Existenz:

> *Denkt nicht mehr an das, was früher war. Auf das, was vergangen ist, sollt ihr nicht mehr achten. Seht, nun schaffe ich Neues. Schon kommt es zum Vorschein. Merkt ihr es nicht? (Jes 43,18–19)*

Am Ende des Jesaja-Buches wird diese Aussage noch gesteigert. Dort steht dann die Verheißung:

> *Denn schon erschaffe ich einen neuen Himmel und eine neue Erde. Man wird nicht mehr an das Frühere denken; es kommt niemandem mehr in den Sinn. Nein, ihr sollt euch ohne Ende freuen und jubeln über das, was ich [jetzt] erschaffe. Denn ich mache aus Jerusalem Jubel und aus seinen Einwohnern Freude. (Jes 65,17–18)*

Dann wird geschildert, dass es in Israël kein Weinen und kein Klagen mehr geben wird, dass die Menschen aus ihren Häusern nicht mehr vertrieben werden, dass ihre Arbeit nicht mehr unter dem Gesetz des „Umsonst" steht und dass sie keine Kinder mehr nur für einen jähen Tod zeugen. Der „neue Himmel" und die „neue Erde" sind also noch ganz irdisch, durchbrechen aber schon alles Gewohnte. Sie meinen eine Welt ohne Unrecht und ohne Leid. Die irdische Geschichte, das Gezeugtwerden und das Sterben, geht weiter. Doch es ist nun eine „neue" Welt, eine Welt, in der es Gerechtigkeit gibt und Frieden, Trost und Fröhlichkeit.

Jüdische Schriften außerhalb der Bibel greifen die Verheißung vom „neuen Himmel" und der „neuen Erde" auf. Sie reden von der „neuen Schöpfung", die Gott schaffen wird[131]. Nur: Die Welterfahrung der betreffenden Autoren ist zutiefst negativ eingefärbt. Für einen Teil dieser Schriften steht Israel unter römischer Besatzung, Jerusalem ist zerstört, der Tempel ein Trümmerhaufen. Nach der Vernichtung Jerusalems im Jahre 70 entstehen Apokalypsen wie das 4. Buch Esra oder die Syrische Baruch-Apokalypse[132]. Ihre Verfasser glauben nicht mehr an einen guten Ausgang der Geschichte. Sie unterscheiden scharf zwischen der alten Welt und der neuen. Sie unterscheiden zwischen „diesem" und dem „kommenden Äon". In „diesem Äon" können sich die Verheißungen Gottes nicht erfüllen (4 Esra 4,26–27). „Dieser Äon", also die jetzige Welt, ist verkommen und dem Tod verfallen. Deshalb lässt Gott die gegenwärtige Welt im Feuer vergehen und schafft einen neuen Äon. Erst dieser wird die ersehnte Gerechtigkeit und endlich den Frieden bringen. Hier wird nun also die „neue Schöpfung“ des Jesaja-Buches apokalyptisch radikalisiert. Das „Neue“ geschieht nicht mehr in der Geschichte, sondern *jenseits* aller Geschichte.

Die frühe Kirche hat von dieser apokalyptischen Radikalisierung vieles übernommen: Die endzeitliche Auferstehung der Toten macht aller Geschichtszeit ein Ende. Und doch hielt die Kirche seit ihren Anfängen an einem fundamentalen Unterschied zu aller Apokalyptik fest: „Dieser Äon“ bleibt, trotz aller Schuld und allem menschengemachten Chaos, Gottes gute Schöpfung, in der sich die Verheißungen Gottes sehr wohl erfüllen.

Paulus redet in dem berühmten 8. Kapitel des Römerbriefs zwar davon, dass die gesamte Schöpfung der Vergänglichkeit unterworfen ist und dass sie bis zum heutigen Tag seufzt und in Geburtswehen liegt. Aber er sagt im gleichen Atemzug, dass sie aus ihrer Sklaverei und Verlorenheit zur Herrlichkeit der Kinder Gottes befreit werden soll (Röm 8,18–25). Also nicht Vernichtung und Verwerfung des alten Äons wie in der Apokalyptik etwa des 4. Esra-Buches, sondern Befreiung und Errettung. Die Schöpfung wird zu dem werden, was ihr schon immer zugedacht war.

Aber mehr noch: In der Apokalyptik kommt der neue Äon erst dann, wenn der alte untergegangen ist. Der neue Äon, die neue Welt Gottes, setzt die Vernichtung alles Bisherigen voraus. Für Paulus hingegen schieben sich alter und neuer Äon ineinander. Die alte Welt mit ihrer Versklavung und Unfreiheit ist noch immer da. Aber mitten in ihr beginnt bereits die neue Welt Gottes. Wenn Paulus von der „neuen Schöpfung“ redet, meint er erstaunlicherweise nicht etwas, das irgendwann in der Zukunft oder im Jenseits geschieht, sondern er meint das neue Leben in Christus, das für die Getauften bereits begonnen hat. Die Christen sind durch den Geist Gottes, der ihnen in der Taufe geschenkt wurde, schon „neue Schöpfung“ geworden.

Wenn also jemand in Christus ist, dann ist er eine neue Schöpfung. Siehe: Das Alte ist vergangen, Neues ist geworden. (2 Kor 5,17)

Die neue Schöpfung durch den Leben spendenden Geist Gottes geschieht also bereits mitten in dieser Geschichte. Ähnliches setzt die Tauftheologie des gesamten Neuen Testamentes voraus: Mit dem Heiligen Geist, der in der Taufe geschenkt wird, stehen die Getauften schon im Kraftfeld der neuen Schöpfung Gottes. Das ist radikaler, als alle Apokalyptik es je sein konnte. Es ist die Radikalität des unfassbar Neuen, das mit der Auferstehung Jesu Christi gekommen ist, aber zugleich Treue zu dieser gegenwärtigen Welt, die eben nicht verachtet, sondern heimgeholt wird.

In der neutestamentlichen Tauftheologie tritt somit erneut hervor, was sich schon am Anfang dieses Kapitels gezeigt hatte: Die kommende Welt der Auferstehung und die Welt, in der wir jetzt leben, sind nicht zwei getrennte Wirklichkeiten, die nichts miteinander zu tun hätten, sondern beide gehen aus der schöpferischen Liebe Gottes hervor, der will, dass es den Menschen gibt – und für ihn eine ganze Welt. Schöpfung wie Auferstehung sind beide reines Geschenk, und hängen beide untrennbar zusammen.

Auch an dieser Stelle lebt die christliche Botschaft von der unumstößlichen Basis des Alten Testaments: Es geht immer um *diese* Welt und um *diese* Schöpfung. Erlösung heißt nicht Weltflucht und Entweltlichung, heißt nicht Entrückung in ein weltloses Jenseits, sondern Heilung und Verwandlung eben dieser gegenwärtigen Welt, Hinführung der ganzen Schöpfung zu ihrem Ziel.

Noch einmal anders gesagt: Die Auferweckung der Toten ist kein fulminantes Finale, das sich Gott als großer Zauberer zur Verblüffung seiner Zuschauer für das Ende seiner Galavorstellung „Erde“ ausgedacht hat und das zum Schluss noch einmal alles in den Schatten stellen soll, was vorher war, sondern sie ist Gestaltwerden dessen, woraufhin die Schöpfung von ihrem

Anfang her angelegt war: Sie sollte Welt vor Gott sein, geschaffen aus unbegreiflicher und unbegründbarer Liebe, und sollte schon immer heimfinden zu Gott. Die Auferstehung der Toten ist zwar kein naturhaft-physisches Geschehen. Aber sie ist die Konsequenz der aus reiner Gnade geschehenden Schöpfung der Welt. Vor allem aber ist sie die Konsequenz der Auferweckung Jesu von den Toten, wenn es denn wahr ist, dass er das Urbild und der Erstgeborene aller Schöpfung ist (Kol 1,15–17).

Teil IV

Was mit uns geschehen wird

Hier beginnt nun der zentrale Teil dieses Buches. Alles bisher Gesagte war Vorbereitung, Hinführung und gleichsam Sondierung des Terrains. Außerdem war das Bisherige meist historisch konstatierend, ob es sich nun um den antiken Seelenglauben, um heutige Jenseitsvorstellungen oder um die Verkündigung Jesu und die neutestamentliche Auferstehungstheologie gehandelt hat.

Jetzt aber muss sich die Methode dieses Buches ändern. Im Folgenden kann nicht mehr vorwiegend historisch argumentiert werden. Vielmehr geht es nun in erster Linie um die theologische Auslegung von Glaubensaussagen. Auch hier bleibt die Vernunft ständig im Spiel, aber ihre Vorgaben kommen aus dem christlichen Glauben.

Eine zweite Vorbemerkung: Über das, was nach dem Tod kommt, kann nur in Bildern gesprochen werden. Alle Aussagen über die Auferstehung der Toten sind genau wie alle Aussagen über Gott „Gleichnisrede". Die Theologie spricht von „analogen" Aussagen. Das heißt: Bei aller Rede über Gott und das endgültige Leben mit Gott ist die Unähnlichkeit aller Aussagen größer als die Ähnlichkeit.

Als die Ähnlichkeit womit? Als die Ähnlichkeit mit Augenblicken, die das menschliche Leben umwälzen und reich machen. Als die Ähnlichkeit mit Augenblicken höchster Erfüllung, die uns schon jetzt geschenkt werden. Aber auch als die Ähnlichkeit mit der erschreckenden Erkenntnis eigener Schuld. Derartige Erfahrungen sind unabdingbar. Wenn wir nicht auf reale Erfahrungen mit uns selbst und mit Anderen zurückgreifen könnten, wäre jede Rede über Gott und die kommende Welt Gottes nichtssagend, ja sogar unmöglich. Wir müssen stets von dem ausgehen, was es in dieser Welt an Erfahrung von Gnade, Treue, Liebe und Hingabe, an Sich-Hergeben und Über-sich-selbst-Hinausgehen gibt. Und doch gilt dann: All diese Erfahrungen sind nur Schatten gegenüber dem, was an uns im Tod geschehen wird. Die Unähnlichkeit ist nicht nur größer, sondern unfassbar größer als die Ähnlichkeit.

Alle Aussagen, die in den folgenden zwölf Kapiteln über die Auferstehung der Toten gemacht werden, sind also Bilder und Gleichnisse, und wir müssen uns dieses Bildcharakters ständig bewusst bleiben. Oft wird es sogar so sein, dass sich die Bilder und Vorstellungsmodelle entweder ergänzen oder gegenseitig korrigieren müssen. Ein geschlossenes System eschatologischer Bilder ist weder möglich noch wäre es sachgerecht.

Schließlich noch eine dritte Vorbemerkung: Ausnahmslos alles, was im folgenden IV. Teil gesagt werden wird, hat seine Basis in der Auferstehung Jesu. Das christliche Wissen um die Eschata, um die „letzten Dinge“, ist nichts anderes als eine Extrapolation dessen, was in der Auferweckung Jesu geschehen ist. Die christliche Eschatologie ist nicht phantasievolle Spekulation, die sich in einer detailreichen „Geographie“ ewigen Lebens ergeht. Letzten Endes legt sie nur aus, was sich mit Jesus ereignet hat. Genauer: Die christliche Lehre von den „letzten Dingen“ legt aus, was in der Verkündigung, dem Leben, dem Tod und der Auferweckung Jesu geschehen ist. Leben, Tod und Auferweckung Jesu sind der Ausgangspunkt und die Mitte aller christlichen Eschatologie[133].

Zwar wird der Einfachheit halber in diesem IV. Teil oft vom Tod als einer Begegnung mit „Gott“ die Rede sein. Doch wird dann am Ende, im 12. Kapitel, ausführlich darüber gesprochen werden, dass der „Ort“ dieser Begegnung mit Gott der auferstandene beziehungsweise der auferstehende Christus ist. Ohne ihn gibt es für uns keine Auferstehung und erst recht keine endgültige Begegnung mit Gott selbst. Das sei schon jetzt vorausgeschickt, damit dieser IV. Teil nicht von vornherein in eine Schieflage gerät. Er muss als ganzer wahrgenommen werden. Die Auferweckung Jesu aus den Toten ist die absolute Voraussetzung alles dessen, was im Folgenden gesagt werden kann.

1. Endgültige Begegnung mit Gott

Wer etwas über den Menschen jenseits des Todes oder besser über den Menschen *im Tod* sagen will, muss auf den Begriff der „Begegnung“ zurückgreifen. Im Tod begegnet der Mensch Gott, dem abgründigen Geheimnis seines Lebens. Die Innenseite des Todes ist nichts anderes als Begegnung mit dem lebendigen Gott, von dem die Schrift sagt, dass ihn Himmel und Erde nicht fassen können (1 Kön 8,27). Zwar begegnet der Mensch Gott auch schon vor seinem Tod – oft ohne es zu wissen. Nämlich in seiner Sehnsucht und seinem Glück, aber auch in seinen Klagen, seinen Traurigkeiten und Verzweiflungen. Und selbstverständlich auch in seinen Gebeten und beim Dienst an denen, die seine Hilfe brauchen. Doch im Tod begegnet der Mensch Gott endgültig und für immer.

In allen vorläufigen Begegnungen blieb das Inkognito Gottes. Er schien zu schweigen. Er schien sich ständig zu entziehen. Aller Gehorsam, der ihm nachfolgen wollte, alle Worte, die ihn zu begreifen suchten, schienen ins Leere zu laufen. Er blieb der verborgene Gott. Jetzt zeigt er sein Angesicht.

Wie das ist, kann nicht beschrieben werden. Denn „kein Auge hat es gesehen, kein Ohr hat es gehört, in keines Menschen Herz ist es gedrungen“ (vgl. 1 Kor 2,9). Alle, die sich anmaßen, diese endgültige Begegnung mit Gott leichter Hand zu schildern und auszumalen, machen sich lächerlich. Sie ziehen den unendlichen, unermesslichen, unfassbaren Gott und die Macht seines Sich-Zeigens hinab in kleinbürgerlichen Zugriff[134].

Und doch muss über die Begegnung mit Gott im Tod gesprochen werden. Es geht nicht an, dass die Christen angesichts dieser entscheidenden Frage ihres Lebens aus Furcht vor dem Spott der anderen oder aus Angst vor dem Unsagbaren verstummen. Aber wie kann darüber richtig und angemessen geredet werden?

Es ist erstaunlich, wie sparsam und karg die Evangelien über diese Begegnung sprechen. „Selig, die ein reines Herz haben, denn sie werden Gott schauen", sagt Jesus in Mt 5,8. „Kommt her, die ihr von meinem Vater gesegnet seid, und nehmt das Reich in Besitz, das seit der Erschaffung der Welt für euch bestimmt ist", sagt der Weltenrichter in Mt 25,34. „Heute noch wirst du mit mir im Paradiese sein" verspricht Jesus am Kreuz dem in letzter Sekunde umkehrenden Terroristen[135] (Lk 23,43). „Sie werden sein Angesicht schauen", heißt es schließlich im letzten Buch des Neuen Testaments (Offb 22,4).

Einer der großen Theologen des 20. Jahrhunderts, Hans Urs von Balthasar, hat die endgültige Begegnung des Menschen mit Gott – ja im Grunde die gesamte Eschatologie – mit drei Sätzen zusammengefasst[136]:

> *Gott ist das „Letzte Ding" des Geschöpfs. Er ist als Gewonnener Himmel, als Verlorener Hölle, als Prüfender Gericht, als Reinigender Feuer. Er ist Der, woran das Endliche stirbt und wodurch es zu Ihm, in Ihm aufersteht.*

Damit ist alles gesagt. Mehr brauchen wir im Grunde nicht zu wissen. Und doch muss der Glaube mehr sagen und darf nicht an dieser Stelle schon mit seinem Reden aufhören. Aber in welchen Bildern, in welchen Gleichnissen? Ich wage es mit einer Stimme aus der Liturgie des Osterfestes, die selbst wieder auf einen alttestamentlichen Psalm zurückgreift.

Die kirchliche Liturgie des Ostermorgens beginnt in ihrer ältesten Gestalt nicht mit Jubelchören, nicht mit Auferstehungsposaunen und nicht mit Orchestergeschmetter, sondern mit einem zarten, noch fast von der Wehmut des Todes getragenen Choral. Ich spreche vom Introitus, dem „Eröffnungsvers" des Gottesdienstes am Ostersonntag. Er greift zurück auf Psalm 139. In seiner verkürzten Form – die antiphonalen Wiederholungen seien übergangen – lautet dieser Introitus:

> *Resurrexi et adhuc tecum sum, alleluja.*
> *Posuisti super me manum tuam, alleluja.*
> *Mirabilis facta est scientia tua, alleluja, alleluja.*

Domine probasti me et cognovisti me,
tu cognovisti sessionem meam
et resurrectionem meam.

Auferstanden bin ich und bin nun immer bei dir, Alleluja.
Du hast Deine Hand auf mich gelegt, Alleluja.
Wie wunderbar ist [an mir] dein Wissen geworden,
Alleluja, Alleluja.
Herr, du hast mich erprobt und du kennst mich,
du kennst mein Ruhen und mein Aufstehen.

Wer redet da? Wer sagt da „Auferstanden bin ich und bin nun immer bei dir"? Es ist natürlich der Auferstandene selbst, der so spricht. Und wem sagt er es? Zu wem sagt er: „Du hast deine Hand auf mich gelegt, du kennst mich und du hast mich erprobt"? Der Auferstandene spricht zu Gott. Der ganze Introitus des 1. Ostertages ist Teil eines Gespräches zwischen dem auferstehenden Christus und seinem himmlischen Vater.

Es ist erregend, wie hier die Liturgie der Kirche in freier Verwendung von Versen des 139. Psalms[137] den Augenblick der Auferstehung Jesu in Form einer Anrede Jesu an den Vater darstellt – sozusagen die ersten Worte, die Jesus spricht, als er aus dem Todesdunkel die Augen aufschlägt und in das Angesicht seines ewigen Vaters schaut.

So etwas mit menschlichen Worten zu formulieren, zeugt von größter Kühnheit – auch wenn dabei die Sprache der Psalmen zu Hilfe genommen wird. Denn wer kann schon beschreiben, wie das ist, wenn ein Sterbender in seinem Tod Gott endgültig und für immer begegnet? Die Liturgie wagt es – zumindest für Christus – und singt es am frühen Ostermorgen mit einer geradezu verhaltenen Choralmelodie, behutsam und fast zögernd.

Selbstverständlich ist dieser Introitusgesang christliche Dichtung. Doch in dieser Dichtung verbirgt sich eine zentrale Aussage des christlichen Glaubens: Die Innenseite des Todes ist Begegnung mit Gott selbst – im Falle Jesu staunende Begegnung des Sohnes mit seinem himmlischen Vater – in unserem Fall, die wir Sünder sind, nicht nur selig-staunende, sondern zugleich erschütternde Begegnung mit dem absolut Heiligen. Und doch: Es ist Begegnung, und zwar die Summe und das Ziel aller nur denkbaren Begegnung. Der Tod ist Begegnung mit dem lebendigen, heiligen Gott und mit nichts anderem.

Gott selbst ist nach diesem Leben unser „Ort", sagt Augustinus in seiner Auslegung von Psalm 31,21 – und das ist für ihn entscheidend mehr, als wenn man sagte, wir seien dann „im Himmel" oder „im Paradies" oder „im Schoß Abrahams"[138].

Schon im Alten Testament bahnt sich an, dass Gott, wenn er dem Menschen im Tod begegnet, für ihn *alles* wird, so dass es für ihn außer Gott nichts anderes mehr gibt. Der Beter des 73. Psalms hat an Gott viele bittere Fragen gestellt – aber am Ende bekennt er, dass er trotz dieser Fragen beständig bei Gott geblieben war. Und was den Tod angeht, ist er sich sicher:

Du leitest mich nach deinem Ratschluss,
dann nimmst du mich auf in Herrlichkeit.
Wen sonst habe ich im Himmel [wenn nicht dich]?
Bin ich bei dir, habe ich an nichts auf der Erde Gefallen.
Mögen Fleisch und Herz mir vergehen –
Gott bleibt der Fels meines Herzens,
mein Anteil in Ewigkeit. (Ps 73,24–26)

Hier ist noch nicht von „Auferstehung" die Rede. Aber von dem sicheren Wissen, dass derjenige, der in Gott allein seine Lust, seine Sicherheit und Zukunft sucht, „aufgenommen" ist in das Leben Gottes „in Ewigkeit". In der Glaubensgeschichte der Kirche wurde dies dann auch immer so gesehen. „Gott allein genügt", sagt die große Teresa von Avila. Die christliche Glaubenslehre spricht von der *visio beatifica,* der beseligenden Schau Gottes nach dem Tod, dem von Gott selbst geschenkten ewigen Erkennen Gottes – und eben damit von der endgültigen Begegnung mit Gott.

Bereits der Blick in das Alte Testament zeigt: Israel ist erfüllt von der Sehnsucht, Gott zu schauen. „Dein Antlitz will ich suchen“ (Ps 27,8), heißt es da zum Beispiel, oder „die Güte des Herrn will ich schauen“ (Ps 27,13). In den altorientalischen Kulten war es üblich, bei großen Festen die Götterbilder in einer Prozession durch die Menge zu tragen; dann konnte man „das Angesicht Gottes“ im wörtlichen Sinne „schauen“, nämlich das Gesicht der Götterfigur. Im Alten Testament wird dieser Sprachgebrauch aufgegriffen, dabei allerdings mit neuer Bedeutung gefüllt:

Meine Seele dürstet nach Gott,
nach dem lebendigen Gott.
Wann darf ich kommen
und das Angesicht Gottes schauen?

Tränen wurden mein Brot
bei Tag und bei Nacht,
denn man sagt zu mir alle Tage:
„Wo ist nun dein Gott?“

Ich denke daran,
und das Herz geht mir über,
wie ich im Gedränge dahinschritt,
ihnen vorauszog zum Hause Gottes,
beim Schall des Jubels und des Dankes,
inmitten der wogenden Menge.
(Ps 42,3–5)

Selbstverständlich meint hier das Schauen des göttlichen Angesichts nicht mehr das Hinblicken auf ein Götterbild. Es meint zunächst einmal ganz schlicht: nach Jerusalem wallfahren und den Tempel besuchen. Es geht dabei um die Begegnung mit dem verborgenen Gott Israels, um die Begegnung mit seiner Geschichte. „Gott schauen“ bedeutet von daher geradezu: befreit werden aus der Not, gerettet werden, zum Leben kommen[139]. Und langsam wandelt sich in den Psalmen das „Schauen seines Angesichts“ zu noch viel mehr: nämlich zu dem Verweilen vor dem Angesicht Gottes für alle Zeit, selbst über den Tod hinaus.

Hier ist das Fundament gelegt, auf dem aufbauend Jesus diejenigen seligpreist, die reinen Herzens sind, „denn sie werden Gott schauen" (Mt 5,8) – das Fundament auch für den Satz des Paulus, es käme der Tag, wo wir Gott „von Angesicht zu Angesicht" schauen würden (1 Kor 13,12)[140].

Man darf nicht denken, solche Aussagen seien selbstverständlich. In den meisten archaischen Religionen muss der Mensch nach seinem Tod in die Kommunikationslosigkeit der Unterwelt hinab. Oder er wird zu den verstorbenen Ahnen „versammelt". Dann lebt er in den Strukturen der alten Familie weiter – aber nicht vor dem Angesicht eines Gottes. Auch was die sogenannten „Weltreligionen" angeht, ist eine Begegnung mit Gott oder einer Gottheit im Tod alles andere als eine Selbstverständlichkeit.

Im Hinduismus wechselt der Mensch, sobald er gestorben ist, nach einem Zwischenzustand in die nächste Wiedereinkörperung. Findet er nach dem langen Weg immer neuer Wiedergeburten endlich Erlösung, so findet er letztlich – sich selbst, als göttliche Wesenheit.

Im ursprünglichen Buddhismus ist es dem Menschen nicht einmal gestattet, über die Begegnung mit dem Ganz-Anderen auch nur nachzudenken. Erlösung ist einsames und beschwerliches Freiwerden von den eigenen Begierden und damit vom eigenen Selbst. Aber sie ist nicht das Suchen eines Gegenübers und erst recht nicht das Suchen eines göttlichen Gegenübers.

Das ist im Islam anders. Der Islam lebt von einer hohen Theozentrik. Das gesamte Leben der Muslime ist auf Gott ausgerichtet – im Glaubensbekenntnis, im Gebet, in der Fürsorge für die Armen, im Fasten, in der Pilgerreise nach Mekka. Vor diesem Hintergrund ist es dann allerdings umso erstaunlicher, dass im Koran – was das Leben nach dem Tod angeht – diese Theozentrik offenbar ausgespart wird. Das Jenseits wird hier als ein herrlicher Garten beschrieben. Es gibt dafür eine feste Formel, die ständig wiederkehrt: Wer Allah und seinem Gesandten gehorcht, *den lässt Er [dereinst] in Paradiesgärten eingehen, in deren Niederungen Bäche fließen. Dort werden sie [ewig] verweilen. Das ist die höchste Glückseligkeit. (Sure 4,13)*

Diese Formel begegnet im Koran rund sechzigmal[141] – meistens mit kleineren Variationen, oft aber auch mit größeren Erweiterungen. Die Erweiterungen zeigen, worin die Glückseligkeit genauerhin besteht. Die in die ewigen Gärten Aufgenommenen werden von Engeln begrüßt – sie leben in beständiger Wonne – sie haben Gemeinschaft mit den Propheten – sind untereinander wie Brüder – haben alles, was sie sich wünschen – tragen grüne Gewänder aus Seide und Brokat – sind geschmückt mit Perlen und goldenen Armringen – liegen auf Ruhekissen oder sitzen auf kostbaren Sesseln – sind umgeben von Wasserläufen mit bestem Wasser – von Bächen voll Milch, die nicht sauer wird – von Rinnsalen aus Wein, der nicht trunken macht. Sie lagern im Schatten unter Bäumen mit tief hängenden Früchten – sind umgeben von duftenden Kräutern – essen aus Schüsseln von Gold – werden bedient von ewig jungen Knaben, die Perlen gleichen – und Allah schenkt ihnen zu all dem gleichaltrige, großäugige, heißliebende Jungfrauen[142] und gereinigte Gattinnen. „Das ist ihre Glückseligkeit" heißt es dann immer wieder.

Und nun die entscheidende Frage: Spielt bei all diesen Wohltaten, die Allah in den Paradiesgärten schenkt, auch die Begegnung mit ihm selbst eine Rolle? Etwa in der manchmal vorkommenden Formel: „Allah hat Wohlgefallen an ihnen, und sie haben Wohlgefallen an ihm"?[143] Das bleibt unsicher, denn man muss diese Formel nicht auf persönliches Gegenüber auslegen. Sodann gibt es einen einsamen Text, in dem gesagt wird, die in den Paradiesgärten angelangt seien, würden die Engel sehen, „die den Thron umgeben" (Sure 39,75). Doch auch hier bleibt alles offen. Sehen sie nur die Engel? Demgegenüber durchziehen die prallen und schwellenden Bilder irdischen Vergnügens, mit denen die ewige Seligkeit geschildert wird, den gesamten Koran. Eine *Begegnung mit Gott selbst* wird nirgendwo eindeutig erkennbar[144].

Hinzu kommt noch eine andere Beobachtung: Der anbetende Lobpreis Gottes spielt im Koran eine bedeutende Rolle. Das heilige Buch des Islam wird ja bereits eingeleitet mit den Worten:

> *Im Namen Allahs, des Allerbarmers, des Barmherzigen! Lob sei Allah, dem Herrn der Menschen in aller Welt, dem Allerbarmer, dem Barmherzigen, dem Herrscher am Tag des Gerichts. (Sure 1,1–4)*

Dass dieses Gotteslob dann aber gerade in den zahlreichen Paradieses-Schilderungen keine Rolle spielt[145], verrät eine seltsame Gebrochenheit. Das Paradies erscheint gar nicht als der eigentliche Ort der Anbetung Gottes und damit der Begegnung mit ihm, sondern eher als ein gewaltiger und wirkungsvoller Belohnungsapparat, der private Seligkeit vermittelt, und dem dann die Hölle als Strafapparat symmetrisch entspricht.

Man möge das nicht missverstehen. Ohne Zweifel steht Gott im Islam ganz im Mittelpunkt, und mystische Richtungen im Islam diskutieren auch ausführlich über die Anschauung Gottes im Paradies[146] – aber der Koran selbst hat – was das Leben nach dem Tod angeht – andere Schwerpunkte.

Allerdings sollten sich Christen über diesen Befund nicht erheben. Die Christenheit hat in ihrer langen Geschichte Ähnliches vorzuweisen. In den Jahren 1988/90 erschien zuerst in den USA, dann in Deutschland das Buch „Der Himmel. Eine Kulturgeschichte des ewigen Lebens“[147]. Die Autoren Bernhard Lang und Colleen McDannell konnten zeigen, dass sich sowohl in den USA als auch in Europa seit dem 18. Jahrhundert in einer ansehnlichen Strömung Vorstellungen von der ewigen Seligkeit ausbreiteten, in denen Gott eher eine Nebenrolle spielt.

Der Himmel wurde dabei als eine Art Fortsetzung des bürgerlichen Lebens angesehen, nicht selten sogar als eine Art Familientreffen. Die Gemeinschaft mit dem Ehepartner, den Kindern, den Verwandten und Freunden spielte nun eine entscheidende Rolle. Im Himmel gab es jetzt wie auf Erden Arbeit, gegenseitige Hilfe, Erziehung, Bildung, Fortschritt, Zeitvertreib und vor allem vielfältige Liebesbeziehungen. Wie im Koran wurde irdisches Glück hemmungslos in den Himmel projiziert.

Lang und McDannell nennen diesen Mentalitätswandel, der sich vor allem im viktorianischen Zeitalter breit machte, „die häusliche Revolution des Himmels“[148]. Der Himmel wurde verbürgerlicht, weil sich viele Christen gegen die Vorstellung wehrten, sie müssten dort in alle Ewigkeit Harfe spielen, Halleluja singen und die Eigenschaften Gottes meditieren. Der tiefere Grund, sagen die beiden Autoren, war allerdings ein neues Bild von Freundschaft, Ehe, Familie und Liebe. Man wollte diese neu gewonnenen Werte der Paarbeziehung und der Beheimatung in einer Kleinfamilie im Himmel nicht missen. Man wollte dort nicht nur Gott begegnen, sondern vor allem seine Lieben und Geliebten wiederfinden und sich an ihnen entzücken.

Allerdings findet diese „häusliche Revolution“ der Himmelsvorstellungen vorzugsweise in Trivialromanen statt[149], in der Malerei, in Visionsberichten, bei Predigern freikirchlicher Gemeinschaften, in den zeitgeistgeschwängerten Spekulationen von Theologen und in religiöser Erbauungsliteratur für weitere Kreise. Auf diesem Gebiet liegen auch die stärksten Interessen von Lang und McDannell. Anderswo, vor allem in der katholischen Glaubenslehre, blieb es ungebrochen bei der Aussage, dass die Begegnung mit Gott selbst, die *visio beatifica,* der Grund aller Seligkeit sei. Ich werde in späteren Kapiteln noch auf die immer wieder gestellte Frage nach menschlichem Miteinander im Himmel zu sprechen kommen – also auf die Frage: Werde ich die Menschen, die ich geliebt habe, dort wiederfinden? Werden sie Teil meiner Existenz vor Gott sein? (Teil IV, 6.12)

An dieser Stelle musste aber zunächst in aller Deutlichkeit das schlechthin Entscheidende gesagt sein: Der Tod wird zur Begegnung mit Gott. Gott selbst wird zum Himmel des Menschen oder zu seinem Gericht. Gott wird für den Menschen alles, und es gibt für ihn nichts mehr, wirklich nichts mehr außer *in Gott.*

Ziemlich am Anfang dieses Kapitels stand der Hinweis auf das Pauluszitat:

> *Kein Auge hat es gesehen, kein Ohr hat es gehört, in keines Menschen Herz ist es gedrungen: was Gott denen bereitet hat, die ihn lieben. (1 Kor 2,9)*

Daran ist unverbrüchlich festzuhalten. Was Paulus hier sagt, wird zum Schwert, das alle menschlichen Phantastereien über den Himmel zerschlägt. Übrigens finden wir diese Zurückhaltung im Ausmalen der himmlischen Herrlichkeit auch im rabbinischen Judentum. Ausgemalt werden nur die Freuden der messianischen Zeit, nicht aber die der zukünftigen Welt[150].

> *Es sagte Rabbi Chijja bar Abba im Namen des Rabbi Jochanan: Alle Propheten haben nur über die Tage des Messias geweissagt; für die zukünftige Welt jedoch gilt: „Kein Auge hat es gesehen außer Gott allein." (Berachot 34 b)*

Ähnlich der folgende rabbinische Text:

> *Ganz Israel versammelte sich bei Mose. Sie sagten zu ihm: „Unser Meister Mose, sag uns: Was an Gutem wird der Heilige, gepriesen sei er, uns in der zukünftigen Welt geben?" Er antwortete ihnen: „Ich weiß nicht, was ich euch sagen soll. Heil euch, was euch bereitet ist."*
> *(Sifre Dtn § 356 zu Dtn 33,29)*

Das ist die Verweigerung einer Antwort, ähnlich wie bei Paulus und ähnlich wie im gesamten Neuen Testament. Christliche Theologie und Frömmigkeit sollten diesen jüdischen Verweigerungen folgen und sich aller Phantastereien über das ewige Leben enthalten.

Allerdings bleibt die Frage, ob es nicht schon im Leben vor dem Tod, ob es nicht schon in der Geschichte jedes Einzelnen Erfahrungen geben kann, die den Blick öffnen, vielleicht sogar schärfen können für das, was im Tod und jenseits des Todes geschieht. Anstelle von vielfältigen Gotteserfahrungen, die hier genannt werden könnten, wende ich mich einem einzigen Text zu.

Als der französische Mathematiker und Naturwissenschaftler Blaise Pascal (1623–1662) gestorben war, fand man – eingenäht in eines seiner Kleidungsstücke – ein sorgfältig beschriebenes Stück Papier, das ihm offensichtlich sehr viel bedeutet hatte. Dieses Mémorial, wie man es genannt hat, hält die Erfahrung eines bestimmten Tages und einer bestimmten Stunde im Leben Pascals fest. Es lautet[151]:

> *Das Jahr der Gnade 1654. Montag, 23. November, Tag des heiligen Clemens, Papstes und Märtyrers, und anderer im Martyrologium, Vigil des heiligen Chrysogonus, Märtyrers, und anderer, von ungefähr zehn und einhalb Uhr am Abend bis ungefähr eine halbe Stunde nach Mitternacht: Feuer. ‚Gott Abrahams, Gott Isaaks, Gott Jakobs', nicht der Philosophen und Gelehrten. Gewissheit. Gewissheit. Empfindung. Freude. Friede. Gott Jesu Christi. Deum meum et deum vestrum [Meinen Gott und eueren Gott (Joh 20,17)]. ‚Dein Gott soll mein Gott sein' [Rut 1,16]. Vergessen der Welt und aller Dinge, ausgenommen Gott. Er wird nur auf den Wegen gefunden, die im Evangelium gelehrt sind. Größe der menschlichen Seele. ‚Gerechter Vater, die Welt hat dich nicht erkannt, aber ich habe dich erkannt.' [Joh 17,25] Freude, Freude, Freude, Tränen der Freude. Ich hatte mich von ihm getrennt: Dereliquerunt me fontem aquae vivae [Sie verließen mich, den Quell lebendigen Wassers (Jer 2,13)]. ‚Mein Gott, wirst du mich verlassen?' Möge ich nicht ewig von ihm getrennt werden. ‚Dies ist das ewige Leben, dass sie dich erkennen, den einzigen, wahren Gott, und den Du gesandt hast, Jesus Christus' [Joh 17,3]. Jesus Christus. Ich habe mich von ihm getrennt; ich bin vor ihm geflohen; ich habe ihn verleugnet, gekreuzigt. Möge ich nie von ihm getrennt sein. Er wird nur auf den Wegen bewahrt, die im Evangelium gelehrt sind: vollkommene, innige Entsagung. Vollkommene Unter-*

werfung unter Jesus Christus und unter meinen geistlichen Führer. Ewig in der Freude für einen Tag der Plage auf Erden. Non obliviscar sermones tuos [Ich werde dein Reden nicht vergessen (Ps 119,16)]. Amen.

Dieses Mémorial berichtet von einer wirklichen Erfahrung. Sie wird genau datiert. Der Naturwissenschaftler Pascal hat sie fast wie die Daten eines Experiments festgehalten. Es handelt sich nicht um theologische Einsichten, die man jeden Tag haben kann, sondern um die erschütternde und alles verändernde Erfahrung einer ganz bestimmten Stunde, die man nie mehr vergisst. Es handelt sich aber auch nicht um eine allgemein menschliche Erfahrung, die jeder religiöse Mensch machen kann, sondern zunächst einmal um eine spezifisch *jüdisch-christliche* Erfahrung, die ihre Vorgeschichte hat: nämlich die Glaubensgeschichte vieler Generationen. Pascal ist in einer ganz bestimmten Stunde Christus begegnet und in Christus dem Gott Abrahams, Isaaks und Jakobs. Diese Begegnung bewirkte in ihm eine alles umwälzende Freude. Zugleich war es eine *kirchliche* Erfahrung. Denn es ist natürlich kein Zufall, dass Pascal die Tagesheiligen ausdrücklich nennt.

Wir haben nicht das Recht, die Worte „Freude, Freude, Freude, Tränen der Freude“ in irgendeiner Weise aufzulösen, sie etwa auf rein psychologische Abläufe zu reduzieren. In dieser Freude findet Pascal den Frieden. Einen Frieden, der das Leben neu ordnet, der es auf eine andere Ebene stellt, der es klar und eindeutig macht. Pascal weiß plötzlich, tief erschrocken, dass er bisher von Christus getrennt war, obwohl er doch schon vorher geglaubt hatte. Er weiß, dass er Christus und in ihm Gott erst jetzt wirklich gefunden hat. Und in all dem tiefste Gewissheit. Pascal wiederholt dieses Wort.

Schon viele Menschen haben vergleichbare Erfahrungen gemacht. Etwa die Erfahrung, dass man plötzlich vor Gott steht und ihm nicht mehr ausweichen kann; die Erfahrung, dass einem das Herz brennt; die Erfahrung einer Freude, die so tief ist, dass alle anderen Freuden verblassen; die Erfahrung inneren Friedens und letzter Gewissheit.

Diese Widerfahrnisse können sehr unterschiedlich sein. Sie können den Menschen überwältigen, sie können sich aber auch so leise in seinem Herzen melden, dass er sie fast überhört. In irgendeiner Form jedoch kann jeder sie machen. Man macht sie dann, wenn man nur noch den Willen Gottes tun will und sonst nichts mehr.

Wer die beschriebenen Erfahrungen je gemacht hat, wird glauben können, dass einmal die eine Stunde kommt, für die alles Vorangegangene Vorspiel und Vorwegnahme war: die Stunde der letzten und offenbaren Begegnung mit Gott – die Stunde, in der wir endgültig erkennen und endgültig erkannt werden. „Da werden wir feiern und schauen, schauen und lieben, lieben und preisen“ (Augustinus, De civitate dei 22,30)[152].

2. Der Tod als Gericht

„Da werden wir feiern und schauen, schauen und lieben, lieben und preisen.“ So endete das vorangegangene Kapitel. Das war freilich ein Vorgriff. Die Begegnung mit Gott ist nicht nur Fest und Vollendung. Gott wird dem Menschen zum Gericht. Wer als Theologe über das ewige Leben sprechen will, kommt an dem Thema „Gericht“ nicht vorbei.

Warum ist das Thema „Gericht“ für eine ehrliche Eschatologie unumgänglich? Es hängt ganz einfach mit dem Zustand der Welt zusammen. Dieser Zustand braucht nicht lange geschildert zu werden. Die Nachrichten eines einzigen Tages genügen: eine wehrlose Frau von einem Dutzend Männer vergewaltigt – Korruption mit Millionenbeträgen – schamlose Ausbeutung von Arbeiterinnen in einer Textilfabrik – über dreißig unschuldige Menschen von einem Selbstmordattentäter in die Luft gesprengt – die Männer eines ganzen Dorfes von Religionsfanatikern erschossen – Anwendung von verheerenden Streubomben in einem Bürgerkrieg, dessen Ende nicht abzusehen ist – wie gesagt: die Nachrichten eines einzigen Tages, acht Zeitungsseiten entnommen. Das Elend der Armen schreit noch immer zum Himmel (vgl. Jak 5,4).

Und erst der Blick zurück ins 20. Jahrhundert: zwei Weltkriege mit unfassbaren Zerstörungen und unzähligen Toten – Lügenpropaganda in nie dagewesenem Ausmaß – Manipulation der Massen – sogenannte Staatsicherheitsdienste – Folterungen – Schauprozesse – Genozid – Gulag – Konzentrationslager – die fabrikmäßige Ermordung von 6 Millionen jüdischen Männern, Frauen und Kindern – eine schauerliche Liste, die noch lange weitergeführt werden könnte.

Aufgrund der qualvollen Erinnerung an all die Vertriebenen, Beraubten und Verhungerten, an die Gefolterten, Erschossenen und Vergasten wuchs in der Welt der Wille, Wiederholungen solcher Hassausbrüche zu verhindern. Das 20. Jahrhundert war nicht nur ein Jahrhundert inflationären Mordens. Es war auch erfüllt von bis dahin so noch nie unternommenen Versuchen, Unrecht aufzuklären, Recht zu schaffen und Wunden zu heilen.

Die Nürnberger Prozesse gegen die deutschen Kriegsverbrecher des 2. Weltkriegs (1945–1946) waren die Geburtsstunde eines Völkerstrafrechts, welches ältere Strafnormen festschrieb und kodifizierte. Seitdem wurden mehrere Strafgerichtshöfe eingerichtet, zum Beispiel der für die Verbrechen im ehemaligen Jugoslawien (1993) und der für den Völkermord in Ruanda (1995). Höhepunkt dieser Bemühungen war die Errichtung des „Internationalen Strafgerichtshofs in Den Haag“ durch das Römische Statut vom 17. Juli 1998. Es wurde bisher von 139 Staaten unterzeichnet und von 122 Staaten ratifiziert[153].

Noch etwas anderes ist hier zu nennen: Wohl zum ersten Mal in der Geschichte der Menschheit wurden große Gedenkstätten angelegt – nicht für Herrscher und gefallene „Helden“, sondern für die Opfer des Unrechts. In Jerusalem wurde Yad Vashem errichtet, ein Museum zur Geschichte der Shoa. Die Namen und die persönlichen Daten aller jüdischen Opfer des Nationalsozialismus werden dort gesammelt. Dokumentiert werden auch die Namen sämtlicher jüdischer Gemeinden, die ausgelöscht wurden. Der ermordeten jüdischen Kinder wird in einer eigenen Halle gedacht. Und weitgestreut in der ganzen Welt, vor allem aber in Deutschland selbst, gibt es zahlreiche Gedenkstätten, die an die Ermordung der Juden erinnern.

Aber auch der vielen anderen Opfer der Kriege und des Unrechts wird gedacht. Namen für Namen werden zusammengetragen, zahlreiche Historiker bemühen sich, Kriegsverbrechen und ihre Hintergründe sichtbar zu machen. Wenigstens in den westlichen Ländern!

Und doch: So richtig es ist, Prozesse gegen Kriegsverbrecher zu führen und so notwendig die bleibende Erinnerung an das Grauen ist – jeder weiß, wie wenig menschliche Rechtspraxis ausrichten kann. Vieles wird nie aufgedeckt werden, und selbst wenn es aufgedeckt wird – die Opfer sind tot und die Nachkommen gar nicht in der Lage, das Ausmaß des Bösen auch nur von ferne zu begreifen.

Etwas anderes macht alles noch viel aussichtsloser: Der Schrei nach Gerechtigkeit steigt ja nicht nur zum Himmel aufgrund von Verbrechen an ganzen Völkern. Die großen Diktatoren werden mithervorgebracht und mitgetragen von unzähligen Tyrannen im Kleinformat und von dem, was täglich an Gemeinheit im Kleinen und fernab jeder Öffentlichkeit geschieht.

Menschenverachtung und Machtmissbrauch gibt es eben nicht nur bei den monströsen Verbrechern in Politik und Wirtschaft. Der Wille, andere zu belügen, zu beherrschen und auszunutzen, beginnt bereits im Kindergarten und im Klassenzimmer, und er setzt sich fort bis in die Büros und die Schlafzimmer: Männer tyrannisieren ihre Frauen, Frauen ihre Männer – Eltern tyrannisieren ihre Kinder, Kinder ihre Eltern – Lehrer ihre Schüler, Schüler ihre Lehrer – Chefs tyrannisieren ihre Angestellten, Angestellte ihren Chef. Es gibt dabei sehr subtile Mittel, Macht auszuüben: etwa das Mittel des kalten Schweigens oder der erpresserischen Tränen oder der flüsternd in die Welt gesetzten Gerüchte.

Unrecht dieser Art kann normalerweise von keinem menschlichen Gericht aufgedeckt werden. Es bleibt hinter verschlossenen Türen, gelangt fast nie an die Öffentlichkeit und wuchert weiter von Generation zu Generation. Denen, die es täglich erdulden müssen, werden keine Gedenkstätten errichtet.

Die Dinge sind aber noch viel komplizierter. Von Massimo Tosco stammt der folgende Text einer fiktiven Gedenktafel, mit der er uns nachdenklich machen will[154]:

> *Der Herr Don Juan de Porrés, wohltätig über alles Maß, erbaute dieses Krankenhaus aus Liebe zu den Armen – doch erst machte er die Armen.*

Nehmen wir einmal an, der Edelmann Juan de Porrés hätte gar nicht gewusst, dass er die Armen ausbeutete. Dann will dieser Text etwas Untergründiges aufzeigen, in das wir alle verwickelt sind: Wir tun Dinge, die wir für gut halten, denken vielleicht sogar, sie wären eine Wohltat für andere – und in Wirklichkeit sind wir dabei in Böses verstrickt, das wir gar nicht durchschauen. Wir leben in Unheilszusammenhängen, die wir keineswegs übersehen und die unser Tun, selbst unser Gutes-Tun pervertieren.

Wir kaufen zum Beispiel bestimmte Produkte aus Schwellenländern, die nur deshalb billig sind, weil dort Frauen, Männer und Kinder unter unmenschlichen Bedingungen ausgebeutet werden. Das Beispiel zeigt: Es gibt nicht nur das offensichtlich Böse. Es gibt in jeder Gesellschaft Unheilszusammenhänge und Unrechtsstrukturen, hinter denen die persönliche Schuld von Menschen steht, die wir gar nicht kennen. Wir treten wie selbstverständlich in diese Unheilszusammenhänge ein, merken nicht, dass sie auf Unrecht gründen und verstärken sie noch durch unser eigenes Tun – und zwar ohne jede böse Absicht[155].

Der Leser möge mir diesen langen Anmarschweg verzeihen. Ich wollte deutlich machen: Es ist zwar notwendig, dass die Menschen unablässig um Gerechtigkeit in der Welt kämpfen. Die Anstrengung, gerechte Gesellschaften und vor allem eine gerechte Weltgesellschaft zu schaffen, ist dem Menschen aufgetragen, ist vor allem dem Gottesvolk aufgetragen und steht durchaus in Zusammenhang mit dem Kommen der Gottesherrschaft. Aber gerade hier stößt selbst die beste und freiheitlichste Gesellschaft immer wieder an ihre Grenzen. Die menschlichen Gerichte sind gegenüber dem unermesslichen Potential an Unrecht in der Welt hilflos, ja sie sind in dieses Unrecht mitverwickelt. Letztlich können sie weder hinreichende Gerechtigkeit herstellen, noch auch nur die Tiefen des weltweiten Unrechts aufdecken. Das Unrecht resultiert aus der Freiheit des Menschen zum Guten oder zum Bösen. Die menschliche Geschichte in all ihren Dimensionen klären, kann nur Gott. Und allein Gott kann wirklich, allumfassend und vor allem end-gültig Recht schaffen.

Von Friedrich Schiller stammt der Vers: „Die Weltgeschichte ist das Weltgericht", und in diesem Satz, der meist isoliert von seinem Zusammenhang verwendet wird[156], steckt viel Wahrheit. Der reformierte Schweizer Theologe Emil Brunner (1889–1966) betont das Recht des schillerschen Satzes, bemerkt dann aber[157]:

> *Nur müssen wir uns dabei bewusst bleiben, dass diese Gerichte [der Weltgeschichte] schon darin ihre Vorläufigkeit beweisen, dass immer diejenigen, die ein Gericht vollstrecken, sich dabei selber in neues Unrecht verstricken und also neues Gericht notwendig machen. Die französische Revolution war das Gericht über das ancien régime; Napoleon das Gericht über die entartete Revolution, die Heilige Allianz das Gericht über Napoleon, die 48er Revolution das Gericht über die Heilige Allianz usw. bis in unsere Tage …*

Es bleibt dabei: Nur Gott kann letzten Endes Recht schaffen, und deshalb muss es das göttliche Gericht geben. Andernfalls wären Welt und Weltgeschichte eine perverse Sinnlosigkeit. Eine Welt, in der die Mörder über ihre unschuldigen Opfer triumphieren, in der die Machtmenschen und Menschenverächter der Geschichte für immer recht behalten und die Betrogenen ewig betrogen bleiben, wäre von einer letzten Absurdität. Eine Welt, die nicht gerichtet würde, wäre ohne Hoffnung, ohne Ziel und ohne Würde. Dass es einmal ein Gericht geben wird, ist auch die Meinung aller Religionen, die je über das Schicksal des Menschen nach seinem Tod nachgedacht haben[158].

Da muss der Verstorbene auf einer schwankenden Brücke über einen tiefen Abgrund gehen; hat er sich im Leben schwer verfehlt, stürzt er hinab in die Finsternis. Oder er muss über einen schmalen Steg auf die andere Seite hinüber; dem Gerechten bietet der Steg dabei sicheren Tritt, dem Verbrecher wird er zum Messer, das ihn zerschneidet. Oder der Tote muss eine Reise antreten, die voller Gefährdungen ist, die ihn, je nach seiner Lebensführung, bedrohen. Oder das Herz des Menschen wird auf einer großen Waage gewogen. Kann es vor der göttlichen Gerechtigkeit nicht bestehen, ist sein Schicksal besiegelt.

In der altägyptischen Religion, die eines der ausgearbeitetsten Gerichts-Szenarien bietet, wird das Herz jedes Verstorbenen vor einem von Osiris geleiteten Tribunal von 42 Totenrichtern auf einer Waage geprüft. Der Gatte der Göttin Ma'at, der ibisköpfige Thot, ist als Protokollant dabei. Dem zu wiegenden Herzen gegenüber liegt in der anderen Waagschale eine Feder. Diese Feder ist Verkörperung der Ma'at, der Göttin der Gerechtigkeit und der Rechtsordnung. Sind Herz und Ma'at im Gleichgewicht, besteht der Tote die Prüfung. Andernfalls wird sein Herz der Göttin Ammit zur Vernichtung übergeben[159].

Auch der Hinduismus kennt, wie wir sahen, ein System der richtenden Gerechtigkeit beziehungsweise der gerechten Weltordnung: Es wird besorgt von der Vergeltungskausalität des Karma, das je nach der Lebensführung des Einzelnen die nächste Wiedergeburt in eine bessere oder in eine schlechtere Existenzform überführt. Allerdings zeigt sich gerade hier, wie problematisch viele Gerichtsvorstellungen der Religionen sind: Nach dem hinduistischen Denkmuster müssten sich alle Juden, die in Auschwitz vergast wurden, in ihrer vorangegangenen Inkarnation auf das Schwerste verfehlt haben. Andernfalls hätte ihr Karma ja nicht zulassen dürfen, dass sie schmählich ermordet wurden. Ihr elender Tod und der Tod der 6 Millionen wären also Strafe für Schuld in früheren Leben gewesen – eine absurde Vorstellung![160]

Problematisch sind überhaupt alle Gerichtsbilder, in denen sich die Verstorbenen letztlich vor einem Gerechtigkeits-*System* verantworten müssen und an ihm gemessen werden. Steg, Brücke, Messer, Abgrund, kontrollierende Wächter, Gerichtssitzungen, Richtergremien und viele andere Bilder der Religionen können sehr leicht als bloße Symbole für ein mythisches Welt-System verstanden werden, das Gerechtigkeit garantieren soll.

Gerade hier wird dann der Unterschied zum jüdisch-christlichen Denken sichtbar. Gemäß biblischem Glauben richtet die Verstorbenen nicht ein System, sondern der lebendige Gott[161]. Gott allein ist die Quelle aller Gerechtigkeit. Er symbolisiert sie nicht, er verkörpert sie nicht und er *hat* sie nicht, sondern er *ist* sie. Gott ist reine und absolute Gerechtigkeit, und er kann gar nichts anderes wollen, als dass die Welt, die er aus Liebe erschaffen hat, zu einer gerechten Welt wird, die ihn selbst widerspiegelt. Das ist freilich ein langer Prozess – eine Freiheitsgeschichte, die sich über die Jahrtausende hinzieht und sich erst im Tod eines jeden Einzelnen und im Weltgericht vollendet.

Ich sage bewusst: „vollendet". Gericht geschieht nicht erst im Tod, sondern schon in diesem Leben bei jedem Einzelnen und genauso schon jetzt im Leben der Völker. Aber all das kann, wie wir sahen, das Endgericht im Tod nicht ersetzen. Erst im Tod vollenden sich alle Gerechtigkeit und alles Rechtschaffen Gottes. Aber wie geschieht nun das Gericht im Tod?

Es ist vor allem *Offenlegung.* Vor Gott, dem absolut Heiligen, bleibt nichts verborgen. Alles wird offenbar. Alles tritt ins Licht: die verborgenen und geheimen Gedanken des Einzelnen, auch die stillen und verdeckten Taten, auch das, worüber nie geredet, nie berichtet, nie geurteilt wurde – selbst das, wovon nicht einmal die Täter wussten, weil es tief in den Kellern ihrer Seele saß.

Aber nicht nur „die Absichten der Herzen", die geheimen Gedanken und die verborgenen Taten des Einzelnen werden dann vor Gott offenbar (1 Kor 4,5), sondern auch die Triebkräfte in ganzen Völkern und Kulturen. Was war das eigentlich, was Deutschland, was Österreich, was Frankreich, Großbritannien und Russland in den 1. Weltkrieg getrieben hat? Es war ja nicht eine Augenblickslaune, die Millionen von Menschen, die fast alle getauft waren, blind-jubelnd in diesen Wahnsinn laufen ließ, sondern es waren Mächte des Egoismus, der Arroganz, des Hasses und bodenloser Dummheit, die in langen Zeiträumen angewachsen waren.

Und was war das, was den weltweiten Antijudaismus hervorbrachte, der dann unter Hitler seine schrecklichste Fratze zeigte? Wer waren die Schuldigen? Gehören zu den Schuldigen nicht auch jene kirchlichen Theologen, die seit dem 2. Jahrhundert[162] dem Gottesvolk Israel immer wieder und immer mehr die Erwählung durch Gott absprachen, die es sozusagen „enterbten“ und Israel für einen „Gottesmord“ verantwortlich machten?

Die menschliche Geschichte ist voll von solchen kollektiven Fehlurteilen mit oft furchtbaren Folgen. Auch sie müssen vor dem Angesicht Gottes offenbar werden. Zu nennen sind an dieser Stelle darüber hinaus die Kollektivtaten, die von den Helfern und Jasagern der Despoten begangen wurden. Was wären Hitler und Stalin ohne ihre unzähligen Helfershelfer gewesen?

Genauso zu nennen ist freilich auch all das Gute, das aus dem vereinten Miteinander vieler Menschen, ja ganzer Völker zustande kam. Man denke nur an die solidarische Hilfe, die heute viele Nationen leisten, wenn irgendwo in der Welt eine Naturkatastrophe eintritt: eine Entwicklung in der Menschheitsgeschichte, die hohe Beachtung verdient. Oder man denke an die selbstlose Solidarität, die zurzeit zahllose Flüchtlinge und Vertriebene erfahren – von vielen Einzelnen, von vielen Gruppen und Organisationen.

Dem lebendigen Gott im Tod begegnen, bedeutet also nicht nur, dass Sünde und Schuld ins Licht treten, sondern auch die Unschuld und der Widerstand gegen das Böse, das Verhalten derer, die barmherzig waren und keine Gewalt gebrauchten, die nach der Gerechtigkeit hungerten und dürsteten, die sich ein reines Herz bewahrten und die Frieden stifteten (Mt 5,5–9).

Vor dem Angesicht Gottes wird das ganze Ausmaß des Guten hervortreten, das die Geschichte im Gleichgewicht hielt: all die Eheleute, die einander die Treue gehalten haben – all die Arbeiter und Angestellten, die täglich sachgerecht ihre Arbeit getan haben – all die Wissenschaftler, die sich abgearbeitet haben, um Kosmos und Geschichte zu vermessen – die unermüdlichen Anstrengungen zahlloser Ärzte – die Integrität vieler Politiker – der zähe Kampf vieler Richter um Gerechtigkeit – die nicht nachlassende Geduld der Mütter und Väter beim Aufziehen ihrer Kinder – die gewaltlose Jesusnachfolge christlicher Märtyrer – der Glaube der Bekenner – die Hoffnung der Armen – die Liebe der Heiligen – die Sehnsucht der Liebenden.

Ans Licht treten wird dann auch, dass viele, die Suizid begingen, in ihrer Verzweiflung oft nichts anderes als den Sinn ihres Lebens und der Welt gesucht hatten – dass viele, die ihre alten, angestammten Götter verehrten, ihre Hände, ohne es zu wissen, zu dem *einen* Gott erhoben hatten – und dass viele, die Gott leugneten, in Wirklichkeit die falschen Götter geleugnet und nach dem *wahren* Gott gesucht hatten. Doch er wurde ihnen nicht gezeigt.

Auch die staunende Freude über das Gute im eigenen Leben und im Leben der anderen gehört zum Gericht. Leider wird gerade dieser Aspekt in Theologie und Predigt oft unterschlagen. Die mittelalterlichen Maler und Bildhauer haben es freilich noch gewusst. Sie zeigen nicht nur das Entsetzen der Verurteilten, sondern auch das Lachen und Leuchten der im Gericht Gesegneten. Es ist allerdings nicht der Stolz über die eigenen Leistungen, der in ihren Gesichtern aufscheint. Es ist eine Freude, die durchtränkt ist von dem tiefen Wissen, dass ihre Entscheidung zum Guten nur aus der Gnade Gottes möglich war. Deshalb gibt es bei den ganz großen Künstlern des Mittelalters und der Renaissance in den Gesichtern der Gesegneten auch keine Schadenfreude über die Verurteilten, sondern eher Schrecken und Anteilnahme. Anders kann ich mir zum Beispiel die sich abwendende Gestalt Marias in dem riesigen Gerichtsfresko Michelangelos nicht erklären.

Und nun gehe ich noch einen Schritt weiter. Ich rede nicht mehr einfach von dem Entsetzen der Verurteilten *und* der strahlenden Freude der Gesegneten, sondern von beidem zugleich im Herzen derer, die in ihrem Tod Gott begegnen. Das große Gerichtsgleichnis Jesu in Mt 25,31–46 und die monumentalen Gerichtsgemälde in den alten Kirchen mussten beides getrennt und gruppenweise darstellen: links vom Richter die Verdammten, rechts von ihm die Gesegneten[163].

Aber in Wirklichkeit wird sich wohl oft beides in ein- und demselben Menschen ereignen: Er erkennt im Gericht erschrocken-selig das Gute, das Gott in ihm und durch ihn getan hat; seine Suche nach der Wahrheit; seine Sehnsucht nach dem Ganz-Anderen, das sein Leben überstieg; seine nie abreißende Hoffnung, das eigene Leben noch zu ändern – und er erkennt zugleich voll Entsetzen seine Versäumnisse: das unterlassene Gute – das schlechte Beispiel, das er anderen gegeben hat – die Illusionen, die er in sich selbst genährt hat – seine Selbstbehauptung, seinen Selbstbetrug und seine Lebenslügen – seine ganze Schuldgeschichte.

Wenn wir Gott im Tod begegnen, werden wir zum ersten Mal in aller Klarheit erkennen, wer wir in Wahrheit sind. Gott braucht nicht über uns zu Gericht zu sitzen; er braucht nicht auf uns einzureden, wie menschliche Richter auf den Angeklagten einreden; er braucht uns nicht zu sagen: In den und den Punkten hast Du erbärmlich versagt, das und das muss ich Dir ankreiden, da und da liegt Deine Schuld, ich muss Dich verurteilen.

Ein Gericht in diesem Sinn wird es überhaupt nicht geben. In der Begegnung mit dem heiligen Gott werden uns die Augen über uns selbst aufgehen. Wir werden erkennen, wer wir sind. Wir selbst werden urteilen und dann das Böse in uns verurteilen. Die Begegnung mit Gott wird uns zum Selbstgericht.

Wenn Theologen heute vom Gericht im Tod oder vom sogenannten „Jüngsten Gericht“ reden, spielt der Begriff „Selbstgericht“ eine entscheidende Rolle. So schreibt zum Beispiel der Frankfurter Dogmatiker Medard Kehl[164]:

> *Gott richtet nicht „von außen"; er legt keine Strafe zusätzlich zur Sünde auf, sondern die unverhüllte Begegnung mit der von uns verletzten und ausgeschlagenen Liebe Gottes [...] richtet uns auf sehr schmerzliche Weise. Wir selbst, in einem solchen gestörten Verhältnis zu Gott stehend, sind uns dann Gericht und Strafe.*

Gericht heißt also nicht, dass Gott (beziehungsweise Christus) einem Schreckens-Szenario vorsteht, sein unerbittliches Urteil verkündet und am Ende Genugtuung verlangt. Gericht heißt nicht, dass er von oben herab seine Richtersprüche fällt, dass er bestraft und büßen lässt, sondern dass angesichts der absoluten Wahrheit, die Gott von seinem Wesen her ist, der Mensch über sich selbst richtet. Wir werden uns selber das Urteil sprechen.

Es wäre freilich noch immer zu wenig, wenn wir nur sagen würden: Wir sprechen uns angesichts des heiligen und lebendigen Gottes selbst unser Urteil. Wir sprechen es auch angesichts der „Opfer", die wir geschaffen haben und die im Tod unerbittlich in unseren Blickkreis treten: die Vielen, denen wir nicht geholfen haben, obwohl wir hätten helfen können – die Vielen, die wir hätten trösten können und nicht getröstet haben – denen wir ein Bild des Glaubens hätten sein können und es in keiner Weise gewesen sind – die Vielen, die wir übersehen, enttäuscht, beschämt, verachtet oder irregeführt und verführt haben – die Vielen, die wir nur für unsere Zwecke ausgenutzt haben. Sie alle werden im Tod vor uns auftauchen und uns anschauen – und auch sie werden unser Gericht sein[165]. Wir müssen sogar davon ausgehen, dass wir dann, wenn wir im Gericht unseren „Opfern" begegnen, alle Leiden, die wir ihnen zugefügt haben, nacherleben werden.

Und so wird die Begegnung mit Gott im Tod die Begegnung mit der Wahrheit werden: der Wahrheit über Gott, der Wahrheit über die Anderen, der Wahrheit über die Welt und vor allem der Wahrheit über uns selbst.

In diesem Sinn kann man das Gericht sogar erhoffen, denn die Wahrheit ist etwas, auf das man sich freuen kann. Ich selbst erhoffe mir, dass einmal in all die Dunkelheiten meines Lebens Klarheit kommt; dass ich zum Beispiel erfahre, was ich mit meinem Leben in der Tiefe gewollt habe. Ich erhoffe mir, dass Verworrenes entschlüsselt und das verfilzte Ineinander von Schuld und Unschuld entflochten wird; dass das wirklich Gute sichtbar, das Zweideutige geklärt, das nur scheinbar Gute entlarvt und das Böse in mir offenbar wird; dass all das Auseinanderstrebende, Verstreute und Disparate meines Lebens gesammelt und heimgeholt wird.

Klärung angesichts der alles durchdringenden Wahrheit Gottes muss etwas ganz und gar Befreiendes sein – und wahrscheinlich zeigt sich gerade in solcher Klärung die unfassbare Barmherzigkeit Gottes. Von ihr ist nun im Folgenden zu reden.

3. Gericht als Erbarmen

Im Alten wie im Neuen Testament wird sehr oft davon gesprochen, dass Gott die Welt in Gerechtigkeit richtet. Aussagen über Gott als strengen, ahndenden Richter durchziehen die gesamte Bibel[166]. Im Alten wie im Neuen Testament wird aber auch immer wieder vom Erbarmen Gottes gesprochen – vom Erbarmen mit seinem Volk und von seinem Erbarmen mit der Welt. Was ist dabei grundlegender, was wiegt schwerer? Die Gerichte Gottes oder sein Sich-Erbarmen? Seine Gerechtigkeit oder seine Barmherzigkeit?

So wird heute oft gefragt. Inzwischen werden ganze Bücher über die Barmherzigkeit Gottes geschrieben[167]. Theologie und kirchliches Lehramt holen nach, was sie früher eher stiefmütterlich behandelt haben: die Rede vom barmherzigen Gott. Wie konnte es dazu kommen, dass Christen früherer Jahrhunderte in Gott und sogar in Jesus Christus nur den strengen und drohenden Richter sahen – und als Ausgleich Maria brauchten, die „Mutter der Barmherzigkeit"?[168] Nun schlägt das Pendel nach der anderen Seite. Geradezu inflationär wird von dem barmherzigen, besorgten, liebevollen, mütterlichen, milden, mitfühlenden, mitleidigen und zärtlichen Gott geredet. Was gilt nun?

Doch Vorsicht! Es könnte sein, dass man mit der Frage, was denn schwerer wiege, die Gerechtigkeit Gottes oder seine Barmherzigkeit, in eine völlig falsche Fragestellung hineingerät. Gott ist kein Kompositum verschiedener Eigenschaften: teils ahndend – teils barmherzig, teils gerecht – teils gütig. Gott ist ganz und restlos Erbarmen und ganz und restlos Gerechtigkeit. Das heißt aber: seine Gerechtigkeit ist Erbarmen und sein Erbarmen ist Gerechtigkeit[169]. Alle Aussagen über Gott sind, wie wir bereits sahen, *analoge* Aussagen, das heißt, die Unähnlichkeit mit Begriffen unserer alltäglichen Erfahrung ist unfassbar größer als die Ähnlichkeit. Deshalb ist Gerechtigkeit bei Gott nicht dasselbe wie Gerechtigkeit bei Menschen und Barmherzigkeit nicht dasselbe wie Barmherzigkeit bei Menschen. Die Überschrift über diesem Kapitel könnte infolgedessen genauso lauten: „Erbarmen als Gericht“ statt „Gericht als Erbarmen“.

Die theoretische Frage, was denn schwerer wiege, Gottes Barmherzigkeit oder seine Gerechtigkeit, ist also stets in der Gefahr, in ein falsches Reden über Gott hineinzuführen. Auch hier können wir von der Bibel lernen. Die großen Texte der Bibel zum Thema „Gottes Erbarmen“ gehen überhaupt nicht von theoretischen, zeitlosen, situationsenthobenen Erwägungen aus. Sie sind stets eingebettet in die dramatische Geschichte Gottes mit seinem Volk. Die Bibel redet nicht einfach wie der Koran stereotyp und mit der immer gleichen Formel von dem barmherzigen Gott[170], sondern sie schildert, wie in ganz verschiedenen geschichtlichen Situationen angesichts der Sünde und der Verlorenheit Israels die Barmherzigkeit Gottes durchbricht.

So zum Beispiel in Ex 32–34. Gerade erst ist Israel aus Ägypten befreit worden und hat am Sinai das Geschenk der Tora empfangen, gerade erst hat Gott für immer seinen Bund mit ihm geschlossen, da tanzt das Volk schon um das goldene Kalb, im Text das Symbol der Fremdgötter (32,1), und intoniert dabei: „Das sind deine Götter, Israel“ (32,4).

Damit ist an sich alles zu Ende. Die Treue gegen Gott ist aufgekündigt. Der Bund ist gebrochen. Gott muss ahnden. Er wird im Folgenden geschildert als einer, der sich ein anderes, ein neues Volk schaffen will[171]. Stammvater dieses neuen Volkes soll Mose werden. Doch es gelingt Mose, Gott umzustimmen – mit Hinweis auf den Eid, den Gott einst Abraham, Isaak und Jakob geschworen hatte (32,11–14). In genau diesem Kontext, der von schwerster Schuld und absolutem Heilsverlust bestimmt ist, erbarmt sich Gott, schenkt Vergebung und offenbart sich definitiv als

barmherziger und gnädiger Gott,
langmütig und reich an Liebe und Treue. (Ex 34,6)[172]

Viele andere Aussagen der Tora und der Propheten über das Erbarmen Gottes sind intertextuell mit dieser Proklamation verknüpft und zeigen so deren schweres Gewicht innerhalb der Bibel[173].

Wichtig für unsere Fragestellung ist auch das Hosea-Buch. Es gibt in ihm einen Textabschnitt, der eine lange Zornesrede gegen Israel einleitet, in der sich Gottesstimme und Verfasserkommentar abwechseln. Die Zornesrede reicht von Kapitel 4 bis ans Ende von Kapitel 11. Der einleitende Abschnitt lautet:

Hört das Wort des Herrn, Söhne Israels! Denn: Der Herr erhebt Klage gegen die Bewohner des Landes. Es gibt keine Treue und keine Liebe und keine Gotteserkenntnis im Land. Nein: Fluchen und Betrügen und Morden und Stehlen und Ehebrechen! Sie haben Gewalttat begangen im Land, und Blutschuld hat sich an Blutschuld gereiht. Darum soll die Erde in Trauer geraten. Jeder, der auf ihr wohnt, soll verwelken samt den Tieren des Feldes und den Vögeln des Himmels. Selbst die Fische im Meer sollen zugrunde gehen. (Hos 4,1–3)

Härter kann über die wahre Situation des Gottesvolkes nicht mehr geurteilt werden. Die drei Verse sind „ein wahres Summarium göttlichen Zorns“[174]. Sein Zorn trifft nicht nur die Menschen in Israel. Er trifft das ganze Land, er trifft selbst den Tierbestand. Sogar die Fische gehen zugrunde.

Das bedarf der Erklärung. Gott zerstört nicht aus Zorn über Israels Sünde die Tierwelt. Vielmehr geht der Text davon aus, dass Sünde immer *Folgen* hat. Arroganz, Herrschsucht und Maßlosigkeit zerstören nicht nur die Seele des Menschen, sondern mit seiner Seele auch seine gesamte Lebenswelt, also auch das, was wir heute „Umwelt" nennen. Der Text verkürzt an dieser Stelle. Er stellt alles, nicht nur die Schuld, sondern auch die realen Folgen menschlicher Schuld, unter den Begriff des richterlichen Zornes Gottes.

Allerdings bleibt dann im Hosea-Buch der Zorn Gottes nicht das letzte Wort. Schon zu Beginn von Kapitel 11 hat sich der Zorn Gottes in Klage verwandelt. Gott kann seine erste Liebe zu Israel nicht vergessen. Und in 11,8–9 kehrt sich in Gott alles um, sein glühender Zorn bricht zusammen und verwandelt sich wieder in Liebe. Gott beendet das Gericht, das schon im Gange ist. Es kommt nicht zu der in 4,3 angedrohten kosmischen Katastrophe:

> *Wie könnte ich dich preisgeben, Efraim, wie dich aufgeben, Israel? […] Mein Herz wendet sich gegen mich, mein Mitleid lodert auf. Ich will meinen glühenden Zorn nicht vollstrecken und Efraim nicht noch einmal vernichten. Denn Gott bin ich, kein Mensch, der Heilige in deiner Mitte. Darum komme ich nicht in Zornesglut. (Hos 11,8–9)*

Es gibt also Gottes richterlichen Zorn. Gott kann angesichts des Unrechts und des Bösen in der Welt nicht einfach wegblicken. Das Böse ist ja Angriff auf seine Schöpfung, ist der Versuch, das Werk Gottes zu zerstören. Erst recht kann er das Unrecht *im Gottesvolk* nicht auf sich beruhen lassen. Israel sollte ja Werkzeug der Hilfe Gottes für die Welt sein. Er muss deshalb handeln und Gerechtigkeit schaffen. Das ist mit dem „Zorn Gottes" gemeint. Es ist richterlicher Zorn, der auf Gerechtigkeit aus ist und der die Welt wiederherstellen will.

Doch so plausibel der „Zorn Gottes“, richtig verstanden, auch ist: Er bricht zusammen. „Mein Herz wendet sich gegen mich, mein Mitleid lodert auf“ (11,8). Damit macht der Text deutlich: Menschliche Begriffe reichen nicht aus, Gott zu verstehen. „Denn Gott bin ich, kein Mensch, der Heilige in deiner Mitte“ (11,9).

Diese Umkehrung von Zorn in Erbarmen, von Gericht in Heil, begegnet keineswegs nur im Buch Exodus und bei Hosea. Ähnliche Texte finden sich auch in anderen Prophetenbüchern und darüber hinaus im gesamten Alten Testament. Gott beantwortet die Treulosigkeit und Auflehnung seines Volkes mit Treue. Sein Herz schlägt für Israel; er muss sich seiner erbarmen. So heißt es in Jes 54,6–8:

> *Kann man denn die Frau verstoßen, die man in der Jugend geliebt hat?, spricht dein Gott. Nur einen kurzen Augenblick lang habe ich dich verlassen, doch mit herzlichem Erbarmen will ich dich wieder heimholen. Einen Augenblick nur verhüllte ich vor dir mein Gesicht in aufwallendem Zorn, aber mit ewiger Gnade will ich mich deiner erbarmen, spricht der HERR, dein Erlöser.*

Es wären noch viele ähnliche alttestamentliche Texte zu nennen. Die hier zitierten müssen genügen. Immer erwächst das Erbarmen Gottes aus einer Situation, die von Sünde und Heillosigkeit geprägt ist.

Jesus hat all diese Texte gekannt. Er hat sie in seiner oft sehr harten und provozierenden Gerichtspredigt vorausgesetzt. Es gibt bei ihm wie bei den Propheten die Ankündigung des Gerichts[175]. Doch die Grundströmung seiner Verkündigung ist in Anknüpfung an die Freudenbotschaft von Jes 52,7–10 die Ankündigung überströmenden Heils. Im Gleichnis vom verlorenen Sohn spricht Jesus von dem unergründlichen Erbarmen Gottes (Lk 15,11–32). Auch dieses Gleichnis ist, wie die zitierten alttestamentlichen Texte, situationsbezogen. Jesus verteidigt in ihm sein Verhalten zu Menschen, die gescheitert sind. Gescheitert nicht nur in ihrem Glauben[176], sondern in ihrer ganzen Existenz[177]. Er geht ihnen entgegen und nimmt sie auf in das Neue, das jetzt in Israel geschieht – so wie der Vater im Gleichnis. Der verlorene Sohn muss sein Versagen ja nicht büßen, das verschleuderte Vermögen nicht als Knecht abarbeiten, sondern sein Vater setzt ihn unverzüglich wieder in seine vollen Sohnesrechte ein. Und ein Fest wird gefeiert.

Dürfen wir die Sinnspitze all der genannten Texte auf unsere Frage nach der Begegnung des Menschen mit Gott im Tod übertragen? Was spräche dagegen? Kann Gott im Jenseits aller Geschichte anders handeln, als er in der Geschichte gehandelt hat, wo er im Dialog mit seinem Volk sein wahres Wesen enthüllt hat? Kann er anders handeln, als Jesus gehandelt hat? Kann er anders handeln, als in menschlichen Verhältnissen jeder wirklich gute Vater an seinen Kindern handeln würde?

Und könnte es denn sein, dass Jesus für das Verhalten im Gottesvolk einen grenzenlosen Willen zum Verzeihen, eine Vergebungsbereitschaft ohne Maß und ohne Vorbedingungen fordert – und dass dann Gott selbst hinter solchem Vergeben zurückbliebe? „Wie oft muss ich meinem Bruder verzeihen, wenn er sich gegen mich versündigt hat?" fragt Petrus. „Etwa siebenmal?" Die Antwort Jesu: „Nicht siebenmal, sondern siebenundsiebzigmal" (Mt 18,21–22). Das heißt: Immer, ohne jedes Maß, ohne jede Vorbedingung. Da nun aber Jesus die Definition Gottes ist, sein Bild, der Abglanz seines Wesens – was folgt daraus?

Eines allerdings sollten die biblischen Texte dieses Kapitels gezeigt haben und deshalb wurden sie auch zitiert. Wir dürfen das Thema „Barmherzigkeit Gottes" nicht aus seinem Zusammenhang reißen. Der Zusammenhang ist immer schwerste menschliche Schuld, die nicht verschwiegen und nicht verschleiert wird. Bei Hosea war es ein Schuldzusammenhang, wie er schlimmer nicht sein könnte:

Den Bewohnern des Landes wird alles, was positiv wäre, abgesprochen: Treue, Liebe, Gotteserkenntnis. [...] Sie sind Got-

teslästerer und Betrüger, Mörder, Diebe und Ehebrecher, Blutschuld reiht sich an Blutschuld. Der Zorn, den das heraufführt, kann nur zum Ende des Kosmos führen. (Norbert Lohfink[178]*)*

Und doch kann Gott sein Volk und mit ihm die Welt nicht preisgeben. Sein Zorn schlägt um in Erbarmen. Diese Dialektik zwischen richterlichem Zorn und abgrundtiefem Erbarmen, zwischen notwendigem Gericht und sich selbst hingebender Liebe muss durchgehalten werden. Anders dürfen wir nicht über das Erbarmen Gottes reden.

Das heißt aber: Wer das Erbarmen Gottes erhofft, muss sich zugleich immer in seine eigene Schuldgeschichte hineinbegeben, darf sie nicht verdrängen, nicht verschleiern und nicht mystifizieren. Er kann das Erbarmen Gottes nur erhoffen und darf es nicht zur billigen Selbstverständlichkeit machen.

Wenn wir uns in diesem Sinne verhalten – dann allerdings könnte es geschehen, dass uns im Augenblick der endgültigen Begegnung mit Gott gerade sein Erbarmen zum Gericht würde – aber eben zu einem Gericht, das alles in uns klärt, läutert und heilt. Darüber ist jetzt genauer zu reden.

4. Die Läuterung im Tod

Das Gericht im Tod bedeutet restlose Offenlegung und Klärung alles dessen, was im Menschen ist. Kann es auch Läuterung und Heilung sein? Gibt es eine „Läuterung im Tod"? Wir geraten mit dieser Frage in umstrittenes Terrain – umstritten zwischen katholischen, orthodoxen und evangelischen Christen[179]. Das vorliegende Kapitel ist neben allem anderen auch ein Versuch zu zeigen, dass die Differenzen zwischen den Konfessionen an dieser Stelle gar nicht so groß zu sein brauchten, wie sie sich in der Geschichte gezeigt haben.

Vielleicht hätte sich der Streit um die Läuterung des Menschen im Tod – also der Streit um das Fegfeuer oder besser um das *purgatorium*[180] – sogar ganz und gar erübrigt, wenn der Diskurs zwischen den Konfessionen eine realistische Anthropologie, also ein wirklichkeitsgerechtes Bild vom Menschen zugrunde gelegt hätte.

Was ist denn die wahre Situation des Menschen? Betrachten wir irgendeinen Menschen, irgendwo, irgendwann. Selbst wenn er sich für die Wahrheit, für die Gerechtigkeit, für das Gute und Versöhnende oder sogar ausdrücklich für Gott entschieden hat – er beobachtet bei sich Dinge, die ihn oft selber erschrecken: Aggressionen, Vorbehalte, Widerstände, verwerfliche Gedanken vielerlei Art. Er tut Gutes, gewiss, und er will auch Gutes tun – aber vielleicht ist sein Gutes-Tun durchsetzt mit Sich-selbst-Bestätigen, Sich-selbst-Beweisen, Sich-selbst-Emporheben. Er sucht die Wahrheit, gewiss – aber vielleicht kokettiert er auch mit seiner Wahrheitssuche oder er kann die Wahrheit durchaus auch ein wenig korrigieren, wenn ihm das Vorteile bringt. Er vertritt die Würde und Unantastbarkeit des Menschen, gewiss – aber bisweilen entdeckt er tief in sich eine geheime Lust am Gewalttätigen und Schamlosen.

Wer sich selbst nüchtern betrachtet, weiß, was es in ihm an Zwiespältigem, an Selbstgerechtigkeit, Selbstbehauptung und Selbstverfallenheit, aber auch an Angst, Misstrauen, Härte, Selbstbetrug und Lebenslüge gibt. Es gibt zwar eine Mitte der Person, in der die überfließende Gnade Gottes und die Sehnsucht des Menschen zusammenkommen. Doch diese Personmitte mit ihrer „geschenkten Freiheit“[181] regiert nur über bestimmte Schichten im Menschen. Daneben, oft sogar darunter gibt es Räume, in denen es dunkel ist und gespenstisch zugeht – die Träume mancher Nächte verraten es. In den tiefen Kellern der Seele (und im selbstgeschaffenen Umfeld des Menschen) lagern als Altlasten die Folgen früherer Sünden, selbst wenn die Sünde vergeben wurde. Denn jede Schuld, auch die vergebene Schuld, hat eben Folgen, die aufgearbeitet werden müssten, die aber oft nicht aufgearbeitet werden, sondern weiter ihr Unwesen treiben.

Vielleicht sollten an dieser Stelle Verheiratete das Wort ergreifen, die sich von Herzen lieben, die einander die Treue gehalten haben, die beieinander geblieben sind in guten und bösen Tagen und dennoch erzählen könnten, was es zwischen ihnen an Missverständnissen, Verletzungen, Traurigkeiten und Nicht-Verstehen gibt, dazu das über viele Jahre Unausgesprochene und Unbewältigte. Und das alles trotz tiefster Zuneigung, die sogar immer noch wächst.

Im Verhältnis zu Gott ist es nicht anders. Gerade die Heiligen wussten dies immer und haben von all dem Widerständigen und Selbstherrlichen in ihrem Inneren offen geredet. Der große John Henry Newman schreibt in einem Brief, dass er „über sich selbst erschaudere“[182]. Schließlich ist auch das Jesuswort zu bedenken: „Selig, die ein reines Herz haben, denn sie werden Gott schauen“ (Mt 5,8). Wer darf schon von sich sagen, er habe ein reines Herz?

Das alles zeigt: Im Tod erscheint vor dem absolut heiligen Gott ein unheiliger und zwiespältiger Mensch. Eben deshalb trägt der nicht endende Streit, ob es einen „Schriftbeweis“ für das Fegfeuer gebe, leicht absurde Züge. Selbstverständlich gibt es ihn – nämlich die biblische Grundaussage, dass Gott heilig und der Mensch unheilig ist, dass die ständige Heiligung zur Existenz des Glaubenden gehört und dass der unheilige Mensch vor Gott nicht bestehen kann. Davon redet die Bibel an tausend Stellen. Wenn man allerdings als Schriftbeweis bereits den prägnant-treffenden, alles definierenden Begriff und dazu noch eine Art dogmatischer Definition nach Art theologischer Lexika verlangt – dann, ja dann gibt es in der Bibel keinen Schriftbeweis für das Fegfeuer.

Wer eine Ahnung von der Heiligkeit Gottes hat und wer weiß, wie es um den Menschen in Wahrheit bestellt ist, der weiß eben auch: Im Tod erscheint vor Gott ein Mensch, der zutiefst erschrecken muss vor den Abgründen des eigenen Herzens, die in diesem Augenblick ans Licht treten. Der erschrecken muss, wenn er plötzlich die verspielten Möglichkeiten seines Lebens erkennt. Der erschrecken muss, wenn er begreift, was er für andere hätte tun können und nicht getan hat. Der erschrecken muss nicht deshalb, weil er vor einem unerbittlichen Richter steht, sondern vor einer unfassbaren Liebe, die ihm nicht nur zu Herzen geht, sondern ins Herz trifft. Dieses Aufeinandertreffen des unheiligen Menschen mit dem heiligen Gott führt notwendig und unabdingbar zu einer Läuterung des Menschen, die ihn „wie“ Feuer durchfährt[183].

Man kann versuchen, diesen Vorgang zu beschreiben. Heutige Theologen reden von Läuterung, von Reinigung, von Verwandlung, von Ausreifen, von fortschreitender Heiligung, vom Sich-Durchsetzen der Grundentscheidung des Menschen, von einer Integration alles dessen, was in ihm noch nicht in Gänze angenommen und eingeholt war[184]. Zugleich wissen sie aber, dass sie diesen Vorgang nicht adäquat beschreiben können. Nur Liebende, die erfahren haben, wie die gegenseitige Liebe ihren Egoismus langsam und unter Leiden ausgebrannt hat, werden ahnen, was da geschieht.

Weil das alles aber so leicht missverstanden werden kann und weil es von der mittelalterlichen Volksfrömmigkeit lange Zeit mit ausschweifender Phantasie und ganzen Feuer-Orgien ausgemalt wurde, sind an dieser Stelle noch zusätzliche Klärungen notwendig.

Zunächst einmal: Das *purgatorium* ist kein Ort. Zwar schildern unzählige Visionen und Erzählungen bis in die hohe Dichtung hinein Himmel, Hölle und Fegfeuer als Orte, sogar als Orte mit verschiedenen Regionen und Abteilungen. Eine ganze Topographie des Jenseits wurde da entworfen. Doch wer durch den Tod hindurchgeht, gelangt nicht mehr an „Orte“. Sein einziger „Ort“ ist dann Gott[185], genauer: die ewige Begegnung mit Gott. Die Läuterung, von der die christliche Theologie zu reden hat, ist ein *Geschehen*, kein Ort.

Weiterhin: Dieses Geschehen vollzieht sich nicht mehr in *irdischer* Zeit. Spekulationen über die je verschiedene Zeitdauer der Läuterung wären genauso verfehlt wie das Entwerfen jenseitiger Räume. Wer im Tod den Bereich irdischer Zeit und Geschichte verlässt, gerät nicht wieder in eine Existenzform, in der

Stunden, Tage, Monate und Jahre vergehen. Seine Existenz ist nicht mehr in irdischen Zeiträumen fassbar. Karl Lehmann sagt deshalb von jenem Geschehen, in welchem der Mensch geläutert wird:

> *Es ist ein Moment in der Vollendung des Menschen durch das Gericht Gottes. Diese Begegnung entzieht sich irdischen Zeitmaßen. Das Fegfeuer liegt gerade in dem augenblickshaften Übergang zwischen Tod und Vollendung*[186].

Selbstverständlich ist auch das Wort „augenblickshaft“ bildliche, im Grunde nicht mehr vorstellbare, lediglich einen irdischen Zeitablauf ausschließende Rede.

Prediger sollten also nicht über die „Dauer“ des Fegfeuers reden und damit in ihren Zuhörern falsche Vorstellungen wecken. Statt die Zeitkategorie ins Spiel zu bringen, sollten sie lieber von einer je verschiedenen Intensität der Läuterung sprechen: Im Leben dessen, bei dem es immer wieder Gewissenserforschung, Trauer über den eigenen Egoismus, Umkehr, Versöhnung, Hinwendung zu Gott und zum Nächsten gab, wird das Geschehen der Läuterung im Tod anders aussehen als bei einem Menschen, der sich und sein Leben dahintreiben ließ.

Viel wichtiger noch ist die folgende Einsicht: Der läuternde Vorgang, von dem ich hier spreche, ist keine „Bestrafung“ des Menschen. Zwar hat man in der katholischen Kirche jahrhundertelang von der „Abbüßung“ von Sündenstrafen im Fegfeuer gesprochen. Noch im deutschen Katechismus von 1936 heißt es: „Im Fegfeuer sind die Seelen jener verstorbenen Gerechten, die noch für ihre Sünden zu büßen haben.“ Ähnlich noch immer im deutschen Katechismus von 1955: „In schweren Leiden müssen sie [die Armen Seelen im Fegfeuer] ihre Sündenstrafen abbüßen.“[187] Doch solche Rede konnte nur Missverständnisse erzeugen. Gott bestraft nicht und er lässt den Menschen nicht büßen[188]. Er heiligt, er reinigt und heilt. Mit Recht vermeidet der sogenannte „Weltkatechismus der Katholischen Kirche“ von 1993 in seinem Abschnitt über das *purgatorium* die Begriffe „büßen“ oder „abbüßen"[189]. Jeder, der aus dem *purgatorium* einen Folterort oder eine Art „kosmisches Konzentrationslager"[190] macht, beschreibt Gott als einen widerwärtigen und Angst einjagenden Sadisten.

Auch das Folgende ist wichtig, vor allem für das Gespräch mit den evangelischen Christen: Der Vorgang der Läuterung, von dem hier die Rede ist, entspringt – genau wie der neutestamentliche Begriff der „Heiligung" – der Gnade Gottes. Es ist allein die Barmherzigkeit und Liebe des sich in Christus am Kreuz herschenkenden Gottes, die den Menschen befähigt, bis in die Tiefe seiner Person heilig zu werden. Die Läuterung im Tod ist also kein Sich-Erarbeiten und kein Sich-Verdienen der Seligkeit, sondern sie ist Geschenk[191].

Selbstverständlich gibt es keine Heiligung, die nicht angenommen und gelebt werden muss[192]. Aber das geschah gerade in der Freiheitsgeschichte des Menschen *während seines irdischen Lebens.* War die Grundentscheidung seines Lebens offen für das Gute, für die Wahrheit, für die Gerechtigkeit, war sie gar unmittelbar ausgerichtet auf Gott und seinen Willen, dann sind die Arme des Sterbenden ja schon ausgebreitet auf die reinigende, heilende und heiligende Gnade. Im Tod tritt dann die aus der Gnade gereifte „Grundentscheidung" seines irdischen Lebens voll ins Licht und macht den betreffenden Menschen fähig, das Geschenk der Läuterung zu empfangen.

Der katholische Theologe Ladislaus Boros hat vor Jahrzehnten die These vertreten[193], im Tod eröffne sich dem Menschen zum ersten Mal die Möglichkeit, sich mit der Totalität seiner Person und nun endlich in ungehinderter und voller Freiheit für oder gegen Gott zu entscheiden[194]. Zwar sei diese „Endentscheidung" durch die vielen „vorbereitenden Entscheidungen" des Lebens „mitbedingt". Sie „erwachse" aus ihnen[195]. Doch sie stehe auch „über ihnen". Die Endentscheidung könne sogar alle Entscheidungen eines Lebens noch einmal „revidieren"[196]. So werde der Tod als Grenze des Lebens zum Vollzug letzter Freiheit.

So schön das auch klingt: Diese Position nimmt den Tod nicht ernst: seine Niedrigkeitsgestalt, seine Ohnmacht, seine Armut, sein Erleiden. Und wenn Ladislaus Boros es für möglich hält, dass alle Entscheidungen eines Lebens im Tod doch auch wieder „revidiert“ werden könnten, so stellt er die eigene Aussage in Frage, die Endentscheidung im Tod sei die Frucht aller früheren Entscheidungen[197].

Es muss ohne jede Relativierung dabei bleiben: Der eingetretene Tod verendgültigt sämtliche Freiheitsentscheidungen des vorangegangenen Lebens; er erlaubt weder Revision noch Umkehr – auch nicht „im Grenzfall“[198]. Nur so werden das Gewicht der Geschichte und die Wucht geschichtlicher Existenz gewahrt. Nur so behält das irdische Leben mit seinen oft so mühseligen Weichenstellungen, mit seinen Niederlagen und Siegen seinen Ernst und zugleich seine Würde. Hier in diesem Leben fallen die Entscheidungen für Gott oder doch wenigstens für die Wahrheit und das Gute – und aus der Summe dieser vielen kleinen und großen Entscheidungen kann im Tod jenes Ja zu Gott erwachsen, das nun ganz und für immer offen ist für Gottes läuternde, heilende und heilig machende Liebe.

Von der den evangelischen Christen mit Recht so wichtigen Rechtfertigung des Menschen *allein durch Gott* wird dabei nichts weggenommen[199]. Die Läuterung im Tod ist, um es noch einmal zu sagen, reine Gnade – so wie auch schon jede Freiheitsentscheidung für Gott im irdischen Leben reine Gnade war. Läuterung angesichts des heiligen Gottes muss allerdings sein. Würde man sagen, die rechtfertigende Gnade überdecke im Menschen einfach alles Verhärtete und Widerständige und beachte es gar nicht, so wäre die Rechtfertigung kein Gericht über die Sünde, sondern so etwas wie Magie: das Unheil im Menschen würde von Gott weggezaubert oder überzuckert.

So kann es nicht sein. Derart leichtfertig geht Gott mit seiner Schöpfung nicht um. Er will die Läuterung und Verwandlung der Schöpfung, nicht die Zudeckung und Bemäntelung des ihm Widerständigen. Für den Menschen ist diese Läuterung ein schrecklicher Schmerz – und zugleich eine unsagbare Freude. Ein tiefer Schmerz über die eigene Unheiligkeit – eine unendliche Freude, nun ganz in das Licht Gottes zu gelangen. Beides ineinander und in einem.

Zum Schluss dieses Kapitels noch ein Hinweis: Der Vorgang der Läuterung ist kein einsames, isoliertes Geschehen zwischen Gott (bzw. Christus) und dem Menschen, der nun vor seinen Richter hintritt. Der Vorgang der Läuterung hat eine kirchliche Dimension[200]. Über sie soll später in Teil V, 1 („Die wahre Sorge für unsere Toten“) ausführlich gesprochen werden.

5. Und die Hölle?

Von der Vorstellung, Gott bestrafe den Menschen für seine Sünden, haben wir uns schon verabschiedet. Man muss es aber immer wieder sagen: Dass Gott Genugtuung verlangt, dass er abstraft, Rache nimmt, büßen lässt, indem er Menschen foltert und quält, wäre Gottes absolut unwürdig und ein grauenhaftes Zerrbild von ihm. Nicht Gott straft. Der Mensch straft sich selbst[201].

Aber stehen dem nicht zahlreiche Aussagen des Alten Testaments entgegen? Ist dort nicht allzu oft von Gewalt die Rede – und zwar von Gewalt, die von Gott ausgeht, vielleicht sogar noch verbunden mit Wörtern wie „Vergeltung“ und „Rache“? Flehen denn nicht die Beter der Psalmen an zahlreichen Stellen darum, Gott möge Vergeltung üben?[202] Fordert Israel nicht in Psalm 79,12 von Gott „siebenfache Vergeltung“ für die Zerstörung Jerusalems und des Tempels?

Doch so einfach sind die Dinge nicht. Denn hier steht im Hintergrund eine andere Vorstellung als das, was in unserer westlichen Kultur „Rache“ oder „Vergeltung“ genannt wird[203]. Wenn bei uns ein Mensch Rache nimmt, steht er außerhalb der Rechtsordnung. Er entzieht sich der gesellschaftlichen Kontrolle und Legitimation. Er gibt sich seinem Zorn hin, schlägt zurück, revanchiert sich, zahlt heim, rechnet ab. Wenn hingegen im Alten Testament von der „Rache“ oder „Vergeltung“ Gottes geredet wird, ist das gemeint, was wir „Ahndung“ nennen würden: Gott bringt die Dinge wieder ins Lot. Er stellt die Rechtsordnung in der Welt wieder her. Er heilt das Unrecht, das den Armen und Unterdrückten angetan wurde und verhilft ihnen zu ihrem Recht. Speziell zu Psalm 79 ist zu sagen: Wenn dort „siebenfache“ Vergeltung an den Heiden gefordert wird, so heißt das konkret:

> *Völkermord, Verschleppung von Kriegsgefangenen und öffentliche Entwürdigung besiegter Völker sind Verletzungen der Rechtsordnung, die Jhwh als ein Gott des Rechts nicht hinnehmen darf. (Erich Zenger*[204]*)*

Die Begriffe „Rache“ und „Vergeltung“, von Gott ausgesagt, bewegen sich in der Bibel also in einem anderen Vorstellungsbereich als bei uns. Sie gehören dort der Rechtssprache an. Widerfahrenes Unrecht wird ausgeglichen, das Recht wiederhergestellt, den Armen und Entrechteten geholfen. Und diese „Wiederherstellung des Rechts kann mit Metaphern der Gewalt zur Sprache gebracht werden“[205].

Freilich ist mit dem Gesagten die Problematik der Hölle in keiner Weise gelöst. Denn in der Vorstellung vieler Christen erschien ja gerade die Hölle als die Möglichkeit, dass Gott die zerstörte Rechtsordnung am Ende wiederherstellen und die furchtbaren Verbrechen der Menschheitsgeschichte wieder ausgleichen würde – und zwar mit ewiger Strafe.

Aber wäre das wirklich ein Ausgleich? Ein Ausgleich, der Gottes würdig wäre? Das Problem, das sich mit der Existenz der Hölle stellt, ist die *endgültige* Heillosigkeit, die mit ihr verbunden ist. Kann Gott, dessen Wesen reine Liebe ist, für einen Teil der Menschheit ewige Hölle, ewige Qual, zulassen?

Hier stellen heutige Theologen viele Fragen, zum Beispiel die folgende: Kann es überhaupt höchste Seligkeit als das Fest ewigen Glücks bei Gott geben, wenn zugleich – vor den Augen der Seligen – ein Teil der Menschheit in ewiger Qual lebt? Und noch grundlegender: Hat Gott das Ziel seiner Schöpfung erreicht, wenn ein Teil dieser Schöpfung definitiv zur Hölle wird? Ist ihm dann seine Schöpfung nicht gründlich misslungen, und hat dann nicht auch seine Heils- und Erlösungsgeschichte definitiv ihr Ziel verfehlt?[206]

Allerdings scheint in dieser Sache nun gerade das Neue Testament eine klare Sprache zu sprechen. Da ist vom „Tag des Zornes“ die Rede (Röm 2,5), vom Feuersee (Offb 20,15), von „ewigem Verderben“ (2 Thess 1,9), von denen, die kein Erbarmen mit den hungernden und verfolgten Jüngern Jesu hatten[207] und deshalb vom Weltenrichter in das „ewige Feuer“ gestoßen werden (Mt 25,41). Die Aufzählung entsprechender Stellen könnte noch lange fortgesetzt werden. Wie sollen wir mit solchen Texten umgehen?

Zunächst ist zu beachten, dass es sich bei all diesen Aussagen nicht um feststellende, *informative* Sprache handelt[208]. Es sind Texte, die mahnen und warnen wollen. Mehr noch: Sie wollen erschrecken. Sie wollen den Eispanzer der menschlichen Gleichgültigkeit zerschlagen. Jesus kann sagen:

> *Wenn dich deine rechte Hand zum Bösen verführt, dann hau sie ab und wirf sie weg. Denn es ist besser für dich, dass eines deiner Glieder verlorengeht, als dass dein ganzer Leib in die Hölle kommt. (Mt 5,30)*

Wenn ein solcher Text lediglich als Beweis für die Existenz der Hölle herhalten muss, hat man ihn nicht richtig gelesen. Er muss vielmehr dazu führen, die ungeheure Verantwortung wahrzunehmen, die mit dem Anbruch des Reiches Gottes auf die Nachfolger Jesu zukommt. Das Reich Gottes ist eine Sache von Leben und Tod. Es geht um alles oder nichts[209]. Der Mensch kann die Freiheit, die mit dem Reich Gottes anbricht, für die Sache Gottes verwenden oder sie gegen Gott missbrauchen. Es geht hier wie in vielen vergleichbaren Texten der Bibel um die Schärfung der Verantwortlichkeit[210]

Das Gesagte reicht allerdings noch immer nicht. Sämtliche Aussagen des Neuen Testaments von der Hölle sind zu lesen innerhalb des viel größeren Rahmens anderer Texte, die vom universalen Heilswillen Gottes sprechen: Gott „will, dass *alle* Menschen gerettet werden“ (1 Tim 2,4) – „die Gnade Gottes ist erschienen, um *alle* Menschen zu retten“ (Tit 2,11) – Jesus Christus „hat sich als Lösegeld *für alle* dahingegeben“ (1 Tim 2,6) – Gott wollte „durch ihn *alles* versöhnen“ (Kol 1,20) – der erhöhte Christus „wird *alle* zu sich ziehen“ (Joh 12,32) – „durch die gerechte Tat eines Einzigen kommt es *für alle* zur Gerechtsprechung“ (Röm 5,18) – „Gott hat *alle* in den Ungehorsam eingeschlossen, um sich *aller* zu erbarmen“ (Röm 11,32). Es fällt auf, wie oft sich in diesen und anderen Texten das Stichwort „alle“ wiederholt. Gott will, sagt die Schrift überdeutlich, das Heil aller. Das ist schon einmal grundlegend. Aber wird es Gott auch gelingen? Was, wenn der Mensch gar nicht will?

Eines ist vom Neuen Testament her sicher: Wenn ein Mensch gar nicht will, belässt es Gott nicht dabei. Er geht ihm nach gleich einem Hirten, der einem verirrten Schaf nachgeht (Lk 15,3–7), oder gleich einer Frau, die im ganzen Haus nach ihrer verlorenen Drachme sucht (Lk 15,8–10). Gott sucht so radikal die Versöhnung mit jedem, der sich verweigert, wie jener Mensch sie sucht, der nach Jerusalem ging, um dort zu opfern, dem dann vor dem Altar einfiel, dass sein Glaubensbruder „etwas gegen ihn hat“, und der seine Opfergabe „vor dem Altar zurückließ“ und sich auf den weiten Weg zurück machte, um sich mit dem Anderen zu versöhnen (Mt 5,23–24). Das Gleichnis lässt sogar offen, wer von den beiden an dem vorausgesetzten Zerwürfnis schuld war. Dem, der sein Opfern unterbricht, geht die Versöhnung über alles. Sonst darf er gar keinen Gottesdienst feiern. Und Gott, der von uns einen solchen Willen zur Versöhnung verlangt, sollte nicht selbst alles nur Erdenkliche tun, einen Menschen zurückzugewinnen?

Hält man sich diese Linien der Schrift vor Augen, so kann Hölle nicht etwas sein, das Gott über einen Menschen verhängt. Hölle kann dann nur etwas sein, das Gott auf keinen Fall und unter keinen Umständen will. Hölle wäre dann etwas, das sich der Mensch selbst wählt. Aber ist das möglich?

Im vorangegangenen Kapitel war bereits das Wort „Grundentscheidung“ aufgetaucht, und aus dem Zusammenhang war klar, was darunter zu verstehen ist: Die vielen großen und kleinen Entscheidungen eines Menschen verdichten sich immer mehr zu einer Haltung, die zur Grundausrichtung seines Lebens wird. Diese Grundausrichtung kann „von sekundären Entscheidungen überdeckt“ sein[211]. Sie ist nicht immer und ohne weiteres sichtbar. Sie kann an den Rändern zerfasert sein. Sie kann mit vielen Uneindeutigkeiten und Zwiespältigkeiten vermengt sein. Es kann sogar sein, dass sie dem Menschen, um den es geht, gar nicht bewusst ist. Doch sie ist da[212].

Wenn diese Grundentscheidung unmittelbar auf Gott selbst zuläuft, ist alles einfach und klar. Dann steht der Mensch im Tod endlich vor dem, dessen Angesicht er schon immer schauen wollte (Ps 17,15).

Es gibt aber unendlich viele Menschen, die von dem Gott Israels und der Kirche nichts wissen. Die mit größter Selbstverständlichkeit in ihrer jeweiligen Religion leben oder gelebt haben. Die zu Baal, zu Amun-Re, zu Zeus oder Donar ihre Hände im Gebet erhoben. Die bei Bedarf den je zuständigen Gott anriefen oder aber Naturkräfte und numinose Mächte verehrten. Und es gibt diejenigen – ihre Zahl nimmt zu –, die fern jeder Religion aufwachsen. Die vielleicht sogar bewusst Agnostiker oder Atheisten sind. Oder weder Agnostiker noch Atheisten, sondern einfach Menschen, denen die Frage nach Gott völlig fernliegt.

Auch bei diesen Menschen gibt es eine Grundentscheidung. Es könnte eine Grundentscheidung zum Guten sein, zur Wahrheit, zur Gerechtigkeit, zur Menschlichkeit. Sie haben auf je verschiedene Weise nach der Wahrheit gesucht – und nun stehen sie vor der absoluten Wahrheit, die ein Antlitz hat. Sie haben das Gute gewollt – und nun erblicken sie im Tod das, was sie als Gutes ersehnt haben, in dem einen Gott, dem absolut Guten. Sie haben um eine gerechte Gesellschaft gekämpft – und nun begreifen sie, dass sie sich damit genau nach dem ausgestreckt haben, was der Wille des Gottes Abrahams, Isaaks und Jakobs ist. Sie haben sich für den Frieden eingesetzt – und nun stehen sie vor dem Gott Jesu Christi, der nichts anderes will als ein Volk, das der Welt Frieden und Versöhnung bringt.

Aber gehen wir noch weiter: Nicht alle Menschen sind Helden und Kämpfer mit großen Zielen. Bei Weitem nicht alle suchen ihr ganzes Leben lang nach der Wahrheit. Und dennoch: Nur Gott weiß, was auch in ihnen an verdeckter Sehnsucht, verborgenem Guten, uneingestandener Suche nach einer besseren Welt wohnt. Im Gericht wird auch dieses Verborgene und sich nur in der Tiefe Ereignete ans Licht treten.

Man kommt an dieser Stelle freilich nicht daran vorbei, auch über Verbrecher zu reden. Über Verbrecher, die in großem Stil lügen, manipulieren, berauben, vergewaltigen, morden, vernichten – eingeschlossen natürlich die Verbrecher in Chefsesseln und teuren Anzügen, an die niemand herankommt. Sind sie die eigentlichen Kandidaten für die Hölle? Wer könnte wagen, hier ein Urteil zu fällen? Wissen wir denn, was sie zu Verbrechern gemacht hat? Oder wissen wir, was in ihren Köpfen wirklich vorgeht beziehungsweise eben nicht vorgeht? Müssen wir nicht auch mit der Möglichkeit rechnen, dass ihnen jedes Schuldbewusstsein fehlt, so dass ihre Verbrechen auf einer vorpersonalen Ebene geschehen? Kennen wir das Innerste ihrer Existenz, den Raum, in dem sich die Grundentscheidung ihres Lebens vollzieht? Wollen sie das Böse als Böses?

Aber damit ist die Frage nach der Hölle noch immer nicht gelöst. Angenommen, es gäbe einen Menschen, der durch all die geschilderten Raster hindurchfiele. Der das Gute nicht will, sondern das Böse – und der es will, *weil* es das Böse ist. Der die Wahrheit nicht will, sondern die Lüge und sie bis in die Tiefe seiner Existenz lebt. Der sagt: „Ich bin mir selbst genug. Ich bin mein eigener Sinn. Ich will nur mich. Mich ganz allein." Es ist zwar schwierig, sich einen solchen Menschen vorzustellen[213]. Aber die Schriftsteller beschreiben ihn und die Dichter reden von ihm. Wissenschaftler schildern die Ästhetik des bewusst Bösen in der Literatur, dass es einem den Atem verschlägt[214].

Wenn es diesen Menschen gäbe, der mit der Grundentscheidung seiner Existenz nur sich selbst suchte und sich allem anderen verweigerte, so müsste Gott ihn sich selbst überlassen, seinem eigenen In-sich-selbst-Eingeschlossensein. Gott kann ihn ja nicht überwältigen und erst recht nicht vergewaltigen. Ein solcher Mensch hätte dann wirklich nur noch sich selbst – und genau das wäre die Hölle.

Man kann nur hoffen, dass es einen solchen Menschen nicht gibt. Man kann nur hoffen, dass sich auch in solchen Fällen die Gnade Gottes als siegreich erweist, indem sie schon vor dem Tod des Betreffenden das selbstgeschaffene Gefängnis seiner Existenz aufsprengt. Man kann nur hoffen, dass die Hölle leer ist oder besser: dass niemand sich selbst zur Hölle macht. Aber solche Aussagen sind eben angesiedelt auf der Ebene reiner Hoffnung. Wir wissen es nicht.

Die Hölle bleibt eine furchtbare Möglichkeit, und deshalb redet die Bibel von ihr. Sie einfach theologisch zu verabschieden und eine endzeitliche Allversöhnung an ihre Stelle zu setzen, wäre nicht statthaft. Wer die Rede vom Bösen, von dem Schrecklichen, zu dem der Mensch fähig ist, und von den Höllen, die er sich selbst bereitet, aus der Welt haben will, macht die Welt nicht heller und menschlicher, sondern vernebelt ihre Abgründe. Denn die Rede von der Hölle öffnet uns den Blick für die weitreichende und folgenreiche Entscheidung, in der wir Tag für Tag stehen: das Böse in der Welt einfach gewähren zu lassen, vor dem Leid, dem Unrecht, der Gewalt die Augen zu verschließen – oder gegen das Böse in uns selbst und in der Gesellschaft mit Geduld und im Geiste des Evangeliums anzuarbeiten.

Die Rede von der Hölle ist um des nüchternen Realismus willen gefordert, mit dem wir auf die Geschichte blicken müssen. Die Rede von der Hölle ist um unserer ungeheuren Verantwortung willen gefordert. Sie muss aber immer ein Gegengewicht haben, das viel schwerer wiegt: den absoluten Heilswillen Gottes.

6. Der ganze Mensch

Bisher war in diesem Buch immer von der „Auferstehung der Toten" die Rede. Diese Redeweise war auch völlig korrekt. Sie begegnet im Neuen Testament häufig[215], und sie ist fester Bestandteil der christlichen Glaubenssprache geworden. Im sogenannten „Großen Glaubensbekenntnis"[216] heißt es:

Wir erwarten die Auferstehung der Toten
und das Leben der kommenden Welt.

Allerdings: Das Große Glaubensbekenntnis tritt als offizielle Formel erstmals auf dem Konzil von Chalkedon im Jahre 451 in Erscheinung[217]. Davor und danach spielte das sogenannte „Apostolische Glaubensbekenntnis" eine viel größere Rolle. Es ist kürzer und geht in seinen wesentlichen Bestandteilen auf das römische Taufbekenntnis zurück, neben dem zahlreiche ihm ähnliche, aber an andere Ortskirchen gebundene Bekenntnisse existierten. Und in all diesen kürzeren Bekenntnissen ist – falls die Auferstehung genannt wird – nicht von der „Auferstehung der Toten" die Rede, sondern von der „Auferstehung des Fleisches"[218]. Im Apostolischen Glaubensbekenntnis heißt es[219]:

Ich glaube an den Heiligen Geist,
die heilige katholische[220] Kirche,
Gemeinschaft der Heiligen,
Vergebung der Sünden,
Auferstehung des Fleisches
und das ewige Leben.

Weshalb ist hier vom „Fleisch" die Rede? Was steht hinter dieser Formulierung, die bis ins 2. Jahrhundert zurückgeht[221] und die bis heute im sonntäglichen Gottesdienst gesprochen wird?[222]

„Fleisch" in der Bedeutung, wie sie hier vorliegt, ist uns durchaus ungewohnt. Wenn wir „Fleisch" hören, denken wir an Metzgerläden, Speisekarten oder an einen Badestrand voll sonnenhungriger Leiber. In der Bibel meint „Fleisch“ aber oft mehr als nur „Körper“ oder Teile von Tieren. Es kann den Menschen schlechthin bezeichnen, alles, was er ist, seine ganze Existenz. Für unseren Zusammenhang wichtig ist die biblische Wendung „alles Fleisch“. Gemeint ist damit die gesamte Menschheit oder sogar alle Lebewesen. „Alles Fleisch“ soll Gott loben, sagt Psalm 145,21. „Ich werde meinen Geist ausgießen über alles Fleisch“, heißt es in Joël 3,1. Dabei kann der Akzent durchaus auf der Hinfälligkeit des Menschen liegen, auf seiner Schwäche, auf seiner Vergänglichkeit. Und doch ist dann stets der ganze Mensch gemeint: alles, was ihn ausmacht, alles, was zu ihm gehört.

Was aber hat die frühe Kirche dazu gebracht, gerade von der „Auferstehung des Fleisches“ zu sprechen? In griechischen Ohren musste das krass und anstößig klingen. Wie anstößig es war, zeigt ein Text des aufgeklärten Philosophen Celsus (2. Hälfte 2. Jh. n. Chr.). Er verhöhnt in diesem Text die „blödsinnige Lehre“ der Christen, die an eine Auferstehung des verfaulten Fleisches glauben[223]:

Dass man [bei dem Glauben an eine leibliche Auferstehung] aus der Erde aufsteigt mit dem gleichen Fleisch wie ehedem: wahrlich ein Hoffnung würdig für Würmer! Welche menschliche Seele könnte wünschen, wieder in einen verfaulten Körper einzugehen. […] Der Seele kann Gott sehr wohl ein unsterbliches Leben schenken. „Aber die Kadaver sind“ – wie schon Heraklit sagt – „weniger wert als Mist.“ Ein Fleisch unsterblich machen, das voll von Eigenschaften ist, die man dezenterweise nicht einmal nennen möchte, das will Gott nicht und könnte er auch gar nicht.

Dieser Text zeigt in aller Deutlichkeit, warum die frühchristlichen Taufbekenntnisse nicht einfach von der „Auferstehung der Toten“ sprachen. Es hing eindeutig mit einer bewussten Frontstellung zusammen. Schon sehr früh gab es Spielarten christlicher

Theologie, die den Leib und die Leiblichkeit des Menschen missachteten. Erlösung sei Entweltlichung, sei Entkommen aus dem Leib, sei die Überwindung alles Körperlichen und Materiellen. Erlösung bedeute gerade, dass das Göttliche im Menschen frei werde vom Leib und in eine Sphäre reiner Geistigkeit erhoben werde[224]. Wir haben dieses Denken bei Platon kennengelernt[225] und bei einem bestimmten Typ griechischer und römischer Grabinschriften. Es zeigt sich auch bei einem späteren Platoniker wie Celsus. Es war in der Spätantike weitverbreitet.

Wo die Kirche an ihrer Herkunft aus Israel und an ihrer apostolischen Überlieferung festhielt, war eine solche Erlösungsvorstellung jedoch undenkbar. Gott hatte den Menschen mit seiner Leiblichkeit, ja seiner ganzen Materialität eigenhändig geformt und ihm seinen Geist eingehaucht (Gen 2,7). Erlösung musste deshalb den Leib mitumfassen.

Aber mehr noch: Inbegriff aller Erlösung war Jesus Christus. Er war das Urbild des Menschen, wie er von Gott her sein sollte. In ihm war der Logos Gottes selbst Mensch geworden. Jesus war nicht nur wahrer Gott, sondern wahrer Mensch. Er hatte keinen Scheinleib und war auch nicht die Epiphanie eines Gottes, der sich als Mensch verkleidet hatte[226]. Das Johannesevangelium sagt das alles in dem lapidaren Satz: „Und das Wort ist Fleisch geworden“ (Joh 1,14).

Genauso wichtig: Jesus ging es stets um den ganzen Menschen, nicht nur um dessen Seele. Das zeigen seine Heilungstaten an Hinfälligen und Kranken, an Gestörten und Traumatisierten[227]. Er predigte nicht: „Flieht die Welt und überwindet den Leib!“, sondern er verkündete die Gottesherrschaft, die alles verändern sollte: Leib und Geist, Welt und Geschichte (vgl. Teil III, 1.2).

Vor diesem jesuanischen Hintergrund richtete sich das Stichwort „Fleisch“ in Joh 1,14 eindeutig gegen Irrlehrer, die Erlösung als Befreiung vom Leib und der bösen Materie verstanden[228]. Dezidiert reden von da an frühchristliche Theologen immer wieder vom „Fleisch“ Jesu Christi und vom „Fleisch“ der Auferstehung[229], um das genuin Jüdisch-Christliche gegen jede Form von Weltverachtung und Leibfeindlichkeit zu verteidigen[230]. Am schärfsten und prägnantesten formuliert es der Nordafrikaner Tertullian (geb. im 2. Jh. n. Chr.)[231]:

Caro salutis est cardo.
Das Fleisch ist der Angelpunkt des Heils.

Was bedeutet das alles in unserem Zusammenhang? Es bedeutet: Die Auferstehung erfasst den ganzen Menschen und nicht nur einen Teil von ihm. Sie erfasst alles, was ihn ausmacht: seine Freuden und seine Leiden – sein Glücklichsein und sein Traurigsein – alles, was er in seinem Leben erarbeitet hat, und alles, was er erlitten hat – was er selbst vollbracht hat und was ihm geschenkt wurde – die großen Dinge, die er gedacht hat, und die kleinen Dinge, die er in täglicher Treue getan hat – alle Stunden, die er durchgehalten hat – jede Träne, die er geweint hat – jedes Lächeln, das über sein Angesicht gegangen ist – kurz: die gesamte Geschichte seines Lebens. Denn dies alles hängt mit dem Leib zusammen. Leib und Seele durchdringen sich. Der Mensch „hat" nicht einen Leib, sondern er „ist" Leib, und er „hat" nicht eine Seele, sondern er „ist" Seele. Er kann nur als psycho-somatische Einheit begriffen werden. Wenn die Bibel vom „Fleisch" spricht, setzt sie gerade diese Einheit voraus. Selbstverständlich muss der Mensch gerichtet, geläutert und geheiligt werden (siehe Teil IV, 2.4). Aber er soll eben in seiner Ganzheit erlöst werden.

Freilich verlangt das Gesagte noch mehr Präzision. Was hier aufgezählt wurde, könnte ja völlig auf den Einzelnen bezogen sein: auf seine private Geschichte, die dann isoliert und abgeschnitten von der Geschichte der anderen Menschen im Blick wäre.

Doch in diesem Sinn isolierte Existenz gibt es überhaupt nicht. Jeder Einzelne ist durch tausend Fäden mit anderen verbunden: mit seinen Eltern, seinen Geschwistern, Freunden, Nachbarn, Bekannten, Zeitgenossen. Er ist vor allem auf das Tiefste verbunden mit denen, die er liebt. Er kann überhaupt nicht Mensch werden ohne andere. Er kann kein „Ich" werden ohne das „Du“. Individualität, Selbst-Sein, Personsein gibt es nicht ohne die lebendige Verknüpfung mit anderen. Als Person leben heißt „in Beziehung leben“. Existieren heißt „andere erfahren“.

Die Auferstehung des Fleisches muss das alles mitumfassen. Wenn bestimmte Bücher Teil meiner Personwerdung gewesen sind, dann muss meine Beziehung zu diesen Büchern mitauferstehen. Wenn ein Garten, der von mir bebaut und gepflegt wurde, ein Stück meines Lebens gewesen ist, dann wird meine Beziehung zu diesem Garten, mein Bebauen und Pflegen, mitauferstehen. Wenn ein geliebtes Tier ein Stück meines Lebens gewesen ist, dann wird meine Beziehung zu seiner Anhänglichkeit und Treue mitauferstehen. Aber viel wichtiger noch: Wenn ein anderer Mensch mein Freund geworden ist, einer, der stets da war und immer geholfen hat, dann wird das „Mitsein“ mit ihm Teil meiner Auferstehung werden. Schließlich und vor allem: Wenn sich zwei Menschen geliebt haben, wenn sie ihr Leben geteilt haben, wenn jeder ein Stück des Anderen wurde, wenn sie biblisch gesprochen „ein einziges Fleisch“ wurden[232], dann wird Auferstehung alles, was sie einander geschenkt haben, mitumfassen.

Die Beispiele wären noch lange fortzusetzen. Der biblische Begriff des „Fleisches“ umschließt das alles. Von dem Russen Jewgeni Alexandrowitsch Jewtuschenko (geb. 1932) gibt es ein Gedicht mit dem Titel „Die Menschen“. Der zweite Teil dieses Gedichtes kann das, was ich hier sagen will, verdeutlichen[233]:

Jeder hat seine geheime, persönliche Welt.
Es gibt in dieser Welt den besten Augenblick,
es gibt in dieser Welt die schrecklichste Stunde;
doch das alles ist uns verborgen.

Und wenn ein Mensch stirbt,
so stirbt mit ihm sein erster Schnee,
sein erster Kuss in der Nacht und sein erster Zorn …
all das nimmt er mit sich. […]

Dies ist das Gesetz des unbarmherzigen Spiels.
Nicht Menschen sterben, sondern Welten. […]

Was wissen wir über die Freunde, die Brüder,
was wissen wir schon von unserer Liebsten?
Und über unseren eigenen Vater
wissen wir, die wir alles wissen, nichts.

Die Menschen gehen fort – da gibt es keine Rückkehr.
Ihre geheimen Welten können nicht wiedererstehen.
Und jedes Mal möchte ich von neuem
diese Unwiederbringlichkeit hinausschreien.

Dieses Betroffensein von der unverwechselbaren „Welt“, die zu jedem Menschen gehört, ist notwendige Voraussetzung, wenn man begreifen will, was der christliche Glaube an die Auferstehung des Fleisches besagt. Auferstehung heißt eben, dass der ganze Mensch zu Gott gelangt, der Mensch mit seinem ersten Kuss und mit seinem ersten Schnee – eben mit der ganzen Geschichte seines Lebens.

„Nicht Menschen sterben, sondern Welten.“ Mit diesem Satz klingt auch bei Jewtuschenko an, dass zu jedem Einzelnen eine ganze Welt gehört: eben auch die Welt der Eltern, der Freunde und derer, die er mit seiner ganzen Existenz geliebt hat. Bei Jewtuschenko allerdings geht das alles dann unwiederbringlich unter. Im christlichen Glauben geht es nicht unter, sondern es wird auferweckt. Nichts geht verloren, nicht einmal die kleinste Erinnerung. Alles, was wir in diesem Leben leidvoll und fröhlich gelebt haben, wird zum „Stoff“ des ewigen Lebens vor Gott werden – freilich aufgearbeitet, geläutert, verwandelt.

Wäre es nicht so – würde nicht unsere gesamte Vergangenheit in das Leben vor Gott eingeholt und mit unserer Vergangenheit ein Stück Welt – dann wäre ewiges Leben ein uns fremder Neuanfang, ein Jenseits im schlechten Sinn, eine Hinterwelt, die mit unserem Leben und unserer Geschichte nichts mehr zu tun hätte[234].

In einem christlichen Altersheim notierte ich mir vor vielen Jahren einen Spruch, der dort mit großen Buchstaben an die Wand der düsteren Empfangshalle gemalt war:

Nichts wird mitgenommen,
was hier Erde heißt,
so wie angekommen,
wird auch abgereist.

Dieser Spruch war nicht nur ein Schlag ins Gesicht der alt gewordenen Frauen und Männer, die dort ihre letzten Jahre verbrachten und denen auf diese Weise täglich ihre „Abreise" angedroht wurde. Er war auch theologisch grundfalsch, weil er die Auferstehung des Fleisches verschwieg und die Erde verleugnete. Denn das Bekenntnis zur Auferstehung des „Fleisches" meint eben nicht nur den Körper, sondern die ganze Geschichte des Menschen, diese wunderbare, abenteuerlich verschlungene Geschichte mit ihren Tränen und ihren Ekstasen, ihren Traurigkeiten und ihren Seligkeiten – alles wird „mitgenommen" in das ewige Leben mit Gott.

7. Die ganze Geschichte der Welt

Das vorangegangene Kapitel wollte auf etwas hinweisen, das im Grunde eine Selbstverständlichkeit ist: Der Mensch ist mehr als ein isoliertes Individuum. Zu seiner Menschwerdung braucht er die Begegnung mit anderen. Und auch wenn er dann „halbwegs" Mensch geworden ist, kann er gar nicht wirklich Person sein ohne die vielfältigsten Beziehungen zu anderen Menschen.

Diese Einsicht ist nun aber noch auszuweiten. Denn die Vielen, denen jeder in seiner eigenen Lebensgeschichte begegnet und die ihm zu seinem Selbstsein verhelfen, sind ja selbst wieder mit vielen anderen Menschen verbunden. Kommunikationsforscher sagen, jeder Mensch kenne etwa 150 Personen genauer, von denen jeder wiederum etwa 150 Personen genauer kenne – und so fort. Und dieses Sich-Kennen sei immer auch mit gegenseitigem Sich-Beeinflussen verbunden.

Die These der Kommunikationsforscher stimmt. Man braucht nur in seinem Adressbuch nachzuzählen, alle reinen Geschäftsverbindungen abzuziehen und die Vielen hinzuzuzählen, die man in früheren Jahrzehnten gekannt hat und die gar nicht mehr im aktuellen Adressbuch auftauchen. Wir leben tatsächlich in einem Netz von Beziehungen und Interaktionen, das sich dann über unsere Bekannten räumlich und zeitlich immer weiter ausdehnt. Es umfasst alle Räume und Zeiten der menschlichen Geschichte. Die Menschheit ist in einem viel tieferen Sinn eine Einheit, als es auf den ersten Blick erscheint. Ich bin verbunden mit dem, der einst das Rad erfunden hat und so die für Transporte übliche Stangenschleife von Grund auf veränderte. Ich bin mit ihm verbunden, denn wenn ich Auto fahre und bei zahllosen anderen Gelegenheiten, lebe ich von seiner vortrefflichen Entdeckung. Ich bin verbunden mit denen, die das Dach erfunden haben, denn ich lebe in einem Haus, das auch bei Starkregen trocken bleibt. Ich bin verbunden mit den Unzähligen, die dazu beigetragen haben, die menschliche Sprache immer differenzierter und flexibler zu machen, denn ich lebe von der Sprache. Ich bin zutiefst verbunden mit denen, die einst die geniale Idee hatten, Schriftzeichen zu erfinden, denn ich lebe von der Schrift.

Man könnte mit solchen Beispielen noch lange fortfahren. Dabei würde sich zeigen, dass wir nicht nur verbunden sind mit Menschen, die nützliche Erfindungen gemacht haben, sondern mit den kollektiven Erinnerungen und dem objektiven Geist ganzer Epochen. Man muss deshalb von einer unendlichen Vernetzung sprechen. Ohne diese Vernetzung könnten wir überhaupt nicht leben. Übrigens wird sie immer intensiver werden. Das sprunghafte Wachsen moderner Informationstechnik wird zu einer (positiv und negativ sich auswirkenden) Verflechtung der Menschheit führen, die vor hundert Jahren noch unvorstellbar war.

Was bedeutet das alles für die Auferstehung der Toten? Es bedeutet, dass Auferstehung überhaupt keine ausschließlich individuelle Auferstehung sein kann. Der Einzelne, der in seinem Tod Gott begegnet, kann ihm nur zusammen mit allen Toten der Weltgeschichte begegnen. Denn das, was der je Einzelne ist, ist er eben nicht ohne die Anderen. Er hat von ihnen gelebt. Er hat ihre Gedanken aufgegriffen oder sich von ihrem Denken distanziert. Ihm ist durch andere Menschen Freiheit ermöglicht worden, und er hat anderen Freiheit ermöglicht – oder auch unmöglich gemacht. Er hat andere Menschen beschädigt oder ist durch andere auf das schwerste beschädigt worden. Also kann er auch nur im Zusammenhang mit all diesen Anderen gerichtet werden.

Das göttliche Gericht über den Einzelnen muss also zusammenfließen mit dem Gericht über alle. Denn die Taten des Einzelnen sind eben – in Übereinstimmung oder Distanzierung – verknüpft und vernetzt mit den Taten vieler anderer Menschen[235]. Und natürlich nicht nur mit ihren „Taten", sondern mit den Wertvorstellungen, den Weltdeutungen und den Leitbildern ganzer Epochen. Wer in Deutschland in Zeiten des „Dritten Reiches" lebte, lebte *mit* der nationalsozialistischen Ideologie. Er wurde auf jeden Fall zum „Täter". Er hatte dabei vier Möglichkeiten – natürlich mit vielen Zwischenformen: a) Er konnte die Ideologie von Volk, Reich und Führer dumpf und willenlos übernehmen. b) Er konnte sich dem Nationalsozialismus in freier Entscheidung anschließen. c) Er konnte in stiller, geheim gehaltener „Resistenz" leben[236]. d) Er konnte öffentlich Widerstand leisten, wobei ihm dann in den allermeisten Fällen der Tod sicher war.

Ähnlich ist es bei vielem anderen. Wir alle sind – in Ablehnung oder Übernahme – mit den Ideologien und den Sinnwelten unserer Epoche verknüpft. Deshalb kann die Auferstehung zum Gericht niemals nur den Einzelnen betreffen. Auch die Epochen der Weltgeschichte werden gerichtet – mit allen, die in sie verwickelt sind.

Von daher gesehen ist es kein Zufall, dass die Bibel stets im Plural von der „Auferstehung der Toten" redet – und dies selbst im Fall Jesu. Von ihm wird im Neuen Testament, wie wir sahen, als von dem „Erstling“ oder dem „Anfang“ der allgemeinen Totenauferstehung gesprochen[237]. Die frühen Christen waren überzeugt, dass die Auferstehung Jesu das Ende der Welt eingeleitet hatte, und dass die Auferstehung aller Lebenden und Toten deshalb schon in allernächster Zeit geschehen würde[238].

Erst als das Weltende ausblieb, stand die christliche Theologie vor der Aufgabe, die „letzten Dinge“ des Einzelnen mit der Auferstehung der Toten am Ende der Welt in ein geschlossenes Vorstellungssystem zu bringen. Das sah dann folgendermaßen aus: Der Einzelne stirbt, aber nur seine Seele gelangt zu Gott. Seine Seele wird individuell gerichtet und lebt danach, falls sie das Gericht bestanden hat, (eventuell nach einer bemessenen Zeit im Fegfeuer) in der vollen Anschauung Gottes. Am Ende der Welt erfolgen dann die leibliche Auferstehung und das allgemeine Weltgericht. Dieser Vorstellungskomplex beherrschte jahrhundertelang Theologie und Volksfrömmigkeit. Er barg jedoch – jedenfalls in der Form, in der er sich meist darstellte – in sich zwei Probleme:

1. Der Leib des Menschen wurde auf diese Weise entwertet, ja überflüssig gemacht. Wenn nämlich die Seele nach Tod, individuellem Gericht und Läuterungsgeschehen schon in der vollen Anschauung Gottes lebt, ist das spätere Hinzukommen des Leibes bei der Auferstehung der Toten eine Zutat, die genau genommen gar nicht mehr notwendig ist. Die Seele existiert ja schon vorher in Seligkeit bei Gott. Wozu dann noch der nachgelieferte Leib?

2. Die ganze Konstruktion machte meist völlig unreflektiert die Voraussetzung, dass jenseits des Todes die Zeit genauso abläuft wie vor dem Tod: Stunden, Tage, Jahre, Jahrhunderte. Dem Ablauf der irdischen Geschichte entsprach in genauer Parallelität der Ablauf des Lebens bei Gott: Die einzelne Seele muss warten, bis die Weltgeschichte an ihr Ende gekommen ist und die Auferstehung der Toten geschieht. Dieselben Theologen, die wussten, dass man über alles, was die Welt Gottes betraf, nur in „analogen“ Begriffen[239] sprechen kann, machten für die-

sen „Zwischenzustand" plötzlich eine Ausnahme: Irdische Zeit und „Zeit" bei Gott waren dasselbe oder einander doch „kommensurabel", das heißt: „vergleichbar" oder besser: „messbar zugeordnet".

Allerdings muss man dem gerade geschilderten traditionellen Vorstellungskomplex zugestehen, dass er für den postulierten Zwischenzustand etwas durchaus Richtiges und sogar überaus Wichtiges gesehen hatte: nämlich die Vernetzung, von der in diesem Kapitel ausführlich die Rede war. „Person" sind wir immer nur aus der Kommunikation mit anderen. Deshalb sagen inzwischen viele und bedeutende Theologen: Der einzelne Mensch, selbst wenn er schon bei Gott ist, kann erst dann *ganz und vollendet* bei Gott sein, wenn all das geläutert und aufgearbeitet ist, was ihn mit denen verbindet, die noch auf Erden leben – etwa das Leid, das er anderen zugefügt hat. Joseph Ratzinger formuliert das in diesem Sinn noch Ausstehende und Unvollendete folgendermaßen[240]:

> *Kann ein Mensch ganz fertig und am Ende sein, solange seinetwegen noch gelitten wird, solange Schuld, die von ihm ausgeht, auf Erden weiterglimmt und Menschen leiden macht?*

Die deshalb notwendige Aufarbeitung ziehe sich die gesamte Geschichte entlang, weil alle Menschen voneinander abhängig und miteinander vernetzt seien – Joseph Ratzinger spricht von der „Interdependenz aller Menschen" und erklärt sie so[241]:

> *Jeder Mensch existiert in sich und außer sich; jeder existiert zugleich in den anderen, und was im Einzelnen geschieht, wirkt auf das Ganze der Menschheit; was in der Menschheit geschieht, geschieht an ihm.*

Erst „wenn alle Geschichte ausgelitten" sei, könnten die vorher Verstorbenen – selbst wenn sie ihres endgültigen Heiles bereits sicher wären – ganz fertig und ganz vollendet sein. Eben darin habe die Vorstellung vom Zwischenzustand zwischen der Erlösung des Einzelnen und dem Weltgericht am Ende der Geschichte ihre theologische Berechtigung.

Das leuchtet ein und deckt sich mit dem, was ich über die Läuterung im Tod (Teil IV, 4) und die Vernetzung der vielen Einzelnen gesagt habe. Das Problem besteht nur darin: Der mit Recht geforderte „Zwischenzustand“ kann sich erneut mit einem unreflektierten Zeitschema verbinden. Das mit überzeugenden Argumenten eingeforderte „Zwischen“ wird dann oft *irdisch*-zeitlich vorgestellt, weil ja das Ende der Geschichte noch ausstehe und damit die Geschichte noch nicht ausgelitten sei[242].

Zwar ist die Aufarbeitung alles dessen, was uns mit anderen Menschen an Misslungenem und Bösem verbindet, tatsächlich unumgänglich. Diese Aufarbeitung geschieht bei der Läuterung im Tod. Insofern muss es ein „Zwischen“ und eine prozesshafte „Interaktion“ mit anderen Menschen geben, die gerade auch den „Leib“ betrifft.

Aber dieser Prozess darf – soweit er die Jenseitsperspektive betrifft – eben nicht mehr *irdisch*-zeitlich gedacht werden und erfordert für den Verstorbenen kein „zeitliches“ Warten, bis die Geschichte an ihr Ende gelangt ist. Denn genau das hieße, die „Zwischenzeit“ des Läuterungsprozesses mit der irdisch-ablaufenden Geschichtszeit *kommensurabel* parallel zu setzen[243].

Deshalb dürfen wir davon ausgehen, dass individuelles Gericht im Tod und allgemeines Gericht am Ende der Welt in eins fallen. Sie sind nicht identisch, können aber auch nicht voneinander getrennt werden – weder sachlich noch im Sinne *irdischer* Zeit. Und deshalb ist auch die Begegnung mit Gott im Tod ein Geschehen, das nicht von der Auferweckung aller Toten getrennt werden kann. Aus diesem Grund habe ich von der Begegnung des „ganzen Menschen“ und dann eben auch von der Begegnung der „ganzen Geschichte“ mit Gott gesprochen.

Natürlich setzt solche Rede einen durchdachten Zeitbegriff voraus. Darüber ist in einem späteren Kapitel noch ausführlich zu sprechen (Teil IV, 10). Genauer zu sprechen ist dann auch über das, was hier „Interaktion“ zwischen den Lebenden und den Verstorbenen genannt wurde (Teil V, 1). Heutige Arbeiten über Themen der Eschatologie sind sich dieser ganzen Problematik durchaus bewusst. Sehr viele katholische Theologen sprechen inzwischen, wenn auch mit mancherlei Variationen, von einer „Auferstehung im Tod“[244].

Allerdings führen zu dem Vorstellungsschema „Auferstehung im Tod“ zwei völlig verschiedene Zugangswege[245]. Der eine Weg geht von dem Begriff der Seele aus. Er fragt: Was ist eigentlich die Seele, die Gott im Tod begegnet? Hat sie nichts mit dem Leib zu tun? Hat sie nicht ihren ganzen Leib und ihre gesamte Geschichte verinnerlicht? Und ist deshalb in der Begegnung des Menschen mit Gott im Tod nicht schon der „Anfang“ der leiblichen Auferstehung gegeben?

Der andere Zugangsweg geht von einem Diskurs über die Zeit aus. Er fragt: Gibt es „im“ Tod oder „nach“ dem Tod überhaupt noch Zeit im irdischen Sinn? Zumindest kann diese jenseitige „Zeit“ mit irdischer Zeit nicht mehr kommensurabel sein. Aus diesem Grund kann das „Zwischen“ bis zur allgemeinen Auferstehung der Toten auch nicht einfach mit der Begrifflichkeit irdischer Zeit formuliert werden. Deshalb: Auferstehung „im“ Tod, wobei selbstverständlich auch dieses „im“ ein analoger, nicht mehr vorstellbarer Begriff ist.

8. Die ganze Schöpfung

Wir haben gesehen, was Auferstehung bedeutet: Der ganze Mensch gelangt zu Gott mit allem, was zu ihm gehört: mit der prallen und farbigen Geschichte seines Lebens. Wir haben außerdem gesehen: Die Geschichte jedes einzelnen Lebens ist verwoben mit den Lebensgeschichten vieler anderer Menschen, ja mit den Entwicklungen und Sinnwelten ganzer Epochen. Deshalb muss mit dem je Einzelnen die Geschichte aller Menschen zu Gott gelangen.

Beide Aussagen reichen aber noch immer nicht aus. Auferstehung ist noch einmal mehr: Mit Jesu Auferstehung beginnt dem Neuen Testament zufolge das, was die alttestamentliche und frühjüdische Apokalyptik[246] „neue Schöpfung" nennt beziehungsweise die Erschaffung eines „neuen Himmels und einer neuen Erde"[247]. Die Auferstehung Jesu betrifft deshalb nicht nur die Menschenwelt, sondern zusammen mit der Menschenwelt den gesamten Kosmos. Im Auferstandenen kommt nicht nur die Menschheitsgeschichte an ihr Ziel. In ihm findet auch das Universum seine Vollendung. Das klingt hochgegriffen. Aber genau das sagt das Neue Testament – und dieses Kapitel möchte es zeigen.

Wenn in der Auferstehung der Toten, die mit Jesus beginnt, nicht nur der *Mensch,* sondern der ganze *Kosmos* zu seinem Ziel kommt, so ist damit eine unlösliche Verknüpfung zwischen Mensch und Kosmos behauptet. Dass man diese Verknüpfung ernst nehmen muss, ist leicht einsehbar. Der Planet Erde ist Teil des Sonnensystems, unser Sonnensystem umkreist die Mitte der Milchstraße, die Milchstraße ist eine von vielen Milliarden Galaxien – und das Universum der Galaxien expandiert seit dem „Urknall" vor etwa 13,8 Milliarden Jahren mit unfassbarer, immer noch zunehmender Geschwindigkeit. Irgendwo in diesen nicht mehr vorstellbaren Räumen wird unser Planet um die Sonne geschleudert. Was aber auf dem – angesichts des Weltraums – winzigen Planeten Erde geschah, ist atemberaubend: Hier entstand Leben, das sich immer komplexer organisierte und schließlich zum Ort für den menschlichen Geist wurde.

Biologen, die diese molekulare Evolution untersuchen, sagen, das Ur-Bakterium, aus dem sich alle späteren Organismen unseres Planeten entwickelt hätten, müsse in heißen Quellen entstanden sein, habe dort Kohlendioxid und Wasserstoff geatmet und sei bemerkenswert metallreich gewesen.

Aus diesen organischen Anfängen hat sich der Mensch in einer langen und hochdifferenzierten Evolution entwickelt. Er stammt aus dem Stoff der Erde und damit aus dem Staub und dem Gas der Sterne. Und er lebt bis heute von der Erde, der Sonne und dem Wasser. Mensch und Kosmos, Geist und Welt gehören untrennbar zusammen. Ein weltloses Menschsein ist undenkbar. „Die Materie und deren Entfaltung bilden die Vorgeschichte des Geistes“ (J. Ratzinger[248]).

Die Bibel ist sich dieser festen Verbindung zwischen Mensch und Kosmos voll bewusst. Man braucht ja nur die ersten Seiten des Alten Testaments aufzuschlagen. Da wird die Erschaffung der Welt erzählt. Von Himmel und Erde, Land und Meer, Pflanzen und Bäumen, Sonne, Mond und Sternen, von Fischen und Vögeln, Vieh und Wildtieren ist da die Rede. Dann wird der Mensch erschaffen als Herrscher und Hüter über alle Pflanzen und Tiere. Und abschließend heißt es:

So wurden vollendet der Himmel und die Erde
mit ihrem ganzen Heer. (Gen 2,1)

„Heer“ *(zeba)* – damit könnte das Heer der Sterne gemeint sein (vgl. Jes 40,26) und dann entsprechend das Gewimmel der Tiere und Menschen[249]. Die Septuaginta, die griechische Übersetzung des Alten Testaments, die schon im 3. Jahrhundert vor Christus entstanden ist, formuliert deshalb mit einem gewissen Recht:

So wurden vollendet der Himmel und die Erde
mit ihrem ganzen Schmuck (kosmos).

Mitten in all dem der Mensch! Dieses unauflösbare Verwobensein des Menschen mit dem übrigen Kosmos zeigt sich im Alten Testament auch darin, dass nicht nur der Mensch immer wieder zum Lobpreis Gottes aufgerufen wird, sondern darüber hinaus die gesamte Schöpfung.

Alle Engel und die himmlischen Heere, Sonne und Mond, Feuer und Hagel, Schnee und Nebel, Berge und Hügel, die wilden Tiere und alles Vieh, die Kriechtiere und alle Vögel, die jungen Männer und alle jungen Mädchen, alle Menschen, sämtliche Kreaturen und selbst die Tiefen der Erde

sollen loben den Namen des Herrn,
denn sein Name allein ist erhaben,
und seine Hoheit strahlt über Erde und Himmel.

Diese Aufzählung ist Psalm 148 entlang gegangen. Er bildet zusammen mit den Psalmen 146–150 den grandiosen Abschluss des Psalters. Die fünf letzten Psalmen sind dabei als ein *endzeitlicher Ausblick* komponiert. Sie wollen sagen: Es wird der Tag kommen, an dem die gesamte Schöpfung zum Lobpreis Gottes wird. Mit diesem Finale endet der Psalter, in dem vorher immer wieder von Elend, Zwietracht, Krieg, Not und Tod die Rede war. Am Ende wird das Universum reiner Lobpreis sein – die ganze Schöpfung mitsamt Sonne und Mond, Schnee und Nebel, Pflanzen, Tieren und Menschen[250].

Doch wie kann die außermenschliche Schöpfung Gott preisen? Selbstverständlich kann sie es nicht aus sich. Sie kann es nur, weil der Mensch die Welt immer wieder genau, aufmerksam und staunend betrachtet, dabei die Gewalt und Schönheit der Schöpfung wahrnimmt und sich dann zu ihrer Stimme macht. Er wird so vor Gott zum „Mund" des gesamten Kosmos. Gerade auf diese Weise werden Mensch und Kosmos über alle physischen Identitäten hinaus zu einer letzten und nicht mehr aufzuhebenden Einheit. Wenn der Mensch als Mund aller Schöpfung reiner Dank und Lobpreis ist, hat er die Schöpfung verinnerlicht, ist er eins mit ihr geworden, gibt er ihr Geist und Sinn.

Das Alte Testament ist also erfüllt von dem Gedanken der Einheit der Schöpfung. Es beschwört diese Einheit aber noch von einer ganz anderen Seite her: Der Mensch kann zwar Gott preisen und sich so zur Stimme der Schöpfung machen. Er kann aber auch *gegen* die Schöpfungsordnung handeln. Und dann zerstört er nicht nur sich selbst, sondern auch seine Lebenswelt – und nicht nur seine unmittelbare Lebenswelt, sondern die ganze Erde. Bei den Propheten Israels gibt es breite Schilderungen, wie das Chaos in der Gesellschaft zum Chaos in der Natur führt[251]. So etwa in Jes 24,3–7:

Verheert wird die Erde, verheert,
ausgeplündert wird sie bis zur Erschöpfung.
Ja, der HERR hat dieses Wort gesprochen.

Es ist verdorrt, es ist verwelkt die Erde,
der Erdkreis ist zerfallen, er ist verwelkt,
die Hochgestellten der Erde[252] *verschmachten.*

Die Erde ist entweiht durch ihre Bewohner,
denn sie haben die Weisungen übertreten,
die Gesetze überschritten,
den ewigen Bund gebrochen.

Darum zerfrisst ein Fluch die Erde,
und ihre Bewohner müssen es büßen.

Darum schwinden die Bewohner der Erde dahin,
was an Menschen noch übrig bleibt –
es ist schnell gezählt.

Der Weinstock ist zerstört, die Rebe verwelkt,
die einst so heiter waren, seufzen und stöhnen.

Offenbar ist in diesem apokalyptischen Text des Jesaja-Buches nicht vom Land Israel, sondern von der gesamten Völkerwelt die Rede. Die Erde verdorrt und verwelkt, weil ihre Bewohner sündigen. „Die Gottlosigkeit des Menschen stört auch die Ordnung im Kosmos“ (Hans Wildberger[253]).

Vor genau diesem Hintergrund apokalyptischer Theologie spricht Paulus in Röm 8,18–25 vom Seufzen und Stöhnen der ganzen Schöpfung. Nicht nur die Menschen stöhnen und seufzen, sondern auch die übrige Schöpfung. Sie liegt zusammen mit der Menschenwelt in Geburtswehen. Noch bestimmen Vergänglichkeit, Vergeblichkeit und Leere die Welt.

Wie gesagt: Paulus redet hier vor dem Hintergrund apokalyptischer Schilderungen des Alten Testaments und des frühen Judentums. All diese Texte kommen aus tiefer Vergangenheit. Sie sind zweitausend Jahre alt und zum Teil sogar älter. Dazu noch sind es Bilder und Metaphern. Und doch können wir diese Bilder heute in erschreckender Weise bestätigen. Sie sind uns nahe, und sie sind völlig real geworden.

Wir erfahren seit Jahrzehnten, wie unsere Lebenswelt, ja wie die Erde ausgebeutet und zerstört wird. Zerstört durch Maßlosigkeit, Habgier und Arroganz. Felder werden kontaminiert, Flüsse verseucht, die Weltmeere mit Plastik vermüllt, Regenwälder gerodet, Böden zubetoniert, unzählige Tierarten ausgerottet, massive Klimaveränderungen achselzuckend in Kauf genommen. Das Stöhnen der Schöpfung, von dem Paulus in Röm 8,22 redet, ist uns in diesen Jahrzehnten in einer ungeahnt drastischen Weise bewusst geworden.

Doch darauf will ich nicht länger eingehen. Worauf es mir hier ankommt ist Folgendes: Auch in Röm 8 zeigt sich die untrennbare Verknüpfung zwischen Mensch und Kosmos. Die außermenschliche Kreatur[254] stöhnt und seufzt wie ein Mensch – sie ist aber auch wie der Mensch im Wartestand.

Und worauf wartet sie? Auf Befreiung und Erlösung, sagt Paulus (8,21). Und nun das Erstaunliche und Unerwartbare in diesem einzigartigen Text: Wovon erwartet sich die ganze Schöpfung Befreiung und Erlösung? Wonach streckt sie sich seufzend und sehnsüchtig aus (8,19)? Sie streckt sich aus auf das „Offenbarwerden der Kinder Gottes" (8,19). Und was ist dieses Offenbarwerden der Kinder Gottes? Es geschieht bei der Auferstehung, bei der Erlösung des menschlichen Leibes (8,23.29).

Paulus hat also die Auferstehung im Blick, das Offenbarwerden dessen, was den Glaubenden durch den Geist Gottes schon jetzt in dieser Zeit als „Angeld" geschenkt ist. Wenn dieses Offenbarwerden dann bei der Wiederkunft Christi geschieht, ereignet sich endgültig und unwiderruflich die Befreiung aus der Knechtschaft der Vergänglichkeit, die über der Welt liegt und die aus der Sünde kommt – und diese Befreiung wird dann die ganze nichtmenschliche Schöpfung einbeziehen.

Damit ist klar: So etwas wie Auferstehung kann die Schöpfung nicht aus sich selbst hervorbringen, und auch der hochentwickelte Mensch kann es nicht. Die Auferstehung von Mensch und Kosmos ist Teilhabe an der Auferstehung Jesu Christi. Paulus formuliert deshalb in Röm 8,29: Gott hat alle, die ihn lieben, dazu bestimmt,

dass sie gleichgestaltet werden dem Bild seines Sohnes,
so dass dieser der Erstgeborene unter vielen Brüdern ist.

In dieser gedrängten Formulierung blitzt für einen kurzen Augenblick der Schöpfungsbericht von Gen 1 auf: So wie dort in der ersten Schöpfung der Mensch als „Bild Gottes“ definiert wurde (1,27), so jetzt in der neuen Schöpfung als „Bild seines Sohnes“, also als Bild des Auferstandenen. Allerdings muss man wissen: „Bild“ ist hier viel mehr als nur die äußere Erscheinung. „Bild“ ist die aufleuchtende Gestalt des Wesens selbst[255]. Somit will Röm 8,29 sagen: Die an Gott glauben und ihn lieben werden in der Auferstehung dem Wesen Christi gleichgestaltet. Ihre Auferstehung ist Teilhabe – Teilhabe an der österlichen Herrlichkeit Christi. Damit aber läuft der Abschnitt Röm 8,18–30 darauf hinaus: Der glaubende und hoffende Mensch hat Teil an der Auferstehung Christi – und mit dem glaubenden und hoffenden Menschen die gesamte Schöpfung. Auch sie wird befreit und erlöst werden.

In anderer Terminologie und aus anderem Blickwinkel sagt dasselbe der Verfasser des Epheserbriefs, wenn er davon spricht, dass Gott die „Fülle der Zeiten heraufführt“, indem er „in Christus das All unter ein Haupt fasst“ und so alles vereint, „was im Himmel und auf Erden ist“ (Eph 1,10). Alle Geschichte läuft also auf den erhöhten Christus zu. Aber nicht nur alle Geschichte, sondern die gesamte Schöpfung wird eingeholt und erhält ihre Vollendung in Christus.

Auch der Brief an die Christen in Kolossä ist in diesem Zusammenhang zu nennen. Sein Verfasser spricht in 1,15–20 in herausgehobenem Stil[256] von Jesus Christus:

Er ist das Bild des unsichtbaren Gottes, der Erstgeborene aller Schöpfung, denn in ihm wurde erschaffen das All, [alles] in den Himmeln und [alles] auf der Erde, das Sichtbare und das Unsichtbare, ob Throne, ob Herrschaften, ob Mächte, ob Gewalten, das All ist durch ihn und auf ihn hin erschaffen. Dieser ist vor allem und das All hat in ihm Bestand. Er ist das Haupt des Leibes, [nämlich] der Kirche. Er ist der Anfang, der Erstgeborene aus den Toten, damit er in allem der Erste würde, denn es gefiel [Gott], in ihm die ganze Fülle wohnen zu lassen und durch ihn und auf ihn hin das All zu versöhnen, indem er Frieden stiftete durch sein [= Jesu] Kreuzesblut, [zu versöhnen] das auf Erden und das in den Himmeln.

Dieser unglaublich dichte und theologisch gefüllte Text[257] spricht in seinem 2. Teil von dem gekreuzigten, dem auferstandenen und erhöhten Christus, durch den Gott in der Welt Versöhnung gestiftet hat. Das geht zurück auf älteste Christologie: Christus ist der Erste, der Anfang der allgemeinen Totenauferweckung – und schon allein darin gründet seine alles überragende Würde. In ihm hat Gott selbst mit seiner ganzen Fülle und Herrlichkeit Wohnung genommen (vgl. Kol 2,9) und durch ihn und auf ihn hin hat er das All versöhnt.

Schon sehr früh entwickelte sich aber auch eine Christologie, die nicht nur von der Auferweckung und Erhöhung Christi ausging, sondern in Anlehnung an alttestamentlich-weisheitliche Texte[258] von der Erschaffung der Welt: Christus ist das Urbild aller Schöpfung – und auch darin liegt seine überragende Würde. Der Text Kol 1,15–20 verbindet beides: Christus ist der „Erstgeborene aller Schöpfung" und er ist der „Erstgeborene aus den Toten", also der Anfang der neuen Schöpfung Gottes.

Das Besondere von Kol 1,15–20 liegt nun darin, dass hier nicht weniger als viermal vom „All" die Rede ist, im Griechischen *ta panta*. Was ist damit gemeint? Ganz offensichtlich nicht nur einfach die *Gesamtheit* aller Geschöpfe, sondern in einem noch spezifischeren Sinn die Mächte der Welt, die in ewigem Streit liegen. Der Verfasser spricht von „Thronen", „Herrschaften", „Mächten“ und „Gewalten“ (Kol 1,16). Das sind zunächst einmal gesellschaftliche Mächte. Für das hellenistische Weltbild stehen aber hinter diesen sich streitenden Parteien und sich bekämpfenden Nationen kosmische Mächte. Alle Zwietracht in der Welt beruht auf diesen Mächten, durch die unsere Welt bis in ihr Innerstes hinein verdüstert und versklavt ist. Angesichts dieser Situation will nun der Verfasser den Christen in Kolossä sagen: All diese Unheilsmächte der Welt sind machtlos, denn nicht nur ist das All „auf Christus hin erschaffen“, sondern Gott hat durch Jesu Tod auch allumfassende Versöhnung gestiftet – Versöhnung nicht nur unter den Menschen, sondern Versöhnung unter den Mächten des Kosmos, also Versöhnung des Alls.

Somit sagt auch Kol 1,15–20 (wenn auch in ganz anderer Form als Röm 8,18–25), dass der ganze Kosmos eingeholt wird in die Herrlichkeit der neuen Schöpfung, denn das All ist auf Christus hin erschaffen und wird auf Christus hin versöhnt. Kol 1,15–20 spricht also nicht nur von dem Frieden und der Versöhnung unter den Menschen. Er spricht vom Ziel der gesamten Schöpfung.

Wie man sich freilich die Einholung und Erlösung der nicht-menschlichen Schöpfung vorzustellen hat, sagen uns diese Texte nicht. Wir dürfen es uns auch nicht ausmalen wollen. Es ist unvorstellbar. Wir müssen nur festhalten: Der gesamte Kosmos wird teilhaben an der Auferstehung, die mit Jesus Christus begonnen hat. Die Befreiung der Schöpfung geschieht also nicht isoliert und für sich, sondern in einer uns nicht fassbaren Weise integriert in das, was sich an dem auferstehenden Christus und durch ihn an uns Menschen ereignet[259]. Wir werden nicht „von dieser Erde“, sondern „mit ihr“ erlöst werden[260].

Hat man das einmal begriffen, so bekommt der Ruf nach der Bewahrung der Schöpfung einen noch tieferen Sinn. Denn er macht dem Menschen ja seine Verflochtenheit mit der vormenschlichen Schöpfung bewusst. Indem wir uns schützend der Erde und allen Kreaturen zuwenden, verbinden wir uns mit der Schöpfung und machen uns zu ihrem Mund vor Gott.

Dann bekommt aber auch alle Dichtung, die sich in immer neuer Faszination der Schöpfung zuwendet – ja sich ihr nicht nur zuwendet, sondern sie sprachlich neu schafft – eine theologische Funktion. Wenn etwa Matthias Claudius dichtet[261]

Der Wald steht schwarz und schweiget
Und aus den Wiesen steiget
Der weiße Nebel wunderbar,

so ist damit nicht nur Welt *abgebildet,* sondern *gedeutet,* und nicht nur gedeutet, sondern *verinnerlicht,* auf diese Weise aber *eingeholt* in die „bewusste" Welt des Menschen und eben damit der Auferstehung geöffnet. Dasselbe gilt natürlich für alle großen Maler, die Welt darstellen und sie so zu ihrer Identität bringen, ebenso schließt es alle Musiker ein, in deren Symphonien die Rhythmen der Welt und der Geschichte widerschwingen. Selbstverständlich gilt das Gesagte auch für alle abstrakte Kunst. Diese bildet zwar Welt nicht ab, sondern erschafft neue Welten – aber *de facto* sind auch diese neuen Welten Rückspiegelungen und Deutungen der schon existierenden Welt[262].

Dann bekommt aber auch alle Forschung – von der Arbeit der Molekularbiologen bis zu den Berechnungen der Astrophysiker – eine hohe theologische Bedeutung. Denn auch die „Vermessung der Welt" verbindet den Menschen immer stärker mit dem Kosmos. Sie kann, wenn sie sachgerecht geschieht, den Menschen zum Staunen führen, das Staunen aber wäre der Anfang des Lobpreises – und durch diesen Lobpreis, in den der Mensch alles einbezieht, von dem Aufbau der atomaren Welt über den schweigenden Wald bis zu den Spiralnebeln, wäre ein Weg eröffnet, die gesamte vormenschliche Schöpfung einzuholen in die Realität der Auferstehung. Es wäre zunächst ein reiner Erkenntnis-Weg. Aber Staunen und Erkennen ist die Weise des Geistes – und gerade so wird der Kosmos vergeistigt und auf seine Auferstehung vorbereitet[263].

Selbstverständlich erkunden nicht nur Künstler und Wissenschaftler die Welt. Im Grunde begegnet jeder Mensch ständig dem, was ich hier „Welt“ nenne. Er betrachtet sie, spürt ihr nach, sucht sie zu ergründen, setzt sich mit ihr auseinander, arbeitet an ihr, pflegt sie, liebt sie – und eben so wird sie von ihm verinnerlicht.

Ich behaupte nicht, dass damit alles gesagt sei. Béla Weissmahr formuliert, in seiner Vollendung sei das Universum „Personalisierung aller Materie“[264]. Joseph Ratzinger wagt die Formulierung, dass in der Auferstehung des Fleisches „Materie ganz neu und definitiv dem Geist zu eigen und dieser ganz eins mit der Materie sein“ werde. Er spricht in diesem Zusammenhang von „universalem Austausch“ zwischen Geist und Materie, von „universaler Offenheit“ und der „Überwindung aller Entfremdung“. Er schreibt: „Erst wo solche Einheit der Schöpfung ist, kann gelten, dass ‚Gott alles in allem‘ ist (1 Kor 15,28).“[265]

Es ist schön, dass es solch hochangesetzte Formulierungen gibt. Sie zeigen die Weite der biblischen Verheißungen. Dennoch schien es mir gut, zunächst einmal den „unteren“ Denkweg zu gehen, der von der Arbeit der Künstler und Wissenschaftler und überhaupt aller Menschen sprach. Denn eben so wird die Rolle des Menschen in der Schöpfung ernst genommen – die Rolle des Menschen, der unablässig „Welt“ zu verstehen sucht, der alles erforscht, alles benennt, allem seinen Platz zuweist, alles ins Bild bringt, immer das Ganze will, und es sich eben so *zu eigen* macht. Was er sich aber zu eigen gemacht hat, kann nicht untergehen, denn die Auferstehung umfasst, wie wir sahen, die ganze Geschichte des Menschen und alles, was zu ihm gehört (Teil IV, 6).

Außerdem gründet die beschriebene Einholung der materiellen Welt auf dem Prinzip der Teilhabe, ohne das Auferstehung überhaupt nicht zu denken ist: Die vormenschliche Welt *bekommt Teil* an der Auferstehung des Menschen, weil sie der Mensch verinnerlicht hat. Und – das ist entscheidend – der Mensch mit allem, was er verinnerlicht hat, *bekommt Teil* an der Auferstehung Jesu Christi. Ich werde auf das Prinzip der Teilhabe noch eingehen (Teil IV, 12).

Auf jeden Fall aber sollte dieses Kapitel gezeigt haben: Die Schöpfung der Welt und die „Letzten Dinge“ der Welt hängen aufs Engste zusammen[266]. Die Welt ist auf ihre Auferstehung hin geschaffen, weil sie auf den Menschen hin geschaffen ist – und der Mensch auf Christus hin.

9. Die ersehnte Stadt

Für das, was in den drei letzten Kapiteln gesagt wurde, hat die Bibel eine grandiose Vision: das Bild einer strahlenden Stadt, die vom Himmel auf die Erde herabkommt. Mit dieser Vision endet die Johannesoffenbarung[267], endet das Neue Testament und endet zugleich die gesamte Bibel:

> *Ich sah einen neuen Himmel und eine neue Erde. Denn der erste Himmel und die erste Erde sind vergangen. Das Meer gibt es nicht mehr. Ich sah die heilige Stadt, das neue Jerusalem, aus dem Himmel von Gott herabkommen – bereitet wie eine Braut, die sich für ihren Mann geschmückt hat. Ich hörte eine gewaltige Stimme vom Thron her rufen: „Siehe, das Zelt Gottes bei den Menschen! Er wird bei ihnen wohnen, sie werden seine Völker sein, und Gott selbst wird bei ihnen sein. Er wird jede Träne von ihren Augen abwischen. Der Tod wird nicht mehr sein, noch Trauer, noch Klagegeschrei, noch Not. Denn was früher war, ist vergangen. (Offb 21,1–4)*

Gleich darauf erscheint ein Engel, entrückt den Seher auf einen hohen Berg und zeigt ihm die Wunder des neuen Jerusalem, der endzeitlichen Stadt:

> *Sie ist erfüllt von der Herrlichkeit Gottes. Sie glänzt wie ein kostbarer Edelstein, wie ein kristallklarer Jaspis. Sie hat eine große und hohe Mauer mit zwölf Toren und zwölf Engeln darauf. Auf die Tore sind Namen geschrieben: die Namen*

der zwölf Stämme der Söhne Israels. Von Osten her hat sie drei Tore, von Norden drei Tore, von Süden drei Tore und von Westen her drei Tore. Die Mauer der Stadt hat zwölf Grundsteine: auf ihnen stehen die zwölf Namen der zwölf Apostel des Lammes. (21,11–14)

Dann wird die Stadt vor den Augen des Sehers durch den Engel vermessen, auch ihre Mauern und ihre Tore:

Die Stadt ist viereckig angelegt und ebenso lang wie breit. Er vermaß die Stadt mit einem Messstab: zwölftausend Stadien. Länge, Breite und Höhe sind bei ihr gleich. (21,16)

Anschließend werden die Materialien aufgezählt, aus denen die Stadt gebaut ist: Sie ist aus Gold, das so rein wie lauteres Glas ist. Die Grundsteine der Stadtmauer sind mit Edelsteinen geschmückt, jedes Tor besteht aus einer Perle.

Einen Tempel sah ich nicht in ihr, denn Gott, der Herr, der Allherrscher, ist ihr Tempel – er und das Lamm. Die Stadt braucht weder Sonne noch Mond, dass sie ihr leuchten. Denn die Herrlichkeit des Herrn hat sie hell gemacht, und ihre Leuchte ist das Lamm. (21,22–23)

War die Vision der himmlischen Stadt schon bis hierher aus alttestamentlichen Texten gespeist, so werden die biblischen Anspielungen nun noch dichter:

Die Völker werden wandeln in ihrem Licht, und die Könige der Erde ihre Pracht zu ihr hintragen. Ihre Tore werden den ganzen Tag nicht geschlossen – und Nacht wird es dort nicht mehr geben. Man wird die Pracht und die Kostbarkeiten der Völker in die Stadt bringen, doch nichts Gemeines wird hineinkommen. (21,24–27)

Das sind Anspielungen auf die Völkerwallfahrt zum Zion aus dem Jesaja-Buch[268]. Sie werden fortgesetzt durch Zitate aus dem Buch Ezechiel[269]:

> *Und er zeigte mir einen Strom mit lebendigem Wasser, klar wie Kristall. Er geht aus vom Thron Gottes und des Lammes. Zwischen der Straße [der Stadt] und dem Strom, hüben wie drüben, stehen Bäume des Lebens[270]. Zwölfmal tragen sie Früchte, jeden Monat einmal. Und die Blätter der Bäume dienen zur Heilung der Völker. Es wird nichts mehr geben, was der Fluch [Gottes] trifft. (22,1–3)*

Die Vision schließt mit der erneuten Zusicherung der heilenden Nähe Gottes und des Lammes – einer Nähe, die alles mit ihrem Glanz erfüllt. Gipfelte zu Beginn der Vision die Gegenwart Gottes darin, dass er jede Träne von den Augen der Seinen abwischt, so der Schluss der Vision mit der Verheißung:

> *Sie werden sein Angesicht schauen. (22,4)*

Die gesamte Vision greift immer wieder auf Aussagen des Alten Testaments zurück[271]. Viele der großen Wörter der Bibel tauchen auf: Schöpfung, Himmel, Erde, Israel, Jerusalem, das Volk, die Völker, Gott, Angesicht, Herrlichkeit. Dazu reiht sich Bild an Bild, Zusage an Zusage – und alles unter dem Vorzeichen von Einlösung und Erfüllung.

So sehr aber die Bilder kommen und gehen – *ein* Bild beherrscht die gesamte Vision vom Anfang bis zum Ende: das Bild der Stadt. Warum gerade dieses Bild? Warum wird nicht eine „Insel der Seligen“ geschildert? Oder die Seligen selbst, thronend auf Wolken? Oder noch besser: ein endzeitliches Paradies, wo Kalb und Löwe zusammen weiden, und der Säugling vor dem Schlupfloch der Natter spielt (Jes 11,6–9)? Dann wäre die ganze Bibel gerahmt von zwei Paradiesen: von dem verlorenen Paradies am Anfang und dem wiedergewonnenen am Ende. Aber nein: eine Stadt wird uns geschildert. Weshalb?

Selbstverständlich zunächst wegen Jerusalem! Die Stadt Jerusalem war in der Bibel seit langem Ausdruck der tiefen Sehnsucht des Gottesvolkes. Sie war längst zum Symbol für die Erfüllung aller Verheißungen geworden, erhoffte Heimat, Inbild aller Geborgenheit und Schönheit. In einem der Wallfahrtslieder Israels heißt es:

Voll Freude war ich, da sie mir sagten:
„Wir ziehen zum Haus des Herrn“!

Schon stehen unsere Füße in deinen Toren, Jerusalem,
Jerusalem, als Stadt erbaut, die fest gefügt ist.

Dort ziehen die Stämme hinauf, die Stämme des Herrn,
den Namen des Herrn zu feiern. (Ps 122,1–4)

Dieser und viele andere Texte des Alten Testaments zeigen: Jerusalem ist Mitte und Inbegriff des Gottesvolkes. Die heilige Stadt, die vom Himmel herabkommt und „neues Jerusalem“ genannt wird, ist also Bild für das endzeitliche Israel, für das wahre Gottesvolk[272].

Um eine Stadt geht es hier aber auch deshalb, weil ein Gegenbild zur Stadt Babylon gezeichnet werden soll, die in den Kapiteln 17–18 als Hure dargestellt wird. Babylon ist einerseits die schreckliche Stadt am Euphrat, die „Verwüsterin“ Israels (Ps 137,8), wo die Menschen laut Gen 11,1–9 in ihrem Hochmut versucht hatten, eine Stadt mit einem Turm bis in den Himmel zu errichten – und sich dann zerstreuen mussten, weil Gott ihre Sprache verwirrt hatte. Babylon ist aber zugleich geheime Chiffre für die Stadt Rom, in der die Apostel und Propheten umgebracht werden (Offb 18,20).

Vor diesem Hintergrund misslungener Stadt-Errichtungen ist Offb 21–22 zu lesen. Jetzt, am Ende der Zeit, gelingt die Stadt. Sie entsteht nicht aus menschlicher Hybris, sondern kommt als göttlicher Gegenentwurf zu jeder bisherigen Stadt vom Himmel herab. Ihr Glanz beruht nicht auf Raub, Unterdrückung und Gewalt, sondern kommt allein von Gott. Und sie zerstreut die Menschen nicht, sondern sammelt sie (Offb 21,24).

Aber im Bild der Stadt zeigt sich noch viel mehr. Man muss einfach wissen, was seit Alexander dem Großen die „neue Stadt“ bedeutete[273]. Sie war in der Spätantike das progressivste gesellschaftliche Gebilde geworden, Gegenstand bewusster Planung und zukunftsorientierter Entwürfe. Ganze Städte wurden, noch bevor man sie erbaute, akribisch auf dem Reißbrett geplant, ja durchgerechnet. Sie hatten einen quadratischen Grundriss, ihre Tore waren symmetrisch angeordnet, Wasserversorgung und Abwasserentsorgung waren eingeplant, und durch diese Städte zogen sich breite Prozessions-Straßen mit Säulengängen auf beiden Seiten. Die vielen neuen Stadtgründungen der hellenistischen Zeit wollten Ausdruck von Funktionalität und zugleich von Festlichkeit und Schönheit sein.

Es ist sogar so: Die Stadt war in der Antike das Symbol für „Gesellschaft“. Aristoteles, der den Begriff der Gesellschaft als erster geprägt hat, formuliert „Gesellschaft“ als *politikē koinōnia* – als „Verband der Polis“, also der Stadt[274].

Man sieht auf den ersten Blick, dass sich vieles von diesem Ideal der neuen Stadt in Offb 21–22 widerspiegelt: vor allem der quadratische Grundriss, dann die vier Tore in die vier Himmelsrichtungen und schließlich die breite Prachtstraße, die geradlinig durch die Stadt führt. So kommt man nicht daran vorbei: Mit dem Bild des neuen Himmels und der neuen Erde beziehungsweise mit dem Bild des neuen Jerusalem bringt die Johannesoffenbarung zum Ausdruck: Die Vollendung, die Gott am Ende aller Geschichte schenkt, ist keine Vollendung nur des Einzelnen, der nun ganz für sich sein Glück und seine Lust findet. Was Gott schenkt ist vielmehr neue Gesellschaft, das, was Jahrhunderte ersehnten und sich erkämpfen wollten, ja, sie ist Gesellschaft in ihrer höchsten Form. Sie ist „Begegnung, Versammlung und allseitige Kommunikation“. Denn „die Anlage der hellenistischen Stadt und ihrer Architektur ist dazu da, mit Leben erfüllt zu werden und kann deshalb auch für die Gemeinschaft selbst stehen“ (Dieter Georgi[275]).

Dazu gehört auch, dass die neue Stadt „Weltgesellschaft“ ist. Die neue Stadt ist international. Alle Nationalismen sind überwunden. Die prophetischen Verheißungen von der „Völkerwallfahrt“ zum Zion erfüllen sich. Das heißt: Die Völker der ganzen Erde ziehen mit ihrer „Pracht“ und ihren „Kostbarkeiten“ in die neue Stadt ein. Die „Pracht“ – das sind ihre Gaben und Gastgeschenke, die sie laut Jes 60,5.11 mitbringen[276]. Wir dürfen frei ausdeuten: Es ist die Kunst der Völker, ihre Kultur, ihre Erfahrung, ihr Wissen, der ganze Schatz ihrer Geschichte. In die neue Welt Gottes wird alles eingebracht. Nichts an Positivem aus der langen Geschichte der Menschheit geht verloren. Die gesamte Kultur, die ganze Wissenschaft der Welt, alles, was je von Menschen gedacht, ersehnt und erarbeitet wurde, wird in dieser Stadt geborgen.

Entscheidend aber ist: Die Völker bringen ihre Gaben zum Gottesvolk, zu dem Israel Gottes. Denn das macht die große Vision in Offb 21 und 22 ja überdeutlich: diese neue Stadt, diese neue Gesellschaft Gottes, ist das Zwölfstämmevolk, ist das wahre, endzeitliche Israel. Die Abundanz der Zwölfzahl zeigt es: zwölf Tore, zwölf Engel, zwölf Grundsteine, zwölf Perlen, zwölftausend Stadien. Das Gottesvolk mit seinen Propheten und Heiligen, seinen Aposteln und Märtyrern ist die Mitte dieser neuen Gesellschaft Gottes aus allen Stämmen, Völkern und Sprachen. Und doch heißt es nun nicht mehr wie in der „Bundesformel“, der Basis der hebräischen Bibel: „Ich will euer Gott und ihr sollt mein Volk sein“, sondern: „sie werden seine Völker sein“ (Offb 21,3[277]).

Noch etwas ist zu beachten: Gesellschaft ist ohne die Kraftquellen der Natur undenkbar. Die Natur fehlt auch in dieser großen Vision nicht – und hier kommt dann sogar die Paradieses-Motivik zum Zug. Aber gerade nicht nach dem Muster „Gesellschaft *in* Natur“, sondern „Natur *in* Gesellschaft“[278]. Denn nicht draußen um die Stadt und in ihrem Weichbild wachsen nun Leben spendende Bäume, sondern mitten in der Stadt, parallel zu der großen Prachtstraße wachsen sie. Dort fließt auch der Strom mit kristallklarem Wasser. Die Natur gehört also zu dieser neuen Gesellschaft Gottes hinzu, aber sie ist nicht „außerhalb“, nicht unbewältigt und chaotisch, sondern eingebunden in die Stadt selbst[279]. Und dass es das Meer nicht mehr gibt (21,1), heißt in der Sprache der antiken Welt: das abgründig Chaotische und Zerstörerische der Welt ist überwunden, es hat keine Macht mehr. Die Darstellung von Offb 21–22 drängt wie Röm 8 dazu, sich den erlösten und verwandelten Kosmos nicht isoliert von Christus und nicht isoliert von den Menschen vorzustellen, sondern ganz einbezogen in das endzeitliche Gottesvolk, in die neue Gesellschaft Gottes.

Wir hatten an früherer Stelle gesehen, dass die Auferstehung nicht nur den Einzelnen, sondern die ganze Geschichte, ja den gesamten Kosmos einbezieht. Hat die hier geschildert Stadt auch kosmisch-universalen Charakter? Mit Sicherheit! Das verbürgt bereits ihre Größe: zwölftausend Stadien lang ist jede ihrer vier Mauern. Das sind für jede der vier Mauern fast 2400 km. Die Stadt hat also – zumindest in den Augen des Autors der Johannesoffenbarung – die Ausdehnung der damaligen zivilisierten Welt rund um das Mittelmeer. Das neue Jerusalem ist nicht nur Weltstadt, diese Stadt *ist* die Welt.

Und sie ist nicht nur 2400 km breit – sie ist genauso hoch. Für den damaligen Menschen waren das kosmische Dimensionen, die alle Vorstellungen überstiegen. Außerdem ist damit klar: Die neue Stadt kommt nicht nur vom Himmel, sie reicht bis in den Himmel hinein. Sie verbindet Himmel und Erde. So wird der ganze Kosmos eingeholt. Wahrscheinlich verstanden die antiken Leser die zwölf Sorten von Edelsteinen sogar als Anspielungen auf die zwölf Sternbilder des Tierkreises, so dass auch hier kosmische Motivik hineinspielt. Die Stadt mit ihren Edelsteinen spiegelt die „Ordnung des Sternenhimmels“[280].

Doch über das Entscheidende habe ich bis jetzt noch gar nicht gesprochen: Die Mitte der Stadt ist kein Tempelbezirk, wie das für jede antike Stadt selbstverständlich war, sondern ihre Mitte sind Gott und das Lamm. Dass es keinen Tempel mehr gibt, ist eine für den Alten Orient und die gesamte Antike unerhörte Aussage. Auch für das Alte Testament ist diese Aussage beispiellos. Das Ezechiel-Buch verwendet außerordentlich viel Raum, den neuen, den endzeitlichen Jerusalemer Tempel zu schildern – und zwar mit einer Detailversessenheit, die den Leser geradezu ermüdet (Ez 40–44). Nichts von all dem in der Johannesoffenbarung! Aufgegriffen wird allein die alte Verheißung an Israel, Gott werde mitten unter seinem Volk Wohnung nehmen (Lev 26,11–12; Ez 43,7).

Die neue Stadt hat also keinen Tempel mehr, sondern Gott, der Allherrscher, und Jesus Christus sind die Mitte der Stadt. Sie sind ihr Glanz und ihr Licht. Damit soll wohl gesagt sein: Gott selbst ist mit Christus zum Tempel der Stadt geworden – und die ganze Stadt ist nichts anderes als heiliger Tempelbezirk. Weil aller Glanz und alles Licht von Gott kommen, braucht die Stadt weder die Sonne am Tag noch den Mond in der Nacht (Offb 11,23).

Das heißt aber: Es gibt nicht mehr die kosmischen Rhythmen, nach denen die Zeit gemessen wird und die überhaupt erst die Zeit schaffen. Dass Sonne und Mond nicht mehr leuchten, bedeutet: Es gibt nicht mehr die irdische Zeit. Das Fest, das hier gefeiert wird, steht nicht mehr unter dem Zwang der Zeit. Es hat kein Ende mehr. Und was ermöglicht dieses Fest, das keinen Abend mehr kennt? Dass die Bewohner der heiligen Stadt Gott selbst schauen.

> *Und sie [das endzeitliche Israel und mit ihm die in die Würde Israels eingekehrten Völker] werden sein Angesicht schauen. (Offb 22,4)*

Dieses beseligende Schauen ist der absolute Höhepunkt dessen, was hier geschieht. Eben deshalb braucht die Stadt keinen Tempel mehr. Die Zeit der Zeichen und Symbole ist vorbei. Gott selbst wird sichtbar. Natürlich meint das „Schauen" mehr als intellektuelle Erkenntnis. Es meint erfahren, innewerden, teilhaben, lieben.

An einer bedeutsamen Stelle der ganzen Vision – nämlich in Offb 21,2 – wechselt das Bildgefüge in einer uns zunächst fremden Weise: aus der glänzenden Stadt wird plötzlich eine Braut. Gerade war noch von einer Stadt die Rede, dann blicken wir mit einem Mal auf eine Braut, die sich für ihren Bräutigam geschmückt hat. Uns ist das fremd; für den antiken Menschen war es selbstverständlich. Städte wurden durch eine Frau oder gar durch eine Göttin symbolisiert, die Stadt Athen zum Beispiel durch die Göttin Athena, Rom durch die Göttin Roma. In der Bibel kann von der „Tochter Zion“ oder der „Jungfrau Jerusalem“ gesprochen werden[281]. Das steht auch hier im Hintergrund.

Aber der unerwartete Wechsel vom Bild der Stadt zum Bild einer Braut, die für ihre Hochzeit geschmückt ist, spricht natürlich nicht nur von der Jugendlichkeit und der Schönheit dieser Stadt. Die neue Stadt – wir wissen jetzt: die neue Gesellschaft Gottes, das endzeitliche Gottesvolk – ist nicht nur liebreizend schön. Sie ist ganz offen, ganz empfangend, ganz gottgehörend. Sie hat alle Herrschaftsgelüste und alle Gewalt, aber auch alle Obstruktion hinter sich gelassen. Sie ist reine Hingabe. Sie ist Braut.

Außerdem zeigt der schnelle Bildwechsel (vgl. auch Offb 21,9–10) noch etwas anderes sehr Wichtiges an: Er zeigt, dass die unfassbare Wirklichkeit, die da im Folgenden geschildert wird, ganz und gar „personal“ ist. Da ist dann zwar von Steinen, Mauern und Stadttoren, von einer Straße, einem Fluss und von Bäumen die Rede. Aber wenn das Bild der geschmückten Braut ganz und restlos an die Stelle der Stadt treten darf, dann gibt es in dieser Stadt keine „tote“ Materie mehr. Alle Materie ist dann eingeholt in den Bereich des „Personalen“, ist durchdrungen vom Geist – vom Geist des Menschen und vom Geist Gottes.

Man müsste noch lange bei dem verweilen, was alles mit dem Bild von der neuen Stadt ausgesagt wird. Vielleicht am Ende nur noch dies: Nimmt man die Johannesoffenbarung als ganze wahr, so gilt: Die letzte Zukunft der Geschichte ist nicht die Katastrophe, ist auch nicht das Paradies des Anfangs, sondern eine neue Gesellschaft, die durch Not, Chaos und Verfolgung hindurchgegangen ist.

Vor allem aber: Es geht Gott nicht nur um den je Einzelnen, sondern genauso um die Gesellschaft. Es geht ihm nicht nur um die Seele, sondern genauso um die Materie. Es geht ihm nicht nur um die Schöpfung, sondern genauso um die Geschichte. Das Gewicht des Geschichtlichen zeigt ja gerade das Motiv der Völkerwallfahrt: Die Völker ziehen von überall her mit ihren kostbaren Gaben in die neue Stadt hinein. Kurz gesagt: Es geht Gott um das Ganze der Welt.

Sogar die Edelsteine, mit denen die Grundsteine der Stadtmauer jeweils geschmückt sind, sprechen von dieser Ganzheit: Jaspis, Saphir, Chalzedon, Smaragd, Sardonyx, Sardion, Chrysolyth, Beryll, Topas, Chrysopras, Hyazinth und Amethyst (Offb 21,19–20). In diesen Steinen erstrahlt der Glanz der Materie – und sie sind dennoch Bild für das Zwölfstämmevolk. So universal die endzeitliche Stadt, die neue Gesellschaft Gottes auch ist und so sehr sie den ganzen Kosmos verinnerlicht: Ihr Kommen ist kein Geschehen, das sich jederzeit und überall vollzieht. Es ist an konkrete Orte und an konkrete Zeiten gebunden: an das Volk Gottes und seine Geschichte.

Schlussbemerkung: Wenn es in einem Buch lange Kapitel über die Auferstehung, über das Gericht, über das Fegfeuer und über die Hölle gibt, erwartet der Leser mit Recht auch ein Kapitel über den Himmel. Dieses Kapitel hier über die ersehnte Stadt – war das Kapitel über den Himmel.

10. Über die Relativität der Zeit

Wir sahen: Das letzte Buch des Neuen Testaments stellt uns eine Stadt vor Augen, die Bild ist für die Vollendung des Gottesvolkes und zugleich für die Einholung der Geschichte und des Kosmos. Doch wann ereignet sich, was da geschildert wird? Wann geschieht diese Vollendung? Wann werden wir in der Gemeinschaft aller Heiligen Gott schauen, und wann trocknet er die Tränen von den Gesichtern der Völker? Wann wird es kein Elend mehr geben und kein Klagegeschrei? Wann wird Gott „alles in allem“ sein (1 Kor 15,28)?

Einiges dazu ist in diesem Buch schon gesagt worden: Ich habe von der „Auferstehung im Tod“ gesprochen. Aber das ist nun in diesem und dem folgenden Kapitel genauer zu durchdenken. Dabei werden wir nicht daran vorbei kommen, „die Anstrengung des Begriffs auf uns zu nehmen“, um es mit einem bekannten Satz G. W. F. Hegels zu sagen[282]. Wir müssen über die letzten Dinge des Menschen und der Welt zwar in Bildern sprechen – und diese Bilder dürfen sich gegenseitig relativieren und sich manchmal sogar widersprechen, denn Bilder bleiben Bilder. Wir sind aber zugleich verpflichtet, alle endzeitlichen Bilder und Vorstellungen immer wieder zu hinterfragen und abzuklären[283].

Dass jenseits des Todes die Zeit genauso oder ähnlich abläuft, wie sie jetzt in dieser Geschichte abläuft, ist eine Vorstellung, die besonders dringend der Klärung, ja der Kritik bedarf. In diesem Kapitel geht es also um die Frage: *Wann* geschehen „die letzten Dinge“ – von der Begegnung mit Gott im Tod bis zur Auferstehung des Fleisches und der Einholung des gesamten Kosmos?

Es ist seltsam, dass sich der menschliche Geist gerade bei dieser Frage als besonders träge und schwerfällig erweist. Die meisten Christen halten, was die Welt jenseits des Todes angeht, mit Zähigkeit an ihrer alltäglichen Zeitvorstellung fest. Sie wissen zwar: Dass Gott auf einem Thronsessel sitzt (Offb 4,2–6), ist ein Bild. Genauso, dass wir auf Wolken zu Gott entrückt werden (1 Thess 4,17), dass zur Auferstehung Posaunen erschallen (1 Kor 15,52), dass dann die Seligen in weißen Kleidern vor Gott stehen, Palmzweige in den Händen halten und Psalmen singen (Offb 7,9–10).

Das alles sind Bilder. Sie sind als solche ernst zu nehmen – und bleiben doch Bilder. Mehr oder weniger ist das heute jedem Christen bewusst. Im Zusammenhang seines Wissens über solche Bilder und wie man mit ihnen umzugehen hat, weiß er auch, dass der Himmel nicht einfach innerhalb unseres räumlichen Koordinatensystems zu denken ist. Denn dann läge er irgendwo hinter dem Mond oder jenseits der Milchstraße. Er hat keinen Ort im *irdisch*-räumlichen Sinn. Irgendwie ist das jedem klar.

Aber bei dem Begriff der „Zeit" beginnen dann die Denkstörungen. Irdische Zeitkategorien werden unbesehen an die Welt jenseits des Todes herangetragen. Noch immer stellen sich viele die Existenz bei Gott in verrinnender Zeit vor – in Parallelität zur verrinnenden irdischen Geschichtszeit. Wie *hier* Zeit abläuft, denken viele, läuft sie auch *dort* ab. Wie *hier* zukünftige Ereignisse erst noch eintreten werden und deshalb erwartet werden müssen, sind sie auch *dort* erst noch zu erwarten. Für *uns und aus unserer Sicht* ist die Vollendung der Welt noch nicht da – also ist sie auch *dort* noch nicht da.

Aber dürfen wir unsere jetzige Zeiterfahrung einfach auf das Jenseits des Todes übertragen? Die Zeit ist wie der Raum eine Anschauungsform, in der wir Welt erfassen. Und diese Anschauungsform ist eben gebunden an unsere derzeitige Welt. Wir dürfen weder Raum noch Zeit als etwas Absolutes voraussetzen.

Schon die „gefühlte" Zeit kann sehr verschieden sein. Für das Kind will die Zeit nicht vergehen. Für den älteren Menschen rast sie dahin. Afrikaner erlebten, bevor sie von der europäischen Zivilisation überrollt wurden, die Zeit anders als wir. Aber auch das heutige europäische Zeitgefühl ist erst entstanden, als die Räderuhr erfunden war und nun an vielen Kirchtürmen eine Uhr prangte, die genau und exakt die Zeit anzeigte[284]. Jetzt erst wurde Zeit als eherner und unerbittlicher Takt wahrgenommen – erst recht, als dann die Uhr in der Westentasche hinzukam. Noch für den großen englischen Physiker Isaak Newton (1642–1726) spielten sich alle Gesetze der Physik in einem klar definierbaren Raum ab – und die physikalische Zeit verlief simultan zu allen Punkten dieses Raumes. Die Zeit war, zumindest in der „Newtonschen Physik" und deshalb auch im Bewusstsein des neuzeitlichen Menschen, etwas Absolutes.

Doch die moderne Physik hat dann die Annahme von dem anscheinend Absoluten der Zeit durchbrochen[285]. Vor 13,8 Milliarden Jahren begann mit dem Urknall die Zeit. Von einer Zeit *vor* dem Big Bang zu sprechen, wäre sinnlos, denn ein „Vorher" gab es nicht. Zeit, Raum und Materie entstanden erst mit dem Urknall. Und was es nachher gab, war keine absolute Zeit. Das zeigte die Spezielle Relativitätstheorie Albert Einsteins (1879–1955). Die Zeit ist von der Bewegung abhängig. Sie kann schneller oder langsamer verlaufen. In einem bewegten System erscheint sie einem ruhenden Beobachter langsamer als in einem ruhenden System. In „schwarzen Löchern" bleibt die Zeit sogar stehen. Für einen Astronauten, der mit hoher Geschwindigkeit durch den Weltraum fliegt, vergeht die Zeit langsamer, mithin altert er auch langsamer. Erhöhte sich seine Fortbewegung bis zur Lichtgeschwindigkeit (was selbstverständlich unmöglich ist), ginge für ihn die Zeit nicht mehr weiter. Die Zeit ist also keine absolute Größe. Im Bild: Es gibt keine Weltraumuhr, die für alle nur denkbaren Positionen und alle nur denkbaren Bewegungen im Weltraum eine absolute Zeit vorgeben könnte.

Allein schon von daher ist es uns schlicht verwehrt, für die Existenz jenseits des Todes mit *irdischen* Zeitabläufen zu operieren. Theologen, die dann noch von Zeit sprechen, müssen sich darüber im Klaren sein, dass sie diesen Begriff in einem analogen Sinn verwenden, das heißt, dass dann die Unähnlichkeit mit irdischer Zeit unfasslich größer ist als die Ähnlichkeit. Deshalb die vielen Anführungszeichen in diesem Buch, sobald von „Zeit" jenseits des Todes die Rede ist. Die Anführungszeichen wollen jedesmal signalisieren: Bitte höchste Vorsicht! Hier wird mit einem nicht mehr anschaulichen, unsere Erfahrung übersteigenden, analogen Begriff argumentiert[286].

Lässt sich aber dann über die „zeitliche" Existenz jenseits des Todes überhaupt noch etwas sagen? Nur durch die Negation hindurch! Das heißt nur aus der Verneinung dessen, was *wir* als Zeit erfahren. Und wie erfahren wir Zeit? Wir erfahren sie als einen ständigen Fluss. Was gerade noch Gegenwart war, gleitet ab in die Vergangenheit, und was eben noch Zukunft war, wird zur Gegenwart. Die Zukunft ist noch nicht, und die Vergangenheit nicht mehr. Was wir haben, ist immer nur der winzige Jetztpunkt der Gegenwart, der sofort und unablässig Vergangenheit wird. „Neurobiologische Messungen unserer subjektiven Gegenwartswahrnehmung liefern lediglich unterschiedlich lange, subjektive Zeitquanten zwischen ca. 0,004 und 0,01 Sekunden“ (Matthias Remenyi[287]).

Nun sagt freilich der christliche Glaube, dass von all dem, was da in die Vergangenheit absinkt, nichts verloren geht. Auferstehung kann gerade nicht heißen, dass nur ein bloßer Lebensabschnitt oder dass nur der letzte Augenblick vor dem Tod zu Gott gelangt. Auferstehung meint vielmehr das Hintreten des ganzen Menschen zu Gott – mit allem, was zu ihm gehört – mit all seinem Glauben und all seinem Hoffen – mit allem Guten, das er getan, und mit aller Schuld, die er auf sich geladen hat – mit den Höhen und den Tiefen seines ganzen Lebens. Ich habe darüber ausführlich gesprochen (Teil IV, 6).

Der Verfasser der Johannesoffenbarung bringt dieses Vor-Gott-Erscheinen der gesamten Geschichte des Einzelnen exemplarisch ins Bild, wenn er den auferstandenen Christus als das „Lamm“ beschreibt, das geschlachtet wurde und das nun – mit dem Schächtungs-Schnitt am Hals – als Sieger vor dem Thron Gottes steht (Offb 5,6). Der Tod Jesu, und zwar sein sich sühnend hingebender Tod ist zum bleibenden Existenzial seines Lebens vor Gott geworden.

Genau dasselbe tut der Verfasser des Hebräerbriefs, wenn er formuliert, Christus sei mit seinem eigenen Blut in das Allerheiligste eingetreten und habe so ewige Erlösung bewirkt (Hebr 9,12). Dasselbe sagen aber auch die Evangelien, wenn der Auferstandene vor seinen Jüngern mit all seinen Wunden erscheint (Joh 20,24–29) oder wenn ihn die Emmausjünger an der Art erkennen, wie er das Brot bricht (Lk 24,35). Das alles sind deutliche Hinweise dafür, dass die ganze Geschichte Jesu in seinem Tod und seiner Auferstehung zu Gott gelangt ist. Jesus wird dabei zum Urbild dessen, was mit jedem Menschen geschieht: Im Tod wird jeweils die gesamte Geschichte des Einzelnen vor Gott versammelt[288]. Was bedeutet das für unsere Fragestellung?

Wir können zwar nicht mehr davon ausgehen, dass in unserer Existenz nach dem Tod Zeit vergeht, dass es ein zeitliches Vorher und ein zeitliches Nachher gibt, ein zeitliches Früher und ein zeitliches Später, ein *irdisch*-zeitliches Noch-nicht und ein *irdisch*-zeitliches Dann-endlich. Anders formuliert: Wir können zwar nicht mehr davon ausgehen, dass es noch immer jenes fließende Jetzt gibt, das die Existenz in viele einzelne, je aktuale und je wieder versinkende Gegenwartsmomente auseinanderspannt. Doch wir können und müssen davon ausgehen, dass alle Zeit unserer irdisch gelebten Geschichte „eingesammelt" und „hineingezeitigt" wird in unser Leben mit Gott. Alle Zeitpunkte, alle Jetztpunkte unseres gelebten Lebens werden dann eingebracht und werden zur „Endgültigkeit". Unsere Existenz vor Gott wird zu einem einzigen und endgültigen „Jetzt".

Trotzdem ist dieser völlige Besitz der einst gelebten Zeit natürlich keine Ewigkeit im Sinne göttlicher Ewigkeit. Denn die neue, von Gott geschenkte Existenzweise des Menschen hat ganz und gar mit der Zeit zu tun: Sie ist durch die Zeit konstituiert – eben deshalb, weil in ihr alles, was je in der Zerrissenheit irdischer Zeit als aktuale Gegenwart gelebt wurde, eingebracht und eingesammelt ist. Die verklärte Existenz vor Gott ist „gesammelte Zeit".

Der Grundansatz des bisher Gesagten erfolgte *ex negativo:* Unsere Existenz vor Gott ist gerade nicht so strukturiert wie unsere irdische Existenz: Sie verläuft nicht in dem Früher und Später zerrinnender Zeit. Damit ist aber noch längst nicht alles gesagt. Die Bestimmung *ex negativo* muss noch weitergehen. Denn ich habe ja bisher so formuliert, als sei das verklärte Leben vor Gott nur die statische Summe irdisch gelebter Zeit, ein „stehendes Jetzt", in dem die irdische Geschichte des Menschen endgültig und für immer „versammelt" ist.

Solche Formulierungen müssen aber den Eindruck erwecken, als werde unterschieden zwischen einem dynamischen *Geschehen* und dem dann eintretenden *Ergebnis* dieses Geschehens – zwischen einem *fieri* und einem *factum esse*. Tatsächlich machen wir solche Unterscheidungen ständig, sobald wir über eschatologische Sachverhalte reden. Wir sprechen zum Beispiel mit größter Selbstverständlichkeit von dem Ereignis der Auferstehung Jesu und dann von dem Ergebnis seiner Auferstehung. Wir sagen jeweils im Perfekt: „Jesus ist von den Toten auferstanden“ oder „Jesus ist zur Rechten Gottes erhöht worden“ – und nehmen dabei an, dass nach dem *Geschehen* der Auferstehung bei Jesus der bleibende *Zustand* des Auferweckt- und Erhöhtseins begonnen habe.

In Wirklichkeit ist diese Unterscheidung für die neue Existenz vor Gott zu hinterfragen. Sie trifft die Sache nicht, weil sie massiv an irdischen Zeitvorstellungen festhält. Denn genau nach diesem Schema ordnen wir innerhalb der irdischen Geschichte die uns begegnende Welt. Geschehen und Ergebnis des Geschehens, Bewegung und Ruhe, Prozess und erreichter Zustand nach Ablauf des Prozesses sind notwendige Ordnungsstrukturen für das Erfassen *irdisch*-zeitlicher Wirklichkeit. Eben deshalb aber darf dieses Schema nicht naiv und unreflektiert auf die Existenz nach dem Tod angewandt werden.

Ist die neue Existenz vor Gott eine Wirklichkeit, über die uns nur noch analoge Aussagen möglich sind, dann ist in ihr das Ordnungsschema von Geschehensablauf und Geschehensergebnis in einer höheren Einheit aufgehoben, die in keiner Weise mehr positiv vorstellbar ist. Konkret: Die Existenz bei Gott nach dem Tod ist dann sprachlich nicht nur zu beschreiben als Auferwecktsein, sondern mit demselben Recht als Auferwecktwerden – nicht nur als das endgültige Sein bei Gott, sondern auch als das „ständige“ Zu-Gott-Gelangen – nicht nur als *Frucht* irdisch gelebter Zeit, sondern auch als der *Prozess* des Hineingezeitigtwerdens in die Existenz bei Gott.

Nun hat die christliche Theologie natürlich schon immer gewusst, dass wir nicht nur von der „ewigen Ruhe“ sprechen dürfen, sondern genauso von „ewigem Leben“. Besonders die heutige Eschatologie tritt mit Nachdruck dafür ein, dass unser Leben bei Gott ein Geschehen von nicht endender Dynamik sei. Mit Recht! Die Gefahr solcher Feststellungen liegt aber darin, dass sie meist wie selbstverständlich von einem durch die eschatologische Vollendung erreichten *Zustand* des Menschen ausgehen und diesen Zustand dann sekundär in dynamischen Kategorien beschreiben. So sagt zum Beispiel Ladislaus Boros[289]:

> *Unsere Ewigkeit wird […] ein immerwährendes Hineinschreiten in Gott sein. Alles Statische geht im Himmel in eine grenzenlose, sich in die Unendlichkeit fortzeugende Dynamik über. Im Himmel ist nichts starr. Vollendung ist ewige Wandlung, Zustand endloser, ungebrochener Lebendigkeit.*

So richtig solche Formulierungen irgendwie auch sind – sie stehen in der Gefahr, dass sie die Vollendung des Menschen doch wieder als geschichtlichen und damit als zeitlichen Prozess beschreiben, der ein Früher und ein Später beinhaltet („alles Statische geht … über in …"). Dieser Gefahr ist nur dann zu begegnen, wenn deutlich gemacht wird, dass jenseitige „Zeit" nichts anderes ist als der „Prozess" des „Hineingezeitigtwerdens" der gesamten irdischen Existenz in ihre jenseitige „Vollendung" – aber so, dass dieser Prozess immer schon sein Ergebnis ist, und das Ergebnis immer noch Prozess bleibt. Mit dieser paradoxen Formulierung soll gesagt sein: Wir können uns dieses Geschehen einfach nicht vorstellen. Eben deshalb müssen wir uns hüten, es in unserer Sprache zu einem naiv-zeitlichen Abklatsch irdischer Abläufe zu machen.

Die mit Recht geforderte Dynamik himmlischen Lebens, der Weg „von Herrlichkeit zu Herrlichkeit", darf also nicht so beschrieben werden, als folge er auf einen Zustand, auf ein Angekommensein, das zuerst einmal zu erreichen ist, sondern es muss deutlich gemacht werden, dass die geforderte Dynamik nichts anderes ist als das „Eintreten" in die Welt Gottes.

Um es anschaulicher zu sagen: Jesus ist nicht nur auferstanden, sondern er tritt „noch ständig" in seine Auferstehung ein. Er ist nicht nur der „Erhöhte", sondern er wird „noch immer" zur Rechten Gottes erhöht. Er hat nicht nur den Geist gesandt, sondern er wird als Auferstehender „unablässig" zum Leben spendenden Geist. Entsprechend stehen wir nach unserem Tod nicht nur vor Gott, sondern wir treten „ewig“ vor Gott hin – und gerade darin ereignet sich unser „von Herrlichkeit zu Herrlichkeit“. Man darf eben über das „Geschehen“ „nach“ dem Tod nicht reden, ohne sich nicht unablässig der Begrenztheit, Dürftigkeit und völligen Unzulänglichkeit unserer Sprache bewusst zu sein.

Das Durchdenken der „letzten Dinge“ *ex negativo* führt noch zu einer weiteren Einsicht, über die an dieser Stelle unbedingt zu sprechen ist. Wenn das „Eingebrachtwerden“ der Geschichte jedes einzelnen Menschen jenseits irdischer Zeit geschieht, dann gilt für das „Eingebrachtwerden“ der Gesamtgeschichte der Welt selbstverständlich das Gleiche. Das heißt: Auch das „Hineingezeitigtwerden“ des unendlichen Geflechts der Gesamtgeschichte in ihre Vollendung geschieht nicht mehr gemäß unserem Früher und Später, nicht mehr verteilt über die Jahrtausende, sondern in einem analogen, für uns nicht mehr vorstellbaren „Gleichzeitig“.

Für den einzelnen Menschen bedeutet dies, dass er im Tod nicht nur sein eigenes „Hinüberschreiten“ zu Gott erfährt, sondern „zugleich“ das „Hinüberschreiten“ der Welt und der gesamten Geschichte zu Gott. Er erfährt im „Durchschreiten“ des Todes nicht nur, dass sich nun seine individuelle Geschichte vor Gott „versammelt“, sondern zugleich – durch tausend Fäden mit der eigenen Geschichte verknüpft – die Geschichte der Welt und aller Menschen.

Man könnte es auch so formulieren: Indem ein Mensch stirbt und eben dadurch die irdische Zeit hinter sich lässt, gelangt er in jene „Dimension“, in der die gesamte übrige Geschichte „gleichzeitig“ mit ihm an ihr Ende beziehungsweise zu ihrer Vollendung kommt, mag sie auch inzwischen in der Dimension irdischer Zeit noch unendlich weite Wegstrecken zurückgelegt haben. Selbstverständlich ist das „gleichzeitig“ in dieser Formulierung analog und nicht im Sinne irdisch-zeitlicher Gleichzeitigkeit zu verstehen. Nur ein Früher oder Später im Sinne irdischer Zeitabläufe soll ausgeschlossen werden.

Doch gerade hier scheiden sich die Geister. Ich hatte die beschriebene Position schon 1974, angeregt durch viele Vorgänger[290], in meinem Beitrag „Zur Möglichkeit christlicher Naherwartung“ vertreten[291]. Seitdem wird mir von einigen Theologen vorgeworfen, durch diese Position werde die Gesamtgeschichte der Menschheit beiseitegeschoben und idealistisch übersprungen. Es gehe nur noch um den Einzelnen – und das sei nichts anderes als eine beschränkte Art von Individualismus, bei der die Geschichte zum leeren Spektakel würde. Denn wie könne die Weltgeschichte mit der Ankunft des Einzelnen bei Gott schon zu Ende sein, während sie auf Erden noch immer im Gange sei.

Ich kann über Einwände dieser Art nur den Kopf schütteln. Offensichtlich sind ihre Verfechter nicht in der Lage, sich von der Anschauungsform irdischer Zeit mit ihrem Vorher und Nachher, ihrem Früher und Später zu lösen. Selbstverständlich geht *aus innerzeitlicher Perspektive gesehen* die Zeit weiter und sterben die Menschen zu völlig verschiedenen Zeiten. Und selbstverständlich ist die Menschheit miteinander vernetzt, so dass jeder immer auch ein Stück des Anderen ist. Und selbstverständlich setzt die Vollendung des Einzelnen vor Gott die Interaktion mit den noch Lebenden voraus.

Wer aber argumentiert, die Weltgeschichte könne nicht „irgendwo“ schon zu Ende sein, während sie doch in Wirklichkeit auf Erden noch weitergehe, bringt damit Geschichtszeit und „Zeit nach dem Tod“ in ein geradezu geometrisch paralleles und damit kommensurables Verhältnis. Das heißt: Er hat für die *Zeit* exakt das Gleiche getan, was heute jeder für den *Raum* ablehnen würde: nämlich den christlichen Himmel räumlich „irgendwo“ über der Erde zu verorten.

Was für den Raum gilt, gilt aber auch für die Zeit. Es gibt eben nicht nur die zeitverhaftete „Hinterbliebenen-Perspektive“, sondern auch die hier skizzierte Perspektive, die versucht, „Zeit“ jenseits des Todes zu denken[292]. Und diese „Zeit“ muss nun einmal „analog“ gedacht werden. Also nicht aus der Sicht der ablaufenden Zeit und Geschichte, sondern aus der Sicht des „Ankommens“ in der Welt „jenseits“ des Todes. Dann aber können zwischen dem „Ankommen" der vielen Einzelnen keine *irdisch*-zeitlichen Distanzen mehr angesetzt werden. Dann kann das Gericht über den Einzelnen von dem „allgemeinen Gericht" nicht *irdisch*-zeitlich getrennt sein. Dann fließen die „Vollendung" des Einzelnen und die „Vollendung" der Welt „ineinander". Dann stehen alle, die in der Gnade Gottes sterben, „zusammen" mit Christus und Maria und allen Erlösten der Welt von den Toten auf. Hans Urs von Balthasar sagt zu Recht[293]:

> *Die senkrecht aus der horizontalen Geschichte sich erhebende Auferstehung Jesu, die nach Paulus und Johannes die reale Verheißung und das Angeld der Auferstehung und Verwandlung der Welt im ganzen ist (1 Kor 15,17–23), lässt uns den Anbruch der neuen Welt nicht mehr in der chronologischen Fortsetzung einer zu Ende gelaufenen Geschichtszeit erwarten, sondern in einer dieser gegenüber inkommensurablen Dimension.*

Man kann sich das ganze Problem an der Glaubensaussage von der Wiederkunft Christi verdeutlichen. Die ersten Christen erwarteten die Parusie Christi noch zu ihren Lebzeiten. Paulus rechnet damit, dass auch die dann bereits Verstorbenen von den Toten auferstehen und zusammen mit den noch Lebenden dem Parusie-Christus entgegenziehen (1 Thess 4,13–18; vgl. 1 Kor 15,51–52). Die Parusie Jesu ist hier also ein öffentliches Geschehen vor den Augen der ganzen Menschheit. Sie ist Einbruch des auferstandenen und erhöhten Christus in diese Geschichte.

Inzwischen sind zwei Jahrtausende vergangen. In der Form wie Paulus sie erwartete, hat die Parusie Christi bis heute nicht stattgefunden. Wird sie sich *in dieser Form* jemals ereignen? Denn seitdem sind Milliarden Menschen gestorben, und Milliarden werden noch sterben. Stellt man sich die Parusie als Szenario *in der Geschichte* beziehungsweise *am Ende der Geschichte* vor, wird nur ein äußerst begrenzter Teil der gesamten Menschheit dieses Geschehen aus irdischer Perspektive erleben können[294]. Wozu dann überhaupt das Ganze?

Nachvollziehbar und plausibel wird die Parusie Christi jedoch, wenn man nicht einfach irdische Zeitkategorien auf die „Zeit" vor Gott überträgt. Dann werden sämtliche Menschen ohne Ausnahme vor Christus „erscheinen" beziehungsweise er wird vor ihnen allen „erscheinen" – aber eben „im" Tod. Was der Glaube an die Wiederkunft Christi einst sagen wollte, wird dann wirklich und vollständig wahr, aber nicht in Form eines apokalyptischen Spektakels vor den Augen der zum Zeitpunkt x zufällig gerade lebenden winzigen Teilmenge der Gesamtweltbevölkerung aller Zeiten, sondern ganz anders: im „Hintreten" restlos aller Menschen, die in ihrem Tod „zusammen" und „zugleich" Christus begegnen[295].

Selbstverständlich sind innerhalb des Gesamtgeschehens „Auferstehung der Toten" Vorbedingungen und Vorgaben mitzudenken. Wir werden „zusammen mit Christus" von den Toten auferstehen – und doch ist seine Auferstehung unhintergehbar Vorbedingung und Ursache unserer Auferstehung. Christus ist und bleibt der „Erste aller Entschlafenen".

Wir werden „zusammen" mit Maria, der Mutter Jesu, von den Toten auferstehen – und doch ist ihre Auferstehung Vorgabe unserer Auferstehung, nämlich durch das gläubige „Ja", das sie einst stellvertretend für alle gesprochen hat (Lk 1,38). Außerdem: Maria steht als die *vollendet Erlöste* von den Toten auf. Darin ist sie uns auf jeden Fall „voraus".

Schließlich: Wir werden „zusammen" mit allen Heiligen von den Toten auferstehen – und doch hat ihr Glaube unseren Glauben ermöglicht und ist so Vorgabe für unsere eigene Auferstehung. Auch hat ihre Läuterung im Tod ein anderes „Maß" als die unsere.

Mit anderen Worten: Was die christliche Tradition durch ein rein zeitliches *Vor* beziehungsweise *Nach* ausgedrückt hat, war keineswegs falsch. Es ist jedoch sachgerechter, die gemeinte Sache nicht in *irdisch*-zeitlichen Kategorien auszudrücken.

11. Über die Fortdauer der Seele

Ein alter Mensch stirbt. Sein Herz hört auf zu schlagen. Die Gehirnfunktionen erlöschen. Ein Organ nach dem anderen gibt auf. Das Blut gehorcht der Schwerkraft und sinkt langsam in die tiefer gelegenen Teile des Körpers. Die Zersetzung der Zellen beginnt. Bald wird die Totenstarre eintreten.

Die Angehörigen saßen am Bett des Sterbenden und hielten seine Hand. Sie sind noch immer da und sprechen jetzt über sein Leben und seinen Tod. Oft blicken sie zu dem Toten hin. Doch sein Leichnam liegt bleich und stumm im Bett. Absolute Kommunikationslosigkeit geht von dem Toten aus.

Was ist nun mit all dem, was er getan und erlitten hat? Was ist mit den unendlich komplexen Einzelheiten seines langen Lebens? Mit seinem Unglück und seinem Glück, seinen Schmerzen und seinen Freuden, mit der schier unendlichen Summe an Wahrnehmungen, Beobachtungen, Erfahrungen, Widerfahrnissen, Begegnungen und Einsichten? Vor allem: Was ist mit seinem Sich-Abmühen, wenigstens ein kleines Stück Welt zu verändern – in sich selbst und um sich herum? Kurz: Was ist mit seiner ganzen Geschichte?

Ich habe in diesem Hauptteil des Buches davon gesprochen, dass eben dieser Mensch Gott entgegentritt, dass er in der Begegnung mit Gott sein Gericht, aber auch abgrundtiefes Erbarmen findet, mehr noch, dass er im Geschehen seines Todes – sozusagen in dessen Innenseite – mit seiner ganzen Geschichte Gott begegnet. Und ich habe davon gesprochen, dass es *für ihn* irdische Zeit dann nicht mehr gibt und die Geschichtszeit der Welt *für ihn* in dem „Augenblick" seines Hinübergangs schon abgelaufen ist. Er ist dann „schon" bei der Auferweckung aller Toten und am Ende der Welt angekommen.

Aber was ist dieses „Er", von dem ich da rede, das nun im Tod Gott begegnet und von dem sich gar nicht vermeiden lässt, es mit der personalen Kategorie „Er" oder „Sie" zu bezeichnen? Gibt es etwas, das die ungeheure Kluft überbrückt zwischen dem erkaltenden und sich zersetzenden Körper und all dem, was hier über die Auferstehung des Menschen gesagt wird?

Die katholische Theologie sprach hier seit der Zeit der Alten Kirche von der „Seele". Von der Seele, die sich im Tod vom Körper trennt, die vor Gott erscheint, die gerichtet und geläutert wird, die warten muss, bis alles Widerständige und Gottwidrige in ihr aufgearbeitet ist, und die dann, nach der Auferstehung des Fleisches und dem allgemeinen Weltgericht, endlich „ganz" bei Gott ist.

Doch im 20. Jahrhundert hat sich gegen den Seelenglauben, der mit diesem Vorstellungskomplex verbunden war (und den es – unabhängig von der Fegfeuerlehre – auch in den Kirchen der Reformation gab) vonseiten protestantischer Theologen auf breiter Front Widerspruch erhoben[296]. Es wurde gesagt: Wenn sich die Seele in dieser Weise durchhalte, werde die Dunkelheit und Unerbittlichkeit des Todes verharmlost. *Irgendwie* zu sterben und doch *irgendwie* weiterzuleben – das werde dem Tod nicht gerecht und auch nicht der Bibel. Der Bibel zufolge sterbe der Mensch „ganz". Und er werde von Gott „ganz" auferweckt. Mit dem Einwand des Unbiblischen war zugleich der Vorwurf verbunden, die alte Lehre von der sich durchhaltenden Seele sei eben ein griechisches Konstrukt, sei Platonismus – unbesehen und voreilig ins Christentum übernommen. Die Seele sei dann das Eigentliche, das den Leib im Grunde gar nicht brauche. Und eben das sei nicht nur unbiblisch, sondern unchristlich. Deshalb müsse in der Verkündigung vom „Ganztod" des Menschen ausgegangen werden, von seinem totalen Ausgelöscht-Sein, dann aber auch von seiner völlig unverdienten Auferweckung durch Gott, „der die Toten lebendig macht und das, was nicht ist, ins Dasein ruft" (Röm 4,17).

Hinter dieser radikalen Position steht aber noch ein anderes Motiv. Man wollte von dem Unsterblichkeitspathos der Aufklärung endlich wegkommen. In der Zeit der Aufklärung war die Unsterblichkeit der Seele fast ein Grunddogma gewesen, fast noch wichtiger als der Glaube an Gott. Nun sollte endlich wieder die Wucht der Auferweckung als Tat Gottes zurückgewonnen werden.

Auf den ersten Blick wirkt diese Radikalität plausibel. Der Tod wird als Tod ernst genommen, und die Auferweckung wird als wirkliche „Auferweckung“ in ihr Recht gesetzt. Die Vertreter der Ganztod-Hypothese sagen, nicht ganz zu Unrecht: Im Glaubensbekenntnis der Kirche heiße es eben nicht „Ich glaube an die Unsterblichkeit der Seele“, sondern „Ich glaube an die Auferstehung des Fleisches.“

Doch Extreme fördern tieferes Erkennen[297]: Langsam wird immer klarer, dass die Auffassung vom Ganztod ein schweres Problem mit sich herumschleppt. Um es kurz zu machen: Wenn der Mensch zuerst einmal ganz und total tot ist und Gott ihn dann ganz und total auferweckt, bleibt die Kontinuität zwischen dem Verstorbenen und dem von Gott Auferweckten auf der Strecke. Wenn nämlich auf der einen Seite alles radikal zu Ende ist und auf der anderen Seite ein absoluter Neuanfang steht, dann hat der neue Mensch mit dem alten Menschen nichts mehr zu tun. Er wird gar nicht „auferweckt“, sondern neu geschaffen[298]. Er ist dann zwar bis ins Detail der *gleiche* Mensch, aber eben nicht *derselbe*. Er ist ein hervorragendes Duplikat, eine gelungene Kopie, wenn man so will ein perfekter Klon, aber nicht die Person dessen, der vorher gelebt hat. Die ist und bleibt tot.

Um diese Schwierigkeit zu vermeiden, hat man das „Gedächtnis“ Gottes bemüht. Man hat gesagt, der Verstorbene sei zwar ganz tot, lebe aber bis zur Auferstehung der Toten im „Gedächtnis“ Gottes weiter. Das „Gedächtnis“ Gottes gewährleiste seine Identität bei der späteren Auferweckung der Toten. Was soll man von dieser Lösung halten?

Es ist natürlich richtig, dass alles, was „im Gedächtnis Gottes ist“, nur höchstes Leben sein kann und gerade nicht so etwas wie ein abgespeichertes „Dokument“ auf einer Festplatte. Doch wenn alles, was „im Gedächtnis Gottes“ ist, höchste Realität besitzt – muss man dann nicht sagen: Der Tote „lebt“ in Gott und durch Gott weiter? Wenn der Tote aber in diesem Sinn weiterlebt – sollte man dann nicht doch besser gleich von der Seele sprechen, die fortdauert, eben weil sie von Gott geschaffen und geliebt ist[299] – von der Seele, die es möglich macht, dass *dieser selbe* Mann oder *diese selbe* Frau oder *dieses selbe* Kind im Tod vor Gott hintritt?

Es spricht also vieles dafür, dass wir weiterhin mit der langen christlichen Tradition von der Fortdauer der Seele im Tod sprechen. Ohne die Fortdauer dessen, was viele Jahrhunderte „Seele" genannt haben, gibt es keine Identität zwischen dem, der gestorben ist, und dem, der im Tod vor Gott hintritt. Nur hängt dann alles davon ab, dass der Begriff der „Seele" sachgerecht gebraucht und richtig verstanden wird.

Es muss dann nämlich klar sein, dass die Seele kein leeres, unbeschriebenes Blatt ist und keine welt- und geschichtslose Abstraktheit, sondern dass sie die gesamte Geschichte des betreffenden Menschen verinnerlicht hat. Alles hat sich ihr eingeprägt, alles ist in ihr aufbewahrt. Jeder Mensch ist während seines Lebens nicht nur selbst ein Stück Welt, sondern er versammelt während seiner Personwerdung (und die reicht bis zum Tod) unablässig „Welt" in sich, weil er sich mit ihr auseinandersetzt, sie gestaltet, sie prägt, sie in sich einschreibt – und zwar über seinen Leib[300].

Eben deshalb ist die Seele kein leibfremdes, leibfreies oder gar leibfeindliches Prinzip, das dadurch erlöst wird, dass es endlich den Körper und die Materie hinter sich lässt, sondern sie ist der Inbegriff dessen, was den betreffenden Menschen ausmacht. Sie steht nicht gegen den Leib, sondern bildet mit ihm eine tiefe Einheit, gibt ihm seine Gestalt, formt ihn, beseelt und trägt ihn. Ohne seine Seele wäre der Mensch nichts anderes als eine komplexe Ansammlung von Molekülen. Die Biologie aber zeigt uns, dass diese Moleküle regelmäßig ausgewechselt und abgestoßen werden. Was macht dann die Identität des Menschen aus – das, was ihn zur Person macht? Ganz sicher nicht der materielle Bestand seines Körpers, sondern das, was seinen Körper überhaupt erst zum „Leib" macht, nämlich die Seele.

In diesem Sinn fragt die derzeitige Theologie erneut nach der Seele und nach ihrer identitätsstiftenden Funktion zwischen

Tod und Auferstehung. Sie spricht mit neuer Einsicht und mit neuem Recht von der Seele, die im Tod nicht zugrundegeht, sondern alles, was den Verstorbenen ausmachte und formte, mitnimmt[301], die „dann“[302] geläutert wird und Anteil an der Auferstehung Christi erhält. Freilich bleibt nach dem Gesagten noch immer die Frage: Ist auch die so verstandene Seele nicht noch immer etwas Unsterbliches im griechischen Sinn, das die schöpferische Kraft Gottes gar nicht braucht, sondern sich aus eigener Kraft am Leben erhält, kurz, das eben „unsterblich“ ist?

Diese Frage muss ernst genommen werden. Denn sie steht vor allem hinter den Einwänden derjenigen evangelischen Theologen, die befürchten, dass da von einer Wesenheit im Menschen die Rede sei, die auch ohne Gott ihren Selbstand habe und so das, was mit christlicher Erlösung gemeint sei, pervertiere.

Doch eine gute Schöpfungs- und Gnadentheologie kann diesen Einwand beantworten. Denn die Seele ist ja nicht etwas, das mit Gott nichts zu tun hätte und in „Eigenleistung“ ohne Gott existieren würde. Die Seele ist vielmehr – um es im Bild zu sagen – dem Menschen mit dem Atem Gottes eingehaucht (Gen 2,7). Das heißt aber: Sie gehört zur unablässigen Erschaffung des Menschen durch Gott. Ohne Gott könnte die Seele, könnte der Mensch keinen Augenblick bestehen.

Das herrliche Fresko Michelangelos in der Sixtinischen Kapelle, in welchem Gott Adam mit seinem Finger berührt und ihn eben auf diese Weise zum Leben bringt, gilt nicht nur für den Augenblick der Erschaffung des Menschen. Es gilt für seine gesamte Existenz von der Zeugung bis zu seinem letzten Atemzug, ja bis zu seiner Auferweckung von den Toten: Der Mensch – oder sagen wir an dieser Stelle ruhig die Seele als die Identität des Menschen – ist allezeit getragen und am Leben erhalten von Gott. Psalm 104 drückt diese beständige Abhängigkeit allen Lebens von der Schöpferkraft Gottes so aus:

Du verbirgst dein Antlitz – sie sind verstört,
du nimmst ihnen den Atem – sie schwinden dahin
und werden wieder zu Staub.

Du sendest deinen Atem aus – sie werden erschaffen,
und du erneuerst das Antlitz der Erde. (104,29–30)

Auf diesen biblischen Tatbestand greift Joseph Ratzinger zurück, wenn er den traditionellen Begriff der „unsterblichen Seele" als „dialogische" Existenz vor Gott beschreibt[303]. Die Seele hat ihre Dauer nicht aus sich selbst, sondern weil sie von Gott geschaffen, geliebt, geführt und getragen ist und weil sie ihrerseits zur Gotteserkenntnis fähig und berufen ist. Martin Luther muss genau das gemeint haben, wenn er sagte[304]:

Mit wem Gott redet, es sei im Zorn oder in der Gnade, derselbe ist gewisslich unsterblich. Die Person Gottes, der da redet, und das Wort zeigen an, dass wir solche Kreaturen sind, mit denen Gott bis in Ewigkeit und unsterblicherweise reden wolle.

Als diese so verstandene „unsterbliche" Seele – die eben Trägerin der gesamten Geschichte des Menschen ist und deshalb auch den Leib gestaltet und verinnerlicht hat – tritt der Mensch vor den lebendigen Gott hin und bekommt Anteil an der Herrlichkeit der Auferstehung Christi.

Der Tod selbst verliert dabei nichts von seinem Dunkel. Der Tod bleibt ein Erleiden und eine Entmächtigung. Die katholische Kirche betet in ihrem 2. Hochgebet, wenn sie eines Verstorbenen gedenkt:

Erbarme dich unseres Bruders (unserer Schwester), den (die) du aus dieser Welt zu dir gerufen hast. Durch die Taufe gehört er (sie) Christus an, ihm ist er (sie) gleichgeworden im Tod. Lass ihn (sie) mit Christus zum Leben auferstehen.

Für den an Christus Glaubenden ist also der Tod weder eine natürliche Sache, die eben zum Leben hinzugehört, noch ein in hohem Gleichmut vollzogener Übergang, wie ihn Sokrates seinen Schülern vorgelebt hat, sondern ein Sterben mit Christus.

Und Christus ist keinen philosophischen Tod gestorben. Man muss ja nur einmal den 22. Psalm lesen, den Jesus in seiner Not als Sterbegebet gesprochen hat. Vom Dunkel des Todes wird bei der Schilderung des Sterbens Jesu nichts weggenommen, auch wenn die Kirche an die Fortdauer der Seele glaubt.

Es ist wohl deutlich geworden: Ich rede hier von der Fortdauer der Seele im Tod, weil sonst die Identität zwischen dem sterbenden Menschen und dem von Gott Auferweckten nicht zu denken ist. Die These von der „Auferstehung im Tod“ ist damit keineswegs aufgegeben. Sie beruht bei mir in der strikten Leugnung, dass es jenseits des Todes noch Zeit im irdischen Sinn gibt, dass also der Mensch „nach“ seinem Tod noch auf irgendetwas *im irdisch-zeitlichen Sinn* warten müsste.

Das schließt aber keinesfalls aus, dass es einen prozesshaften „Übergang“ zwischen Tod und Auferstehung der Toten geben muss, in welchem der Mensch geläutert wird und seine Auferstehung von Christus her Gestalt gewinnt. Doch dieser „Übergang“, bei dem die Seele Garant der Identität ist, darf nicht mehr in irdischen Zeitkategorien gedacht werden. Er geschieht „im“ Tod.

12. Über die Teilhabe

Dieses Buch verabschiedet sich also von der Vorstellung, dass die Seele bei Gott im „*irdisch*-zeitlichen“ Sinn warten muss bis ans Ende der Welt, warten muss bis zum Weltgericht, warten muss bis zur Auferstehung aller Toten, damit sie endlich zu ihrem verklärten Leib kommt. Das mit Recht geforderte „Dazwischen“ kann nicht *irdisch*-zeitlich definiert werden. Deshalb ist das Ende der Welt für den Sterbenden „mit“ dem Tod da, die Wiederkunft Christi findet „im“ Tod statt, die Auferstehung geschieht „im“ Tod und genauso das Weltgericht. Die Kirche kann es sich nicht mehr leisten, im Zusammenhang der „letzten Dinge“ naive Zeitvorstellungen unkritisch vorzutragen, wenn diese Zeitvorstellungen selbst in der Physik längst durchlöchert, ja aufgegeben sind[305].

Vor allem kann sie es sich nicht mehr leisten, die Wiederkunft Christi und die Auferweckung der Toten aus dem Bewusstsein der Christen zu verbannen. Denn eine Parusie nebst einer Auferweckung der Toten, die in 2000 Jahren Geschichte nicht stattfand und dementsprechend auch in den kommenden 2000 Jahren Geschichte voraussichtlich nicht stattfinden wird, liegt in nebelhafter Ferne und ist deshalb bewusstseinsmäßig nicht mehr existent (es sei denn, die Kirche würde Weltuntergangsstimmung schüren). Finden hingegen die Auferstehung und die Begegnung mit dem Parusie-Christus „im" Tod statt, so wäre wieder jenes eschatologische Bewusstsein möglich[306], in dem die ersten Christen gelebt haben – und auch eine biblische Gegenwartseschatologie hätte dann ihr Ziel und einen festen Halt (vgl. Teil V, 3).

Selbstverständlich können wir über das, was mit uns im Tod geschieht, immer nur in Bildern sprechen. Auch die Vorstellung vom Wartestand der Seele über lange Zeiten hinweg war ein Bild und hatte als Bild durchaus seine Berechtigung. Diese Vorstellung bot, wie wir sahen, die Basis für die Einsicht, dass die Läuterung der Verstorbenen nicht losgelöst von der weiterlaufenden Geschichte geschehen kann.

Wenn heute viele Theologen von der „Auferstehung *im* Tod" sprechen, so ist selbstverständlich auch das ein Bild. Die Frage ist nur, ob es für uns heute nicht das bessere, das sachgerechtere Bild ist[307], das viel genauer unserem heutigen Wissen über das, was eigentlich Zeit ist, entspricht. Deshalb musste in Teil IV, 10 ausführlich über die Relativität der Zeit gesprochen werden. Das Ergebnis: Der Verstorbene ist nicht mehr der irdischen Zeit unterworfen. Er ist im Tod „schon" bei der Auferstehung aller Toten „angelangt".

Genau dann stellte sich aber ein altes Problem in neuer Schärfe: nämlich das Problem der Kontinuität zwischen dem Verstorbenen und dem Menschen, den Gott „im Tod" auferweckt. Deshalb musste eben auch über die Seele als die Garantin der Selbigkeit der Person gesprochen werden. Das geschah im vorhergehenden Kapitel. Doch bleibt damit noch immer ein ganzer Komplex von Schwierigkeiten für das richtige Verständnis von Auferstehung virulent. Ihm wendet sich dieses Kapitel zu. Ich umreiße zunächst die Probleme, um die es dabei geht.

Im Vorangegangenen war stets von Menschen die Rede, die schon eine lange Geschichte hinter sich haben, in der sie zur Person gereift sind. Es war von Menschen die Rede, die durch die Begegnung mit anderen zur Person geworden sind, die ständig Welt in sich aufgenommen und verinnerlicht, aber umgekehrt auch Welt entworfen haben. Was aber, wenn ein Kind stirbt, von dem man all das noch gar nicht sagen kann? Es hat noch nicht sprechen können – geschweige denn, dass es „Ich" sagen konnte. Es hat die Welt noch sehr eingeschränkt wahrgenommen. Es hat noch nichts von Gott gewusst und ist überhaupt noch nicht in der Lage gewesen, so etwas wie Entscheidungen zu treffen. Wird auch dieses Kind vor dem Angesicht Gottes erscheinen und das erfahren, was der christliche Glaube „ewige Seligkeit" nennt?

Man kann antworten: Selbstverständlich! Gott liebt alle seine Geschöpfe. Er wird auch diesem Kind seine ganze Liebe und Zuwendung schenken[308]. Diese Antwort ist auf jeden Fall richtig. Nur darf man mit ihr nicht ein Grundgesetz der Auferstehung überspielen: Auferstehen kann immer nur das, was in der Geschichte des betreffenden Lebens geworden ist. Gerade deshalb hat ja die Geschichte jeder Person, hat jeder Tag und hat jede Stunde im Leben eines Menschen unmittelbare und schwerwiegende Bedeutung für die Ewigkeit. Wenn es aber eine Personwerdung im beschriebenen Sinn noch gar nicht gegeben hat?

Nun gilt freilich für jedes normale Kleinkind: Es nimmt schon hundert Dinge wahr. Es hört neugierig hin – unterscheidet die Stimmen seiner Umgebung – kennt die Stimmen des Vaters und der Mutter – weiß genau, was gut und was schlecht schmeckt – betastet die Haut seiner Mutter – greift mit seinen winzigen Fingern nach allem, was sich ihm nur anbietet – und vor allem: Es blickt mit großen Augen in die Welt, sucht zu erkennen und alles voneinander abzuheben. Ihm sollte Gott keine Seligkeit sein?

Spitzen wir die Sache deshalb zu! Was ist mit einem Embryo im Frühstadium, der dann nicht lebensfähig war und abging? Eigene Empfindungen hatte dieses winzige Wesen noch nicht. Sie hätten zwar bald rudimentär begonnen, aber noch war es nicht so weit. Selbstverständlich muss man auch von diesem Embryo sagen, dass er von Gott geschaffen und geliebt ist. Und Gott kann nicht wollen, dass irgendetwas, das er geschaffen hat, ins Nichts zurückfällt. Auch hier gilt Psalm 146,6:

Er hat Himmel und Erde gemacht,
das Meer und alles, was darin lebt,
er hält [seinen Geschöpfen] die Treue auf ewig.

Um den Fall zu verschärfen: Gott lässt nicht einmal eine gerade erst befruchtete und eingenistete Eizelle zugrunde gehen. Aber in welcher Form existiert sie in der Auferstehung vor Gott? Kann Gott etwas zu einem vollendeten Menschen machen, das keine Geschichte hatte, das als wahrnehmende Person noch gar nicht begonnen hatte? Biologisch formuliert: Kann die Zygote, die gerade befruchtete Eizelle, als Person mit entfaltetem Willen, Einsicht und Verstand vor Gott leben?

Vielleicht sagt jemand: „Auch dafür muss es bei Gott eine Möglichkeit geben. Wir können sie uns nur nicht vorstellen." Deshalb spitze ich das Ganze jetzt noch weiter zu: Gehen wir in die Vorzeit des Menschen zurück, in jene lange Phase der Evolution, in der die Hominisation, die Menschwerdung des Menschen stattfand. Heute weiß jeder: Verstand und freier Wille brachen in dieser langen Übergangsphase vom Tier zum Menschen keineswegs explosionsartig hervor. Sie entwickelten sich in riesigen Zeiträumen.

Man kann es an der Entwicklung der Sprache ablesen. Erst langsam mussten sich Mund- und Rachenraum so ausbilden, dass überhaupt die organische Basis für eine differenzierte

Sprache da war. Kein Wissenschaftler könnte auf den Punkt genau sagen, wann der Mensch endlich Mensch war[309]. Werkzeuggebrauch ist kein Kriterium für die Definition des Menschen: Es gibt ihn auch bei unseren Verwandten, den Menschenaffen. Es dürfte ihn auch schon bei unseren tierischen Vorfahren gegeben haben – zum Beispiel das Aufschlagen von dicken Markknochen mithilfe von Kieselsteinen. Es gibt sogar Finkenarten, die mit Dornen im Schnabel nach Nahrung stochern[310].

Und die Sprache? Auch Verständigungssignale sind im Tierreich weit verbreitet. Ebenso Informationsweitergabe. Man denke nur an den Schwänzeltanz der Bienen, der auf Nahrungsquellen aufmerksam macht und sogar die Richtung angibt, in welche die zu informierenden Bienen fliegen sollen. Genauso gibt es sektorale Intelligenz, oft sogar in einem bewundernswerten Ausmaß. Nicht einmal Ichbewusstsein dürfen wir bei höheren Tieren völlig ausschließen[311].

Lediglich Vernunft und freien Willen, die sich von bloßen Instinkten abheben, können wir bei unseren tierischen Vorfahren nicht voraussetzen. Aber sind freier Wille und Vernunft plötzlich vom Himmel gefallen? Das alles zeigt: Die Übergänge vom Tier zum Menschen waren fließend.

Schauen wir nun probehalber auf irgendeinen „Vormenschen" im Übergang zum „Frühmenschen". Fast ist dieses Wesen noch Tier, fast ist es schon Mensch. Der betreffende Hominide hat lange gelebt. Dann ist er alt und kraftlos geworden. Er hat sich von der Horde zurückgezogen und verendet irgendwo in einem dunklen Gebüsch zwischen Wald und Savanne. Wird er Gott schauen?

Ich habe die Frage, um die es hier geht, in diesem Ausmaß zugespitzt, damit das eigentliche Problem hervortritt. Um es zu wiederholen: Was in der Geschichte eines Lebens nicht geworden ist, kann auch nicht einfachhin durch „Auferstehung" Realität werden. Das ist die ungeheure Wucht der singulären Geschichte eines jeden einzelnen Menschen. Was *hier* nicht geworden ist, wird *dort* nicht sein. Gutes, das hier nicht getan wurde, Freiheit, die hier nicht errungen wurde, können in der Auferstehung *aus dem Verstorbenen* nicht herausgezaubert werden.

Eben deshalb entsteht notwendig die Frage: Was geschieht bei der Auferstehung mit den zahllosen Kindern, die niemals die Chance hatten, gereifte Person zu werden? Was geschieht mit all den Föten, die abgetrieben wurden? Was geschieht mit den unzähligen Wesen im Zwischenbereich der Evolution, die nicht mehr ganz Tier, aber auch noch nicht ganz Mensch waren? Es geht hierbei nicht um die Frage, ob sie mit der gesamten vorpersonalen Welt auferstehen. Daran darf und muss der Christ glauben, denn Gott lässt nichts von dem, was er geschaffen hat, zugrunde gehen. Es geht um die Frage, ob sie *als Person* oder doch eingebunden in die Welt des Personalen auferstehen. Und für die Beantwortung eben dieser Frage scheint mir nun der Begriff der „Teilhabe" wichtig, ja wesentlich zu sein.

Um sofort wieder konkret zu werden: Ein Säugling, der nur einige Tage alt wurde und dann starb, hatte zwar keine Chance, sich zur Person zu entfalten. Er war völlig unfähig zu einem Akt freier Entscheidung. Aber er wurde – hoffentlich! von seinen Eltern geliebt. Sie hatten ihn gewollt, ihn gezeugt, ständig an ihn gedacht, nach ihm getastet, für ihn geplant und alles nur Erdenkliche getan, dass es zu einer glücklichen Geburt kam. Das Neugeborene gehörte zu ihrem Denken, zu ihrem Wollen, zu ihrer Freiheit, zu ihrer Person. Es war ein Stück ihres eigenen Lebens geworden. Deshalb ist dieses Kind mit ihnen zusammen vor Gott. Es ist in ihrem Herzen und ist deshalb Teil ihrer Seligkeit und hat in irgendeiner Weise Anteil an ihr. Mehr können wir nicht sagen. Das Ganze gehört zum Geheimnis ewigen Lebens.

Und wie ist es in dem geschilderten Extremfall? Wie ist es bei den Hominiden, die an der Schwelle zum Menschsein standen? Hier kann man wohl kaum sagen, dass sie von den späteren Menschen geliebt werden und eben darin ihre Existenz haben. Und doch ist es keinesfalls so, dass sie einfachhin nicht mehr sind. Sie finden in der Wissenschaft höchstes Interesse. Generationen von Paläoanthropologen haben sich schon daran abgearbeitet, Knochenfunde vom *Sahelanthropus tschadensis* bis zum *Homo neanderthalensis* zu untersuchen, zu diskutieren, in eine zeitliche Ordnung zu bringen und die Gestalt, die Fähigkeiten und die Lebensverhältnisse der betreffenden Vor- und Frühmenschen aufs genaueste zu rekonstruieren. Das Wissen über die Hominisation ist längst ein Teil unseres kulturellen Gedächtnisses geworden und wird deshalb mit uns auferstehen (vgl. Teil IV, 8). In diesem Wissen sind die Vor- und Frühmenschen existent – nicht nur in ihrer Wesensform, sondern lebendiger, als wir es uns vorstellen können.

Aus all dem ergibt sich ein Raster. Die außer- und vormenschliche Schöpfung kann nicht einfachhin *personal* auferstehen. Aber sie kann *im Menschen* auferstehen, insofern der Mensch die Schöpfung bestaunt, zu begreifen sucht, erforscht und von ihr fasziniert ist. Auf diese Weise wird sie von ihm verinnerlicht und kann mit ihm und in ihm vor Gott sein. Nennen wir diesen Sachverhalt „Teilhabe". Ohne „Teilhabe" ist das Wunder wirklicher Erlösung der untermenschlichen Schöpfung nicht denkbar. „Teilhabe" greift aber noch viel weiter aus. Ich entfalte das, was damit gemeint sein kann, in vier Schritten.

1. Wir hatten an früherer Stelle gesehen: Paulus spricht von der Befreiung der „ganzen Schöpfung" (vgl. Teil IV, 8): Die der Leere und Nichtigkeit unterworfene Schöpfung wartet auf das Offenbarwerden der Kinder Gottes (Röm 8,19–22). Das heißt: Die gesamte nichtmenschliche Schöpfung wird mithineingenommen in das, was den Glaubenden in der Auferstehung geschenkt wird.

Es sind kühne Gedanken, die Paulus hier aus seiner jüdischen Weltliebe heraus formuliert. Nirgendwo sonst im Neuen Testament wird das so eindeutig ins Wort gebracht: Die ganze Schöpfung wird dann auferstehen zu der „Freiheit der Kinder Gottes" und an deren Herrlichkeit teilhaben (Röm 8,21). In welcher Form diese Teilhabe geschieht, muss offenbleiben. Sie ist für uns unvorstellbar, und auch das, was ich über „Verinnerlichung" gesagt habe, war nur der Versuch, diesem Geschehen ein wenig näherzukommen.

2. Eher vorstellbar ist Teilhabe bei den auferstandenen Menschen *untereinander.* Auch hierfür können wir uns – indirekt – auf Paulus stützen. Es gibt nämlich im Neuen Testament keinen Autor, der die christliche Gemeinde mit solchem Nachdruck auf ihr „Miteinander“ hinweist wie Paulus. Die Christen sollen „einander in brüderlicher Liebe zugetan sein“ (Röm 12,10) – sie sollen „untereinander Einmütigkeit suchen“ (Röm 12,16) – sie sollen „einander annehmen“ (Röm 15,7) – „einträchtig füreinander sorgen“ (1 Kor 12,25) – „einander die Lasten tragen“ (Gal 6,2) – „einander Gutes tun“ (1 Thess 5,15) – sie sollen „miteinander“ und „füreinander“ leben – sie sollen sich „freuen mit den Fröhlichen und weinen mit den Weinenden“ (Röm 12,15). Vor allem aber: Sie sollen, wenn andere Gemeinden Hilfe brauchen, solidarisch mit ihnen teilen und „die leeren Hände der Heiligen füllen“: das heißt ihren notleidenden Mitchristen helfen (2 Kor 9,12).

Wenn nun aber gegenseitige Solidarität schon für die christlichen Gemeinden in dieser Welt wesentlich ist, dann erst recht für die Gemeinde im Himmel. Denn die Kirche auf Erden spiegelt die himmlische Gemeinde wider und lebt aus ihrer Kraft (Gal 4,26; Phil 3,20). Wenn wir uns bereits hier „mit den Fröhlichen freuen“ dürfen – dann erst recht in der himmlischen „Gemeinschaft der Heiligen“. C. S. Lewis hat das in der ihm eigenen Sprache folgendermaßen ausgedrückt[312]: Im Himmel „wird jede Seele ewig damit beschäftigt sein, an alle anderen zu verschenken, was sie selbst empfängt.“

Ich wage es zu sagen: Ich möchte einmal teilhaben an der Seligkeit der Heiligen. Ich möchte einmal teilhaben an dem Hingerissensein der großen Liebenden – an der Geduld zahlloser Mütter und Väter, die nicht zu erschüttern war – an der Klugheit unzähliger heiliger Frauen – an der Weisheit der großen Kirchenlehrer und Kirchenlehrerinnen – am Mut der Märtyrer – an der Liebe derer, die mit ihrer ganzen Existenz Jesus nachgefolgt sind. Ich möchte einmal Paulus, Lukas, Augustinus, Thomas von Aquin, Franziskus, Teresa von Avila, Therese von Lisieux, Edith Stein und vielen anderen „begegnen“ und „bei ihnen sein“. Und selbstverständlich erhoffe ich mir, meine verstorbenen Eltern und Geschwister „wiederzusehen“.

Ich hatte am Anfang dieses theologischen Teiles (vgl. Teil IV, 1) gesagt, Gott werde, wenn der Mensch ihm im Tod endgültig begegne, für den Menschen *alles* sein, und es gäbe dann für den Menschen nichts anderes mehr außer Gott – und alles andere nur noch *in Gott.* Dem soeben Gesagten widerspricht das keineswegs. Die Freude *allein an Gott* schließt die gemeinsame Freude mit all denen, die nun ein reines Miteinander vor Gott sind, keineswegs aus. Im Gegenteil: Das Glück, nun zusammen mit all denen, die man geliebt hat, vor Gott zu sein, vergrößert noch die Seligkeit, Gott zu schauen – und das dann wirklich geltende „Gott allein“ vergrößert die Seligkeit der Teilhabe an der himmlischen Gemeinde der Heiligen.

Im Grunde realisiert sich diese Dialektik schon in jedem christlichen Fest. Ein Fest feiern kann man überhaupt nicht allein. Jedes Fest braucht notwendig das Miteinander einer Gemeinschaft. Man sieht die vielen anderen, freut sich an ihnen und freut sich an ihrer Nähe. Und doch feiert diese Gemeinschaft, wenn es ein wirklich christliches Fest ist, nicht sich selbst, sondern sie feiert die Großtaten Gottes. Nur dadurch, dass die Feiernden auf etwas ausgerichtet sind, das sie selbst unendlich übersteigt und von dem sie doch völlig getragen sind, erhält das Fest seinen Glanz.

Wie verträgt sich aber das hier Gesagte mit dem Satz, auferstehen könne immer nur das, was in der Geschichte des betreffenden Lebens geworden war, und gerade deshalb habe die Geschichte jeder Person, habe jeder Tag und habe jede Stunde eines Menschen solches Gewicht für die Ewigkeit? Dieser Satz bleibt richtig. Er hat aber nun eine schwergewichtige Ergänzung gefunden: Wir können zwar nur das in die Ewigkeit vor Gott einbringen, was wir vorher gelebt haben. Aber unendlich viel wird uns „hinzugegeben“ werden, weil wir teilhaben dürfen am Reichtum der Heiligen.

Die Christen der ersten Jahrhunderte hatten dafür ein untrügliches Gespür. Sie wollten in der Nähe der Heiligen, besonders in der Nähe der Märtyrer bestattet sein – um der Teilhabe an deren Christustreue willen. Uns ist ein Grabstein erhalten[313] für eine Frau mit dem Namen Sarmannina, die um 400 n. Chr. im Norden des ehemaligen römischen Kastells Kumpfmühl in Regensburg bestattet wurde. Die Inschrift auf dem schlichten Kalksein lautet:

> *Zum seligen Gedächtnis der Sarmannina, die in Frieden ruht, den Märtyrern beigesellt.*

3. Es wäre noch vieles über die *communio sanctorum,* die „Gemeinschaft der Heiligen" zu sagen. Das Gesagte muss jedoch genügen, denn nun ist endlich über die wichtigste, alles umgreifende und alles tragende Form der Teilhabe zu sprechen: nämlich über die Teilhabe des Menschen an der erlösenden und befreienden Auferstehung Jesu. Von dem auferstandenen Jesus wird uns nicht nur in überreichem Maß hinzugegeben – von ihm wird uns *alles* gegeben.

Auch hier finden wir die durchdachtesten Aussagen bei Paulus. Es gibt bei ihm eine ganze Serie eschatologischer Texte, in denen das griechische *syn* („zusammen mit …", „in Einheit mit …") eine entscheidende Rolle spielt[314]. Zum Beispiel:

> *Und so werden wir allezeit mit dem Herrn zusammensein. (1 Thess 4,17)*

> *Wenn Jesus – und das ist unser Glaube – gestorben und auferstanden ist, dann wird Gott durch Jesus auch die Verstorbenen vereint mit ihm wieder herbringen. (1 Thess 4,14)*

> *Wir wissen, dass der, welcher Jesus, den Herrn, auferweckt hat, auch uns vereint mit Jesus auferwecken und uns, vereint mit euch, [vor sein Angesicht] stellen wird. (2 Kor 4,14)*

> *Wenn wir gestorben sind mit Christus, werden wir – das ist unser Glaube – auch vereint mit ihm leben. (Röm 6,8)*

Wir sind Erben Gottes und Miterben Christi, wenn wir vereint mit ihm leiden, auf dass wir auch vereint mit ihm verherrlicht werden. (Röm 8,17)

Nun kann man all diese Texte so verstehen, dass hier die Glaubenden in einer Art Gefolgschaft um den auferstandenen Christus versammelt sind. Doch Paulus will mehr sagen. Die an Christus Glaubenden sind bei der Auferstehung der Toten nicht nur um den Auferstandenen versammelt und sie sind nicht nur seine Gefolgschaft. Vielmehr sind sie so mit ihm vereint, dass sie mit ihm „gleichgestaltet" sind. Das zeigt bereits der am Schluss der Reihe zitierte Text Röm 8,17: Die mit Christus leiden, leben bereits auf Erden in einer unaussprechlichen Einheit mit ihm, und diese Einheit zeigt sich dann auch in ihrer Verherrlichung. Noch deutlicher sagt es der Philipperbrief. Dort schreibt Paulus:

Unsere Bürgergemeinde [politeuma] ist in den Himmeln. Von dort her erwarten wir auch als Retter unseren Herrn Jesus Christus, der unseren hinfälligen Leib verwandeln wird, seinem verherrlichten Leib gleichgestaltet – aus der Kraft, mit der er sich alles unterwerfen kann. (Phil 3,20–21)

Wichtig ist an diesem Text zunächst einmal, dass hier mit „Leib" (im Griechischen *sōma*) wie auch sonst häufig bei Paulus die ganze Existenz, die ganze Person gemeint ist[315]. Wichtig ist weiterhin, dass Christus selbst die Umwandlung in die Gleichgestalt mit sich bewirken wird. Vor allem aber: Die Herrlichkeits-Existenz Christi ist hier nicht nur Vorbild oder Muster für die Auferstehung der Glaubenden. Sie haben – in der Taufe hineingenommen in die Existenz Christi – mit ihm sein Leiden geteilt (Röm 8,17); nun werden sie entsprechend hineingenommen in seine Verherrlichung und bekommen Anteil an der „Gestalt" seiner Auferstehung. Es ist wirkliche „Teilhabe", so wie auch das Leiden mit Christus reale Teilhabe an seiner Passion ist und wie die Eucharistie Teilhabe *(koinōnia)* ist an Christi Leiden und Auferstehen (1 Kor 10,16).

4. Wir haben also gesehen: Bei der Auferstehung hat die unter- und vormenschliche Schöpfung Anteil an der Verherrlichung der Glaubenden, die Glaubenden aber haben Anteil aneinander und sie haben vor allem Anteil an der Herrlichkeit Christi. Doch damit sind wir keinesfalls am Ende. Das Neue Testament setzt diese Reihe des Anteil-Habens und Anteil-Gebens immer noch weiter fort, indem es nämlich sagt: Christus gibt seinen Jüngern Anteil an seiner Herrlichkeit – und er selbst hat Anteil an der Herrlichkeit des Vaters. Es ist vor allem das Johannesevangelium, das dieses selige Geben und Nehmen theologisch bedenkt. Ich zitiere sofort den entscheidenden Text:

> *Vater, ich will, dass alle, die du mir gegeben hast, dort bei mir sind, wo ich bin, damit sie meine Herrlichkeit schauen. Du hast sie mir ja gegeben, weil du mich schon geliebt hast vor der Erschaffung der Welt. Gerechter Vater, die Welt hat dich nicht erkannt, ich aber habe dich erkannt, und diese haben erkannt, dass du mich gesandt hast. Ich habe ihnen deinen Namen kundgetan und werde ihn kundtun, damit die Liebe, mit der du mich geliebt hast, in ihnen ist und ich in ihnen bin. (Joh 17,24–26)*

Das, wovon Jesus hier redet, wird im Tod der Jünger geschehen. Diese werden dann nicht mehr *im Glauben* erkennen, sondern unmittelbar von Angesicht zu Angesicht. Sie werden die Herrlichkeit Jesu „schauen“. Übrigens ist hier die endzeitliche Wiederkunft Jesu völlig zurückgetreten. Zurückgetreten ist auch die Frage nach der Auferstehung des Leibes. Zurückgetreten ist jede Frage nach Orten oder Zeiten. Die Jünger Jesu werden, wenn sie einmal sterben, die Herrlichkeit Jesu unmittelbar und in ihrer ganzen Fülle erfahren. Alles ist konzentriert auf diese Aussage. Detailfragen der Eschatologie spielen keine Rolle mehr. Die Jünger sind dann für immer dort, wo Jesus ist, und sehen seine Herrlichkeit (vgl. Joh 17,5; 14,3).

Aber nun das Entscheidende: Diese Herrlichkeit hat Jesus nicht aus sich selbst. Sie ist ihm vom Vater gegeben. Damit wird eine Bewegung aufgegriffen, die das gesamte vierte Evangelium durchzieht: Alles, was Jesus hat und was er den Jüngern weitergibt, hat er vom Vater. Er ist in Gott, und Gott ist in ihm. Er ist aber auch in denen, die an ihn glauben, und sie sind in ihm. So sind auch die Jünger in Gott, indem sie in Jesus sind. Und wenn sie einmal seine Herrlichkeit in ihrem vollen Glanz erblicken, sehen sie den Vater – so wie sie schon zuvor in Jesus dem Vater begegnet waren, freilich noch verhüllt und im Glauben (Joh 14,9).

Allerdings: Das endgültige Schauen der Herrlichkeit Jesu und in ihr der Herrlichkeit des Vater ist noch mehr als „Schauen“. Es ist – wie schon zu Lebzeiten der Jünger – vollkommenes „Innesein“ in der Liebe des Vaters:

> *… damit die Liebe, mit der du mich geliebt hast, in ihnen ist und ich in ihnen bin. (Joh 17,26)*

Damit hat die neutestamentliche Theologie der Teilhabe ihre letzte Tiefe erreicht. Um es noch einmal zu sagen: Im Geschehen der Auferstehung wird die vormenschliche Schöpfung teilhaben an der Herrlichkeit der befreiten und geheilten Menschenwelt, die Heiligen werden sich gegenseitig erfreuen an ihrer Seligkeit, sie alle haben Anteil an der Herrlichkeit des auferstehenden Jesus, Jesus aber an der Herrlichkeit des Vaters. Und so wird die gesamte Schöpfung eingeholt in das Leben des dreieinen Gottes. Hier, in dieser unfasslichen Bewegung der Einholung des ganzen Kosmos in die Liebe Gottes (vgl. Eph 4,10) dürfen wir auch alles vormenschliche und alles noch unausgereifte menschliche Leben einordnen, das nie die Chance hatte, Person zu werden. Auch dieses Leben hat Anteil an der kommenden Herrlichkeit.

Um es abschließend noch einmal zu sagen: Der Satz, auferstehen könne immer nur das, was in der Geschichte des betreffenden Lebens geworden war, und gerade deshalb habe die Geschichte jeder Person, habe jeder Tag und habe jede Stunde eines Menschen so schweres Gewicht für die Ewigkeit – dieser Satz bleibt richtig. Er ist aber zu ergänzen. Wenn menschliche Existenz schon jetzt in dieser Geschichte Teilhabe bedeutet – Teilhabe nämlich am Leben der Anderen, Teilhabe vor allem an dem, was uns die Anderen durch ihre Stellvertretung ermöglichen, dann ist ewiges Leben erst recht und zutiefst Teilhabe: geschenktes Mitsein in der Gemeinschaft der Heiligen und vor allem absolut unverdiente Teilhabe am Leben des dreieinen Gottes.

***

Damit endet der Hauptteil dieses Buches, und ich denke gar nicht daran, auch nur zu versuchen auszumalen, was die Heilige Schrift andeutet, wenn sie von dem nie endenden Fortschreiten „von Herrlichkeit zu Herrlichkeit“ spricht (2 Kor 3,18).

Nur einen letzten Hinweis bin ich noch schuldig geblieben. Wenn ich in diesem Buch vorwiegend vom Tod als einer Begegnung *mit Gott* gesprochen habe, so geschah das um einer gewissen Einfachheit willen. Das vorliegende Kapitel hat ja bereits gezeigt, wie sehr dies eine Vereinfachung war. Das Verkürzte meiner Sprechweise muss nun definitiv richtiggestellt werden. Wir werden im Tod nicht einfach Gott, sondern dem auferstehenden und auferstandenen Jesus begegnen.

Denn restlos alles, was ich bisher von der endgültigen Begegnung des Menschen mit Gott gesagt habe, wird im Neuen Testament in gleicher Weise als Begegnung mit Jesus ausgesagt. Unser Tod ist die große, endgültige Begegnung mit ihm, *er* wird vor uns als der Gekreuzigte erscheinen und eben als der Gekreuzigte in Macht und Herrlichkeit, *er* wird die Welt richten, *er* wird scheiden zwischen Gut und Böse, *er* wird ewiges Leben zusprechen, *er* wird unseren hinfälligen Leib verwandeln in die Gestalt seines verklärten Leibes – all das sagt das Neue Testament von Jesus Christus.

Also ein „paralleles“ Nebeneinander von Gott und Jesus in den Endereignissen? Nein! Wenn wir genau sein wollen, müssen wir sagen: Wir werden Gott *in* Jesus Christus begegnen. In ihm wird Gott vor uns aufleuchten. In seinem Angesicht werden wir das Angesicht Gottes schauen. In der Begegnung mit ihm werden wir das Gericht Gottes erfahren. In ihm wird uns Gott sein Erbarmen zusprechen. In ihm werden wir hineingenommen in das Leben des dreieinen Gottes.

Fragt man über die thetischen Aussagen des Neuen Testaments und der Tradition hinaus, warum dies eigentlich so ist, so kann die Antwort nur lauten: Weil es auch schon in der Geschichte so war. Gott hat vielmals und in vielerlei Weise zu den Vätern geredet; sein letztes, endgültiges und nie mehr überholbares Wort aber sprach er in Jesus Christus (Hebr 1,1–2). In ihm ist Gott letzte Offenheit und letzte Gegenwärtigkeit in dieser Welt geworden. In ihm hat er sich selbst ganz ausgesagt und sich definitiv an die Welt gebunden. In ihm ist das liebende Ja Gottes zur Welt und zum Menschen endgültig und für immer offenbar geworden. Wer von nun an wissen wollte, wer Gott ist, musste auf Jesus schauen. Wer ihn sah, sah den Vater. Wer ihm begegnete, begegnete Gott selbst (Joh 14,6–11).

Wenn nun aber Jesus der „Ort“ ist, wo die Selbstmitteilung Gottes in unsere Geschichte definitiv eingestiftet ist, und wenn irdische Geschichte im Jenseits nicht einfach weiterläuft, sondern dort ihre bleibende Endgültigkeit findet, in der alles eingebracht ist, was je in irdischer Geschichte wesentlich war, dann wird Jesus Christus auch im Jenseits aller Geschichte der eigentliche Ort unserer Gottesbegegnung sein. Er wird dann in alle Ewigkeit sein, was er schon hier auf Erden gewesen ist: derjenige, in dem uns das Leben geschenkt wird; derjenige, in dem Gott das ewige Wort seiner Liebe zu uns spricht.

Ich breche an dieser Stelle ab, weil wir hier auf eines der tiefsten und schönsten Geheimnisse des christlichen Glaubens gestoßen sind: So sehr hat Gott uns Menschen angenommen, so sehr liebt er die Welt, dass wir Gott in alle Ewigkeit nicht anders als in dem Menschgewordenen begegnen werden, und so für immer und ewig in dem Herzen eines Menschen Gott selbst finden.

Teil V

Was wir tun können

1. Die wahre Sorge für unsere Toten

Es gibt viele Beispiele dafür, dass Tiere trauern können. Ein Forscherteam um den britischen Biologen Ian Edmond beobachtete, dass Elefanten bei einer Elefantenkuh, die nach einem Schlangenbiss tot zusammengebrochen war, lange Zeit stehen blieben. Später mussten die Elefanten zur Futtersuche weiterziehen. Am nächsten Tag kehrten sie zurück und blieben erneut bei dem verendeten Tier stehen. Dieser Vorgang wiederholte sich mehrere Tage – die große Entfernung, welche die Elefantengruppe jeweils zurücklegen musste, spielte offenbar keine Rolle[316].

Es wäre falsch, in diesem Vorgang ein förmliches Trauerritual zu sehen. Genauso falsch wäre es freilich, den zurückkehrenden Tieren so etwas wie Verlustgefühle, Trauer und Solidarität einfach abzusprechen. In der langen Menschwerdung des Menschen muss es von Anfang an Trauer um die Toten gegeben haben, selbst wenn erst langsam begriffen wurde, was Tod wirklich bedeutete. Je mehr der Mensch zum Menschen wurde und je mehr er begriff, wie tief die Trennung von den Toten hinabreicht, desto elementarer und zugleich menschlicher musste die Trauer werden.

Psychologen raten mit Recht, die Trauer um den geliebten Toten nicht zu unterdrücken. Sie muss sich in Ritualen ausdrücken, sie muss sich mitteilen und man muss ihr Zeit lassen. Im Alten Orient gab es drastische Rituale der Totenklage, und es gibt sie im Nahen Osten heute noch. Wahrscheinlich sind sie menschlicher und auch heilsamer, als die Sitte, sein Leid in sich hineinzufressen und es keinem Außenstehenden zu zeigen.

Der Tod eines geliebten Menschen ist Gram und Verlust. Plötzlich ist da eine leere Stelle, die schnell zu einer schrecklichen Öde anwächst. Und schon bald meldet sich die schmerzliche Frage, ob man dem Toten gerecht geworden ist. Längst vergessene Szenen tauchen auf, in denen man ihn verletzt, ihm Unrecht getan, sich an ihm gerieben hat.

Aber auch Dankbarkeit wächst. Oft ist es eine Dankbarkeit, die den Verstorbenen mit neuen Augen sieht und Dinge wahrnimmt, die vorher verborgen blieben. Blickwinkel ändern sich, das Leben des Verstorbenen setzt sich noch einmal neu zusammen. Vor allem aber: Eine tiefe Solidarität mit dem Toten setzt ein. Man möchte alles tun, was nur möglich ist, sein Andenken zu ehren, seine Gegenwart in vielerlei Zeichen sichtbar zu machen und sich mit ihm immer neu zu verbinden.

All das ist in der Welt weit verbreitet, es zeigt sich in allen Kulturen – und es ist zutiefst menschlich. Auch für Christen ist es selbstverständlich. Es gibt aber Unterschiede. Christen können nicht in derselben Weise trauern wie diejenigen, „die keine Hoffnung haben" (1 Thess 4,13). Sie können auch keinen Ahnenkult mehr betreiben mit langen Ahnenreihen, kleinen Hausaltären, Opfergaben und vor allem mit Vorfahren, die eine Art göttliche Funktion für das Leben der Nachkommen haben.

Dennoch: Die Solidarität, die jeden gesunden und innerlich nicht verwüsteten Menschen mit seinen Toten verbindet, gibt es auch für die Christen. Nur hat sie hier eine ungleich tiefere Dimension und basiert auf völliger Freiheit. Die „Angst vor den Toten", die in vielen älteren Kulturen eine immense Rolle spielte, wurde durch den jüdisch-christlichen Glauben überwunden.

Ich hatte im vorangegangenen Kapitel von dem „Miteinander" und „Füreinander" gesprochen, das Paulus seinen Gemeinden immer wieder ans Herz legt. Sie sollen „einander in brüderlicher Liebe zugetan sein" (Röm 12,10), „einträchtig füreinander sorgen" (1 Kor 12,25) und „einander die Lasten tragen" (Gal 6,2). Vor allem aber: Sie sollen, wenn andere Gemeinden Hilfe brauchen, solidarisch mit ihnen teilen und „die leeren Hände der Heiligen [das heißt der Mitchristen] füllen" (2 Kor 9,12).

Ich hatte gefolgert: Wenn solche Solidarität schon für die christlichen Gemeinden *in dieser Welt* wesentlich ist, dann erst recht für die vollendete Gemeinde im Himmel. Jetzt gehe ich noch einen Schritt weiter: Diese Solidarität hat nicht nur innerhalb der Gemeinde auf Erden zu gelten und schmückt nicht nur die Gemeinde im Himmel, sondern gilt selbstverständlich auch all den verstorbenen Christen, die in jenem „Übergang“, in jenem „Zwischen“, von dem ich gesprochen hatte (Teil IV, 7), dem wiederkommenden Christus konfrontiert werden: nämlich dem Feuer seines Gerichtes, welches eben deshalb zum flammenden und läuternden Feuer wird, weil es reine Liebe ist. Mit anderen Worten: Diese Solidarität muss auch all denjenigen gelten, die man früher „die armen Seelen im Fegfeuer“ genannt hat.

Wir nennen sie heute nicht mehr so gern „arme“ Seelen, weil sie nicht nur leiden, sondern in der Begegnung mit Christus und in der Gewissheit seiner Liebe schon dabei sind, unendlich reich zu werden.

Wir nennen sie auch nicht mehr ohne jedes Bedenken einfach nur „Seelen“, weil sie ihre ganze Geschichte in sich bergen und damit auch Leib sind, denn die gesammelte Geschichte eines Lebens gibt es nicht leiblos (Teil IV, 11).

Wir wissen schließlich, dass ihr „Übergang“ vom Tod ins ewige Leben mit irdischen Zeitkategorien in keiner Weise zu erfassen ist. Es ist ein wirkliches „Zwischen“, aber es kann nicht mehr in Tagen oder Jahren oder Jahrtausenden gemessen werden.

Die christliche Solidarität hat ihren Ort also nicht nur innerhalb der pilgernden Kirche auf Erden und nicht nur innerhalb der vollendeten Kirche im Himmel, sondern sie muss auch jener Kirche gelten, die im „Übergang“ ist, die vor dem Angesicht Christi gereinigt und geläutert wird[317].

Wir müssen sogar noch einen Schritt weitergehen. Die Solidarität christlicher Gemeinden geht ja über den Bereich der eigenen Gemeindestrukturen ständig hinaus. Christen helfen (hoffentlich!) nicht nur ihren Brüdern und Schwestern im Glauben, sondern allen, die in Not sind und Hilfe brauchen. Die christliche Bruderliebe muss ihre Grenzen in der Welt ständig erweitern. Genau aus diesem Grund kann die Solidarität mit den Verstorbenen auch nicht nur den Glaubensbrüdern gelten, sondern allen Verstorbenen. Alle treten sie ja vor das Angesicht

Christi: die Getauften und die Ungetauften, die an Christus Glaubenden und die ihm Fernen, die Suchenden und die Nicht-Suchenden (Teil IV, 5).

Aber verlassen wir diese doch ziemlich abstrakten Überlegungen! Fragen wir endlich konkret, wie denn die christliche Solidarität mit den Verstorbenen, mit denen „im Übergang" aussehen könnte. Und da schiebt sich selbstverständlich zunächst einmal die Beziehung zu den eigenen Toten in den Vordergrund, die Begegnung mit den verstorbenen Verwandten und Freunden, mit denen, die uns nahestanden und vor allem mit denen, die wir geliebt haben. Wie kann die Sorge für diese Toten konkret aussehen?

Ich übergehe jetzt Dinge wie Begräbnis, Grabpflege, Ordnung des Nachlasses und Ähnliches. Es geht ja um die „wahre" Sorge für unsere Toten. Wie die Bestattung vonstatten geht und wie ihr Grab geschmückt ist, kümmert sie wenig. Es geht um ihr Glück und ihre Not. Es geht um das, was sie in der Welt zurückgelassen haben – um den guten und den schlechten Samen, den sie mit ihrem Leben ausgestreut haben.

Was ist das – der gute Same? Es ist vor allem der Glaube, den uns Eltern, Verwandte und Freunde vorgelebt haben. Wenn wir diesem Glauben untreu würden, müsste es für sie ein brennender Strahl von Schmerz sein. Umgekehrt: In der Begegnung mit Christus leuchtet ihnen mit vorher nie bewusst gewordener Klarheit auf, was das Reich Gottes ist und worum es in der Geschichte geht. Wenn sie erleben, dass diejenigen, die sie zurückgelassen haben, ihr Leben für das Evangelium einsetzen und dafür, dass die Sache Gottes sich ausbreitet, dann muss dies eine der tiefen Freuden sein, die in dem „Augenblick" der Läuterung über sie kommt. Wenn wir selbst in die Sorge für das Reich Gottes eintreten, haben wir das richtige Verhältnis zu unseren Toten. Dann sind sie uns nahe. Dann haben wir sie niemals verloren. Eine Frau, der die Mutter plötzlich gestorben war, sagte mir einmal:

Ich rede oft mit meiner verstorbenen Mutter. Ich danke ihr dann für das Gute, das ich von ihr empfangen habe. Ich zähle ihr auf, was sie für mich getan hat. Vor allem danke ich ihr für den Glauben, den sie mir in ihrer stillen und selbstverständlichen Art vorgelebt hat. Ich bitte sie, dass ich in diesem Glauben bleiben kann. Dann erzähle ich ihr, wie es mir geht, rede von allem, was mich bedrückt und worüber ich mich freue. Ich denke oft an sie. Manchmal bitte ich sie auch flehentlich, mir zu helfen, wenn ich nicht mehr weiter weiß.

Darf man die Bittrufe dieser Frau an ihre Mutter auf die fein abgestimmte dogmatische Goldwaage legen und diskutieren, ob es einem Christen erlaubt ist, seine Verstorbenen anzuflehen? Solche Beckmesserei würde die Sache verfehlen, solange die Hinterbliebenen wissen, dass alle Hilfe letztlich von Gott kommt und dass ihre Bittrufe an Verstorbene immer auch Ausdruck tief empfundener Gemeinschaft sind.

Auf viel festerem Boden befinden wir uns selbstverständlich bei dem Gebet zu Gott für die Verstorbenen. Es kann auf eine lange Tradition zurückblicken, die bis in das 2. Buch der Makkabäer (2. Jh. v. Chr.) zurückreicht[318]. Auch die frühen Christen beteten für ihre Toten[319], und bis heute hat die Bitte für alle Verstorbenen ihren festen Platz im eucharistischen Hochgebet der katholischen Kirche. So heißt es zum Beispiel im 2. Hochgebet:

Gedenke aller unserer Brüder und Schwestern, die entschlafen sind in der Hoffnung, dass sie auferstehen. Nimm sie und alle, die in deiner Gnade aus dieser Welt geschieden sind, in dein Reich auf, wo sie dich schauen von Angesicht zu Angesicht.

An sich ist das eucharistische Hochgebet von seiner Form her reine Danksagung an Gott, den Vater. Dort, wo in ihm dennoch Bitten begegnen, haben sie eine *sammelnde* Funktion. Sie wollen bei diesem Grundakt der Kirche gleichsam alle zusammenholen: die Nahen und die Fernen, die Lebenden und die Toten,

Engel und Menschen, die bekannten und die unbekannten Heiligen, damit immer dann, wenn Gott dieser große offizielle Lobpreis dargebracht wird, die gesamte Kirche, die irdische wie die himmlische, versammelt ist. Die unaustauschbare Mitte ist dabei der Gekreuzigte und Auferstandene. Genau hier, im eucharistischen Hochgebet, ist der eigentliche Ort, an dem die Kirche für ihre Verstorbenen betet.

Sie bittet dabei Gott, alle verstorbenen „Brüder und Schwestern“, also alle verstorbenen Christen, in seine Herrlichkeit aufzunehmen. Darüber hinaus aber nicht nur alle Christen, sondern alle Menschen, die in der „Gnade Gottes aus dieser Welt geschieden sind“[320]. Diese Bitten sind verweisend. Sie verweisen, wie der Gesamtduktus des Hochgebets zeigt, auf das Lebensopfer Jesu, auf sein Leiden und seine Auferstehung. Hier ist die Quelle aller Barmherzigkeit und Vergebung, die Gott schenkt. Das Gebet für die Verstorbenen und vor allem die Vergegenwärtigung des Lebensopfers Christi sind die Mitte und der Höhepunkt der Sorge für unsere Toten.

Aber kommen wir noch einmal auf das zurück, was die Verstorbenen in der Welt zurücklassen. Es gibt nicht nur den guten Samen, den sie einst ausgesät haben. Sie können auch Schlechtes in die Welt gebracht haben. Joseph Ratzinger stellt, wie wir bereits sahen, in seinem Buch über die Eschatologie mit Recht die Frage[321]:

> *Kann ein Mensch ganz fertig und am Ende sein, solange seinetwegen noch gelitten wird, solange Schuld, die von ihm ausgeht, auf Erden weiterglimmt und Menschen leiden macht?*

Was meint er mit der Wendung „Schuld, die von dem Toten ausgeht und die auf Erden weiterglimmt“? Er meint damit, dass jede Schuld „Folgen“ hat[322]. Selbst wenn eine Schuld vergeben ist, sind ihre Folgen noch immer in der Welt. Eine Vergewaltigung, selbst wenn sie bereut würde und dem Vergewaltiger sogar verziehen würde, ist nicht einfach aus der Welt. Sie kann bei den Betroffenen traumatische Folgen haben, die ihr ganzes Leben verdunkeln. Ein anderes Beispiel: Ein Ehebruch, selbst wenn er bereut würde und der Ehepartner sogar vergeben hätte, hat Vertrauen zerstört, das nicht auf billige Weise wiederhergestellt werden kann. Ein drittes Beispiel: Das abgrundtief Böse, das Adolf Hitler und seine Helfershelfer ins Werk gesetzt haben, war mit dem Tod Hitlers nicht aus der Welt. Es findet bis heute Nachahmer und kann – sich fortzeugend – immer weiter Böses gebären[323]. Vorgänge solcher Art sind gemeint, wenn die Kirche zwischen „Schuld“ und den „Folgen von Schuld“ unterscheidet.

Sorge für die Toten heißt deshalb vor allem, die Folgen dessen, worin sie sich schuldig gemacht haben, einzudämmen oder sogar zu beseitigen, weil diese Folgen die Verstorbenen belasten und den Vorgang ihrer Läuterung erschweren. Denn zu ihrer Läuterung gehört eben auch, dass sie frei werden von all dem Negativen, das sie in der Welt zurückgelassen haben. Das müssen nicht unbedingt die Folgen schwerer Verbrechen sein. Es kann Unerlöstes sein. Es können Verengungen sein, Lieblosigkeiten, Unversöhntes in der Familie, subtiler Egoismus, Angst, Missgunst, Herzenshärte, vielleicht sogar stiller Unglaube. Vielerlei Haltungen können weitergereicht worden sein und sind jetzt dabei, sich in anderen festzusetzen.

Aber wie können solche weiterwuchernden Folgen von Schuld beseitigt werden? Zunächst einmal, indem wir in das Verengte oder gar Böse nicht selber eintreten, sondern sein Sich-Fortzeugen unterbrechen. Die Unterbrechung geschieht dadurch, dass wir Gutes an die Stelle von Bösem setzen, Glaube an die Stelle von Unglaube, Liebe an die Stelle von Hass. Die Unterbrechung geschieht durch Verzeihen, Buße, Werke der Liebe und die eigene Umkehr. Die eigene Umkehr ist wichtiger als alle Blumen, die wir auf die Gräber unserer Verstorbenen legen.

Doch jeder, der erfahren hat, welche Wucht das Böse besitzt und wie mächtig die Verführung durch schlechtes Beispiel sein kann, weiß auch, wie schwer und oft sogar unmöglich solches

„Unterbrechen“ ist. Damit aber sind wir erneut bei der Fürbitte für die Verstorbenen angekommen, die ihren genuinen Ort im eucharistischen Hochgebet hat. Nur in der Lebenshingabe Jesu konnte und kann der Fluss des Bösen in der Welt unterbrochen werden, und deshalb hat alles, was wir für die Toten tun können, in dieser Lebenshingabe seinen eigentlichen Ort.

Letztlich können wir für unsere Toten nur dadurch recht sorgen, dass wir Gott, dem Vater, flehend und bittend den gekreuzigten Jesus vor Augen stellen. Und wir können es nur in der Gemeinschaft der Kirche, im Miteinander derer, die aus der Gnade Christi gemeinsam daran arbeiten, Welt wiederherzustellen und dem Bösen und seinen Folgen Widerstand zu leisten.

Vielleicht fragt sich jetzt der eine oder andere Leser, wie es denn eigentlich mit dem „Ablass“ bestellt sei, der in der Kirche so viel Spaltung hervorgerufen hat. Warum verschweigt ihn dieses Buch an genau der Stelle, wo er hingehört? Nun: ich habe ihn nicht verschwiegen. Alles, wovon zuletzt die Rede war, war eine Umschreibung dessen, was mit diesem Wort – trotz aller schrecklichen Missbräuche – gemeint war: *Angehen gegen die „Folgen“ von Schuld aus der Gnade Christi im Miteinander der Kirche.* Man kann heute das Wort „Ablass“ guten Gewissens nicht mehr verwenden. Es hat zu viel Unheil angerichtet. Aber die Sache, die damit gemeint war, ist richtig. Sie ist sogar unumgänglich.

2. Das christliche Sterben

Im Kaiserdom zu Frankfurt am Main steht der berühmte Maria-Schlaf-Altar eines unbekannten Frankfurter Künstlers, fertiggestellt um das Jahr 1434. Maria, die Mutter Jesu, ist gestorben und liegt aufgebettet unter einer kostbaren Decke. Ihr Kopf ruht auf einem hohen Kissen. Um sie herum haben sich trauernd und weinend die zwölf Apostel versammelt. Petrus kniet am Bett und hält die Hand Marias. Die Figuren sind in voller Plastizität gearbeitet, mit wunderbar weichen Faltenwürfen, jede Gestalt ein eigener Charakter. Über dem Ganzen, aber noch innerhalb des Baldachins, der die Szene umschließt, ist in einem kleinen Flachrelief dargestellt, wie die Seele Marias in Gestalt eines Kindes von Engeln emporgetragen wird. Der auferstandene Christus neigt sich ihr zu und empfängt sie voll Liebe.

So wünschte sich der mittelalterliche Mensch zu sterben: umgeben von der gläubigen Gemeinde, begleitet von Gebeten, ins Paradies geleitet von Engeln, empfangen von Christus. Und er wünschte sich auf dem „Kirchhof" bestattet zu werden, also möglichst nahe dem Gotteshaus[324] und den dort befindlichen Reliquien der Heiligen – eben *ad sanctos,* „bei den Heiligen"[325]. Denn er wollte bei der Auferstehung den Bekennern und Märtyrern möglichst nahe sein und von ihnen gleichsam an der Hand genommen werden.

Als dann Johannes Gutenberg nur wenig später den Buchdruck mit beweglichen Lettern erfunden hatte und sich die erste Medienrevolution anbahnte, entstanden neue Formen der Bildersprache. Nun wurde es möglich, mit Kupferstichen illustrierte Flugblätter zu verbreiten, auf denen dargestellt war, wie christliches Sterben aussah und wie man sich auf einen guten Tod vorbereiten konnte. Im Kontrast dazu wurde dem Betrachter dann oft auch in drastischer Anschaulichkeit gezeigt, wie der Tod eines Menschen aussah, der ein lasterhaftes Leben geführt hatte.

Ein sprechendes Beispiel für solche Flugblätter sei hier beschrieben[326]: Von 1644–1655 brachte der Nürnberger Verleger und Buchhändler Paulus Fürst ein Flugblatt mit dem Titel „Bußfertige Beschreibung […]" heraus, das den christlichen Tod zum Thema hatte. Die obere Hälfte zeigt einen Kupferstich mit reichhaltigem Motivinventar: Auf dem Krankenbett liegt der Sterbende. Er spricht (auf einem Spruchband) mit Stephanus: „Herr Jesus, nimm auf meinen Geist." Rund um sein Bett steht neben Verwandten und Angehörigen König David, der ihm den Bußpsalm „Miserere" vorspricht. Sodann stehen dort drei allegorische Gestalten, die als Glaube, Hoffnung und Liebe gekennzeichnet sind. Auch der gute Schächer fehlt nicht. Er lädt den Sterbenden ein, mit ihm zu sprechen: „Herr, gedenk an mich, wenn du in dein Reich kommst!"

Aber der Kupferstich zeigt noch viel mehr: Wie auf einem Wimmelbild ist außerdem der Baum des Paradieses mit der Schlange zu sehen – ferner die Hölle – dann der Teufel, der dem Sterbenden das Kontobuch mit seinem Gesamtsündenregister hinhält, um ihn verzweifeln zu lassen – sodann die Leidenswerkzeuge Christi – außerdem die Waage der Gerechtigkeit mit den Leiden Christi in der einen Waagschale, der Sündenlast des Sterbenden in der anderen (die Leiden Christi wiegen schwerer) – schließlich vielerlei Engel und oben am Bildrand der Auferstandene, aus dessen Seitenwunde dem Sterbenden Erlösung zuströmt.

Aber das ist nur die obere Hälfte des Flugblatts. Auf der unteren Hälfte stehen gereimte Texte, die der fromme Betrachter sprechen soll. Es wechseln sich dramatisch ab: der Sünder, König David, der Glaube, die Hoffnung, dann wieder der Sünder, dann der Schächer, die Geduld, die Liebe, Christus und zum Schluss noch einmal der Sünder, der nun bereit ist, getröstet durch Christus, aus dieser Welt zu scheiden.

Unzählige solcher Flugblätter und Andachtsbilder sind in den nächsten Jahrhunderten in Deutschland und anderswo verlegt worden. Daneben müssen aber auch die vielen großformatigen katechetischen Gemälde des späten 16. bis frühen 19. Jahrhunderts genannt werden, „alles gewichtige Zeugnisse der pädagogischen Vermittlungskunst früherer religiöser Dauerschulung der Gläubigen" (Wolfgang Brückner[327]). Dazu kommen noch die zahlreichen Hinterglasbilder, die man an Wallfahrtsorten erwerben konnte. Auf ihnen las man unter Bildmotiven, die zu einem christlichen Leben ermahnten, Texte wie etwa den folgenden – er steht unter einem Bild der „Heiligen Familie"[328]:

Jesus, Maria, Joseph, Euch schenk ich mein Herz und meine Seele. Jesus, Maria, Joseph, stehet mir bei in meiner letzten Todesangst. Jesus, Maria, Joseph, mit Euch soll meine Seele im Frieden leben und sterben.

Hier wird die Heilige Familie nicht nur als Vorbild vor Augen gestellt. Der heilige Joseph galt auch als Patron für eine gute Sterbestunde, weil man annahm, dass er in den Armen Jesu gestorben war. Es wäre an dieser Stelle noch vieles zu nennen, etwa die sogenannten „Bruderschaften". Im Jahre 1648 gründete Vincenzo Carafa, der damalige Generalobere des Jesuitenordens, eine „Bruderschaft vom guten Tod". Es gab sie bald in ganz Europa, und zahllose Katholiken gehörten ihr an. „Ziel war die Erlangung einer seligen Sterbestunde. Um sich rechtzeitig darauf vorzubereiten, verpflichteten sich die Mitglieder zu einem intensiven christlichen Leben mit häufiger (nicht nur jährlicher) Beichte und Kommunion und regelmäßiger Andacht sowie gegenseitiger Hilfe. Vor allem sollten sie dafür sorgen, dass keiner ohne die Sterbesakramente sterben musste."[329]

Wandert man durch Bayern, so kommt man immer wieder durch Dörfer, in deren Mitte, oft auf einem kleinen Hügel, die ehemalige Pfarrkirche steht, meist eine fröhliche Barockkirche, umgeben von dem Kirchhof mit vielen liebevoll gepflegten Gräbern. Als ich einmal auf einem solchen Kirchhof rastete und mir die Grabinschriften anschaute, fand ich auf fast allen Gräbern neben dem Namen, dem Beruf, dem Geburts- und Sterbedatum die Bemerkung: „gestorben nach dem Empfang der hl. Sterbesakramente". Mich hat das sehr bewegt, und ich habe solche Kirchhöfe dann noch oft besucht.

Bewegt hat es mich auch, als mir vor vielen Jahren eine gläubige Verwandte – ich war damals zehn Jahre alt – die beiden kleinen schwarz eingelegten Sterbekreuze zeigte, die über ihrem Bett und dem Bett ihres Mannes hingen. „Sie sind dafür da", sagte sie, „dass wir sie einmal beim Sterben in die Hand nehmen. Wir behalten sie dann auch im Sarg, und sie sollen uns jetzt schon täglich an unseren Tod erinnern, besonders, wenn wir uns am Abend schlafen legen.“ Übrigens waren es gute Leute, dieses alte Ehepaar. Bei ihnen wurde viel gelacht. Und nie habe ich während des Jahres, in dem ich wegen der Fliegerangriffe auf Frankfurt bei ihnen wohnte, erlebt, dass sie über andere schlecht geredet oder sich untereinander gestritten hätten. Heute ist mir klar, dass die beiden diese Kultiviertheit ihrem Glauben verdankten – und auch ihrer Vertrautheit mit dem christlichen Tod. Anders kann ich mir die Lauterkeit und Gelöstheit ihres Lebens nicht erklären.

Warum erzähle ich das alles? Die vergangenen Jahrhunderte waren gewiss nicht besser als die unsrigen. Aber es gab trotzdem vieles, von dem wir lernen könnten – zum Beispiel von dem vielfältigen Bemühen um die *ars moriendi*, die Kunst des Sterbens. Sicher: die Zeit hat sich gewandelt. Viele Menschen sterben heute in großen Kliniken und Krankenhäusern, oft auf Intensivstationen, umgeben von der dort unausweichlichen Apparatemedizin und dem ebenfalls unumgänglichen Betrieb mit zahlreichem bunt gemischtem Personal, ohne das ein modernes Krankenhaus nicht arbeiten kann. Von der Stille, die eine gute Vorbereitung auf den Tod braucht, ist dort wenig herzustellen.

Etwas anderes, viel Gravierenderes, kommt hinzu. Es wird sichtbar an der Mentalität, die inzwischen vielen Patientenverfügungen zugrunde liegt und die andererseits durch Patientenverfügungen geradezu erzeugt wird. Giovanni Maio, Professor für Bioethik und Direktor des Instituts für Ethik und Geschichte der Medizin an der Universität Freiburg, zitiert in einer seiner Veröffentlichungen aus einer Broschüre des deutschen Bundesjustizministeriums, die als Anleitung für Patientenverfügungen gedacht ist. Dort findet sich der folgende Formulierungsvorschlag für eine mustergültige Patientenverfügung[330]:

> *Unerträglich ist mir die Vorstellung, geistig nicht mehr fit und dann auf Hilfe angewiesen zu sein. Ich habe bei meiner Freundin gesehen, wie sie sich mit ihrer Demenz verändert hat. So möchte ich nicht leben. Mir ist es sehr wichtig, dass ich mich mit meinen Freunden und meiner Familie unterhal-*

ten kann. Wenn ich einmal so verwirrt bin, dass ich nicht mehr weiß, wer ich bin, wo ich bin und Familie und Freunde nicht mehr erkenne, so soll es dann auch nicht mehr lange dauern, bis ich sterbe.

Professor Maio sagt dazu mit Recht[331]: Allein schon die Situation „des Angewiesenseins auf die Hilfe anderer" wird hier als „vollkommen normaler Grund gesehen für ein Mandat zum Therapieabbruch". Man müsse darüber nachdenken, wie es denn überhaupt dazu komme, „dass Menschen heute immer mehr dazu neigen, allein den Zustand des Angewiesenseins auf Andere als ausreichenden Grund dafür zu nehmen, solches Leben komplett abzulehnen".

Und er fährt fort: „Solange Patientenverfügungen empfohlen werden, in denen eine Ablehnung jeden Lebens formuliert wird, das nur mit Unterstützung Dritter gelebt werden kann", etabliere sich zunehmend „eine Tendenz zur Geringschätzung allen behinderten Lebens, eine Tendenz zur Abschaffung des gebrechlichen Lebens". Hinter all dem stehe eine Sichtweise, „nach der allein der unabhängige, sich selbst versorgende Mensch ein wertvolles und sinnvolles Leben führen kann".

Giovanni Maio hat recht, wenn er dieses Menschenbild des unabhängigen, sich selbst versorgenden, autarken Menschen in Frage stellt. Der Mensch ist immer auf andere angewiesen, von seiner Zeugung bis zu seinem Tod. Als Kinder brauchten wir unsere Eltern, die uns zu essen gaben, die uns anzogen, uns die Nase geputzt und uns die Schuhe zugebunden haben – bis wir es endlich selbst konnten.

Dann brauchten wir Lehrer, die uns mit großer Geduld Rechnen und Schreiben beigebracht haben. Und so ging es weiter. Wir sind auch als Erwachsene unablässig auf das Wissen und die Hilfe anderer angewiesen. Wenn ich mit dem Auto über eine hohe Brücke fahre, vertraue ich der Kompetenz der Statiker, die diese Brücke konstruiert haben und der Sorgfalt der Techniker, die sie Jahr für Jahr warten. Jeder Mensch, jede Gesellschaft lebt von unendlich vielen Stellvertretern. Erst recht lebt die Kirche vom Glauben ihrer Heiligen, und zuerst und vor allem von dem Weg, den Jesus gegangen ist.

Wenn wir alt geworden sind, brauchen wir noch mehr als zuvor die Fürsorge der Anderen, das Gespräch mit Verwandten und Freunden, oft sogar das Gedächtnis unserer Umgebung, wenn unser eigenes Gedächtnis immer schwächer wird.

Kurz: Wir brauchen Hilfe, wir brauchen Helfer, wir brauchen Stellvertreter, die Dinge können, die wir selber nicht können. Zu meinen, wir müssten selbst alles leisten, alles im Griff haben, alles kontrollieren und in allem autark sein, ist eine absolute Verkennung menschlicher Existenz. Wir brauchen die Hilfsbereitschaft und Solidarität der Anderen während unseres gesamten Lebens, und im Alter brauchen wir sie erst recht. Der Tod ist dann geradezu der Kulminationspunkt, an dem wir alles aus der Hand geben und uns ganz und gar ausliefern müssen.

Falls ein Mensch nicht durch einen plötzlichen Tod überrascht wird, kann dieses Alles-aus-der-Hand-Geben sehr konkret sein und über viele Phasen verlaufen. Betrachten wir irgendjemanden, der plötzlich innerhalb weniger Sekunden nicht mehr richtig sprechen kann. Seine Umgebung betätigt den Notruf, er wird ins Krankenhaus gefahren, kommt auf die Intensivstation, wird dort behandelt, wird später in ein Rehabilitationszentrum überwiesen, hat aber durch seinen Schlaganfall bleibende Schäden erlitten und wird schließlich zum Pflegefall in einem Pflegeheim.

Sein Leben hat sich innerhalb kürzester Zeit grundlegend verändert. Er muss auf seine gewohnte Umgebung verzichten – er kann keine Bücher mehr lesen – auch andere Medien verwirren ihn – er erhält nicht mehr das Essen, das er gewohnt war – er sieht viele Menschen nicht mehr, mit denen er vertraut war – er kann keine Spaziergänge mehr machen – ist plötzlich in gänzlich anderen Lebensumständen, die er einfach akzeptieren muss. Selbst das Ordnen seiner Unterlagen und der vielen Dinge, die sich in seinem langen Leben angesammelt haben, muss er anderen Menschen überlassen. Liebgewordene Rollen muss er aufgeben und fast alle Lebensmöglichkeiten, die er bisher hatte, aus der Hand geben. Er muss loslassen. Sein Leben wird immer begrenzter, und die Begrenzungen rücken immer schneller auf ihn zu.

Aber ist das alles neu für ihn? In dieser versammelten Wucht: ja. Und doch ist es nicht völlig neu. Während seiner Schulzeit musste er eine schwere Krankheit durchstehen, die dazu führte, dass er ein halbes Jahr die Schule nicht mehr besuchen konnte. Er war dreißig Jahre lang glücklich verheiratet, verlor aber dann seine Frau durch einen Verkehrsunfall. Einmal musste er aus Berufsgründen seinen Wohnort wechseln, und als er seine neue Wohnung bezogen hatte, stellte er fest, dass man in unmittelbarer Nähe mit dem Bau eines Hochhauses begann. Die nächsten Jahre waren von nervendem Lärm begleitet. Aber viel schlimmer: Er musste um den Weg seiner Kinder bangen. Sie gingen einen ganz anderen Weg, als er es sich erhofft hatte – vor allem was ihren Glauben anging.

Also auch schon hier, mitten in seinem „normalen" und „geordneten" Leben Schmerzen, Enttäuschungen, Trennungen, Verluste, Abschiede, Ängste, Sterbe-Erfahrungen. Es gibt auch den „kleinen Tod", der uns zeitlebens immer wieder treffen kann.

Für den Christen, der sich entschlossen hat, nicht nur für sich selbst zu leben, sondern noch mehr für andere – für Gott, für das Evangelium, für die Arbeit in seiner Pfarrei – kommen noch weitere Enttäuschungen hinzu: Enttäuschungen an der konkreten Kirche, Schwierigkeiten in der Gemeinde, die Unfähigkeit, andere wirklich zu erreichen, Mitleiden mit der Not der Christenheit. Auch hier: Neben Glück und Freude eben auch Leid.

Im Alten Testament werden diese wechselnden oder ineinander verwobenen Glücks- und Leiderfahrungen vor allem in den Psalmen mit unglaublicher Kraft zur Sprache gebracht – und immer wieder Gott in die Hände gelegt. Im Neuen Testament gibt es keinen Autor, der so wie Paulus die Freude an seinen Gemeinden ins Wort hebt und zugleich die Leiden preisgibt, die ihn als Apostel treffen. Am deutlichsten tut er es in seinen Briefen an die Gemeinde in Korinth. Dort öffnet er sein ganzes Herz. Er spricht von seinen Niederlagen und Enttäuschungen, seinen Ängsten und Drangsalen, von seinem täglichen Sterben und Auferstehen.

Vor allem bringt Paulus das alles mit Christus zusammen. Sein ganzes Leben, seine Arbeit, seine Mühen und seine Hingabe sind Mitleiden, Mitsterben und Mitauferstehen mit Christus:

> *Von allen Seiten werden wir in die Enge getrieben und finden doch noch Raum; wir wissen weder aus noch ein und verzweifeln dennoch nicht; wir werden gehetzt und sind doch nicht verlassen; wir werden niedergestreckt und doch nicht vernichtet. Wohin wir auch kommen: immer tragen wir das Todesleiden Christi an unserem Leib, damit auch das Leben Jesu [nämlich seine Auferstehung] an unserem Leib sichtbar wird. (2 Kor 4,8–10)*

Das Leben des Apostels ist völlig eingetaucht in das Sterben und Auferstehen Jesu Christi. Was Paulus hier aufgrund der Angriffe seiner Gegner zu sagen gezwungen wird, gilt aber nicht nur von dem spezifischen Leben des Apostels. Es gilt vom Leben eines jeden Christen. Paulus formuliert das in seinem Brief an die christliche Gemeinde in Rom in aller Deutlichkeit:

> *Wisst ihr denn nicht, dass wir alle, die wir auf Christus getauft wurden, auf seinen Tod getauft worden sind? Wir wurden mit ihm begraben durch die Taufe auf den Tod; und wie Christus durch die Herrlichkeit des Vaters von den Toten auferweckt wurde, so sollen auch wir als neue Menschen leben. Wenn wir nämlich ihm gleich geworden sind in seinem Tod, dann werden wir mit ihm auch in seiner Auferstehung vereint sein. (Röm 6,3–5)*

Damit ist Grundlegendes über das Leben des Christen gesagt. Er lebt nicht sein eigenes Leben, sondern er lebt es mit Christus und in Christus – und damit bekommen all seine Abschiede, all seine Trennungen, all seine Verluste und Ängste einen letzten Sinn[332]. Nichts im Leben ist dann umsonst. Alles ist Mitleben mit Christus und damit Mitarbeit am Aufbau seines Leibes, der Kirche.

Von hier aus gesehen bekommt dann auch der Tod des Christen seine Tiefe. Er ist wie bei Jesus Ohnmacht, Entmächtigung, Loslassen, Alles-aus-der-Hand-Geben[333]. Und doch ist er gerade so endgültiges Zum-Leben-Kommen und Sein-ganzes-Leben-Gewinnen. Wie schön, wenn man in dieser Weise christlich sterben kann und wie schön, wenn man einen Christen, der so lebt und stirbt, bei seinem Sterben begleiten darf! Es sind eben zwei verschiedene Welten, die weit auseinanderliegen: Ob ein Mensch kurz, schmerzfrei, sorgenlos und glatt sterben möchte, möglichst ohne irgendeinen Gedanken an das Danach – oder ob er sterben möchte in Christus, voll Hoffnung und in einem letzten Vertrauen.

3. Wann beginnt die Ewigkeit?

Diese Kapitelüberschrift scheint unsinnig zu sein. Ewigkeit im strengen Sinn des Begriffs kann nicht beginnen. Gott allein ist ewig, und bei ihm von einem Anfang zu reden, wäre töricht. In dem Katechismus, aus dem ich als Kind Wesentliches über den Glauben gelernt habe, wurde die Ewigkeit Gottes denn auch folgendermaßen erklärt[334]:

> *Warum sagen wir: Gott ist e w i g?*
> *Wir sagen: Gott ist ewig, weil er immer gewesen ist und immer sein wird. Gott hat keinen Anfang und kein Ende.*

Diese Definition war allerdings für Kinder gedacht: Sie erklärte die Existenz Gottes gleichsam auf einer Zeitlinie: auf einer unendlich langen Strecke, die keinen Anfang und kein Ende hat.

Normalerweise stellen wir uns Ewigkeit ja auch genau so vor: kein Anfang, kein Ende, ohne Abbruch, endlos weiter … … …

Ich muss gestehen, dass ich mir meine eigene Ewigkeit schon oft auf eben diese Weise vorzustellen suchte: Mein Leben bei Gott geht unbegrenzt immer weiter, es gibt keinen Endpunkt mehr, eine unendliche Zukunft voll Seligkeit öffnet sich, und das geht dann immer, immer weiter – ewig. Mir wurde bei der Vorstellung des „ohne Ende" oft fast schwindlig. Das Ganze war unheimlich; es war Furcht erregend und schön zugleich, eben erschreckend schön. Irgendwann las ich dann in dem Lebensbericht der großen Teresa von Avila, dass sie als Kind zusammen mit ihrem kleinen Bruder die Wörter „ewig, ewig, ewig" oft vor sich hin gesagt hätte[335].

Allerdings sieht man an dem Ganzen, wie schwer es ist, Gott oder Jenseitiges zu denken. Immer schlagen unsere räumlichen und zeitlichen Vorstellungen durch. Natürlich existiert Gott nicht zeitlich, nur mit der Besonderheit, dass seine Zeit keinen Anfang und kein Ende habe. Aber wir können es uns eben anders nicht vorstellen. Können wir es wenigstens anders *denken?* Von dem spätantiken Philosophen Boethius (ca. 480–525) stammt die geniale Definition[336]:

Aeternitas est interminabilis vitae tota simul et perfecta possessio.

Ewigkeit ist der vollständige und zugleich vollkommene Besitz unbegrenzten Lebens.

Das Geniale an dieser Definition? Es besteht darin, dass hier der Begriff der Ewigkeit völlig unabhängig von der Zeit gedacht wird. Ewigkeit ist die vollkommene und unbegrenzte Fülle von Leben: das reine Sein[337].

Allerdings ist damit das Christliche am Begriff der Ewigkeit noch nicht erfasst. Denn Gott ist nicht nur die unbegrenzte Fülle des Lebens. Er ist auch Herr über die Zeit. Er ist nicht zeitenthoben, er ist zeitmächtig. Er schuf die Welt und mit ihr die Zeit. Und er hat alle Zeit in Händen, so dass er sich in Jesus in die Zeit und die Geschichte hineinbegeben konnte.

Demgegenüber kann beim Menschen nur in einem abgeleiteten und bedingten Sinn von Ewigkeit gesprochen werden. Denn die Ewigkeit des Menschen kommt aus der Geschichte. Genauer: aus dem Fluss seiner auf Erden gelebten Zeit – aus den zahllosen „Augenblicken" seines Lebens, die in seine „Ewigkeit" hineingezeitigt werden (Teil IV, 10). Die Ewigkeit des Menschen ist die Ernte seiner gelebten und bestandenen Zeit. Das ist etwas völlig anderes als die Ewigkeit Gottes.

Es ist auch insofern etwas anderes, als der Mensch seine „Ewigkeit" nicht *aus Eigenem* hervorbringt, sondern sie geschenkt erhält *als Teilhabe* an der Fülle des göttlichen Lebens (Teil IV, 12). Das ist nun wiederum so erschreckend schön, dass man eigentlich nur stammelnd davon reden dürfte. Wir müssten uns an dieser Stelle stockend fragen: Kann das denn überhaupt sein? Aber die Heilige Schrift[338] und die christliche Tradition[339] sagen genau dies: Ewiges Leben ist Teilhabe am Leben Gottes.

Doch wann beginnt nun diese Teilhabe? Wann beginnt das ewige Leben? Wann beginnt *unsere* „Ewigkeit", von der wir jetzt wissen, was damit gemeint ist? Ich hatte in diesem Buch zu begründen versucht: Sie beginnt „im" Tod. „Im" Tod endet alle irdische Zeit mit ihrem Fließen, ihrem Vorher und Nachher, ihrem Nicht-mehr und ihrem Noch-nicht. „Im" Tod gelangen wir bereits an das Ende aller Geschichte. „Im" Tod kommen wir an bei Auferstehung und Gericht, bei dem Ende und der Vollendung der Welt.

Allerdings: Mit der Verortung der Endereignisse „im" Tod werden wir dem weiten Spannungsbogen der christlichen Eschatologie noch keinesfalls gerecht. Denn es gibt im Neuen Testament die Spannung zwischen dem, was die Theologen das „Schon" und das „Noch-nicht" nennen. Die christliche Eschatologie ist ausgespannt zwischen dem „Schon" des bereits gekommenen Heils und dem „Noch-nicht" des vollendeten Heils. Und das „Schon" ereignet sich bereits unablässig in dieser Geschichte.

In der Verkündigung Jesu steht das „Schon“ ganz im Vordergrund. Wir hatten ja gesehen (Teil III, 1): Das Reich Gottes „kommt“ in diese Welt. Und es kommt nicht irgendwann. Es kommt *jetzt*. Denn die Gottesherrschaft wird von Jesus „angesagt“. Sie wird „proklamiert“. Die Jünger Jesu sollen das Kommen des Reiches auf den Plätzen und Straßen Israels buchstäblich „ausrufen“. Was aber angesagt und ausgerufen wird, ist nicht etwas, das noch in unbestimmter Ferne liegt. Es steht unmittelbar bevor. Wie wir sahen, geht Jesus sogar noch weiter. Er kann sagen: Die Gottesherrschaft ist bereits da:

Wenn ich mit dem Finger Gottes die Dämonen austreibe, ist das Reich Gottes doch schon zu euch gekommen. (Lk 11,20)

Die Frage ist natürlich: Hat die Urkirche an der jesuanischen Radikalität dieses „Schon“ festgehalten? Hat sie die Spannung zwischen dem „Schon“ und dem „Noch nicht“ so durchgehalten, dass das „Heute“ nicht verlorenging?

Was Paulus angeht, konnten wir das in aller Deutlichkeit sehen (Teil V, 2). Seine Theologie lebt aus der Spannung zwischen dem bereits gegenwärtigen und dem noch kommenden Heil. In der Taufe werden die Christen in das Geschick Christi hineingenommen. Sie sterben mit Christus, werden mit ihm begraben und leben fortan im Kraftfeld seiner Auferstehung (Röm 6,1–14). Aus Juden und Heiden werden durch den Glauben und die Taufe Menschen, die „in Christus“ sind. Das heißt, sie leben in einem neuen Miteinander, das nicht mehr von unfrei machenden Mächten in der Gesellschaft geprägt ist, sondern von der neuen Welt Gottes, die Freiheit und Hoffnung ist:

Wenn also jemand in Christus ist, dann ist er eine neue Schöpfung. Siehe: Das Alte ist vergangen, Neues ist geworden. (2 Kor 5,17)

In der Taufe wird der Heilige Geist geschenkt. Und der Geist ist schon „Angeld“ der kommenden Herrlichkeit (2 Kor 1,22; 5,5).

Die „letzten Dinge“ des Menschen haben also in der Existenz der Getauften schon begonnen. Paulus formuliert allerdings vorsichtig. Er sagt in Röm 6,4 nicht:

> *Wie Christus durch die Herrlichkeit des Vaters von den Toten auferweckt wurde, so wurden auch wir [in der Taufe] bereits von den Toten auferweckt,*

sondern er formuliert:

> *Wie Christus durch die Herrlichkeit des Vaters von den Toten auferweckt wurde, so sollen auch wir als neue Menschen leben.*

Erst die Schüler des Paulus formulieren das, was Paulus lieber als Aufforderung formuliert („so sollen auch wir“) mit einem radikalen Indikativ:

> *Gott aber, der reich ist an Erbarmen, hat uns, die wir infolge unserer Übertretungen tot waren, in seiner großen Liebe, mit der er uns geliebt hat, zusammen mit Christus lebendig gemacht. Aus Gnade seid ihr gerettet. Er hat uns mit auferweckt und uns mit in die Himmel versetzt in Christus Jesus. (Eph 2,4–6)*

Natürlich weiß der Verfasser des Epheserbriefs, dass die Christen ihren physischen Tod noch vor sich haben, dass sie zurückfallen können in die Sünde, dass sie noch nicht endgültig im Heil sind und dass sie noch nicht von den Toten auferstanden sind. Und doch: Sie haben den Machtbereich der Sünde und des Todes schon hinter sich gelassen. Insofern sind sie „schon“ mit Christus auferweckt.

Machen wir noch eine weitere Stichprobe, und zwar im Johannesevangelium, dem spätesten Evangelium im Neuen Testament, geschrieben in den 90er Jahren des 1. Jahrhunderts. Gemäß Joh 5,24–25 sagt Jesus:

Amen, amen, ich sage euch: Wer mein Wort hört und dem glaubt, der mich gesandt hat, hat ewiges Leben. Er kommt nicht ins Gericht, sondern ist [schon] aus dem Tod ins Leben hinübergeschritten. Amen, amen, ich sage euch: Es kommt die Stunde, und jetzt ist sie da, in der die Toten die Stimme des Sohnes Gottes hören werden und die sie hören, werden leben.

Dieser Text revolutioniert geradezu die übliche christliche Lehre von der Endzeit[340]. Denn was würde die landläufige Eschatologie sagen, die sich zur Zeit der Edition des Johannesevangeliums in der Urkirche bereits durchgesetzt hatte und die sich dann immer mehr durchsetzen wird? Sie würde sagen: Es kommt einmal die letzte Stunde, der jüngste Tag, der Tag der Wiederkunft Christi, der Tag der Parusie des Herrn. Dann wird die Stimme Gottes beziehungsweise die Stimme des Menschensohnes erschallen. Die Toten werden von dieser Stimme auferweckt werden und aus ihren Gräbern hervorkommen. Dann wird der Menschensohn jeden nach seinen Werken richten.

So sah man schon wenige Jahrzehnte nach Ostern den Ablauf der letzten Dinge. Aber dieser klassische Ablauf der künftigen Endereignisse wird in Joh 5,24–25 konsequent in die Gegenwart verlegt:

1. Von der Parusie des Menschensohnes am Ende der Welt ist nicht die Rede. Seine Parusie, das heißt: sein Erscheinen fällt zusammen mit seiner „Sendung“ in die Welt.

2. Die letzte „Stunde“, die eigentlich erst mit seiner Wiederkunft am Ende der Zeit kommen müsste, ist bereits da.

3. Die „Stimme“, die am jüngsten Tag die Toten aus ihren Gräbern hervorholt, erschallt schon jetzt: Es ist das Wort Jesu, das die geistig Toten zum Leben erweckt.

4. Wer dem Verkündigungswort Jesu, das jetzt ergeht, glaubt, ist damit bereits aus dem Tod „hinübergeschritten“ ins ewige Leben.

5. Das Verkündigungswort Jesu bringt aber auch die Scheidung. Wer dem Wort Jesu nicht glaubt, hat sich das „Gericht“

schon zugezogen. Die gegenwärtige Stunde verlangt die Entscheidung des Menschen und entscheidet über seine ganze Existenz.

Man sieht sofort: Diese Gegenwartseschatologie, die sagt, die Stunde der endzeitlichen Totenauferweckung sei schon da, ist mit dem Wort-Inventar der Zukunfts-Eschatologie aufgebaut. Sie verwendet deren Aussagen und verlegt sie konsequent in die Gegenwart. Sämtliche Jesusreden des Johannesevangeliums formulieren diese Gegenwarts-Eschatologie[341].

Wenn man nun fragt: Woher hat der Evangelist denn eigentlich diese radikale Vergegenwärtigung der Eschatologie? – so kann die Antwort nur lauten: Er entfaltet mit ihr die Predigt des historischen Jesus. Der vierte Evangelist hat zutiefst verstanden, was das Wort Jesu und was seine Machttaten bedeuteten. Er hat nichts anderes getan, als das Auftreten Jesu als das zu deuten, was es gewesen war: *das* endzeitliche Geschehen schlechthin, an dem sich Tod und Leben, Gericht und Auferstehung entscheiden.

Im Neuen Testament – die Texte von Paulus, der Paulusschule und dem Johannesevangelium zeigen es – wird also die radikale Gegenwartseschatologie Jesu festgehalten. Heute, jetzt, in diesem Augenblick geschieht bereits alles (2 Kor 6,2). Jetzt fällt die Entscheidung – und deshalb geschieht schon jetzt das Gericht (Joh 5,24) und im täglichen Sterben mit Christus bereits die Auferstehung zu einem neuen Leben (Eph 2,4–6).

Aber wie ist so etwas möglich? Wie kann das sein? Wo verwirklicht sich solche Gegenwarts-Eschatologie? Wo ist ihr Ort? Röm 6,1–14, 2 Kor 5,17 und Eph 2,4–5 weisen den Weg. Dort hat das „Schon jetzt" seine Basis in der Taufe. In der Taufe sind die Christen mit Christus gestorben und auferweckt worden zu der Gemeinschaft der Heiligen. Der reale Ort der Gegenwarts-Eschatologie sind also die Sakramente. Jede Taufe fügt ein in das Geschick Christi und in das Miteinander der Glaubenden. Jeder Empfang des Bußsakraments bedeutet, sich schon jetzt unter das Jüngste Gericht zu stellen und in diesem Gericht durch das Erbarmen Gottes freigesprochen zu werden. Jeder Empfang der Eucharistie ist Teilnahme an dem Abendmahl Jesu, und das

Brot, das da auseinandergebrochen und gegessen wird, ist Teilhabe an seinem Tod, an dem Zerbrechen seines Lebens, an seiner Selbsthingabe. Zugleich ist das eucharistische Mahl aber schon der Anfang des ewigen Hochzeitsmahles bei Gott. Die frühen Christen riefen in ihren Eucharistiefeiern: *marana tha* („Unser Herr, komm!") und nahmen so die Parusie vorweg[342]. Die Parusie des Herrn ereignet sich schon jetzt, wenn der Auferstandene im Gottesdienst Gegenwart wird.

Im Grunde ist die ganze Kirche sakramentale Gegenwart endzeitlicher Wirklichkeit in der Welt. Alles, was ein Getaufter tut – mit Christus oder gegen Christus –, geschieht in diesem eschatologischen Feld. So kann Georg Bätzing formulieren[343]:

> *Was der Christ nach dem Tode erwartet, ist nicht ein völlig anderes Leben, sondern die Vollendung dessen, was er jetzt in seinem Leben mit anderen und für andere aus dem Glauben an Jesus Christus bereits vollzieht und erfährt. Es ist die Vollendung der Nachfolge Christi und der Gleichgestaltung mit ihm.*

Ewiges Leben ist also nicht nur das absolut Andere, das radikal Neue, nämlich die offenbare Begegnung mit Gott in Jesus Christus, sondern zugleich die Vollendung dessen, was wir hier aus der Kraft der Sakramente gelebt haben. In dem Kapitel über die Relativität der Zeit (Teil IV, 10) wurde ja deutlich: Im Tod wird unsere gesamte irdische Existenz hineingezeitigt in das ewige Leben. Was da eingesammelt wird, ist die Ernte der vielen Stunden unseres Lebens.

Wenn somit im Tod unsere gesamte Existenz vor Gott gebracht wird, dann war schon vorher jede irdische Stunde eine Begegnung mit Christus beziehungsweise mit Gott gewesen. Denn genau das meint die Sakramentalität des christlichen Lebens, die mit der Taufe grundgelegt, mit der Eucharistie genährt und im Sakrament der Versöhnung erneuert wird.

Wenn das so ist, bekommt nun aber jeder Augenblick unseres Lebens außerordentliches Gewicht. Denn dann gilt ja: Was hier nicht gelebt wurde, wird dort nicht sein[344]. Was hier an Liebe gefehlt hat, kann dort nicht herbeigezaubert werden. Was hier nicht an Umkehr und Versöhnung zustande kam, kann dort nicht als Umkehr und Versöhnung eingesammelt werden. Was sich hier nicht an Dank, Lob und Anbetung Gottes ereignete, kann dort nicht als Dank, Lob und Anbetung vorkommen. Was in dieser Geschichte nicht geschah, kann nicht auferweckt werden, kann nicht eingebracht werden in die Ewigkeit mit Gott. Gisbert Greshake formuliert zu Recht[345]:

> *Was ungetan blieb in der Zeit, die Chancen und die Möglichkeiten, die ausgeschlagen, verpasst und verfehlt wurden, bleiben auch verpasst und fehlend in der neuen Welt. Was gebaut ist in der Zeit, ist gebaut für immer; was unterlassen ist, bleibt unterlassen.*

Aber bekommt damit die Existenz des Christen (und die aller Menschen[346]) nicht eine unerträgliche Schwere? Wird damit das Leben nicht zu einer ständigen Last? Muss ich mich angesichts solcher Konsequenzen nicht ständig und jeden Augenblick fragen: Was bedeutet diese Stunde, was bedeutet diese Situation für meine Ewigkeit?

Nein, das muss ich mich nicht fragen. Es wäre unsinnig und geradezu pervers, ständig an „Erträge“ für die eigene Ewigkeit zu denken. Wir brauchen nicht im Gefängnis unseres eigenen Selbst zu leben. Zur Last würde die Gegenwärtigkeit des ewigen Lebens nur, wenn ich dabei eingesperrt wäre in mein Selbst und darauf aus wäre, für mich Verdienste zu sammeln. Dann ginge es um *meine* Werke und nicht um die Werke *Gottes*. Dann ginge es nicht um Hoffnung für alle, sondern lediglich um Hoffnung für mich selbst.

Doch das ist mit dem Kommen des Reiches Gottes gerade nicht gemeint. Reich Gottes heißt, frei werden für die Anderen, heißt, „nicht das Seine suchen“ (1 Kor 13,5), heißt, sich selbst für das Reich Gottes hergeben. Nur wer sein Leben verliert, wird es gewinnen, sagt Jesus (Lk 17,33). Gerade wenn wir uns selbst vergessen, wenn wir uns einsetzen für andere Menschen, wenn wir für eine gerechtere Gesellschaft kämpfen – und vor allem, wenn wir mit dabei sind, christliche Gemeinde aufzubauen und der Kirche zu Hilfe zu kommen, bauen wir mit an unserer Ewigkeit. Denn das ewige Leben ist eben nicht weltlos, sondern zu Gott erhobene, geheilte und verwandelte Welt – und alles, was jetzt für eine gerechte und in Frieden lebende Welt geschieht, ist getan für die Ewigkeit und hat ewigen Bestand.

Wann also beginnt die Ewigkeit? Heute, jetzt, hier! „Denn das Reich Gottes ist schon mitten unter euch", sagt Jesus (Lk 17,21), und „Jetzt ist sie da, die Zeit der Gnade, jetzt ist er da, der Tag des Heils", sagt Paulus (2 Kor 6,2).

Von hier aus löst sich ein altes Problem, das schon die frühe Kirche umgetrieben hat. Man könnte es auf die Formel bringen: Weltnähe oder Weltdistanz? Einsatz für die Welt oder Weltabkehr? Darf der Christ weltlich sein? Darf er die Welt lieben oder muss er die Welt fliehen? Viele Christen, angefangen von den Anachoreten, die im 3. Jahrhundert in die Wüste gingen, bis zu modernen Christen, die sich eine andere Gesellschaft ersehnten, wurden von dieser Frage umgetrieben.

Das Ganze ist aber ein grandioses Scheinproblem. Denn gerade, indem der Christ in der Welt ganz zuhause ist, von ihr in Freude und Dankbarkeit kostet, sie als ihm anvertraute Schöpfung achtet und sich an sie weggibt, um sie für das Reich Gottes zu gewinnen, liebt er Gott.

Im Vaterunser, dem Gebet, das Jesus seine Jünger gelehrt hat und das alles sagt, worauf es ankommt, ist in keiner einzigen Bitte davon die Rede, Gott möge uns doch aus dieser bösen Welt hinwegnehmen. Wohl aber ist sofort in der ersten Bitte die Rede von der Ehre Gottes, die in dieser Welt aufblühen soll: der gute Name Gottes soll geheiligt werden. Im Vaterunser wird auch nicht gefleht „Lass uns in den Himmel kommen!", sondern: „Dein Reich komme!" – und gemeint ist natürlich: „Es komme in diese Welt, es komme hierher auf diese Erde!" Und dann wird um die Dinge gebetet, die wir brauchen, damit wir im Kraftfeld der Gottesherrschaft leben können: um das Brot für den nächsten Tag, um die ständige Vergebung, um die Rettung aus der Versuchung, unseren Glauben aufzugeben. Im Vaterunser geht es um die Ehre Gottes – und die Ehre Gottes ist das Gelingen seines Geschichtsplans.

Das Reich Gottes kommt in diese Welt, um sie zu verändern und zu heilen. Es setzt eine Geschichte in Gang, die unabsehbar ist. Wer für das Reich Gottes lebt, weiß zwar um seine Machtlosigkeit und weiß um sein tägliches Sterben. Aber er weiß auch, dass das Reich Gottes mit seiner Gewaltlosigkeit stärker ist als alle Mächte und Gewalten.

Aus christlicher Hoffnung leben heißt deshalb gerade nicht, sich mit dem Zustand der Welt abzufinden, weil man auf eine ganz andere Welt jenseits der Welt hofft, sondern um des Kommens der Gottesherrschaft willen Welt auf Gott hin zu öffnen. Auf das ewige Leben ausgerichtet sein, bedeutet gerade nicht Weltverachtung, sondern höchste Weltzuwendung, weil sich mitten in der Welt und nirgendwo sonst die kommende Welt aufbaut. Man könnte auch sagen: Gerade weil die gesamte Geschichte ausgerichtet ist auf die kommende Welt, hat sie ihren Eigenwert, ihre eigene Würde, hat sie ein unendliches Gewicht und fordert das Ganze unseres Lebens.

Am Ende dieses Buches muss sogar noch radikaler und aufrührerischer formuliert werden. Es ist ja gut, sein gesamtes Tun vom ewigen Leben her zu betrachten. Es kann nicht falsch sein, das Ende immer im Blick zu haben und das Ziel des Lebens nie aus den Augen zu verlieren. Und doch meldet sich dann irgendwann die Frage: Werden wir so den Menschen und Dingen wirklich ganz und vollständig gerecht? Müssen wir tatsächlich immer alles *sub specie aeternitas*[347], müssen wir wirklich alles ständig „im Hinblick auf die Ewigkeit" betrachten?

Ist eine Rose nicht einfach eine Rose, an der man sich freuen kann, eben weil es eine Rose ist? Ist eine junge Frau nicht einfach bezaubernd, weil sie eine junge Frau ist? Soll ich beim Strahlen eines Kindergesichtes gleich an die Ewigkeit denken? Und muss ich einem anderen Menschen nicht helfen, weil er in

Not ist – eben einfach, weil er in Not ist? Und werde ich mich für Veränderungen nicht ganz schlicht schon deshalb einsetzen, weil die Verhältnisse untragbar sind?

Es ist wohl klar, worum es mir mit diesen Sätzen geht. Gewiss: Es ist notwendig, alles von seinem Ziel her zu durchdenken. Es ist unabdingbar, die Welt im Licht der Auferstehung zu betrachten. Dieses Buch hat es getan. Und doch ist die Schöpfung Gottes noch einmal etwas anderes. Sie liegt vor unseren Augen und will angeschaut werden. Sie ist einfach sie selbst und muss nicht unablässig auf ihr Ziel hin befragt werden. Gerade in dieser Zwecklosigkeit strahlt sie vor uns auf und lächelt uns an.

Wenn wir neben aller Theologie, neben aller Sorge um die Anderen und um uns selbst, nicht auch in diese sich selbst vergessende und die Menschen und Dinge einfach annehmende Hingabe hineinwachsen, wenn wir nicht wie Kinder fröhlich da sein können, werden wir weder Gott noch seiner Schöpfung gerecht. Wir bleiben dann zum Beispiel unfähig für die höchste Form des Gebetes, die es gibt: für die Anbetung.

Denn was bedeutet das: Anbetung Gottes? Warum ist sie so elementar, so schön und letztlich auch so wohltuend für den Menschen? In der Anbetung wollen wir nichts mehr von Gott. Wenn ich vor Gott *klage*, ist gemeinhin mein eigenes Elend der Ausgangspunkt. Auch wenn ich Gott *bitte*, ist der Anlass allzu oft die eigene Not. Ich brauche etwas von Gott. Und selbst wenn ich ihm *danke*, danke ich leider in der Regel für etwas, das *ich* bekommen habe. Wenn ich aber *anbete*, lasse ich mein Ich los und schaue nur noch auf Gott.

Klage, Bitte und Danksagung sind gut und richtig. Doch bei der Anbetung geschieht etwas, das noch tiefer reicht, weil es völlig absichtslos ist, weil es uns selbst, unsere Not und unsere Freuden vergisst und nur noch – anbetet. In der Anbetung blicken wir ausschließlich auf Gott, lassen alles andere zurück und preisen ihn in reiner Bewunderung dafür, dass er der allein Heilige, der allein Mächtige, der allein Herrliche ist. Alles versinkt, und es geht nur noch um *seine* Ehre. Dass wir so etwas überhaupt können, dass wir uns selbst und unsere „hohe Wichtigkeit" vergessen können, ist ein Wunder, das nur möglich wird, weil Gott uns seinen Geist ins Herz gibt und uns lockt, ihn zu preisen.

Im Wunder der Anbetung sind wir jetzt schon bei Gott. Wir sind dann ganz bei ihm, und die Grenze zwischen Zeit und Ewigkeit wird aufgehoben. Dass die Anbetung Gottes unendliche Seligkeit sein wird, können wir zwar jetzt noch nicht begreifen. Wir wollen ja immer etwas tun. Wir wollen kritisieren, eingreifen, verändern, verbessern, gestalten. Mit Recht! Es ist unser Auftrag. Aber im Tod, wenn wir bei Gott ankommen, hört das alles auf. Dann wird unsere Existenz reines Staunen sein, reines Schauen, reiner Lobpreis, reine Anbetung – ein nicht vorstellbares und unbenennbares Glück.

Deshalb gibt es auch eine Form der Anbetung, die keine Worte mehr macht. Sie hält Gott gleichsam schweigend das eigene Leben und mit ihm die ganze Welt hin und erkennt ihn so an als Schöpfer, als Herrn, als den, dem allein alle Ehre und aller Lobpreis zukommen. Anbetung ist die Übergabe des eigenen Lebens an Gott. Anbetung ist Hingabe. Anbetung bedeutet: sich vollständig Gott anvertrauen.

In jedem anbetenden Verweilen beginnt schon jetzt die Ewigkeit. Und es beginnt eine Ewigkeit, die sich der Welt gerade nicht entzieht, sondern sich ihr ganz und gar öffnet.

Anmerkungen

[1] Nicolás Gómez Dávila, Aufzeichnungen des Besiegten. Fortgesetzte Scholien zu einem inbegriffenen Text, Wien (Karolinger Verlag) 2012, 32.

[2] Dass hochentwickelte Tiere trauern können, ist keine Gegeninstanz. Es ist zwar oft beobachtet worden, dass Schimpansenmütter den Leichnam ihres toten Kindes tagelang mit sich herumtragen. Es ist sogar beobachtet worden, dass Elefanten über mehrere Tage hinweg immer wieder zum Leichnam eines toten Gefährten zurückkehrten. Doch das alles muss noch keine Erkenntnis dessen bedeuten, was Tod ist.

[3] Der Gebrauch von Ocker kann auch als praktische Maßnahme gedeutet werden: Ocker wirkt antibakteriell und konservierend. Damit ist freilich – genau wie bei der Mumifizierung – die symbolische Bedeutung in keiner Weise ausgeschlossen.

[4] J. Assmann, Tod und Jenseits 336: „Seit dem Anfang des Neuen Reichs um 1580 v. Chr. werden Totentexte nun nicht mehr in die Särge, sondern auf Papyrusrollen geschrieben. Diese Rollen bezeichnen wir als Totenbücher." Zum Totengericht vgl. dort 106–115.

[5] Die Fachleute sprechen von „negativen Schuldbekenntnissen".

[6] Platon, Phaidon Kap. 63 (114 d). Übersetzung: Franz Dirlmeier.

[7] Römische Grabinschriften Nr. 575. Der Originaltext: *Fabius Zoilus sibi et Consuadulliae Primillae maritae karissimae. Vivus ut haberemus feci.*

[8] Griechische Grabgedichte Nr. 320.

[9] Griechische Grabgedichte Nr. 250.

[10] Griechische Grabgedichte Nr. 304.

[11] Griechische Grabgedichte Nr. 296.

[12] Dieses Eindringen geschah vor allem in der Gnosis, einer der gefährlichsten Irrlehren der kirchlichen Frühzeit.

[13] Römische Grabinschriften Nr. 442. Der Originaltext: *Nihil sumus et fuimus mortales. Respice, lector: In nihil ab nihilo quam cito recidimus.*

[14] Römische Grabinschriften Nr. 433. Der Originaltext: *Non fueram, non sum, nescio, non ad me pertinet.*

[15] Römische Grabinschriften Nr. 436.

[16] Römische Grabinschriften Nr. 460. Der Originaltext: *Balnea, vina, Venus corrumpunt corpora nostra, / sed vitam faciunt balnea, vina, Venus.*

[17] Römische Grabinschriften Nr. 437. Das Original ist ein Hexameter: *Quid tibi nunc prodest stricte vixisse tot annis?*

[18] Das Gedicht trägt den Titel: „Gegen Verführung". Es steht am Ende von „Bertolt Brechts Hauspostille" (1927). Gesondert veröffentlichte Brecht es unter dem Titel: „Luzifers Nachtlied".

[19] M. L. Kaschnitz, Kein Zauberspruch. Gedichte, Frankfurt a. M. (Insel-Verlag) 1972.

[20] K. Marti, Leichenreden, Frankfurt a. M. (Luchterhand) 1969.

[21] Vgl. H. Gese, Zur biblischen Theologie 32–38.

[22] Wirklicher Verfasser ist Joseph Christian von Zedlitz in seinem Trauerspiel „Der Stern von Sevilla". Vgl. „Trauersprüche-Universität Bielefeld" unter www.uni-bielefeld.de/lili/personen/useelbach/STUD/trauersprueche.html

[23] Verfasser ist Michelangelo Buonarroti. Gelegentlich wird der Text auf Todesanzeigen auch vollständig zitiert:

Es sandte mir das Schicksal tiefen Schlaf.
Ich bin nicht tot, ich tauschte nur die Räume.
Ich leb in euch, ich geh in eure Träume,
da uns, die wir vereint, Verwandlung traf.
Ihr glaubt mich tot, doch dass die Welt ich tröste,
leb ich mit tausend Seelen dort, an diesem wunderbaren Ort,
im Herzen der Lieben. Nein, ich ging nicht fort.
Unsterblichkeit vom Tode mich erlöste.

[24] Das Zitat wird oft Aurelius Augustinus oder Victor Hugo unterschoben. Vgl. www.uni-bielefeld.de/lili/personen/useelbach/STUD/trauersprueche.html

[25] Der Spruch wird oft Rainer Maria Rilke oder Antoine de Saint-Exupéry untergeschoben. Vgl. www.uni-bielefeld.de/lili/personen/useelbach/STUD/trauersprueche.html

[26] Todesanzeige für Gerard Mortier in der FAZ vom 15.3.2014, Seite 17.

[27] Lee Child, Die Abschussliste. Roman, München 2006, 365–366. Amerikanischer Originaltitel: The Enemy.

[28] Zur Auseinandersetzung mit der Lehre der Reinkarnation vgl. M. Kehl, Eschatologie 71–76; G. Greshake, Tod – und dann? 53–90; H. Kessler, Was kommt nach dem Tod 98–120.

[29] Vgl. dazu ausführlicher: Yeong Deok Lee, Transzendenz, Erleuchtung und Erlösung 77–137.

[30] Vgl. ebd. 29–76.

[31] G. Greshake, Tod – und dann? 55.

[32] Selbstverständlich kann es Treue auch bei Tieren geben. Aber es ist keine Treue, die auf freier Wahl beruht (Zusatz: Gerhard Lohfink).

[33] Das Fragment wurde Goethe bereits zu seinen Lebzeiten zugeschrieben. Vgl. seine Bemerkung zu Kanzler von Müller: „Dass ich diese Betrachtungen verfasst, kann ich mich faktisch zwar nicht erinnern, allein sie stimmen mit den Vorstellungen wohl überein, zu denen sich mein Geist damals ausgebildet hatte." Das Fragment stammte jedoch nicht von Goethe, sondern von Christoph Tobler, den Goethe in der Schweiz im Kreis Lavaters kennengelernt hatte. Vgl. E. Beutler (Hrsg.), Johann Wolfgang von Goethe. Gedenkausgabe der

Werke (28. August 1949). Briefe und Gespräche: Naturwissenschaftliche Schriften I, Zürich 921–924, vgl. 978.

[34] Für das Folgende siehe Thomas Mann, Buddenbrooks. Verfall einer Familie, Zehnter Teil. Fünftes Kapitel. Zitiert nach der Ausgabe: Frankfurt a. M. (Fischer) ^{2}1956, 575–580.

[35] FAZ vom 12.3.2016, Seite 6.

[36] Vgl. das instruktive Buch von R. Sörries, Ruhe sanft.

[37] Lorenz Marti, Eine Hand voll Sternenstaub. Was das Universum über das Glück des Daseins erzählt, Freiburg i. Br. (Kreuz Verlag) 2012, 197. 200.

[38] M. Buber, Ich und Du 37.

[39] Die „Rede des toten Christus" steht als „Erstes Blumenstück" am Ende des „Zweiten Bändchens" in dem Roman „Blumen-, Frucht- und Dornenstücke oder Ehestand, Tod und Hochzeit des Armenadvokaten F. St. Siebenkäs im Reichsmarktflecken Kuhschnappel", veröffentlicht 1796–1797 in Berlin. Text hier nach Jean Paul, Siebenkäs (Rowohlts Klassiker 17/18), Hamburg 1957, 162.

[40] Epikur, Brief an Menoikeus Nr. 124–126.

[41] Vgl. die Darstellung des Pawel Nikolajewitsch Rusanow bei Alexander Solschenizyn, Krebsstation, Bd. 1, Reinbek (Rowohlt) 1971, vor allem 226.

[42] Simon Beckett, Die Chemie des Todes. Thriller, Reinbek (Rowohlt) ^{24}2009, 7.

[43] Verwiesen sei hier auf die Überblicke bei G. Scherer, Das Problem des Todes in der Philosophie, und auf P. Gehring, Theorien des Todes zur Einführung.

[44] Vgl. zum Beispiel G. D. Borasio, Über das Sterben. Was wir wissen. Was wir tun können. Wie wir uns darauf einstellen, München (C. H. Beck) 2011.

[45] Vgl. P. Gehring, Theorien des Todes 167–168.

[46] M. de Ridder: „Wie wollen wir sterben?" Ein ärztliches Plädoyer für eine neue Sterbekultur in Zeiten der Hochleistungsmedizin, München (Deutsche Verlagsanstalt) 2010.

[47] Vgl. R. Gronemeyer, Auf dem Weg zur Selbstverwaltung des Sterbens? 272.

[48] Oliver Tolmein, Chronik eines angekündigten Todes: FAZ vom 17. 9. 2010, Seite 33.

[49] A. Schopenhauer, Die Welt als Wille und Vorstellung, 41. Kapitel der 3. Auflage (1859).

[50] Aus: Der ewige Brunnen. Ein Hausbuch deutscher Dichtung. Hrsg. von Ludwig Reiners, bearbeitet von Albert von Schirnding, München (C. H. Beck) 2007.

[51] Mit dieser altertümlichen Wendung ist gemeint: „Ich habe endlich das Recht dazu."

[52] Reinhold Schneider, Winter in Wien. Aus meinen Notizbüchern 1957/58, Freiburg i. Br. (Herder) ^{6}1961, 98–99.

[53] Vgl. K. Abel, Poseidonios und Senecas Trostschrift an Marcia (dial. 6,24, 5 ff.): Rheinisches Museum 107 (1964) 221–260, dort bes. 258.
[54] Seneca in seiner Trostschrift an Marcia, 6. Dialog Finale.
[55] Auf die sogenannten „Nahtod-Erfahrungen“ gehe ich in diesem Buch nicht ein. Sie sind bemerkenswert, oft sogar faszinierend – aber auch sie können die Frage nach dem „Danach“ nicht beantworten. Denn diejenigen, die diese Erfahrungen gemacht haben, kamen bis zu einer Grenze, kehrten dann jedoch wieder zurück.
[56] Begriffe werden nur möglich, weil von dem konkreten „Das da!“ auf das Allgemeine gesprungen wird, genauer: auf unendliche Realisierungen des konkreten Einzelnen. Umgekehrt: Die Erkenntnis eines konkret Endlichen wird nur möglich vor einem unendlichen Horizont. Diese Andeutungen müssen hier genügen. Ich verweise auf das Hauptwerk von Joseph Maréchal, Le point de départ de la métaphysique.
[57] Friedrich Nietzsche, Also sprach Zarathustra, Vierter und letzter Teil, Das trunkne Lied 12.
[58] Augustinus, Confessiones 1,1.
[59] Damit sind selbstverständlich prophetische Auditionen als Medien der Offenbarung nicht ausgeschlossen. Nur ist es so: Auditionen entstehen, genau wie Visionen, aus dem Unterbewussten des Menschen und schließen deshalb schon Gesehenes und schon Gehörtes nicht aus. Selbstverständlich kann sich Gott solch natürlicher Phänomene bedienen, um sich mitzuteilen. Vgl. G. Lohfink, Jesus von Nazaret 415–419.
[60] Ch. Barth, Die Errettung vom Tode 165.
[61] Vgl. etwa Gen 25,8.17; 35,29; 49,29.33; Num 20,24.26; 27,13; 31,2; Dtn 32,50.
[62] Vgl. A. Krüger, Auf dem Weg „zu den Vätern“ 137–144.
[63] Zu der Weltsicht Kohelets vgl. vor allem N. Lohfink, Kohelet 5–18.
[64] B. Janowski zufolge kennt Kohelet bereits Rettungsaussagen in Israel, die über den Tod hinausreichen. Er sei solchen Aussagen gegenüber skeptisch geblieben. Der zitierte Text ziele darauf ab, die Welt nicht zu entwerten, sondern am Diesseits als der Gabe Gottes festzuhalten (Janowski, JHWH und die Toten 470).
[65] Vgl. J. Assmann, Der Tod als Thema der Kulturtheorie 47: „Der Tod ist [im Alten Ägypten] der Inbegriff des Heiligen, die Urform des Göttlichen. Er ist Ursprung und Ziel alles Lebendigen [...] In der Bibel wie auch im Judentum sind das Heilige und der Tod in denkbar größten Abstand voneinander gerückt. Nichts ist dem Heiligen ferner als der Tod, nichts verunreinigt und entheiligt stärker als der Leichnam.“
[66] Vgl. M. Remenyi, Auferstehung denken 174–175.183.
[67] Zum Beispiel könnte der schwierige Text Ez 43,7–9 einen königlichen Ahnenkult voraussetzen.
[68] Vgl. J. Kamlah, Grab und Begräbnis 290–292.

[69] Für eine schnelle Information über den Baals-Mythos empfiehlt sich O. Kaiser, Der eine Gott Israels 22–24; ferner A. A. Fischer, Tod und Jenseits im Alten Orient 96–105.

[70] Vgl. O. Kaiser, Der eine Gott Israels 22–24.

[71] J. Assmann, Tod und Jenseits im Alten Ägypten 20.

[72] Normalerweise waren die *ushebtis* bis zu 25 cm groß, es gab aber auch monumentalere Figuren. Ursprünglich verkörperten sie den Verstorbenen. Sie wurden an der Grabkapelle deponiert und sicherten so die symbolische Gegenwart des Toten. Seit der 18. Dynastie wuchs ihnen mehr und mehr eine andere Funktion zu: Sie wurden zu Helfern der Toten im Jenseits.

[73] Vgl. R. Tournay, En marge d'une traduction des Psaumes (Ps 10,2–8; 29,3 et 9; 18,36; 58,10; 16; 22): RB 63 (1956) 161–181 und 496–512, dort 502 Anm. 2.

[74] Ich halte mich an die Auslegung von G. Barbiero, Das Rätsel von Ps. 49. Andere Ausleger rechnen wegen der inhaltlichen Spannungen des Psalms mit einer literarischen Schichtung.

[75] Man kann statt „er nimmt mich auf" auch übersetzen: „er entrückt mich" (so wie einst Henoch oder Elija).

[76] Vgl. B. Janowski, Jhwh und die Toten 465–466. Janowski spricht von der „Kompetenzausweitung Jhwhs" auf die Unterwelt (449–450). Hierzu auch G. Eberhardt, JHWH und die Unterwelt. Spuren einer Kompetenzausweitung JHWHs im Alten Testament (FAT II/23) Tübingen (Mohr / Siebeck) 2007.

[77] Übersetzung und Auslegung nach N. Lohfink, Im Schatten deiner Flügel 173.

[78] Ähnlich G. Stemberger, Das Problem der Auferstehung im Alten Testament 45. Vgl. auch die differenzierte Darstellung von K. Biberstein, Jenseits der Todesschwelle, vor allem 424–428; ferner J. Schnocks, Rettung und Neuschöpfung, dort vor allem 156.

[79] „Apokalyptik" ist ein schillernder Begriff. Soll man ihn allgemein von Krisensituationen her definieren oder von apokalyptischer Literatur ausgehen? Geht man vom Alten Testament und vom Judentum aus, so setzt Apokalyptik in ihrer ausgebildetsten Form voraus, dass dieser Äon unter schrecklichen Wehen untergeht und Gott einen neuen Äon schafft (vgl. zum Beispiel das 4. Esra-Buch). Aber auch viele Vor- und Nebenformen dieser Vorstellung werden mit dem Adjektiv „apokalyptisch" belegt.

[80] Jes 25,6–7 schildert – entgegen der üblichen christlichen Auslegung – nicht ein endzeitliches Festmahl für die Völker, sondern die Vernichtung alles dessen, was Gott entgegensteht, in einem todbringenden Gelage. Die Verse 6–7 sind somit eine Unheilsprophetie. Das hat jetzt mit überzeugenden Argumenten M. P. Maier, Festbankett, gezeigt. Vgl. ders., Völkerwallfahrt 221–240.

[81] Vgl. M. P. Maier, Völkerwallfahrt 229–230.

[82] Nicht bei allen Auferstehungstexten des frühen Judentums ist damit zu

rechnen, dass sie von einer Auferstehung in die Transzendenz im strengen Sinn reden. Die Toten können auch auferweckt werden zu einem Leben im messianischen Reich bzw. zu einem Leben auf einer erneuerten Erde. Allerdings kann die Existenz auf dieser erneuerten Erde dann auch wieder als ein solches Wunder geschildert werden, dass es transzendente Züge trägt.

[83] Wörtlich: „denn Tau der Lichter ist dein Tau". Vgl. dazu G. Stemberger, Das Problem der Auferstehung im Alten Testament 28.

[84] Vgl. zum Folgenden L. Schwienhorst-Schönberger, Martyrium 154–162.

[85] Zu Ez 37,1–14 vgl. jetzt vor allem J. Schnocks, Rettung und Neuschöpfung 161–243.

[86] G. Stemberger, Art. Auferstehung 444 betont, dass die Bildsprache von Ez 37 nur denkbar sei, „wenn gewisse Vorstellungen von einer Überwindung des Grabes schon gegeben" waren.

[87] So J. Schnocks, Rettung und Neuschöpfung 161. 241.

[88] Ps.-Philo, Liber Antiquitatum Biblicarum 3,10. Vgl. zur Interpretation dieses Textes M. Reiser, Die Letzten Dinge 28–30.

[89] Ein weiterer Textkomplex zum Thema „Auferstehung" findet sich im 2. Buch der Makkabäer (vgl. 7,9.11.14.23.29.36; 14,37–46). Es stammt aus dem 2. Jahrhundert vor Christus und gehört nicht zur Hebräischen Bibel, wohl aber zum Kanon der Septuaginta und zum katholischen Kanon.

[90] D. Bonhoeffer, Widerstand und Ergebung. Briefe und Aufzeichnungen aus der Haft. Hrsg. von Eberhard Bethge, München (Chr. Kaiser Verlag) [12]1964, 112.

[91] In den letzten Jahrzehnten hat sich die Auslegung des „Hohenliedes" gedreht. Galten seine Lieder lange Zeit als rein weltliche Liebeslieder, so rechnen heute viele Alttestamentler mit einer allegorischen Bedeutung. Dann sprächen diese Lieder von der Liebe zwischen JHWH und seinem Volk – entweder von Anfang an oder durch die Einfügung in den Kanon des Alten Testaments. Vgl. jetzt vor allem L. Schwienhorst-Schönberger, Das Hohelied 11–25.

[92] Eine arabische Inschrift in der nordindischen Ruinenstadt Fathpur Sikri lautet: „Jesus, über dem Friede sei, hat gesagt: Die Welt ist eine Brücke. Geht über sie hinüber – aber lasst euch nicht auf ihr nieder!" Vgl. zu diesem angeblichen Jesuswort J. Jeremias, Unbekannte Jesusworte (Gütersloher Taschenbücher 376), Gütersloh 1980, 105–110.

[93] Vgl. G. Lohfink, Das Vaterunser 51–59.

[94] Ausführlicher zu diesem Thema: M. Reiser, Gerichtspredigt.

[95] Vgl. Mt 10,7.27; 24,14; Mk 3,14; 6,12; 13,10; Lk 9,2; 12,3; 24,47.

[96] Vgl. G. Lohfink, Jesus von Nazaret 463–466.

[97] Zur „Bestockung" vgl. G. Lohfink, Jesus von Nazaret 159–161.

[98] Vgl. zu diesem Typ von Gleichnissen G. Lohfink, Jesus von Nazaret 172–179.

[99] Siehe besonders Mk 1,40–45 und Lk 17,11–19; vgl. Mt 10,8; 11,5.

[100] Unter dem hebräischen Begriff *saraath* (im Griechischen *lepra*) wurden mehrere Hautkrankheiten zusammengefasst.
[101] Vgl. Mt 9,32–34; 12,22–23; Mk 1,21–28; 3,22.27; 5,1–20; 7,24–30; 9,14–29; Lk 10,17–20.
[102] Zu den Dämonenaustreibungen Jesu vgl. ausführlicher G. Lohfink, Jesus von Nazaret 211–213.
[103] Mk 6,5 („Und er konnte dort keine einzige Machttat vollbringen") dürfte den historischen Tatbestand richtig benennen. Die Fortsetzung des Satzes will Jesu göttliche Wunderkraft retten.
[104] Vgl. Sure 4,157–158: „Und [weil sie] sagten: ‚Wir haben Christus Jesus, den Sohn der Maria und Gesandten Gottes getötet.' – Aber sie haben ihn [in Wirklichkeit] nicht getötet und [auch] nicht gekreuzigt. Vielmehr erschien ihnen [ein anderer] ähnlich, [so dass sie ihn mit Jesus verwechselten und töteten]. Und diejenigen, die über ihn [oder darüber] uneins sind, sind im Zweifel über ihn [oder: darüber]. Sie haben kein Wissen über ihn [oder: darüber], gehen vielmehr Vermutungen nach. Und sie haben ihn nicht mit Gewissheit getötet [d. h. sie können nicht mit Gewissheit sagen, dass sie ihn getötet haben]. Nein, Gott hat ihn zu sich [in den Himmel] erhoben." (Übersetzung: Rudi Paret)
[105] Vgl. Maimonides, Mischne Tora, Melachim uMilchamot XI,1–4. Für die Hinweise zu Maimonides danke ich Professor Dr. Michael P. Maier, Rom.
[106] Vgl. Mt 10,9–10; Lk 9,3.
[107] Als Gegenargument wird immer wieder die Tempelaktion Jesu angeführt (Mk 11,15–19; Joh 2,13–22). Hier handelt es sich jedoch um eine Zeichenhandlung, die mit Gewaltideologie gerade nichts zu tun hat.
[108] „Mein Gott, mein Gott, warum hast du mich verlassen" (Mk 15,34) ist kein Verzweiflungsschrei, wie immer wieder behauptet wird, sondern der Anfang des 22. Psalms. Jesus betet diesen Psalm am Kreuz als sein Sterbegebet. Dass er wirklich diesen Psalm gebetet hat, beweist das *eli atta* („mein Gott bist du" = Ps 22,11), das von den Umstehenden als *elijja ta* („Elija komm") gedeutet wird (vgl. Mk 15,35).
[109] Diese Übersetzung wurde am 15./16. Dezember 1970 von der Arbeitsgemeinschaft für liturgische Texte der Kirchen des deutschen Sprachgebietes verabschiedet.
[110] Über die soteriologischen Deutungen, die sich schon in der Alten Kirche mit dem Abstieg Jesu in die Unterwelt verbanden (Befreiung der Gerechten, die vor Jesus gestorben waren usw.) bis zu der Theologie Hans Urs von Balthasars kann hier nicht gesprochen werden.
[111] M. Hengel, „Ist der Osterglaube noch zu retten?" 262.
[112] Zu den folgenden Ausführungen ausführlicher G. Lohfink, Jesus von Nazaret 415–419; ders., Der Ablauf der Osterereignisse.
[113] Vgl. etwa 2 Kor 12,1–7.
[114] Vgl. dazu die diesbezüglichen Arbeiten von Béla Weissmahr, vor allem

aber: „Kann Gott die Auferstehung Jesu durch innerweltliche Kräfte bewirkt haben?“ 441–443.

[115] Ebd. 451: „Je intensiver Gott in der Welt wirkt, desto intensiver wirkt das zu eigener Aktivität fähige Geschöpf selbst.“ B. Weissmahr weist gegen Ende seines erhellenden Aufsatzes für das Ineinander von göttlichem und menschlichem Handeln bei der Ostererfahrung mit Recht auf das Grundprinzip der Christologie von Chalkedon hin: „unvermischt und ungetrennt“ (469).

[116] Es handelt sich um die älteste, im Neuen Testament breit gestreute kerygmatische Formel für die Auferweckung Jesu. Vgl. Apg 3,15; 4,10; 13,30.34; 17,31; Röm 4,24; 8,11; 10,9; Gal 1,1; Eph 1,20; Kol 2,12; 1 Thess 1,10; 1 Petr 1,21; vgl. Hebr 13,20. – Unmittelbar mit „Jesus“ verbunden, findet sich die Formel nur in Röm 8,11 vgl. 10,9. An der Mehrzahl der Stellen ist Jesus aber vorausgesetzt. Allerdings können auch Hoheitstitel zu dem einfachen „Jesus“ hinzutreten.

[117] Von den „Seelen der Gerechten“ (3,1), ja sogar von der „Unsterblichkeit“ der Gerechten (3,4), spricht zwar das „Buch der Weisheit“ in den Kapiteln 3–5. Aber selbst wenn die Jünger Jesu dieses Buch (wie z. B. Paulus) gekannt hätten – es redet vom „Heimgang“ der Gerechten (3,2) in wenig präziser, fast schillernder Sprache. Es wäre wenig geeignet gewesen, eine Deutung des Schicksals Jesu zu geben. Im Übrigen muss man nicht annehmen, dass im „Buch der Weisheit“ im platonischen Sinn von körperlosen Seelen gesprochen würde. Dagegen mit Recht A. A. Fischer, Tod und Jenseits 232. Wenn man nach einem genaueren Begriff sucht, stößt man noch am ehesten auf den der „Entrückung“ (Weish 4,10–11; vgl. 2,18).

[118] Dem scheint V. 9 zu widersprechen. In V. 9 ist schon Fisch da, in V. 10 sagt Jesus: „Bringt von den Fischen, die ihr gefangen habt.“ Der Widerspruch rührt wohl daher, dass hier eine Erzählung von einem reichen Fischfang und eine Ostererzählung kombiniert wurden.

[119] Lukian, Wahre Geschichten II. Übersetzung in Anlehnung an Christoph Martin Wieland: Lucian von Samosata, Sämtliche Werke. Aus dem Griechischen übersetzt und mit Anmerkungen und Erläuterungen versehen von Christoph Martin Wieland, II. Band, 3. und 4. Teil, Darmstadt (Wissenschaftliche Buchgesellschaft) 1971[1], 4. Teil 195.

[120] Es ist das große Verdienst von Klaus Berger, die Frage nach der genuinen Kategorie der Ostererfahrung mit Nachdruck in den exegetischen Diskurs eingebracht zu haben. Vgl. ders., „Die Auferstehung des Propheten und die Erhöhung des Menschensohnes“. Auch wenn ich seinem Ergebnis in vielem nicht zustimmen kann – seit seiner Monographie kommt die Exegese um diese Frage nun nicht mehr herum.

[121] Zur Entrückungsvorstellung ausführlicher und mit vielen Textbelegen aus der griechisch-römischen und der jüdisch-christlichen Religionsgeschichte: G. Lohfink, Die Himmelfahrt Jesu 32–79.

[122] Dass hier auf das Ganze gesehen die Form der „Entrückungserzählung“

vorliegt, zeigt 1. das Motiv der anwesenden Zuschauer und 2. das Motiv der Wolke als Gefährt.

[123] Zumindest bei Elija und den anderen Propheten ist die Sache völlig klar: Hier kann es sich nur um die Entrückungsvorstellung handeln. Bei Johannes dem Täufer ist es schwieriger. Mk 6,14–16 zufolge lief im Volk die Deutung um, Jesus sei der von den Toten auferstandene Täufer. Auch Herodes schließt sich dieser Meinung an. Vieles spricht aber dafür, dass diese markinischen Formulierungen christlich beeinflusst sind. Wenn in der Meinung von damaligen Juden Jesus wirklich als der wiedergekommene Täufer galt, dann konnten die Betreffenden sich das nur im Entrückungsschema vorgestellt haben. Zu Gott Entrückte kehren *mit einer eschatologischen Funktion* auf die Erde zurück.

[124] Vgl. G. Lohfink, Die Himmelfahrt Jesu 74–79.

[125] In 1 Kor 15,4 fehlt zwar „von den Toten". Es ist aber vorausgesetzt. Vgl. Mt 17,9; 28,7; Lk 24,46; Joh 2,22; 20,9; 21,14; Apg 3,15; 4,10; 10,41; 13,30.34; 17,3.31; Röm 4,24; 6,4.9; 8,11; 10,9; 1 Kor 15,12.20; Gal 1,1; Eph 1,20; Kol 2,12; 1 Thess 1,10; 2 Tim 2,8; 1 Petr 1,3.21.

[126] Wichtig für die Rekonstruktion dieser Vorstellung war die Studie von U. Kellermann, „Auferstanden in den Himmel" (1979). Prüft man allerdings die Belege, die Kellermann für eine unmittelbare Auferstehung von Märtyrern in den Himmel anführt, so sind bei weitem nicht alle beweiskräftig. Teilweise sind es christliche Texte, die bereits durch die Vorstellung von der Auferstehung Jesu beeinflusst sein könnten. Teilweise kann man die angeführten Texte auch anders deuten. Ich vermag zum Beispiel in 2 Makk 7 keinen einzigen Beleg zu entdecken, der Kellermanns These beweisen würde. Selbstverständlich ist dort von der Auferstehung der Toten die Rede! Aber wo eigentlich von einer *sofortigen* Aufnahme der Märtyrer in den Himmel? – Schon drei Jahre vor Kellermann erschien die umfangreiche Monographie von K. Berger, „Die Auferstehung des Propheten". Auch hier gilt: Die Texte, die K. Berger für die Vorstellung „Auferstehung eines *Einzelnen* unabhängig von der allgemeinen Totenauferweckung" ins Spiel bringt, sind nicht gerade beweiskräftig. Manche sind sehr spät und schon christlich eingefärbt (kennen also die Auferweckung Jesu und die entsprechende Terminologie), manche sprechen nicht wirklich von Auferstehung. Ich kann hier keine ausführliche Kritik ausbreiten, sondern weise nur auf vier Dinge hin: 1. Mk 6,14–16 verwendet christliche Terminologie. In der Volksmeinung dürften eher Entrückungsvorstellungen eine Rolle gespielt haben. 2. Die beiden „Zeugen" von Offb 11,3–14 (dies der gewichtigste Beleg Bergers) werden in den Himmel entrückt. Dass sie vorher von Gott lebendig gemacht werden, ist in diesem Fall notwendig, weil sie als Tote nicht entrückt werden können. Ihre Lebendigmachung wird anhand von Ez 37,5.10 formuliert. Man kann daraus keine *Auferstehung* einzelner Propheten folgern. Letztlich wurzelt die Erzählung in der Entrückungsvorstellung. 3. Ich will zwar nicht ausschließen, dass

es die Vorstellung von einer unmittelbaren Auferstehung oder vielleicht doch besser Entrückung von Märtyrern gegeben hat. Aber wie alt war diese Vorstellung und wie verbreitet war sie? 4. Was immer man hier voraussetzen kann oder nicht: Schlichtweg entscheidend ist, dass K. Berger die im Neuen Testament vorliegende eindeutige Verknüpfung zwischen der Auferstehung Jesu und der allgemeinen Totenauferstehung herunterspielen muss. Dabei wird er aber den Texten Mt 27,52–53; Apg 3,15; 26,23; Röm 8,29; 1 Kor 15,20.23; Kol 1,18 und Offb 1,5 nicht gerecht. – Die Thesen von Klaus Berger zur Entstehung des Osterglaubens wurden von Rudolf Pesch in einer Tübinger Gastvorlesung aufgegriffen. Ein Themenheft der „Theologischen Quartalschrift" (1973) dokumentierte die Gastvorlesung und verband sie mit kritischen Besprechungen Tübinger Professoren. Vgl. vor allem M. Hengel, „Ist der Osterglaube noch zu retten?" und P. Stuhlmacher, „Kritischer müssten mir die Historisch-Kritischen sein!" Vgl. im Übrigen J. M. Nützel, Zum Schicksal der eschatologischen Propheten; E. Schweizer: ThLZ 103 (1978) 874–878; H. Merklein, Die Auferweckung Jesu 2–3.

[127] Vgl. etwa Apg 2,33; 5,31; Röm 1,3–4; 8,34; Phil 2,6–11; Kol 3,1; Hebr 1,3; 12,2; 1 Petr 3,22.

[128] Röm 1,4 – eine Erhöhungsaussage und Teil einer frühen Bekenntnisformel – ist ohne die Auferstehungsaussage nicht verständlich. Die Auferstehungsaussage wird denn auch sofort hinzugefügt: „aus der Auferstehung von den Toten". Phil 2,9 – auch dies eine der ältesten Erhöhungsaussagen – ist kombiniert mit Präexistenztheologie und somit gegenüber der noch älteren Auferweckungsformel deutlich sekundär.

[129] So H. Vorgrimler, Der Tod im Denken und Leben des Christen 60.108. In seinem Aufriss der Eschatologie „Hoffnung auf Vollendung" versucht H. Vorgrimler konsequent, das Motiv der kollektiven Totenauferstehung aus den ältesten Aussagen über das österliche Geschehen herauszuhalten. Er schreibt: „Gott erhöhte Jesus aus dem Tod zum Messias, dessen Kommen man alsbald erwartete" (46). Aber die Erhöhungsaussage steht eben nicht am Anfang, sondern der Satz: „Gott hat Jesus von den Toten auferweckt" mit allen Implikationen, die darin mitschwingen. H. Vorgrimler stützt sich hier allzu sehr auf die Rekonstruktionen von K. Berger in „Die Auferstehung des Propheten".

[130] Das hier Gesagte wird durch die reale Geschichte unmittelbar nach Ostern bestätigt. Nur ein einziges Beispiel: Schon bald nach Ostern wird der Zwölferkreis durch die Zuwahl des Matthias vervollständigt (Apg 1,15–26). Später, zum Beispiel nach der Hinrichtung des Zebedäiden Jakobus (Apg 12,1–2), hat man ihn nicht wieder vervollständigt. Der Grund: Unmittelbar nach der Auferstehung Jesu war die junge Gemeinde überzeugt, dass die allgemeine Totenauferweckung jetzt bevorstehe. Bei dem sich anschließenden Gericht würden aber die Zwölf als Beisitzer zusammen mit dem Menschensohn die zwölf

Stämme Israels richten (Mt 19,28). Deshalb die sofortige Nachwahl. Vgl. zu den Ereignissen nach Ostern G. Lohfink, Jesus von Nazaret 410–436.

[131] Äthiopisches Henochbuch 45,4–5; 72,1; 91,16–17; Buch der Jubiläen 1,29; 4,26; 5,12; 19,25; Syrische Baruchapokalypse 31,5–32,6; 44,12; 57,2; 4 Esra 7,75.

[132] Übersetzungen: E. Kautzsch, Die Apokryphen und Pseudepigraphen des Alten Testaments Bd. II, Darmstadt (Wissenschaftliche Buchgesellschaft) 1962. Dann in der Reihe H. Lichtenberger (Hrsg.), Jüdische Schriften aus hellenistisch-römischer Zeit. Bd. V. Apokalypsen.

[133] Vgl. M. Kehl, Eschatologie 29–31; M. Remenyi, Auferstehung denken 39–40.

[134] Zur Unfassbarkeit und Unbegreiflichkeit Gottes vgl. K. Rahner, Die menschliche Sinnfrage.

[135] Wörtlich: „Räuber". So nannten die Römer aufständische Zeloten, die in Israel gegen die Besatzungsmacht arbeiteten und aus dem Hinterhalt römische Soldaten überfielen.

[136] H. U. v. Balthasar, Eschatologie 407. Vgl. auch Thomas v. Aquin, De rationibus fidei 9: „Gott ist das letzte Ding des Geschöpfs."

[137] Es handelt sich um Ps 138 Vulgata – und dort um Vers 18, um die Verse 5–6, außerdem um die Verse 1–2. Der hebräische Text spricht nicht von der Auferstehung, sondern von Sitzen und Stehen. Und das *adhuc* hat im Psalm auch nicht die Bedeutung „nun immer", sondern „noch immer".

[138] Augustinus, Ennarationes in psalmos, zu Ps 30 (Migne, Patres Latini Bd. 36, Spalte 252: *Abscondes eos in abscondito vultus tui. Qualis est locus iste? Non dixit, Abscondes eos in coelo tuo: non dixit, Abscondes eos in paradiso: non dixit, Abscondes eos in sinu Abrahae. [...] Qui nos tuetur in loco vitae hujus, ipse post istam vitam sit locus noster.*

[139] Vgl. Ch. Barth, Die Errettung vom Tode 150.

[140] Vgl. auch 1 Joh 3,2 und Offb 22,4.

[141] Vgl. die Suren 3,198; 4,57; 4,122; 5,12; 5,85; 5,119; 7,43; 9,21; 9,88–89; 9,100; 10,9–10; 13,35; 14,23; 15,45–48; 16,31–32; 18,31; 22,14; 22,23; 22,56; 25,10; 25,15–16; 29,58; 30,15; 32,19; 36,55–58; 37,41–49; 38,49–52; 39,20; 39,73–75; 41,30–32; 43,70–73; 44,51–57; 47,12; 47,15; 48,5; 48,17; 50,34–35; 51,15–16; 52,17–24; 55,46–78; 56,12–40; 56,88–89; 57,12; 57,20–21; 58,21; 61,12; 64,9; 65,11; 66,8; 68,34; 69,21–24; 74,40–41; 76,5–6; 76,11–22; 77,41–44; 78,31–35; 83,22–28; 88,8–16; 98,8.

[142] Es gibt inzwischen eine westliche Koranexegese, die den Koran historisch-kritisch auf den Seziertisch legt. Sie behauptet, der Konsonanten-Text des Koran sei durch spätere Vokalisation an vielen Stellen in seinem Sinn verändert worden. Bei den „Huris" zum Beispiel (44,54; 52,20) handle es sich ursprünglich um weiße Trauben. – Die Hermeneutik dieser kritischen Koranexegese, wie sie zum Beispiel in dem Buch von B. Köster („Der missverstandene Koran") propagiert wird, ist reichlich naiv. Die Basis für eine sachgerechte Koran-

exegese können nicht irgendwelche historisch konstruierten Vorstufen dieses Buches sein, sondern genau wie beim christlichen Kanon ausschließlich *die* Koranfassung, wie sie im Islam als heiliges Buch gilt und im offiziellen Islam heute gelesen wird.

[143] Vgl. die Suren 3,15; 5,119; 9,72; 58,22; 98,8.

[144] Eine weitere Ausnahme könnte Sure 75,22–23 sein: „An jenem Tag wird es strahlende Gesichter geben, die zu ihrem Herrn schauen." Aber auch das wird eher nebenbei gesagt. Als eigenes Thema wird die Gottesschau nicht erkennbar, vor allem aber nicht in den Paradiesesschilderungen.

[145] Sure 7,43 ist keine wirklich Ausnahme. Es handelt sich nicht um expliziten Lobpreis Gottes.

[146] Ausgangspunkt sind die Suren 7,143 und 75,23.

[147] Siehe auch B. Lang, Himmel oder Paradies?

[148] B. Lang / C. McDannell, Der Himmel 352.

[149] So gehörten „Himmelsromane" im 19. Jahrhundert zur meistgelesenen englischsprachigen Trivialliteratur (Bernhard Lang).

[150] Das Folgende nach G. Stemberger, Zur Auferstehungslehre in der rabbinischen Literatur 86–87.

[151] Übersetzung aus R. Guardini, Christliches Bewusstsein. Versuche über Pascal, München (Kösel) [3]1956, 47–48.

[152] Mit diesem Satz beendet Augustinus sein großes Werk über den Gottesstaat. Im Lateinischen: *Ibi vacabimus et videbimus, videbimus et amabimus, amabimus et laudabimus.*

[153] Für diesen Abschnitt folge ich dem Artikel „Völkerstrafrecht" in Wikipedia. Stand: 28.12.2013.

[154] Massimo Tosco in der Textsammlung Alzo zero.

[155] Die Facetten des hier Geschilderten meint die Kirche mit dem missverständlichen Wort „Erbsünde". Vgl. G. Lohfink / L. Weimer, Maria 13–104.

[156] Friedrich Schiller, Ende der vorletzten Strophe des Gedichtes „Resignation". Das Gedicht leugnet, dass es nach dem Tod ein Weltgericht und himmlischen Lohn gibt. Wer auf Vergeltung und Belohnung im Jenseits hofft, wird bitter enttäuscht werden. Die irdische Geschichte ist das Weltgericht und sie bietet nur zwei Möglichkeiten des Lohns: genießen oder glauben.

[157] E. Brunner, Das Ewige 191.

[158] Frühen Religionsformen, die bei bloßer Ahnenverehrung stehen blieben, stellte sich diese Frage noch nicht oder nur am Rande.

[159] Vgl. vor allem J. Assmann, Ma'at 122–159.

[160] Vgl. M. Kehl, Und was kommt nach dem Ende? 61.

[161] Allerdings herrscht auch in Israel noch lange ein Systemdenken: Gott ist zwar der eigentliche Richter – und er ist auch Erbarmer. Doch es gibt in der Welt ein Gerechtigkeitssystem, demzufolge das Böse für den, der es beging, Konsequenzen hat. Die Alttestamentler nennen dieses System „Schicksal wirkende Tatsphäre" oder „Tun-Ergehen-Zusammenhang" *(deed-result-con-*

nection). Konsequenz: Wem es schlecht ergeht, der muss Böses getan haben – er oder seine Vorfahren. Dieses Systemdenken wird aber mehr und mehr durchbrochen, vor allem durch Kohelet, das Ijobbuch und dann durch Jesus (vgl. Mt 5,45; Joh 9,1–3).

[162] Erster eindeutiger Beleg ist der Barnabasbrief, der zwischen 90 und 120 nach Christus angesetzt wird. Vgl. dort vor allem 4,7; 5,7; 14,4–5.

[163] Zugrunde liegt natürlich bei all diesen Darstellungen Mt 25,31–46.

[164] M. Kehl, Und was kommt nach dem Ende? 155. – Vgl. auch J. Ratzinger, Eschatologie 165–167; H. Vorgrimler, Der Tod 91; H. U. v. Balthasar, Gericht 231–233; F.-J. Nocke, Eschatologie 127–128; O. Fuchs, Das jüngste Gericht 121; J. Rahner, Einführung in die christliche Eschatologie 227–228; K. Vechtel, Eschatologie und Freiheit 207–211.

[165] Auf diesen Aspekt des Gerichts weisen besonders hin: K. Barth, Kirchliche Dogmatik IV/2, 501 und D. Sattler, Gottes Gericht 122.

[166] Grundlegend zu diesem Thema: M. Reiser, Die Gerichtspredigt Jesu.

[167] Von Papst Franziskus („Der Name Gottes ist Barmherzigkeit") bis zu W. Kasper (Barmherzigkeit. Grundbegriff des Evangeliums – Schlüssel christlichen Lebens).

[168] Vgl. G. Greshake, Maria – Ecclesia 17–18 zu entsprechenden Tendenzen im Laufe der Kirchengeschichte; ferner G. Lohfink / L. Weimer, Maria – nicht ohne Israel 285–286.

[169] Vgl. W. Kasper, Barmherzigkeit 50.

[170] Im Koran beginnt jede der 114 Suren mit der Formel: „Im Namen Allahs, des Allerbarmers, des Barmherzigen!"

[171] Vgl. zu dem Szenario, das in Ex 32 zu dem Stichwort „neues Volk" durchgespielt wird, T. Czopf, Neues Volk Gottes? 10–20.

[172] Auf die vielfältigen Interpretationsprobleme von Ex 34,6–7 kann und brauche ich hier nicht einzugehen. Es geht dabei vor allem um drei Fragen: 1. Wer spricht in Vers 6: Gott oder Mose? – 2. Wie ist die Doppelung JHWH JHWH syntaktisch zu verstehen? – 3. Wie ist die Generationenreihe in 34,7 zu beurteilen. Vgl. zu all dem die Arbeit von R. Scoralick, Gottes Güte und Gottes Zorn.

[173] Vgl. auch hierzu die Arbeit von R. Scoralick.

[174] N. Lohfink, „Ich komme nicht in Zornesglut" 188. Für die Übersetzung und die Interpretation der Hosea-Texte folge ich diesem Aufsatz.

[175] Vgl. die Arbeit von M. Reiser, Die Gerichtspredigt Jesu.

[176] Der jüngere Sohn wendet sich, wie die Schweinehaltung zeigt, an einen Heiden. Wenn er noch Glauben gehabt hätte, würde er bei einem Juden oder einer jüdischen Gemeinde um Hilfe angesucht haben.

[177] Der jüngere Sohn ist auch existenziell am Ende: Nicht einmal mehr der Schweinefraß steht ihm zur Verfügung.

[178] N. Lohfink, Im Schatten deiner Flügel 140.

[179] Die Reformatoren haben das „Fegfeuer" meistens abgelehnt, und zwar aus

verschiedenen Gründen: Zunächst und vor allem wegen der Missbräuche im damaligen Ablasswesen, dann wegen des anscheinend fehlenden Schriftzeugnisses, dann aus Gründen der Rechtfertigungslehre, außerdem wegen der naiven Zeitvorstellungen der damaligen Theologie und Volksfrömmigkeit, die sich an die Fegfeuerlehre angehängt hatten. – Differenzierter ist die Sache in der Orthodoxie. Sie kennt das fürbittende Gebet für die Verstorbenen, lehnt aber die vindikativ-strafenden Aspekte in der Entwicklung der westlichen Purgatoriumslehre ab. Entscheidend für die orthodoxe Zurückhaltung war stets der Verdacht, die westliche Fegfeuerlehre stehe im Zusammenhang mit der Apokatastasis-Lehre des Origenes. Zu der unterschiedlichen Entwicklung der Lehrmeinungen zwischen der lateinischen und der ostkirchlichen Theologie vgl. G. Bätzing, Kirche im Werden 23–28. – Im Übrigen hat Martin Luther die Fegfeuerlehre noch 1519 nicht nur nicht abgelehnt, sondern bekräftigt. Seine Ablehnung kommt erst später und richtet sich vor allem gegen die Missbräuche im Rahmen des Ablasswesens. Vgl. dazu G. Wenz, Evangelische Gedanken zum Fegfeuer 19–20.

180 *Purgatorium* bedeutet schlicht „Reinigung". Im Laufe der Theologiegeschichte wurde das Wort dann oft auch als „Reinigungsort" verstanden. Im Deutschen wurde daraus das missverständliche Wort „Fegfeuer". Die romanischen Sprachen und auch das Englische blieben bei Ableitungen von *purgatorium.* Zur Terminologie vgl. G. Bätzing, Kirche im Werden 14–17.

181 Buchtitel von Gisbert Greshake.

182 I. F. Görres, Der Geopferte 78.

183 Biblische Basis der Feuer-Metapher ist in diesem Zusammenhang vor allem 1 Kor 3,12–15. Der Text spricht vom Gericht Gottes, in dem die Werke derer, die im Dienste Gottes arbeiten, offenbar werden. Das Endgericht wird erweisen, was ihr Werk wert war. War es nichts wert, verbrennt es. Der Betreffende aber wird gerettet werden „wie durch Feuer hindurch". Das ist noch nicht unmittelbar das *purgatorium* im entfalteten Sinn der späteren katholischen Dogmatik. Der Sache nach aber hat es dennoch sehr viel damit zu tun, denn auch hier verbrennt das Gerichtsfeuer alles Falsche, Nutzlose und Gott Widerständige.

184 Hingewiesen sei hier auf die entsprechenden Passagen bei R. Guardini, Die letzten Dinge 36–40; K. Rahner, Grundkurs 424; J. Ratzinger, Eschatologie 181–185; F.-J. Nocke, Eschatologie 128–129.132–133; K. Lehmann, Was bleibt vom Fegfeuer? 241–242; B. Stubenrauch, Was kommt danach? 238–239; M. Kehl, Und was kommt nach dem Ende? 161–162; M. Reiser, Die letzten Dinge 207 (mit Blick auf den „Traum des Gerontius" von J. H. Newman); K. Vechtel, Eschatologie und Freiheit 116–128. 216–220.

185 Vgl. Teil IV, 1 („Endgültige Begegnung mit Gott").

186 K. Lehmann, Was bleibt vom Fegfeuer? 239.

187 Vgl. Katholischer Katechismus 1936, 31; Katholischer Katechismus 1955, 255. Oder E. Fleischhack, Fegfeuer 8: „Jede Sünde heischt nicht nur Ver-

gebung, sondern auch eine Strafe." – Der theologische Fachausdruck war *reatus poenae*. Er meinte exakt das, was an Sündenfolgen nach der Vergebung der Schuld *(reatus culpae)* noch im Menschen war und der Aufarbeitung bedurfte. So jedenfalls die Deutung Karl Rahners. Vgl. K. Vechtel, Eschatologie und Freiheit 116–117.

[188] Leider geistert der missverständliche Begriff „Sündenstrafe" noch immer durch die kirchliche Unterweisung. Allerdings erklärt der „Katechismus der katholischen Kirche" (1993) den Begriff richtig: Die Sündenstrafen „dürfen nicht als eine Art Rache verstanden werden, die Gott von außen her ausüben würde, sondern als etwas, das sich aus der Natur der Sünde ergibt" (1472).

[189] Vgl. Katechismus der Katholischen Kirche (1993) Nr. 1030–1032. Allerdings bleibt er bei dem missverständlichen Begriff der „Sündenstrafe". Vgl. Nr. 1471–1473.

[190] Formulierung von L. Boros, mysterium mortis 144.

[191] Vgl. G. Bätzing, Kirche im Werden 21.

[192] Vgl. jetzt die gründliche Arbeit von H. Stettler, Heiligung bei Paulus. Stettler unterscheidet im neutestamentlichen Begriff der Heiligung mit Recht zwischen ihrem passiven und ihrem aktiven Aspekt, zwischen Indikativ und Imperativ. Siehe vor allem 42–44, 638–640.

[193] Vgl. L. Boros, mysterium mortis. – Boros stand mit seiner von ihm selbst so genannten „Endentscheidungshypothese" nicht allein. Vgl. G. Greshake, Bemerkungen zur Endentscheidungshypothese 121.

[194] Vgl. L. Boros, mysterium mortis 9.

[195] Ebd. 108–109.

[196] Ebd. 108.

[197] Vgl. hierzu auch G. Greshake, Bemerkungen zur Endentscheidungshypothese 129; ferner G. Bätzing, Kirche im Werden 103–107.

[198] L. Boros, mysterium mortis 108.

[199] Unter dieser Vorbedingung könnte auch für die protestantische Theologie die Lehre vom *purgatorium* denkbar sein. Vgl. G. Wenz, Evangelische Gedanken zum Fegfeuer 27: „Wem Jesus Christus eschatologisch mit vorbehaltlosem Entgegenkommen begegnet, dem gehen die Augen auf nicht nur in Bezug auf alles Gute, das ihm zu seinen irdischen Lebzeiten geschenkt wurde und an dem er mitwirken durfte, sondern dem wird auch schmerzlich bewusst, wie oft er gefehlt hat und die nötigen Werke der Liebe schuldig geblieben ist. Man kann diesen Bewusstwerdungsprozess als Vorgang einer Reinigung denken."

[200] Diese Dimension aufzuzeigen, ist die Zielsetzung der Monographie von G. Bätzing, Kirche im Werden.

[201] Vgl. M. Schulze, Ist die Hölle menschenmöglich? 171: „Bei den Hauptvertretern zeitgenössischer Dogmatik ist das Wort ‚Strafe' zur Kennzeichnung dessen, was Hölle zur Hölle macht, fallengelassen worden."

[202] Vgl. etwa Ps 28,4; 31,24; 58,11; 69,28; 91,8; 94,1–2.

[203] Vgl. zum Folgenden R. LUX, Moses Schwanengesang 102–111.
[204] F.-L. HOSSFELD / E. ZENGER, Die Psalmen II. Psalm 51–100 (NEB), Würzburg 2002, 452.
[205] So L. Schwienhorst-Schönberger, Recht und Gewalt im Alten Testament 349.
[206] Vgl. etwa F.-J. Nocke, Eschatologie 140–141; M. Kehl, Und was kommt nach dem Ende? 182–187; K. Vechtel, Eschatologie und Freiheit 247–255.
[207] Zu dieser Auslegung von Mt 25,31–46 vgl. G. Lohfink, Im Ringen um die Vernunft 478–494.
[208] Vgl. J. Ratzinger, Hölle 448: „So darf gesagt werden, dass das Dogma von der H. primär dem Menschen nicht informativ etwas *vom* Jenseits, sondern kerygmatisch etwas *für* sein jetziges Leben, ihn jetzt u. hier Betreffendes sagt."
[209] So mit Recht G. Greshake, Stärker als der Tod 81.
[210] Deshalb ist zum Beispiel die Aussage des Augustinus in De civitate Dei XXI 12, die Zahl der Verdammten, die Vergeltung erführen, sei viel größer als die Zahl der in Gnade Erlösten, unverantwortlich und ein theologischer Sündenfall. Augustinus macht aus performativen *informative* Texte.
[211] „Von sekundären Entscheidungen überdeckt": J. Ratzinger, Eschatologie 175.
[212] Vgl. R. Guardini, Die letzten Dinge 27–36. Guardini spricht hier freilich nicht von „Grundentscheidung", sondern von „Gesinnung". Der Begriff der „Grundentscheidung" *(optio fundamentalis)* ist durch Arbeiten von J. Maritain, K. Rahner, J. B. Metz, H. Mühlen, J. Spindelböck u. a. in der theologischen Ethik und nicht nur in ihr längst etabliert. Der Begriff markiert einen immensen Fortschritt in der Theologie: Die sittliche Verfasstheit eines Menschen besteht eben nicht nur in einzelnen Handlungen, sondern in einer Ausrichtung der ganzen Existenz, die tiefer liegt.
[213] K. Rahner spricht von der „realen Möglichkeit" des „absoluten Widerspruchs" gegen das „letzte Woraufhin" des Menschen (Grundkurs des Glaubens 106–107) und zugleich von der „Verhülltheit" dieser Grundentscheidung (ebd. 108).
[214] Vgl. etwa das Buch des Literaturwissenschaftlers P.-A. Alt, Ästhetik des Bösen, dort vor allem 482–511.
[215] Entweder in der Form „Auferstehung der Toten" (vgl. etwa Mt 22,31; Apg 17,32; 23,6; 24,21; 26,23; Röm 1,4; 1 Kor 15,12.13.21.42; Hebr 6,2) oder „Auferstehung aus den Toten" (vgl. Lk 20,35; Apg 4,2; 1 Petr 1,3).
[216] „Großes Glaubensbekenntnis" ist der üblich gewordene Ausdruck für das sogenannte Nicäno-Konstantinopolitanische Bekenntnis.
[217] Vgl. J. N. D. Kelly, Altchristliche Glaubensbekenntnisse 294.
[218] Vgl. die Texte der entsprechenden Bekenntnisse bei J. N. D. Kelly, Altchristliche Glaubensbekenntnisse 43–44, 51, 89, 92, 95, 105–106, 117, 172–178, 183, 186, 188, 262, 394–395.

[219] Ich gebe den griechischen Text in wörtlicher Übersetzung wieder. Die Begriffe „katholisch", „Gemeinschaft der Heiligen" und „das ewige Leben" stammen aus einer etwas späteren Zeit, sind aber ebenfalls alt (belegt seit dem Ende des 4. Jahrhunderts).

[220] „Katholisch" hat hier noch nicht die spätere konfessionelle Bedeutung. Es bedeutet „allumfassend" und meint die überall verbreitete universale Kirche.

[221] Vgl. 1 Clem 26,3; 2 Clem 9,1; Irenäus, Gegen die Häresien I 22,1.

[222] Allerdings verabschiedete im Jahre 1970 die Arbeitsgemeinschaft für liturgische Texte der Kirchen des deutschen Sprachgebiets eine ökumenische Übersetzung, die anstelle der „Auferstehung des Fleisches" nun auch im Apostolischen Glaubensbekenntnis (wohl in Anlehnung an das Große Glaubensbekenntnis) von der „Auferstehung der Toten" spricht. Offensichtlich sollte damit den Gläubigen das Verständnis erleichtert werden. Die Entscheidung ist fragwürdig. Inzwischen wurde von der römischen Glaubenskongregation die wörtliche Übersetzung angemahnt.

[223] Origenes, Contra Celsum V 14 (= GCS 2,15).

[224] Vgl. J. N. D. Kelly, Altchristliche Glaubensbekenntnisse 163–165. Schon innerhalb des Neuen Testaments werden solche gnostisierenden Tendenzen bekämpft, so vor allem in den Pastoralbriefen (1 Tim 1,4; 6,20; 2 Tim 2,16–18; Tit 3,9–11), in der Apostelgeschichte (20,27.29) und im 1. Johannesbrief (1,1; 2,4.18–27; 4,1–3).

[225] Vgl. Teil I, 2 in diesem Buch.

[226] So oft bei Homer und anderen antiken Autoren, vgl. etwa die Auftritte der Göttin Athene bei Homer, Odyssee II 267–269.382–385; VI 13–24; VII 19–21; VIII 7–10; XVI 155–163; XX 30–32.

[227] Zum Phänomen der Besessenheit in psychosomatischer und theologischer Sicht vgl. G. Lohfink, Jesus von Nazaret 211–213.

[228] Vgl. R. Schnackenburg, Das Johannesevangelium 241–244.

[229] Es ist bemerkenswert, dass es trotz 1 Kor 15,50 („Fleisch und Blut können das Reich Gottes nicht erben") zu der Rede von der Auferstehung des „Fleisches" gekommen ist. Dabei könnte Ijob 19,26 in der Septuaginta- und Vulgatafassung eine Rolle gespielt haben? An sich sagt der hebräische Text genau das Gegenteil: „Ohne meine Haut, die so zerfetzte, und ohne mein Fleisch werde ich Gott schauen." Die Septuaginta hat die folgende Fassung: „Meine Haut, die solches geduldig ertrug, möge er auferstehen lassen." Die Vulgata liest: „In meinem Fleisch werde ich Gott schauen" *(in carne mea videbo deum).* 1 Clem 26,3 schreibt: „Hiob sagt: Und du wirst auferwecken dieses mein Fleisch, das dies alles erduldet hat." Ins Spiel zu bringen wäre natürlich auch noch Apg 2,26: „Mein Fleisch wird ruhen in Hoffnung" (= Ps 15,9 LXX) und die entsprechende Deutung auf die Auferweckung Jesu in der Petrusrede.

[230] Vgl. etwa 1. Clemensbrief 26,3; Barnabasbrief 5,6; 2. Clemensbrief 9; 14,5; Irenäus, Gegen die Häresien I 22,1; V 2,2; Tatian, Rede an die Griechen 6.

[231] Tertullian, De resurrectione carnis 8,2.
[232] Gen 2,24; Mt 19,5; Mk 10,8; 1 Kor 6,16.
[233] Das Gedicht beginnt mit der Zeile: „Uninteressante Menschen gibt es nicht."
[234] Vgl. G. Scherer, Zukunft und Eschaton 64–65.
[235] H. U. v. Balthasar, Eschatologie im Umriss 433: „Die Taten aller sind ineinander verschlungen."
[236] Der Begriff der „Resistenz" in Diktaturen wurde Ende der 1970er Jahre von Martin Broszat in Anlehnung an den üblichen medizinischen Begriff gebildet. Der Begriff meint die Nicht-Anpassung bestimmter Gruppen der Gesellschaft an die herrschende Ideologie, die innere Opposition, die alltäglichen Widerständigkeiten bzw. den zivilen Ungehorsam dieser Gruppen.
[237] Vgl. in diesem Buch Teil III, 5 („Der Erstgeborene der Toten").
[238] Vgl. dazu ausführlich G. Lohfink, Jesus von Nazaret 410–436.
[239] Zum Begriff der Analogie vgl. die Einleitung zum IV. Teil dieses Buches („Was mit uns geschehen wird").
[240] J. Ratzinger, Eschatologie 151.
[241] J. Ratzinger, Eschatologie 153.
[242] J. Ratzinger hinterfragt für die Eschata, vor allem für das Geschehen der Läuterung, durchaus den Begriff der irdischen Zeit. Er greift dabei auf Augustinus zurück. Vgl. zu seiner Position G. Lohfink, Das Zeitproblem 151. J. Ratzinger schreibt: „Der verwandelnde ‚Augenblick' dieser Begegnung [gemeint ist von J. R. das Geschehen der Läuterung] entzieht sich irdischen Zeitmaßen – er ist nicht ewig, sondern Übergang, aber ihn als ganz kurz oder als lang nach den aus der Physik übernommenen Zeitmaßen qualifizieren zu wollen, wäre gleich naiv und in der Sache durchaus dasselbe. Sein ‚Zeitmaß' liegt in der Tiefe der Abgründe dieser Existenz, die ausgeschritten, umgebrannt werden; solche ‚Existenzzeit' auf Weltzeit zu verrechnen, verkennt das Besondere des menschlichen Geistes in seiner Bezogenheit auf Welt und in seiner Abgehobenheit von ihr." (Eschatologie 183). – J. Ratzinger unterscheidet also durchaus zwischen „Weltzeit" und der nur noch analog fassbaren „Zeit" nach dem Tod. Diese Einsicht ist ernst zu nehmen. Sie hat aber selbstverständlich nicht nur für den Prozess der Läuterung zu gelten, sondern prinzipiell für alle Aussagen über die Existenz jenseits des Todes. Nimmt man das ernst, dann verbieten sich sämtliche Parallelisierungen zwischen jenseitiger „Zeit" und „Weltzeit". Genau genommen ist man dann bei der Vorstellung einer „Auferstehung im Tod" angelangt, denn wenn „Weltzeit" und „Existenzzeit" nicht miteinander „verrechnet" werden können, so ist eben dann, wenn der Mensch die „Weltzeit" hinter sich zurücklässt, die Auferstehung der Toten „schon" erreicht. Vgl. Joseph Ratzingers Einwände gegen mich in „Eschatologie" 97–99 und meine Antwort in G. Lohfink, Das Zeitproblem 148–151.
[243] Es ist also nichts dagegen einzuwenden, wenn auch Vertreter einer „Auferstehung im Tod" formulieren, der im Tod bereits auferstandene Mensch

müsse noch „warten“, bis die Gesamtgeschichte abgelaufen sei, weil eben die im Tod bereits geschehene Auferstehung des Einzelnen den Ablauf der Geschichte zu ihrer Vollendung voraussetze. Nur ist dieses „Warten“ dann eben ein analoger Begriff, den man sich nicht mehr positiv vorstellen kann. Auf keinen Fall setzt er *irdisch*-zeitliche Intervalle voraus. Sonst wäre „Warten“ univok verwendet.

[244] Vgl. etwa J. Feiner / L. Vischer, Neues Glaubensbuch 341–342; F.-J. Nocke, Liebe, Tod und Auferstehung 146–147; ders., Eschatologie zwischen Glaubensüberlieferung und neuer Erfahrung 113–114; U. Lüke, Auferstehung am Jüngsten Tag; E. Moltmann-Wendel / J. Moltmann, Mit allen Sinnen glauben 728; M. Remenyi, Auferstehung denken 77.290. – Vgl. im Übrigen die Listen bei G. Greshake / J. Kremer, Resurrectio 254 Anm. 270 und G. Greshake, Auferstehung im Tod 538 Anm. 4.

[245] Leider werden diese beiden je verschiedenen Denkansätze in dem Diskurs über die „Auferstehung im Tod“ oft nicht beachtet. Gisbert Greshake vertritt den Zugangsweg über die Seele, ich selbst den Zugangsweg über die Zeit. G. Greshake musste sich zu Recht immer wieder dagegen wehren, dass sein Zugangsweg mit dem meinen – bei allen Gemeinsamkeiten – einfach gleichgesetzt wurde. Vgl. vor allem: G. Greshake, Auferstehung im Tod 545–547.

[246] Zum Begriff der Apokalyptik vgl. III, 6 dieses Buches.

[247] Vgl. Jes 65,17; 66,22; Äthiopisches Henochbuch 45,4–5; 72,1; 91,16–17; Buch der Jubiläen 1,29; 4,26; 5,12; 19,25; Syrische Baruchapokalypse 31,5–32,6; 44,12; 57,2; 4 Esra 7,75.

[248] J. Ratzinger, Einführung in das Christentum 266. Zum Zueinander von Welt und Mensch vgl. dort 264–268.

[249] Die lange gebräuchliche 1. Version der Einheitsübersetzung sagte: „und ihr ganzes Gefüge“. Jedenfalls geht es nicht um etwas, das nachträglich noch hinzugeschaffen wird, sondern um eine Charakterisierung des bereits Geschaffenen.

[250] Das Böse ist dann gerichtet und vernichtet: Ps 146,9; 147,6; 149,5–9.

[251] Vgl. etwa Jes 13,9–13; 24,18–23; Jer 4,23–28; 23,10; Ez 32,6–8; Hos 2,14; 4,1–3; Am 8,9. Wenn an diesen Stellen Gott als Verursacher genannt wird, so ist das abgekürzte Redeweise. Die eigentliche Ursache ist die menschliche Sünde, die nicht ohne Antwort bleiben kann.

[252] Gemeint ist wohl die soziale Oberschicht.

[253] H. Wildberger, Jesaja. 2. Teilband (BKAT X/2), Neukirchen-Vluyn 1878, 921.

[254] Paulus meint hier mit *ktisis* (Schöpfung) vor allem die außermenschliche Kreatur, denn er bezieht sich in 8,20 auf den Fluch über die Schöpfung in Gen 3,17–18. Allerdings darf man keine zu scharfen Grenzen ziehen. Auch die außerchristliche Menschheit könnte miteingeschlossen sein. Vgl. zu dem ganzen Problem die gut begründete und abgewogene Position von E. Käsemann, An die Römer (HNT 8a), Tübingen (Mohr) 1973, 222–225.

[255] Vgl. 1 Kor 11,7; 15,49; 2 Kor 3,18; 4,4; Kol 3,10. Siehe auch H. Kleinknecht in ThWNT II 386.

[256] Hier und an anderen Stellen der neutestamtlichen Briefliteratur Hymnen und Lieder zu rekonstruieren, ist zwar der Exegeten höchste Lust, kann aber nur scheitern. Wir haben in Kol 1,15–20 (und schon vorher in 1,12–14) zwar eine gehobene Sprache, die relative Anschlüsse und präpositionale Wendungen zu langen Ketten aneinanderreiht, aber gerade das ist typisch für feierlichen *Gebetsstil*. Die sprachliche Form ist nicht die eines Liedes, das die Gemeinde singt, sondern die des Hochgebetes, das der Vorsteher im Gottesdienst spricht. Diese Gebete wurden frei formuliert, und die sie sprachen, mussten sich dabei vorgeprägter Wendungen und traditioneller Formulierungen bedienen, die sie mehr oder weniger geschickt aufeinander folgen ließen. Vgl. zum Ganzen M. Reiser, Sprache und literarische Formen des Neuen Testaments 173–178. Aus eben diesem Grund habe ich den Text auch nicht in Sinnzeilen gesetzt, sondern durchlaufend gedruckt – durchlaufend, wie eben im Gottesdienst gebetet wurde.

[257] Zur Geschichte der Auslegung von Kol 1,15–20 vgl. den Überblick von P. Stuhlmacher, Biblische Theologie des Neuen Testaments Bd. 2, 4–14. Stuhlmacher wendet sich mit Recht gegen eine Bearbeitung des vorgegebenen Textes. – M. E. handelt es sich aber überhaupt nicht um einen Gemeinde-Hymnus, sondern um freien Gebetsstil in gehobener Sprache. Die Vorsteher der gemeindlichen Gottesdienste sprachen in diesem Gebetsstil, und der Verfasser des Kolosserbriefs beherrschte diesen Stil meisterhaft.

[258] Vor allem in Anlehnung an Spr 8,22–31.

[259] K. Rahner versucht in seiner Schrift „Zur Theologie des Todes“ zu zeigen, dass schon der Tod selbst zu einer tieferen Einheit zwischen Mensch und Kosmos führt: „Wird im Tod die Seele des Menschen schlechthin weltjenseitig, oder gerät sie gerade darum in eine größere Nähe und innerlichere Bezogenheit zu jenem schwer fasslichen, aber doch sehr realen Grund der Einheit der Welt, in dem alle Dinge der Welt zusammengebunden sind?“ (19–26, dort 20).

[260] Formuliert im Anschluss an E. Moltmann-Wendel / J. Moltmann, Mit allen Sinnen glauben 725.

[261] Matthias Claudius, Abendlied („Der Mond ist aufgegangen“), Ende der 1. Strophe.

[262] Das zeigt sich zum Beispiel darin, dass völlig abstrakte Gemälde oft verblüffend und ohne dass es gewollt war, mikroskopischen Wiedergaben der molekularen Welt gleichen.

[263] Vgl. zu dem Thema „Einholung der Schöpfung“ vor allem die Überlegungen von M. Kehl, Eschatologie 240–244.

[264] B. Weissmahr, Kann Gott die Auferstehung Jesu durch innerweltliche Kräfte bewirkt haben? 458.

[265] J. Ratzinger, Eschatologie 154–155.

[266] Vgl. H. U. von Balthasar, Eschatologie im Umriss 410.
[267] Was dann noch kommt, ist lediglich die Schlussbezeugung für das gesamte Buch 22,6–21.
[268] Vgl. Jes 2,1–5; 18,7; 25,8; 66,22 und vor allem Kapitel 60.
[269] Vgl. Ez 47,1–12, dort vor allem Vers 12.
[270] Sicher ist: Es gibt die Hauptstraße, es gibt den Strom, es gibt Baumreihen. Wie genau das alles einander zugeordnet ist, bleibt im Text unklar.
[271] Vgl. vor allem Gen 2,10–14; Ex 6,7; Lev 26,11–12; Tob 13,17; Jes 24,23; 25,8; 43,19; 54,11–12; 60,1–11.19; 61,10; 65,17; 66,22; Ez 47,12; Sach 14,8.
[272] Dazu ausführlicher: G. Lohfink, Jesus und die Kirche 28–30.
[273] Vgl. zum Folgenden vor allem D. Georgi, Die Visionen vom himmlischen Jerusalem.
[274] Vgl. M. Riedel, Art. Bürgerliche Gesellschaft, in: O. Brunner u. a. (Hrsg.), Historisches Lexikon zur politisch-sozialen Sprache in Deutschland Bd. 2, Stuttgart 1975, 718–800.
[275] D. Georgi, Die Visionen vom himmlischen Jerusalem 365.
[276] Zu den Schätzen der Nationen in Jes 60 vgl. M. P. Maier, Völkerwallfahrt 451–458.
[277] Leider hat die Einheitsübersetzung (und auch die revidierte EÜ) an dieser Stelle die Lesart mit dem Singular gewählt. Die älteren Handschriften haben hier aber den Plural. Der Singular erklärt sich leicht aus der Reminiszenz an die alttestamentliche Bundesformel.
[278] Damit findet das am Ende von Teil IV, 8 Gesagte erneut seine biblische Bestätigung.
[279] Zum Verhältnis Natur / Gesellschaft in Offb 21 u. 22 vgl. G. Lohfink, Senfkorn und Weltenbaum 122–123.
[280] Vgl. D. Georgi, Die Visionen vom himmlischen Jerusalem 354 Anm. 14.
[281] Vgl. G. Lohfink / L. Weimer, Maria – nicht ohne Israel 231–237.
[282] G. W. F. Hegel in der „Vorrede" zu seiner „Phänomenologie des Geistes", Bamberg / Würzburg 1807.
[283] „Dabei schließen sich die Bildhaftigkeit der Metapher und die Schärfe des Begriffs keineswegs aus, sondern ergänzen sich gegenseitig" (M. Remenyi, Hoffnung, Tod und Auferstehung 88–89).
[284] Allerdings war es lange noch die Ortszeit der betreffenden Stadt.
[285] Die Formulierungen in diesem Absatz stammen aus dem Buch des Mathematikers W. Kinnebrock, „Was macht die Zeit, wenn sie vergeht?" Für die (von mir nicht eigens gekennzeichneten) Formulierungen vgl. dort die Seiten 12, 20, 21, 22, 57, 79, 97, 122, 130 und 155.
[286] Ich hatte 1975 in meinem Beitrag „Zur Möglichkeit christlicher Naherwartung" anhand des mittelalterlichen *aevum*-Begriffs die Eigenart „jenseitiger Zeit" zu denken versucht. Davon nehme ich im Folgenden nichts zurück, auch wenn dieser Versuch einigen Theologen missliebig war. Sie haben sich daran gestoßen, dass die mittelalterliche Theologie diesen Begriff im Zusam-

menhang mit der Lehre von den *Engeln* diskutiert hat. Ich finde daran nichts Anstößiges. Weil die Engel nicht in „irdischer“ Zeit leben, aber eben doch geschaffen sind, waren sie für mittelalterliche Theologen eben das Experimentierfeld, auf dem sie über etwas für sie Wichtiges nachdenken konnten: wie denn eine Existenzform aussehe, die weder der irdisch-zerspannten Zeit noch der Ewigkeit Gottes angehöre. Selbstverständlich gingen sie dabei von der menschlichen Zeiterfahrung aus.

[287] M. Remenyi, Auferstehung denken 521.

[288] Die Argumentation, Jesus sei doch auch erst am dritten Tag von den Toten auferstanden, es müsse also eine „zeitliche“ Distanz zwischen Tod und Auferstehung geben, wird den neutestamentlichen Aussagen in keiner Weise gerecht. Jesus ist nicht am dritten Tag auferstanden, sondern seine Auferstehung *manifestierte* sich – so erzählen es jedenfalls die Grabeserzählungen der Evangelien – am dritten Tag. Das ist etwas völlig anderes. Vgl. G. Lohfink, Das Zeitproblem 139–141.

[289] L. Boros, Der neue Himmel und die neue Erde, in: V. Schurr / B. Häring (Hrsg.), Christus vor uns (Theologische Brennpunkte 8/9), Bergen-Enkheim 1966,19–27, dort 21.

[290] Der wichtigste von ihnen war Karl Rahner, aber es waren auch protestantische Theologen des 20. Jahrhunderts. Vgl. dazu G. Greshake, Das Verhältnis 113–120. Ferner G. Lohfink, Zur Möglichkeit christlicher Naherwartung 62–64. Schon 1953 schrieb Emil Brunner: „Hier auf Erden gibt es ein Vorher und ein Nachher und einen Zeitabstand, der Jahrhunderte oder gar Jahrtausende umfasst. Aber ‚auf der anderen Seite‘, in der Welt der Auferstehung, in der Ewigkeit gibt es diese auseinandergezogene Zeit, diese Zeit der Vergänglichkeit nicht. Das Todesdatum ist für jeden ein verschiedenes; denn der Todestag gehört zu dieser Welt. Unser Auferstehungstag ist für alle derselbe und ist doch vom Todestag durch kein Intervall von Jahrhunderten getrennt – denn es gibt diese Zeitintervalle nur hier, nicht aber dort, in der Gegenwart Gottes“ (E. Brunner, Das Ewige 167). Einen Überblick über die neueren „Zeit“-Vorstellungen in der Eschatologie bis 1965 gibt O. Betz, Die Eschatologie in der Glaubensunterweisung 51–71.

[291] G. Lohfink, „Zur Möglichkeit christlicher Naherwartung“ in dem mit G. Greshake herausgegebenen Buch „Naherwartung – Auferstehung – Unsterblichkeit“. Die 1. Auflage erschien 1974. Mit einer Reihe von Einwänden gegen unsere Positionen setzen G. Greshake und ich uns in der 3. Auflage (1978) und dann in der 4. und 5. Auflage (1981/1986) auseinander.

[292] Soweit ich sehe, stammt der Begriff „Hinterbliebenen-Perspektive“ von U. Lüke, Auferstehung am Jüngsten Tag 51.

[293] H. U. v. Balthasar, Eschatologie im Umriss 445.

[294] F. Mußner (Implikate) argumentiert folgendermaßen: Wer die Parusie Christi auf die Begegnung mit ihm im Tod beschränke, nehme dem neutestamentlichen Parusiekerygma die „Welthaltigkeit“, nämlich ihren Bezug auf die

Welt- und Menschheitsgeschichte. Die Parusie Jesu besäße dann keinen „Öffentlichkeitscharakter“ mehr. – In dem vorliegenden Buch ist hoffentlich deutlich geworden, dass die Parusie Christi im Tod durch das Wegfallen einer falschen Zeitvorstellung gerade Parusie *vor allen Menschen* ist (und damit vor der Welt) und nicht nur vor dem isoliert Einzelnen. Man muss Mußner vorwerfen: Gerade wenn die Parusie erst am Ende einer linearen Geschichtslinie angesetzt wird, verliert sie jeden Öffentlichkeitscharakter, denn Milliarden Menschen sind dann längst tot und erleben die Parusie gerade nicht als Ereignis in der Geschichte. Sie erleben sie dann als „schon“ Gestorbene – und damit wäre auch F. Mußner bei der hier vertretenen Position angelangt.

[295] Es lohnt sich in diesem Zusammenhang einmal darauf zu achten, wie zurückhaltend und vorsichtig J. Ratzinger in seiner „Eschatologie“ (161–164.188) über die Parusie Christi spricht. Er entfaltet sein Reden über die Parusie Christi von der Liturgie her. Zugleich vermeidet er jede Formulierung, die auch nur den Anschein erwecken könnte, als handle es sich bei der endgültigen Parusie um ein datierbares Geschehen in die raum-zeitliche Welt hinein.

[296] Zu dieser neueren Phase der protestantischen Eschatologie im 20. Jahrhundert ausführlich: G. Greshake, Das Verhältnis 98–113; G. Greshake / J. Kremer, Resurrectio mortuorum 247–251. Vgl. auch Ch. Schwöbel, Art. Auferstehung der Toten. Dogmatisch, in: RGG^4 Bd. 1, Tübingen 1998, 919–921, dort 920: „Für die evangelische Theologie des 20. Jahrhunderts steht weithin das Bekenntnis zur Auferstehung der Toten ‚in ausschließendem Gegensatze‘ […] zur Vorstellung der Unsterblichkeit der Seele. Dem entspricht ein Verständnis des Todes als Tod des ganzen Menschen und nicht als Trennung der Seele vom Leib, so dass die Auferstehung als Neuschöpfung und nicht als Verbindung der Seele mit einer neuen Leiblichkeit verstanden werden muss.“

[297] Vgl. W. Christe, „Unsterblichkeit der Seele“, und U. Swarat, Jenseits des Todes. Außerdem die Angaben bei K. Vechtel, Eschatologie und Freiheit 95 Anm. 48.

[298] So auch G. Greshake / J. Kremer, Resurrectio mortuorum 269–270: „Soll aber Auferstehung den einzelnen in seiner unverwechselbaren Identität betreffen und nicht die Neuschaffung eines anderen sein, so muss es ein Prinzip geben, das irdisches und postmortales Sein miteinander verbindet, ein Prinzip, das in der abendländischen Tradition Seele heißt.“ – Vgl. gegen die Ganztodthese auch M. Remenyi, Auferstehung denken 161–162.

[299] Kritisch zum „Gedächtnis Gottes“ in diesem Zusammenhang auch Johanna Rahner, Einführung in die christliche Eschatologie 186–187.

[300] Am ausführlichsten und klarsten hat Gisbert Greshake diese Zusammenhänge reflektiert. Vgl. vor allem G. Greshake, Auferstehung der Toten 384–393; ders., Stärker als der Tod 63–72; ders., Tod und Auferstehung 116–120; ders., Das Verhältnis 280–120; ders. (zusammen mit Jacob Kremer),

Resurrectio mortuorum 255–276; ders., Auferstehung im Tod; ders., Auferstehung der Toten. Auferstehung des Fleisches 1204–1205.

[301] In dieser Form ist das selbstverständlich noch unzulänglich und vordergründig formuliert. Mehr ist im Rahmen dieses Buch aber nicht möglich. Ich verweise auf die in der vorangegangenen Anmerkung genannten Veröffentlichungen von Gisbert Greshake und jetzt auch auf die eingehenden Darstellungen von M. Remenyi zur Sache in seiner profunden Arbeit „Auferstehung denken".

[302] Selbstverständlich ist dieses „dann" nicht *irdisch*-zeitlich gemeint. Deshalb steht es in Anführungszeichen.

[303] J. Ratzinger, Einführung in das Christentum 296: „Eine geistige Seele haben heißt: ein Wesen sein, das von Gott auf ewigen Dialog hin gerufen und darum seinerseits fähig ist, Gott zu erkennen und ihm zu antworten."

[304] WA 43,481. Zitiert nach U. Swarat, Jenseits des Todes 33–34.

[305] Es ist hier ähnlich wie in der Schöpfungslehre: Das Wissen um die Evolution hat die Kirche gezwungen, ihre Vorstellung von der Schöpfung neu zu durchdenken. Dabei ist nichts vom biblischen Schöpfungsglauben verlorengegangen.

[306] Genau darum ging es erstmals in meinem Beitrag von 1974 „Zur Möglichkeit christlicher Naherwartung".

[307] Zu dem Sprechen in komplementären eschatologischen Modellen vgl. G. Lohfink, Das Zeitproblem 151–155. Auch J. Ratzinger spricht bezüglich der Eschatologie von Begriffs- bzw. Bildreihen, die sich gegenseitig korrigieren müssen (Auferstehung und ewiges Leben 282).

[308] Die Frage der Taufe kann aus den hier zu entfaltenden Szenarien völlig ausgeklammert bleiben. Natürlich ist die Taufe wichtig, richtig verstanden sogar heilsnotwendig – nämlich in dem Sinn, wie Christus und die Kirche heilsnotwendig sind. Aber das ändert nichts an der Problematik, um die es hier geht. Auch ein rechtzeitig getaufter Säugling ist durch die Taufe noch nicht zu einer Person geworden, die in Freiheit entscheiden könnte. Auch das getaufte Kind lebt von der Teilhabe. Genau um die aber geht es hier. – Analoges gilt für die Lehre der Kirche von der Erschaffung jeder einzelnen Menschenseele. „Gemeint ist [damit] nicht ein Intervenieren Gottes in einen konstanten Naturablauf, sondern die mit der Komplexität der Materie gegebene Disposition auf eine Selbsttranszendenz, Selbsthabe und offene Weltbezüglichkeit, wie sie jedem Menschen kraft seines Wesens zukommt und damit seine Personalität ausmacht" (G. L. Müller, Katholische Dogmatik 120). Damit bleibt die Problematik, um die es hier geht: Was ist mit einem Embryo, das zwar grundsätzlich Person ist, dessen Personalität aber noch in keiner Weise entfaltet ist?

[309] Vgl. das Referat des Paläoanthropologen J. Francis Thackeray, Der Mensch ist schwer zu greifen: FAZ vom 23.11.2016, Seite N 2.

[310] Vgl. U. Lüke, Das Säugetier von Gottes Gnaden 176–177.

[311] Ebd. 178–179.

[312] C. S. Lewis, Die große Scheidung. Oder zwischen Himmel und Hölle, Leipzig (St. Benno-Verlag) o. J. 15.
[313] Vgl. zum Folgenden R. Sörries, Ruhe sanft 34–35.
[314] Vgl. außer den im Folgenden aufgezählten Texten auch Röm 8,29; Eph 2,5–6; Phil 3,10–11; Kol 3,1.4.
[315] Vgl. J. Gnilka, Der Philipperbrief (HThK X 3), Freiburg i. Br. 1968, 207.
[316] Text in Anlehnung an Elke Bodderas, Wie Tiere um ihre Toten trauern: https://www.welt.de/wissenschaft/article11901494/Wie-Tiere-um-ihre-Toten-trauern.html?wtrid=socialmedia.email.sharebutton.
[317] Gründlich und umfassend wurde der ekklesiale Aspekt der Läuterung im Tod von G. Bätzing, Kirche im Werden, herausgearbeitet.
[318] Vgl. 2 Makk 12,42.44.
[319] Vgl. G. Bätzing, Kirche im Werden 18–20.
[320] Die Formulierung schafft Platz für alle, die Christus nicht gekannt haben, die aber die Wahrheit gesucht und das Gute getan haben (siehe Teil IV, 5 in diesem Buch). Auch für sie betet die Kirche.
[321] J. Ratzinger, Eschatologie 151.
[322] Was hier und in den nächsten Abschnitten „Folge" der Sünde genannt wird, wurde früher in der kirchlichen Tradition oft unter dem Stichwort „Sündenstrafe" behandelt. Für das richtige Verständnis des Begriffs „Sündenstrafe" vgl. G. Greshake, Erlöst in einer unerlösten Welt? 72–76.
[323] Friedrich Schiller, Wallenstein. Die Piccolomini V 1: „Das eben ist der Fluch der bösen Tat, // Dass sie, fortzeugend, immer Böses muss gebären."
[324] Friedhöfe außerhalb des Kirchenbereichs galten als heidnisch.
[325] Ausführlich dazu R. Sörries, Ruhe sanft 33–36.
[326] Das Flugblatt „Bußfertige Beschreibung" ist abgebildet bei W. Brückner, Die Sprache christlicher Bilder 182. Ich habe für das Folgende dankbar auf dieses informative Buch zurückgegriffen. Das Flugblatt stammt aus den reichen Beständen des Germanischen Nationalmuseums in Nürnberg. Außerdem danke ich Professor Dr. Wolfgang Brückner für zahlreiche mündliche Hinweise.
[327] W. Brückner, Katechetische Bilder 386.
[328] W. Brückner, Die Sprache christlicher Bilder 204–205.
[329] B. Grom, Der „gute Tod" 2.
[330] Broschüre des Bundesjustizministeriums zur Patientenverfügung S. 36. http://www.bmj.bund.de/Publikationen/Patientenverfügung_oe.html.
[331] Vgl. für das Folgende G. Maio, Eine neue Kultur des Sterbens 7–10.
[332] Vgl. Die deutschen Bischöfe. Schwerstkranken und Sterbenden beistehen 16–17.
[333] Vgl. dazu G. Greshake, Auferstehung im Tod 552.
[334] Katholischer Katechismus für das Bistum Limburg Nr. 8.
[335] Vgl. „Das Leben der heiligen Theresia von Jesu", übers. von A. Alkofer

(Sämtliche Schriften der hl. Theresia von Jesu Bd. 1), München (Kösel) [2]1952, 33.

[336] Boethius, De consolatione philosophiae V, 6, 4.

[337] Vgl. J. Ratzinger, Ewigkeit 1269.

[338] Vgl. etwa den Zusammenhang Joh 17,5.22.24.26.

[339] Vgl. zum Beispiel das Schlussgebet vom 28. Sonntag im Jahreskreis: „Gib uns [durch dieses Sakrament] Anteil an deiner göttlichen Natur." Ähnliche Formulierungen auch in anderen Schlussgebeten.

[340] Einen knappen, aber präzisen Überblick über die johanneische Eschatologie gibt J. Beutler, Die Stunde Jesu. J. Beutler rechnet, im Gegensatz zur folgenden Anmerkung, allerdings nicht mit späteren Zusätzen, welche die übliche Eschatologie hervorheben.

[341] Die johanneische Transformation der futurischen Eschatologie war derart radikal, dass sie sofort Anstoß erregt hat. In Joh 5,28–29 gibt es eine Überarbeitung noch vor der Edition des Evangeliums, die den Text so erweitert hat, dass die klassische Eschatologie hinzugesetzt wurde – meines Erachtens nicht, um die radikale Gegenwartseschatologie des Evangelisten zu bestreiten, sondern um daran zu erinnern, dass mit diesem Text die übliche futurische Eschatologie keineswegs eliminiert war. Schaut man sich die Verse 24–30 genauer an, sieht man, dass der Gedankengang unterbrochen ist: Die Vollmacht des Sohnes, mit seinem Verkündigungswort Gericht zu halten (Vers 27), wird in Vers 30 weiter ausgeführt und genauer erklärt. Und die Verse 28–29 sind eine Rückverwandlung von Vers 25 ins Futur. Vers 25 spricht von der Gegenwart, man beachte das „jetzt". Die Verse 28–29 hingegen sprechen vom Ende der Welt – irgendwann.

[342] *Maranatha* – bezeugt als Gemeinderuf in 1 Kor 16,22 und Didache 10,6 – kann entweder verstanden werden als *marana tha* (Unser Herr, komm!) oder *maran atha* (Unser Herr ist gekommen). Wegen Offb 22,20 („Komm, Herr Jesus!") liegt *marana tha* näher. Vgl. die schöne Auslegung von J. Ratzinger, Jesus von Nazareth. 2. Teil, Freiburg i. Br. (Herder) 2011, 313–317.

[343] G. Bätzing, Kirche im Werden 93.

[344] Allerdings ist diese Aussage zusammenzubringen mit dem, was in IV, 12 über die umsonst geschenkte Teilhabe an der Lebensfülle Gottes gesagt wurde.

[345] G. Greshake, Auferstehung der Toten 394–395.

[346] Ich habe im Vorhergehenden von der sakramentalen Existenz des Christen gesprochen. Das dabei Gesagte gilt aber auf seine Weise von jedem Menschen. Denn alle Menschen leben, bewusst oder nicht bewusst, in Relation zu dem, was mit Christus in die Welt gekommen ist. Die Theologie spricht in diesem Zusammenhang vom *votum ecclesiae.*

[347] Die Wendung *sub specie aeternitatis* stammt von Spinoza. Vgl. sein philosophisches Hauptwerk „Ethica more geometrico demonstrata" Teil 5, Lehrsatz 29 ff.

Literaturverzeichnis

Alle Abkürzungen erfolgen nach S. M. Schwertner, Theologische Realenzyklopädie (TRE). Abkürzungsverzeichnis, Berlin / New York ^{2}1994.

ALT, PETER-ANDRÉ, Ästhetik des Bösen, München (C. H. Beck) 2010.

ASSMANN, JAN, Der Tod als Thema der Kulturtheorie. Todesbilder und Totenriten im Alten Ägypten (edition suhrkamp 2157), Frankfurt a. M. 2000.

ASSMANN, JAN, Ma'at. Gerechtigkeit und Unsterblichkeit im Alten Ägypten, München (C. H. Beck) 1990.

ASSMANN, JAN, Tod und Jenseits im Alten Ägypten, München (C. H. Beck) ^{2}2010.

BÄTZING, GEORG, Kirche im Werden. Ekklesiologische Aspekte des Läuterungsgedankens (TThSt 56), Trier (Paulinus Verlag) 1996.

BALTHASAR, HANS URS VON, Eschatologie, in: Feiner, Johannes / Trütsch, Josef / Böckle, Franz (Hrsg.), Fragen der Theologie heute, Einsiedeln (Benziger Verlag) 1957, 403–421.

BALTHASAR, HANS URS VON, Eschatologie im Umriss, in: ders., Pneuma und Institution. Skizzen zur Theologie IV, Einsiedeln (Johannes Verlag) 1974, 410–455.

BALTHASAR, HANS URS VON, Gericht: IKaZ 9 (1980) 227–235.

BARBIERO, GIANNI, Das Rätsel von Psalm 49: VT.S 133 (2010) 41–56.

BARTH, CHRISTOPH, Die Errettung vom Tode in den individuellen Klage- und Dankliedern des Alten Testamentes. Zollikon (Evangelischer Verlag) 1947.

BERGER, KLAUS, Die Auferstehung des Propheten und die Erhöhung des Menschensohnes. Traditionsgeschichtliche Untersuchungen zur Deutung des Geschickes Jesu in frühchristlichen Texten (StUNT 13), Göttingen (Vandenhoeck & Ruprecht) 1976.

BERLEJUNG, ANGELIKA / JANOWSKI, BERND (Hrsg.), Tod und Jenseits im alten Israel und in seiner Umwelt. Theologische, religionsgeschichtliche, archäologische und ikonographische Aspekte (FAT 64), Tübingen (Mohr / Siebeck) 2009.

BETZ, OTTO, Die Eschatologie in der Glaubensunterweisung, Würzburg (Echter) 1965.

BEUTLER, JOHANNES, Die Stunde Jesu im Johannesevangelium: BiKi 52 (1997) 25–27.

BIEBERSTEIN, KLAUS, Jenseits der Todesschwelle. Die Entstehung der Auferstehungshoffnungen in der alttestamentlich-frühjüdischen Literatur, in: Berlejung, Angelika / Janowski, Bernd (Hrsg.), Tod und Jenseits im alten Israel und in seiner Umwelt. Theologische, religionsgeschichtliche, archäologische und ikonographische Aspekte (FAT 64), Tübingen (Mohr / Siebeck) 2009, 423–446.

Boros, Ladislaus, Mysterium mortis. Der Mensch in der letzten Entscheidung, Olten / Freiburg i. Br. (Walter Verlag) ^{4}1964.

Brandt, Wilhelm, Das Schicksal der Seele nach dem Tode. Nach mandäischen und parsischen Vorstellungen (Libelli 152), Darmstadt (Wissenschaftliche Buchgesellschaft) 1967.

Brückner, Wolfgang, Die Sprache christlicher Bilder (Kulturgeschichtliche Spaziergänge im Germanischen Nationalmuseum Bd. 12), Nürnberg (Verlag des Germanischen Nationalmuseums) 2010.

Brückner, Wolfgang, Katechetische Bilder vom guten Tod in nachmittelalterlicher Zeit aus Süddeutschland. Vom Wissen um Bildtraditionen, in: ders., Gesammelte Schriften Bd. XIV (Nachträge 2), Würzburg 2010, 385–412.

Brunner, Emil, Das Ewige als Zukunft und Gegenwart (Siebenstern-Taschenbuch 32), München 1965.

Buber, Martin, Ich und Du, Gütersloh (Lambert Schneider / Gütersloher Verlagshaus) ^{15}2010.

Christe, Wilhelm, „Unsterblichkeit der Seele“. Versuch einer evangelisch-theologischen Rehabilitierung: NZSTh 54 (2012) 262–284.

Czopf, Tamás, Neues Volk Gottes? Zur Geschichte und Problematik eines Begriffs (MThSt II 78), St. Ottilien (Eos) 2016.

Die deutschen Bischöfe, Schwerstkranken und Sterbenden beistehen. 20. Februar 1991. Menschenwürdig sterben und christlich sterben. 20. November 1978, hrsg. vom Sekretariat der Deutschen Bischofskonferenz, Bonn.

Feiner, Johannes / Vischer, Lukas (Hrsg.), Neues Glaubensbuch. Der gemeinsame christliche Glaube, Freiburg i. Br. (Herder) ^{14}1978.

Fischer, Alexander Achilles, Tod und Jenseits im Alten Orient und im Alten Testament, Neukirchen-Vluyn (Neukirchener Verlag) 2005.

Fleischhack, Erich, Fegfeuer. Die christlichen Vorstellungen vom Geschick der Verstorbenen geschichtlich dargestellt, Tübingen (Katzmann Verlag) 1969.

Frühauf, Martin / Bertsch, Ludwig (Hrsg.), Humanes Heilen, inhumanes Sterben? (Sankt Georgener Hochschulschriften 2), Frankfurt a. M. (Verlag Josef Knecht) 1999.

Fuchs, Ottmar, Das jüngste Gericht. Hoffnung auf Gerechtigkeit, Regensburg (Pustet) ^{2}2009.

Fuchs, Thomas / Kruse, Andreas / Schwarzkopf, Grit (Hrsg.), Menschenbild und Menschenwürde am Ende des Lebens (Schriften des Marsilius-Kollegs 2), Heidelberg (Universitätsverlag Winter) 2010.

GEHRING, PETRA, Theorien des Todes. Zur Einführung, Hamburg (Junius Verlag) 2010.

GEORGI, DIETER, Die Visionen vom himmlischen Jerusalem in Apk 21 und 22, in: Lührmann, Dieter / Strecker, Georg (Hrsg.), Kirche. FS für Günther Bornkamm zum 75. Geburtstag, Tübingen (J. C. B. Mohr) 1980, 351–372.

GESE, HARTMUT, Zur biblischen Theologie. Alttestamentliche Vorträge (BEvTh 78), München (Chr. Kaiser) 1977.

GÖRRES, IDA FRIEDERIKE, Der Geopferte. Ein anderer Blick auf John Henry Newman. Hrsg. von Gerl-Falkovitz, Hanna-Barbara, Vallendar / Schönstadt (Patris Verlag) 2004.

GRESHAKE, GISBERT, Auferstehung der Toten. Auferstehung des Fleisches, in: LThK[3] Bd. 1, Freiburg i. Br. (Herder), Sonderausgabe 2006, 1198–1206.

GRESHAKE, GISBERT, Auferstehung der Toten. Ein Beitrag zur gegenwärtigen theologischen Diskussion über die Zukunft der Geschichte (Koin. 10), Essen (Ludgerus-Verlag) 1969.

GRESHAKE, GISBERT, Auferstehung im Tod. Ein „parteiischer" Rückblick auf eine theologische Diskussion: ThPh 73 (1998) 538–557.

GRESHAKE, GISBERT, Bemerkungen zur Endentscheidungshypothese, in: Greshake, Gisbert / Lohfink, Gerhard, Naherwartung – Auferstehung – Unsterblichkeit. Untersuchungen zur christlichen Eschatologie (QD 71), Freiburg i. Br. (Herder) [5]1986, 121–130.

GRESHAKE, GISBERT, Das Verhältnis „Unsterblichkeit der Seele" und „Auferstehung des Leibes" in problemgeschichtlicher Sicht, in: Greshake, Gisbert / Lohfink, Gerhard, Naherwartung – Auferstehung – Unsterblichkeit. Untersuchungen zur christlichen Eschatologie (QD 71), Freiburg i. Br. (Herder) [5]1986, 82–120.

GRESHAKE, GISBERT, Erlöst in einer unerlösten Welt? (Topos-Taschenbücher 170), Mainz (Matthias-Grünewald-Verlag) 1987.

GRESHAKE, GISBERT, Geschenkte Freiheit. Einführung in die Gnadenlehre, Freiburg i. Br. (Herder) 1977.

GRESHAKE, GISBERT, Maria – Ecclesia. Perspektiven einer marianisch grundierten Theologie und Kirchenpraxis, Regensburg (Pustet) 2014.

GRESHAKE, GISBERT, Stärker als der Tod. Zukunft, Tod, Auferstehung, Himmel, Hölle, Fegfeuer (Topos-Taschenbücher 50), Mainz (Grünewald) [5]1980.

GRESHAKE, GISBERT, Tod und Auferstehung, in: Böckle, Franz u. a. (Hrsg.), Enzyklopädische Bibliothek. Teilband 5, Freiburg i. Br. (Herder) 1980, 63–130.

GRESHAKE, GISBERT, Tod – und dann? Ende, Reinkarnation, Auferstehung. Der Streit der Hoffnungen (Herderbücherei 1504), Freiburg i. Br. 1988.

Greshake, Gisbert / Kremer, Jacob, Resurrectio mortuorum. Zum theologischen Verständnis der leiblichen Auferstehung, Darmstadt (Wissenschaftliche Buchgesellschaft) 1986.

Greshake, Gisbert / Lohfink, Gerhard, Naherwartung – Auferstehung – Unsterblichkeit. Untersuchungen zur christlichen Eschatologie (QD 71), Freiburg i. Br. (Herder) ^{5}1986.

Griechische Grabgedichte. Griechisch und deutsch von Peek, Werner (Schriften und Quellen der Alten Welt 7), Berlin (Akademie-Verlag) 1960.

Grom, Bernhard, Der „gute Tod" – früher und heute: Jesuiten. Informationen der Deutschen Provinz der Jesuiten 66 (2015/1) Seite 2.

Gronemeyer, Reimer, Auf dem Weg zur Selbstverwaltung des Sterbens? in: Fuchs, Thomas / Kruse, Andreas / Schwarzkopf, Grit (Hrsg.), Menschenbild und Menschenwürde am Ende des Lebens (Schriften des Marsilius-Kollegs 2), Heidelberg (Universitätsverlag Winter) 2010, 267–279.

Guardini, Romano, Die letzten Dinge. Die christliche Lehre vom Tode, der Läuterung nach dem Tode, Auferstehung, Gericht und Ewigkeit, Würzburg (Werkbund-Verlag) 1949.

Hengel, Martin, Ist der Osterglaube noch zu retten?: ThQ 153 (1973) 252–269.

Janowski, Bernd, Jhwh und die Toten. Zur Geschichte des Todes im Alten Israel, in: Berlejung, Angelika / Janowski, Bernd (Hrsg.), Tod und Jenseits im alten Israel und in seiner Umwelt. Theologische, religionsgeschichtliche, archäologische und ikonographische Aspekte (FAT 64), Tübingen (Mohr / Siebeck) 2009, 447–477.

Kaiser, Otto, Der eine Gott Israels und die Mächte der Welt. Der Weg Gottes im Alten Testament vom Herrn seines Volkes zum Herrn der ganzen Welt (FRLANT 249), Göttingen (Vandenhoeck & Ruprecht) 2013.

Kamlah, Jens, Grab und Begräbnis in Israel / Juda. Materielle Befunde, Jenseitsvorstellungen und die Frage des Totenkultes, in: Berlejung, Angelika / Janowski, Bernd (Hrsg.), Tod und Jenseits im alten Israel und in seiner Umwelt. Theologische, religionsgeschichtliche, archäologische und ikonographische Aspekte (FAT 64), Tübingen (Mohr / Siebeck) 2009, 257–297.

Kasper, Walter, Barmherzigkeit. Grundbegriff des Evangeliums – Schlüssel christlichen Lebens, Freiburg i. Br. (Herder) 2012.

Kasper, Walter / Augustin, George (Hrsg.), Hoffnung auf das ewige Leben. Kraft zum Handeln heute (Theologie im Dialog 15), Freiburg i. Br. (Herder) 2015.

Katechismus der Katholischen Kirche, München (R. Oldenbourg Verlag) 1993.

KATHOLISCHER KATECHISMUS DER BISTÜMER DEUTSCHLANDS, Freiburg i. Br. (Herder) 1955.

KATHOLISCHER KATECHISMUS FÜR DAS BISTUM LIMBURG, Limburg 1936.

KEHL, MEDARD, Eschatologie, Würzburg (Echter) ^{2}1988.

KEHL, MEDARD, Und was kommt nach dem Ende? Von Weltuntergang und Vollendung, Wiedergeburt und Auferstehung (topos taschenbücher 571), Kevelaer ^{2}2008.

KELLERMANN, ULRICH, Auferstanden in den Himmel. 2 Makk 7 und die Auferstehung der Märtyrer (SBS 95), Stuttgart (Verlag Katholisches Bibelwerk) 1979.

KELLY, JOHN NORMAN DAVIDSON, Altchristliche Glaubensbekenntnisse. Geschichte und Theologie, Göttingen (Vandenhoeck & Ruprecht) ^{3}1972.

KESSLER, HANS, Was kommt nach dem Tod? Über Nahtoderfahrungen, Seele, Wiedergeburt, Auferstehung und ewiges Leben, Kevelaer (Butzon & Bercker) ^{2}2014.

KINNEBROCK, WERNER, Was macht die Zeit, wenn sie vergeht? Wie die Wissenschaft die Zeit erklärt, München (C. H. Beck) 2012.

KÖSTER, BARBARA, Der missverstandene Koran. Warum der Islam neu begründet werden muss, Berlin / Tübingen (Verlag Hans Schilder) ^{2}2015.

KRÜGER, ANNETTE, Auf dem Weg „zu den Vätern“. Zur Tradition der alttestamentlichen Sterbenotizen, in: Berlejung, Angelika / Janowski, Bernd (Hrsg.), Tod und Jenseits im alten Israel und in seiner Umwelt. Theologische, religionsgeschichtliche, archäologische und ikonographische Aspekte (FAT 64), Tübingen (Mohr / Siebeck) 2009, 137–150.

KÜNG, HANS, Ewiges Leben? München / Zürich (Piper) ^{2}1982.

LANG, BERNHARD, Der Himmel. Zur Kulturgeschichte des ewigen Lebens: Zeitwende 62 (1991) 209–220.

LANG, BERNHARD, Himmel oder Paradies? Zwei Grundformen der christlichen Jenseitserwartung: rhs. Religionsunterricht an höheren Schulen 36 (1993) 343–354.

LANG, BERNHARD / MCDANNELL, COLLEEN, Der Himmel. Eine Kulturgeschichte des ewigen Lebens, Frankfurt a. M. (Insel-Verlag) 1996.

LEE, YEONG DEOK, Transzendenz, Erleuchtung und Erlösung (Theos 118), Hamburg (Verlag Dr. Kovač) 2014.

LEHMANN, KARL, Was bleibt vom Fegfeuer?: IKaZ 9 (1980) 236–243.

LEPP, IGNACE, Der Tod und seine Geheimnisse, Würzburg (Arena-Verlag) 1967.

LOHFINK, GERHARD, Das Vaterunser neu ausgelegt, Stuttgart (Verlag Katholisches Bibelwerk) ^{2}2013.

LOHFINK, GERHARD, Das Zeitproblem und die Vollendung der Welt, in: Greshake, Gisbert / Lohfink, Gerhard, Naherwartung – Auferstehung –

Unsterblichkeit. Untersuchungen zur christlichen Eschatologie (QD 71), Freiburg i. Br. (Herder) [5]1986, 131–155.

Lohfink, Gerhard, Der Ablauf der Osterereignisse und die Anfänge der Urgemeinde, in: ders., Studien zum Neuen Testament (SBAB 5), Stuttgart (Verlag Katholisches Bibelwerk) 1989, 149–167.

Lohfink, Gerhard, Die Himmelfahrt Jesu. Untersuchungen zu den Himmelfahrts- und Erhöhungstexten bei Lukas (STANT 26), München 1971.

Lohfink, Gerhard, Gegen die Verharmlosung Jesu. Reden über Jesus und die Kirche, Freiburg i. Br. (Herder) 2013.

Lohfink, Gerhard, Im Ringen um die Vernunft. Reden über Israel, die Kirche und die Europäische Aufklärung, Freiburg i. Br. (Herder) 2016.

Lohfink, Gerhard, Jesus und die Kirche, in: Kern, Walter / Pottmeyer, Hermann Josef / Seckler, Max (Hrsg.), Handbuch der Fundamentaltheologie. Bd. 3. Traktat Kirche (UTB 8172), Tübingen / Basel (A. Francke Verlag) [2]2000, 27–64.

Lohfink, Gerhard, Jesus von Nazaret. Was er wollte. Wer er war, Freiburg i. Br. (Herder) [4]2014.

Lohfink, Gerhard, Senfkorn und Weltenbaum (Mk 4,30–32 Parr). Zum Verhältnis von Natur und Gesellschaft bei Jesus, in: Schweizer, Harald (Hrsg.), … Bäume braucht man doch. Das Symbol des Baumes zwischen Hoffnung und Zerstörung, Sigmaringen (Jahn Thorbecke Verlag) 1986, 109–126.

Lohfink, Gerhard, Zur Möglichkeit christlicher Naherwartung, in: Greshake, Gisbert / Lohfink, Gerhard, Naherwartung – Auferstehung – Unsterblichkeit. Untersuchungen zur christlichen Eschatologie (QD 71), Freiburg i. Br. (Herder) [5]1986, 38–81.

Lohfink, Gerhard / Weimer, Ludwig, Maria – nicht ohne Israel. Eine neue Sicht der Lehre von der Unbefleckten Empfängnis, Freiburg i. Br. (Herder) [2]2012.

Lohfink, Norbert, „Ich komme nicht in Zornesglut“ (Hos 11,9). Skizze einer synchronen Leseanweisung für das Hoseabuch, in: Ce Dieu qui vient. Mélanges offerts à Bernhard Renaud (Lectio Divina 159), Paris 1995, 163–190.

Lohfink, Norbert, Im Schatten deiner Flügel. Große Bibeltexte neu erschlossen, Freiburg i. Br. (Herder) 1999.

Lohfink, Norbert, Kohelet (Die Neue Echterbibel), Würzburg 1980.

Lüke, Ulrich, Auferstehung am Jüngsten Tag als Auferstehung im Tod: StZ 123 (1998) 45–54.

Lüke, Ulrich, Auferstehung – Im Tod? Am Jüngsten Tag? in: Kessler, Hans (Hrsg.), Auferstehung der Toten. Ein Hoffnungsentwurf im Blick heutiger Wissenschaften, Darmstadt (Wissenschaftliche Buchgesellschaft) 2004, 234–251.

LÜKE, ULRICH, Das Säugetier von Gottes Gnaden. Evolution, Bewusstsein, Freiheit, Freiburg i. Br. (Herder) [3]2016.

LUX, RÜDIGER, Moses Schwanengesang. Gott und die Gewalt im Alten Testament: Freiburger Rundbrief 17 (2010) 102–111.

MAIER, MICHAEL P., Festbankett oder Henkersmahlzeit? Die zwei Gesichter von Jes 25,6–8: VT 64 (2014) 445–464.

MAIER, MICHAEL P., Völkerwallfahrt im Jesajabuch (BZAW 474), Berlin / Boston (Walter de Gruyter) 2016.

MAIO, GIOVANNI, Eine neue Kultur des Sterbens. Patientenverfügung und aktive Sterbehilfe (Kirche und Gesellschaft Nr. 373), Köln (J. P. Bachem) 2010.

MERKLEIN, HELMUT, Die Auferweckung Jesu und die Anfänge der Christologie: ZNW 72 (1981) 1–26.

METZ, JOHANN BAPTIST, Caro cardo salutis. Zum christlichen Verständnis des Leibes: Hochland 55 (1962/63) 97–107.

MOLTMANN-WENDEL, ELISABETH / MOLTMANN, JÜRGEN, Mit allen Sinnen glauben. Überlegungen zur Auferstehung des Fleisches: StdZ 130 (2005) 723–735.

MÜLLER, GERHARD LUDWIG, Katholische Dogmatik. Für Studium und Praxis der Theologie, Freiburg i. Br. (Herder) [9]2012.

MUSSNER, FRANZ, Implikate der Parusie des Herrn, in: Klauck, Hans-Josef (Hrsg.), Weltgericht und Weltvollendung. Zukunftsbilder im Neuen Testament (QD 150), Freiburg i. Br. (Herder) 1994, 225–231.

NACHTWEI, GERHARD (Hrsg.), Hoffnung auf Vollendung. Zur Eschatologie von Joseph Ratzinger (Ratzinger-Studien 8), Regensburg (Pustet) 2015.

NOCKE, FRANZ-JOSEF, Eschatologie (Leitfaden Theologie 6), Düsseldorf (Patmos) 1982.

NOCKE, FRANZ-JOSEF, Eschatologie zwischen Glaubensüberlieferung und neuer Erfahrung. Vier Beispiele: KatBl 105 (1980) 109–121.

NOCKE, FRANZ-JOSEF, Liebe, Tod und Auferstehung. Über die Mitte des Glaubens, München (Kösel) 1978.

NÖTSCHER, FRIEDRICH, Altorientalischer und alttestamentlicher Auferstehungsglaube. Neudruck durchgesehen und mit einem Nachtrag hrsg. von Josef Scharbert, Darmstadt (Wissenschaftliche Buchgesellschaft) 1970.

NÜTZEL, JOHANNES M., Zum Schicksal der eschatologischen Propheten: BZ 20 (1976) 59–94.

PAPST FRANZISKUS, Der Name Gottes ist Barmherzigkeit. Ein Gespräch mit Andrea Tornielli, München (Kösel) 2016.

PLATON, Phaidon, Griechisch und deutsch. Hrsg. von Dirlmeier, Franz (Tusculum-Bücherei), München (Verlag Ernst Heimeran) [2]1959.

Rahner, Johanna, Einführung in die christliche Eschatologie, Freiburg i. Br. (Herder) ^{2}2016.

Rahner, Karl, Die menschliche Sinnfrage vor dem absoluten Geheimnis Gottes, in: Schriften zur Theologie Bd. XIII, Zürich (Benziger) 1978, 111–128.

Rahner, Karl, Grundkurs des Glaubens. Einführung in den Begriff des Christentums, Freiburg i. Br. (Herder) ^{11}1984.

Rahner, Karl, Zur Theologie des Todes. Mit einem Exkurs über das Martyrium (QD 2), Freiburg i. Br. (Herder) 1958.

Ratzinger, Joseph, Auferstehung und ewiges Leben. Beiträge zur Eschatologie und zur Theologie der Hoffnung (Gesammelte Schriften Bd. 10), Freiburg i. Br. (Herder) 2012.

Ratzinger, Joseph, Einführung in das Christentum. Vorlesungen über das Apostolische Glaubensbekenntnis, München (Kösel) 1968.

Ratzinger, Joseph, Ewigkeit. II. Theologisch, in: LThK^{2} Bd. 3, Freiburg i. Br. (Herder) 1959, 1268–1270.

Ratzinger, Joseph, Eschatologie. Tod und ewiges Leben. Neuausgabe, Regensburg (Pustet) ^{2}2012. (Nach dieser Ausgabe wird in diesem Buch zitiert.)

Ratzinger, Joseph, Hölle, in: LThK^{2}, Bd. 5, Freiburg i. Br. (Herder) 1960, 446–449.

Reiser, Marius, Die Gerichtspredigt Jesu. Eine Untersuchung zur eschatologischen Verkündigung Jesu und ihrem frühjüdischen Hintergrund (NTA 23) 1990.

Reiser, Marius, Die letzten Dinge im Licht des Neuen Testaments. Bilder und Wirklichkeit, Heimbach (Patrimonium-Verlag) 2013.

Reiser, Marius, Sprache und literarische Formen des Neuen Testaments. Eine Einführung (UTB 2197), Paderborn (Ferdinand Schöningh) 2001.

Remenyi, Matthias, Auferstehung denken. Anwege, Grenzen und Modelle personaleschatologischer Theoriebildung, Freiburg i. Br. (Herder) 2016.

Remenyi, Matthias, Hoffnung, Tod und Auferstehung: ZKTh 129 (2007) 75–96.

Römische Grabinschriften. Gesammelt und ins Deutsche übertragen von Hieronymus Geist, München (Heimeran) 1969.

Sattler, Dorothea, Gottes Gericht und die geläuterte Selbsterkenntnis des Menschen. Versuch einer Verhältnisbestimmung in ökumenischer Perspektive, in: Swarat, Uwe / Söding, Thomas (Hrsg.), Gemeinsame Hoffnung über den Tod hinaus. Eschatologie im ökumenischen Gespräch (Quaestiones disputatae 257) Freiburg i. Br. (Herder) 2013, 109–130.

Scherer, Georg, Das Problem des Todes in der Philosophie (Grundzüge 35), Darmstadt (Wissenschaftliche Buchgesellschaft) 1979.

Scherer, Georg, Zukunft und Eschaton. Philosophische Aspekte, in: Scherer, Georg / Kerstiens, Ferdinand / Schierse, Franz Joseph u. a., Eschatologie und geschichtliche Zukunft (Thesen und Argumente 5), Essen-Werden (Fredebeul & Koenen) 1972, 11–65.

Schnackenburg, Rudolf, Das Johannesevangelium. I. Teil (HThK IV 1), Freiburg i. Br. (Herder) 1965.

Schnocks, Johannes, Rettung und Neuschöpfung. Studien zur alttestamentlichen Grundlegung einer gesamtbiblischen Theologie der Auferstehung (BBB 158), Göttingen (V&R unipress) 2009.

Schulze, Markus, Ist die Hölle menschenmöglich? Zum Wandel der Theologie der negativen Endgültigkeit in den letzten fünfzig Jahren, in: Kasper, Walter / Augustin, George (Hrsg.), Hoffnung auf das ewige Leben. Kraft zum Handeln heute (Theologie im Dialog 15), Freiburg i. Br. (Herder) 2015, 167–203.

Schwienhorst-Schönberger, Ludger, Das Hohelied der Liebe, Freiburg i. Br. (Herder) 2015.

Schwienhorst-Schönberger, Ludger, Martyrium der Gewaltlosigkeit. Gibt es ein „Makkabäer-Syndrom"?, in: Tück, Jan-Heiner (Hrsg.), Religion, Martyrium und Gewalt, Freiburg i. Br. (Herder) 2015, 148–189.

Schwienhorst-Schönberger, Ludger, Recht und Gewalt im Alten Testament, in: Fischer, Irmtraud (Hrsg.), Macht – Gewalt – Krieg im Alten Testament. Gesellschaftliche Problematik und das Problem ihrer Repräsentation (QD 254), Freiburg i. Br. (Herder) 2013, 318–351.

Scoralick, Ruth, Gottes Güte und Gottes Zorn. Die Gottesprädikationen in Ex 34,6f und ihre intertextuellen Beziehungen zum Zwölfprophetenbuch (HBS 33), Freiburg i. Br. (Herder) 2002.

Sörries, Reiner, Ruhe sanft. Kulturgeschichte des Friedhofs, Kevelaer (Butzon & Bercker) 2009.

Stemberger, Günter, Art. Auferstehung I / 2. Judentum, in: TRE 4, 443–450.

Stemberger, Günter, Das Problem der Auferstehung im Alten Testament, in: ders., Studien zum rabbinischen Judentum (SBAB 10), Stuttgart (Verlag Katholisches Bibelwerk) 1990, 19–45.

Stemberger, Günter, Zur Auferstehungslehre in der rabbinischen Literatur, in: ders., Studien zum rabbinischen Judentum (SBAB 10), Stuttgart (Verlag Katholisches Bibelwerk) 1990, 47–88.

Stettler, Hanna, Heiligung bei Paulus. Ein Beitrag aus biblisch-theologischer Sicht (WUNT II / 368), Tübingen (Mohr / Siebeck) 2014.

Stubenrauch, Bertram, Was kommt danach? Himmel, Hölle, Nirwana oder gar nichts, München (Pattloch) 2007.

STUHLMACHER, PETER, Biblische Theologie des Neuen Testaments. Band 2: Von der Paulusschule bis zur Johannesoffenbarung. Der Kanon und seine Auslegung, Göttingen (Vandenhoeck & Ruprecht) ^{2}2012.

STUHLMACHER, PETER, „Kritischer müssten mir die Historisch-Kritischen sein!“: ThQ 153 (1973) 244–251.

SWARAT, UWE, Jenseits des Todes – Unsterblichkeit der Seele oder Auferstehung des Leibes?, in: Swarat, Uwe / Söding, Thomas (Hrsg.), Gemeinsame Hoffnung – über den Tod hinaus. Eschatologie im ökumenischen Gespräch (QD 257), Freiburg i. Br. (Herder) 2013, 13–35.

THAUSING, GERTRUD, Der Auferstehungsgedanke in ägyptischen religiösen Texten (SOA 16), Leipzig (Harrassowitz) 1943.

VECHTEL, KLAUS, Eschatologie und Freiheit. Zur Frage der postmortalen Vollendung in der Theologie Karl Rahners und Hans Urs von Balthasars (ITS 89), Innsbruck / Wien (Tyrolia-Verlag) 2014.

VORGRIMLER, HERBERT, Der Tod im Denken und Leben des Christen, Düsseldorf (Patmos) 1978.

VORGRIMLER, HERBERT, Hoffnung auf Vollendung. Aufriss der Eschatologie (QD 90), Freiburg i. Br. (Herder) 1980.

WEISSMAHR, BÉLA, Kann Gott die Auferstehung Jesu durch innerweltliche Kräfte bewirkt haben?: ZKTh 100 (1978) 441–469.

WENZ, GUNTHER, Evangelische Gedanken zum Fegfeuer: MThZ 67 (2016) 2–34.

Quellen

S. 28: BERTOLT BRECHT, Gegen Verführung, aus: Ders., Werke. Große kommentierte Berliner und Frankfurter Ausgabe, Band 11: Gedichte 1. © Bertolt-Brecht-Erben/Suhrkamp Verlag 1988.

S. 29: MARIE LUISE KASCHNITZ, Nicht mutig, aus: Dies., Gesammelte Werke in sieben Bänden, Band 5: Die Gedichte. © Insel Verlag, Frankfurt am Main 1985. Alle Rechte bei und vorbehalten durch Insel Verlag Berlin.

S. 30/31: KURT MARTI, das könnte manchen herren so passen …, aus: Ders., Leichenreden. Mit einem Vorwort von Peter Bichsel. © Nagel & Kimche im Carl Hanser Verlag, München 2001.

S. 56/57: THOMAS MANN, Auszug aus: Die Buddenbrooks. © S. Fischer Verlage, Frankfurt am Main 2002.

Danksagung

Mein Bruder Norbert, Frankfurt / St. Georgen, hat auch dieses Buch wieder durchgelesen und mir wertvolle Ratschläge gegeben. Ich danke ihm dafür und freue mich jeden Tag, dass wir nicht nur als Brüder, sondern auch was die Theologie und die Kirche angeht, so tief miteinander verbunden sind.

Dank sage ich auch meinem guten Freund Professor Dr. Marius Reiser, Mainz, mit dem ich eine ganze Reihe von neutestamentlichen Texten diskutiert habe, die in diesem Buch behandelt werden. Es ist immer eine Lust, von seiner profunden Kenntnis des Griechischen zu profitieren.

Einen dankbaren Gruß schicke ich zu Dr. Yeong Deok Lee in die Schweiz. Er hat nicht nur zwei meiner Bücher ins Koreanische übersetzt. Er hat mir auch geholfen, den Buddhismus besser zu verstehen, obwohl ich von einem wirklichen Verstehen noch immer weit entfernt bin.

Herzlichster Dank gilt auch Professor Dr. Norbert Krüger, Odense / Dänemark. Wir sind durch einen Zufall aufeinander aufmerksam geworden. Er hat mir mit seiner Durchsicht des Manuskripts außerordentlich geholfen.

Der gleiche Dank gilt Antje Bitterlich / München, die meinen Stil, meine Rechtschreibung und alle Hinweise auf Bibelstellen zielsicher verbessert hat und mich immer wieder mit ihrer Freude an der Theologie ermutigt.

Hans Pachner aus der Katholischen Integrierten Gemeinde half mir wie schon so oft bei der Literaturbeschaffung, Professor Dr. Michael Drieschner hat die naturwissenschaftlichen Abschnitte des Buches überprüft. Überhaupt wäre dieses Buch ohne die theologische Leidenschaft und den wachen Glauben meiner Brüder und Schwestern in der Integrierten Gemeinde nicht möglich geworden.

Allen hier Genannten und vielen Ungenannten danke ich von Herzen.

Gerhard Lohfink